2013年度国家出版基金项目

国家出版基金项目
NATIONAL PUBLICATION FOUNDATION

中国文化发展史

总主编 龚书铎

晚清卷

罗检秋
李占领
黄春生

著

山東教育出版社

目　　录

导论　转型期的社会与转型期的文化 / 1

　　一、社会转型与文化创新 / 1

　　二、晚清文化的冲突与调融 / 4

　　三、晚清文化的主题：民主与科学 / 12

　　四、晚清文化的特点及地位 / 21

第一章　经世学风与经世实学的兴起 / 27

　　一、经世学风的形成 / 27

　　二、道咸年间的经世实学 / 41

第二章　西学输入与中西文化冲突 / 62

　　一、西学大潮的冲击与晚清社会、文化的变迁 / 62

　　二、中西文化论争的三个阶段 / 72

　　三、"西学中源"说和"中体西用"论 / 89

　　四、在冲突中寻求会通之道 / 100

第三章　戊戌至辛亥的新文化运动 / 103

　　一、从"冲决网罗"到"圣人革命" / 104

　　二、进化论与中国哲学的变革 / 108

三、文艺变革与"史界革命" / 112

四、新兴报刊和图书出版业的繁荣 / 127

五、移风易俗与生活方式的变革 / 135

第四章　清末伦理观念的变迁 / 145

一、传统社会的伦理功能 / 145

二、从"忠君"到"爱国" / 165

三、孝道的遗风与变迁 / 177

四、贞节观念的变化 / 187

第五章　清末传统学术的流变 / 196

一、经学衰落及儒学的变化 / 197

二、经世致用学风的发展 / 210

三、学术重心的多元化 / 223

四、西学与清末学术的衍变 / 239

第六章　新学堂、新学制与晚清教育的变革 / 253

一、新式学堂与新学 / 254

二、新学制的酝酿与确立 / 272

三、留学教育的成就 / 277

四、关于教会学校 / 285

第七章　晚清中国的科学与技术 / 289

一、从"格致学"到"科学" / 290

二、洋务运动与近代科技引进 / 292

三、中国近代科技体系的初步形成 / 295

四、应用技术领域的突出成就 / 310

第八章　晚清社会文化的变迁　/ 316

　　一、中西艺术的辉映　/ 316

　　二、体育与娱乐　/ 325

　　三、社会风习的变迁　/ 345

第九章　晚清时期的宗教与中国社会　/ 371

　　一、基督教的传播　/ 371

　　二、基督教、教案与中国社会　/ 384

　　三、佛学的复兴　/ 397

主要参考文献　/ 405

后记　/ 408

导论[①]
转型期的社会与转型期的文化

一、社会转型与文化创新

清朝近三百年的统治明显经历了前后两期：从开国，中经康熙、雍正平定叛乱，疆域统一，社会趋于安定，经济得到恢复和发展，学术文化也走向独具特色的繁荣。乾隆时期则出现了当时及后人讴歌的"盛世"景象。然而，"康乾盛世"不过是落日的辉煌。嘉庆帝亲政后，虽诛杀专权近二十年的和珅，提拔了一批知名的汉族官僚，却不可能从根本上扭转政治腐败的全局。士大夫身居高位者贪污好谀，骄奢淫逸；在下者，趋承奔走，追利逐禄，恬不知耻。犹如时人所

① 本章部分内容参见龚书铎：《中国近代文化概论》第一章，1～20页，北京，中华书局，1997。

说："今日风气，备有元成时之阿谀，大中时之轻薄，明昌、贞祐时之苟且。海宇清晏，风俗如此，实有书契以来所未见。"① 于是，"官箴玷，民俗薄，生计绌，狱讼繁，百害籍籍，乘此而起"②。清王朝看似歌舞升平，实际上积弊重重，危机四伏。

"盛世"的辉煌很快就被农民起义的烽火冲得黯然失色。嘉庆元年（1796年），湖北西部爆发白莲教起义，并蔓延到邻近的四川、河南地区。清政府调动大军进剿，起义军主力则进入四川，得到农民响应。四川震动，陕西、甘肃等省也惶恐不安。清廷花去二万万两军费，动用了几乎全部能够调动的军队，历时九年，才把川楚白莲教起义平息了。嘉庆十八年（1813年），华北天理教的狼烟又接踵而起，并一度攻入紫禁城。清王朝在惊慌、恐惧之中，总算把农民起义的火苗扑灭了，但其外强中干、危机四伏的本质却已暴露出来。

道光年间，清帝国进入了由盛而衰的历史轮回。就王朝的衰落和危机来看，道光以后的晚清社会与过去的王朝衰世并无大异，然而，封建统治者面对的不再是古代的"天下"，而是一个复杂多变的近代世界。明、清两朝，古老的东方重复着王朝更替的故事，欧洲则经历了文艺复兴，而后又开始了遍布全球的"地理大发现"。西方殖民主义踏上了东方的土地，占据中国周围的国家，也在澳门、广州等地建立据点。清王朝对这些"不速之客"采取了防范和限制措施，但没有主动去了解"夷狄"之邦，而是夜郎自大、闭关自守。乾隆至道光年间，中国士人仍然沉迷于四书五经、科举八股，西方的英、法、美等资本主义国家则相继经历了蓬蓬勃勃的工业革命。这些国家的工业产品迅速增加，迫切需要扩展海外市场。资本主义总是要竭尽一切手段征服较落后的民族，把它们纳入自己建立的社会体制。

西方商品在闭关锁国的封建政府和自给自足的农业社会面前无所作为，于是鸦片成为打开中国大门的工具。道光年间，到广州贸易的英、美商人达50余家，带来呢绒钟表等时髦洋货的同时，也输入大量毒害中国人民的鸦片。1839至1840年入华鸦片达到3.5万箱，按当时的烟土价约值2000万银元。这自然导致白银外流，使清廷的财政困难和社会危机雪上加霜。当清政府被迫查

---

① 沈垚：《与张渊甫》，见《落帆楼文集》卷八，清吴兴刘氏嘉业堂刊本。
② 潘德舆：《晚醒斋随笔序》，见《养一斋集》卷一八，道光二十九年刊本。

禁鸦片后，侵略与反侵略的鸦片战争在英、中之间发生了，结果是落后、腐败的清王朝于1842年签订屈辱的城下之盟。从此，在殖民主义与民族主义、资本主义与封建主义、西方文化与中国文化等多重因素的交织中，中外冲突不断，侵略与反侵略的战争接连发生。清政府则被迫一步步地退守、妥协，直到《辛丑条约》"量中华之物力，结与国之欢心"。从国际地位看，晚清的中国在逐渐衰落、沉沦，由雄踞东方的封建帝国跌落为遭受凌虐的半殖民地国家。

但同时，西方资本主义生产方式逐渐移植到中国，在通商口岸及沿海地带，传统的经济结构开始解体，工商业和农业生产逐步纳入近代资本主义体系。"求强求富"的洋务运动开始后，中国的经济现代化也蹒跚而行。到中日甲午战争前，中国的近代工业和交通运输企业达三百余家。此后，在戊戌维新和民国初年，民族企业又有了较大发展。它们仍然是封建经济大海中的一叶扁舟，却逐渐引起社会经济结构的深刻变化。通商口岸及沿海地带的资本主义成分在缓步发展，与停留于传统的内地和农村形成鲜明对照。而位于两者之间的交通便利地区，则是多种经济成分交织的过渡地带。

由于近代工商业的兴起和人口城市化进程，市民成为日益重要的社群。比如，上海1852年的人口为54.4万，到1900年则迅速增至108.7万。市民的职业包括商人、企业主、产业工人、职员、手工业者、知识分子、店员及各类下层贫民。市民阶层兴起的同时，传统的官绅社会逐渐分化，一部分成为近代商人、实业家，多数则转化为新式士人，从事文化教育工作。1905年废除科举制度之后，士绅阶层的转化明显加速。除了猛增的留学生之外，清末师范学堂、法政学堂最初的招生对象主要是有功名的各级绅士。接受新式教育之后，传统士绅转变为律师、报人、教师、文化人、科学家等新式知识分子。在晚清社会舞台上，传统的士绅阶层、农民阶层逐渐退居边缘，而市民阶层、尤其是新式知识分子走向中央。传统社会结构趋于解体，逐步向近代社会转型。

文化的衍变、发展总具有一定的民族性，即使最具现代性的文化也不例外。而文化的活水源头在于创新，在于适应时代需要，建设既发扬优良传统而又具有现代性的新文化。人的观念往往随生活环境和职业而发生变化，晚清社会转型则为文化创新奠定了基础。市民阶层便于接受近代生活方式，其观念变化之速远非古代城市居民所能比拟，他们是晚清社会风尚、思想观念转变的社会基础。而新式知识分子更是新知识的传播者，新思想的创造者，其中一些人是领导潮流的知识精英。从戊戌、辛亥到五四，每一次大的文化革新都是由一群知识精英发动、推出的。他们认同、汲取、提升了市民社会的新观念、新风尚，又向民间传播先进思想，使之汇集为时代思潮，推动近代文化的进步。

二、晚清文化的冲突与调融

近代新文化是在古与今、中与西的冲突和融合中孕育、生长的，文化关系实为文化创新的关键问题。晚清以后，不同的文化传统交织、冲突，总的趋势是由对立而渐趋调和、融合。

以精英文化层面的学术思想为例，由于士人治学方法、重心、乃至价值取向的差异，汉学与宋学成为不同的学术范式。清代经学大盛，学者注重师承和家法，汉、宋分野也更加凸显。从清初到康雍时期，作为王学反动的程朱理学渐受士大夫和朝廷青睐，并成为高踞堂庙的正统学术。顾炎武等思想家没有局限于批评或修正陆王，而是寻求儒学的治本良方。在"经学即理学"的呼声中，清代学术又走上了"回归原典"的不归路，儒学重心也从"四书"转到"五经"。乾、嘉两朝，经学考据上升为学术主流，支配了士人的价值取向，也不可避免地形成排它倾向，使本来潜滋暗长的汉、宋对峙之势日益明显。嘉庆十七年（1812年），惠栋的再传弟子江藩撰成《国朝汉学师承记》，批评"濂、洛、关、闽之学，不究礼乐之源，独标性命之旨。……盖率性履则有余，考镜则不足也"[①]。不久，江藩又撰《国朝宋学渊源记》，摒弃清初以来的"理学名臣"，也把桐城派理学宗师方苞、姚鼐等人排除在外。对此，姚鼐的弟子方东树于道光六年（1826年）撰成了《汉学商兑》，指责江藩"以辟宋儒、攻朱子为本"，又一一列举汉学弊端，攻击其"名为治经，实足乱经，名为卫道，实则畔道"[②]。江、方之争成为当时汉、宋冲突的象征。

---

① 江藩：《国朝汉学师承记》卷一，见《汉学师承记》（外二种），6页，北京，三联书店，1998。
② 方东树：《汉学商兑·序例》，见《汉学师承记》（外二种），235页，北京，三联书店，1998。

不过，乾嘉时期始终存在调和汉、宋的潜流。汉学大盛之时，宋儒注解仍然是经学的基本门径，科举内容也与此相关。不少汉学家早年均浸淫于宋学，多少积淀了一定的宋学基础。即使他们后来转向汉学，也能得宋学之益，犹如汉学家阮元所说："元少为学，自宋人始；由宋而求唐，求晋、魏，求汉，乃愈得其实。"① 这种治学经历增添了学术包容性。阮元研究儒经虽以训诂为基，又不乏义理阐述，其幕府也是兼容汉、宋学者的场所。

嘉、道之际，调和汉、宋的潜流由暗转明，一些汉学家开始明确汲取、融合宋学。他们或者批评汉、宋门户之见，认为二者各有所长，不可偏废；或者模糊二者界限，认为汉儒也讲义理，宋儒也讲训诂名物。其中，受义理之学熏染较深的广东、浙江学者调和汉、宋的倾向更为明显。例如：被晚清学人看作"沟通汉宋"、"补偏救弊"代表人物的陈澧，长期任学海堂学长，晚年主讲于广州菊坡精舍，治学以考据为基础，又不废义理。自述治学经历云："中年以前治经，每有疑义则解之考之。其后幡然而改，以为改之不可胜解，考之不可胜考，乃寻求微言大义，经学源流正变得失所在。"② 陈澧的学术转变典型地反映了道咸年间汉学兼采宋学的趋向。至清末，一些经师融合义理之学的倾向更为突出。不必说投身革命的章太炎、刘师培等人基于现实需要而阐述儒经，那些固守学术正统者也受此风气熏染。王先谦、叶德辉等人对维新派的今文经学不以为然，但认为："微言大义，后世义理之学所本也；名物训诂，后世考据之学所本也，二者不可偏废。"③ 晚清重臣张之洞也不失为调和汉宋、融合中西的代表人物，他强调"为学忌分门户"，"愚性恶闻人诋宋学，亦恶闻人诋汉学，意谓好学者即是佳士。无论真汉学未尝不穷理，真宋学亦未尝不读书，即使偏胜，要是诵读圣贤，各适其用，岂不胜于不学者！"④ 张氏学宗古文经，又受宋学的影响，注重考据学的社会价值，究心于思想构建，成为晚清儒学的中坚人物之一。

---

① 阮元：《西湖诂经精舍记》，见《研经室二集》卷七，15 页，上海涵芬楼影印初刻本。
② 陈澧：《复刘叔俛书》，见《东塾集》卷四，20 页，光绪十八年刊本。
③ 苏舆编：《翼教丛编》卷四，"叶吏部《〈輶轩今语〉评》"，70～71 页，上海书店出版社，2002。
④ 张之洞：《輶轩语·语学第二》，见《张之洞全集》第十二册，9794～9795 页，石家庄，河北人民出版社，1998。

嘉、道年间，宋学家兼融汉学的趋势也明显增强。朱次琦、夏炘、徐桐、潘德舆、刘熙载、成孺、曾国藩等是其中著名者。他们的学术重心不无地域特征，如桐城派偏重于文学，关中学者模糊朱陆之辨，湖南学者兼采诸子，但又表现了较为一致的趋向：他们把汉、宋之学都纳入儒学范畴，化解两派的对峙之势。道咸年间，明确肯定汉学的宋学家不一而足。曾国藩的名言是："有义理之学，有辞章之学，有经济之学，有考据之学。……此四者缺一不可。"①维新派人物康有为以及批评康氏《新学伪经考》的浙江学者朱一新均有类似阐述。从乾嘉年间视考据为偏离圣道的琐碎之学，到道咸以后将其纳入儒学正途，这是宋学家认识汉学的重要变化。因之，一些宋学家也在治学方法上汲取汉学之长，不乏考订、训诂之作。当然，即使兼采汉学方法的宋学家，其学术特征仍带着自身的学术烙印，具有明显的思想倾向。

晚清数十年中，汉、宋藩篱并没有完全消解。尽管如此，汉、宋调和却成为晚清学术的主要趋势。汉、宋之学不仅是传统精英文化的重要形式，也积淀为传统学术的基本范式。因此，汉、宋关系也反映了士大夫的价值取向和文化心理。汉、宋调和态势表明士林之中的学术对峙有所消解，从而为接受、调融域外文化作了思想、心理上的准备。

中西文化在价值观念、思维方式、生活习俗乃至心理感情等方面均有巨大差异，因而两者相遇时发生一些碰撞、冲突是合乎情理的。更主要的是，晚清西学随侵略势力而来，蒙上了浓厚的政治色彩。西方文化借列强的鸦片、炮舰之力一起涌入中国，某些方面又或多或少成为侵略者的文化工具。中国人民在反抗侵略之时，必然对西方文化表现出排斥心理。加之，西方文化并非都属民主性、科学性的精华，而是夹杂着大量腐朽的糟粕，诸如弱肉强食的侵略理论、白种人至上的种族歧视论、欧洲中心论以及西方腐朽没落的生活方式等，这些东西传入中国，可以说有害无益，遭到国人反对和抵拒是理所当然的。由于诸多因素的作用，这两种异质文化相遇时，产生矛盾、冲突是不可避免的。

西方"奇技淫巧"涌入中国之时，不仅给人们带来生活方式的变化，而且对传统观念产生冲击。同治至光绪初年，统治阶级还就如何对待西方文化问题

---

① 曾国藩：《求阙斋日记类钞》卷上，见《曾文正公全集》，8页，光绪二年刊本。

发生激烈纷争。洋务派主张引进西方器物、技艺，而守旧势力则排斥一切外来文化。大学士倭仁声称"立国之道，尚礼义不尚权谋；根本之图，在人心不在技艺"①。他反对同文馆增设天文算学馆，"师事夷人"。守旧官僚刘锡鸿则从民风、习俗的角度证明修铁路有百害而无一利。这些看似荒唐的奇谈怪论，往往还有其"理论"根据，其中儒家的"夷夏大防"、"华夷之辨"则是最为基本的。这些论调反映了部分士大夫对西方文化的排斥态度，晚清接踵而起的"教案"则反映了中西冲突的普遍性。当时反对"洋教"者，既有士绅，也有民众。"教案"的发生，除了反抗外来侵略、压迫的因素之外，也包含思想信仰（儒学与"洋教"）、不同文化心理、感情、习俗方面的冲突。晚清以来，中西文化的冲突始终存在，只是其范围、程度有所不同。

然而，国门打开之后，西方势力骎骎而来，中西接触和文化交流已是必然之势。19世纪60年代以后，清政府不得不向西方列强派驻使节，派遣留学生，并鼓励或兴办传播西学的事业，如译书、办报、培养相关人才。晚清引进西学的内容十分广泛，重心则因时而异。60至90年代，兵工技术、自然科学知识方面的译作占总数70%以上；90年代以后，随着政治变革的推进，国人对西方文化的认识加深，引进西学的重点也转向哲学、社会科学，对中国思想文化界的影响亦有所扩大。

在西学的强烈对照下，士大夫开始突破经学独尊、儒学万能的观念，不同程度地认同、容纳西学。由于西方文化的冲击，儒学的"道""器"、"体""用"观念发生动摇。最有代表性的早期维新派人物王韬说：东西各国交往日益增多，"夫民既由分而合，则道亦将由异而同。形而上者曰道，形而下者曰器，道不能即通，则先假器以通之，火轮舟车皆所以载道而行者也"②。王韬认为，中西之"道"虽有差异，但并无优劣之分，而且最终要通、同、合；而引进"火轮舟车"等西方器物则是达到中西同道的重要步骤。19世纪中晚期，传统士大夫多少感受到儒学面临的挑战和危机。早期维新思想家的许多观点重释、发展了传统儒学。他们利用"道""器"、"本""末"、"主""辅"等传统语言，构建了中西融合的思想主张。他们既维护儒学的"主"、"道"地位，又以

---

① 中国史学会主编：《洋务运动》第二册，30页，上海人民出版社，1961。
② 王韬：《弢园文录外编》，2页，上海书店出版社，2002。

西学重释传统儒学。这一思路的集中体现是"中体西用"论。

1861年，冯桂芬提出"以中国之伦常名教为原本，辅以诸国富强之术"①。这被后人看作"中体西用"之滥觞。中日甲午战争以前，类似言论如"中道西器"、"中本西末"、"中主西辅"流行一时。洋务派始终以"中体西用"作为指导思想。早期维新思想家王韬、薛福成、郑观应都对"中体西用"有所阐述。"中学为体，西学为用"的完整提法出现在甲午以后。1895年4月，沈寿康在《万国公报》第75期上发表《匡时策》，提出："夫中西学问，本自互有得失。为华人计，宜以中学为体，西学为用。"1896年8月，孙家鼐在《议复开办京师大学堂折》中提出："今中国京师创立大学堂，自应以中学为主，西学为辅；中学为体，西学为用。中学有未备者，以西学补之；中学有失传者，以西学还之；以中学包罗西学，不能以西学凌驾中学。"② 这代表了晚清政府的基本文化方针。

事实上，"中体"与"西用"的内涵也是因时而异。在衍变过程中，"中体"的内容是从整个封建政治、文化体系而逐渐缩小至清末的纲常伦理，而"西用"的范围也从最初的坚船利炮或科技逐渐扩大到政治制度、甚至人文教化。当然，同一时期，"中体"与"西用"的内涵也会因人不同。早期维新思想家郑观应、何启等人的"西用"范围显然比洋务派官僚广泛得多。洋务派的后起之秀张之洞总结"旧学为体，新学为用"时说："四书五经、中国史事、政书、地图为旧学，西政、西艺、西史为新学。"关于后者，则"学校地理、度支赋税、武备律例、劝工通商，西政也；算绘矿医、声光化电，西艺也"③。这概括了洋务运动及清末新政采纳西学的基本框架，虽然落后于时代潮流，但较之同治"新政"有所深入和扩展。

戊戌维新时期，中西融合进一步深入。当时所谓"新学"，实际上是中西融合的结果。梁启超说："舍西学而言中学者，其中学必为无用。舍中学而言

---

① 冯桂芬：《校邠庐抗议》，57页，上海书店出版社，2002。
② 中国史学会主编：《戊戌变法》第四册，489页，上海，神州国光社，1953。
③ 张之洞：《劝学篇·外篇·设学第三》，见《张之洞全集》第十二册，9740页，石家庄，河北人民出版社，1998。

西学者，其西学必为无本。无用无本，皆不足以治天下。"① 他所谓的"本"即是本源、基础，其内容不限于儒学；"西用"则包括从科技、政治、法律到文教等广泛领域。生长于显宦之家的孙宝瑄在 1897 年的日记中写道："愚谓居今世而言学问，无所谓中学也，西学也，新学也，旧学也，今学也，古学也。皆偏于一者也。惟能贯古今，化新旧，浑然于中西，是之谓通学，通则无不通矣……是地球之公通矣，而何有中西，何有古今？"② 孙氏并非学问专家，却是清末士人采纳西学的一个缩影。到 20 世纪初年，融合西学的潮流迅速发展了。固守书斋的王国维指出："中西二学，盛则俱盛，衰则俱衰，风气既开，互相推动。且居今日之世，讲今日之学，未有西学不兴，而中学能兴者；亦未有中学不兴，而西学能兴者……故一学既兴，他学从之，此由学问事，本无中西。"③ 王氏强调传统学术与近代西学的相通、相依情形，也反映了中西融合的部分事实。

戊戌维新派是清末融合中西之学的代表。从儒学基础来看，他们受陆王心学影响较大，但学术来源不限于儒学一隅。梁启超是一位典型的文化调和主义者，他的"新民说"既阐发传统儒学，又博采近代自由、平等、独立人格等西方观念，塑造具有新伦理意识的国民形象，事实上以近代西学改造了儒家道德学说。维新志士谭嗣同将佛学、西学、先秦诸子冶诸一炉，统摄之以儒家的"仁"，思想显得更为庞杂。他强调"仁"的普遍性，以"通"来统摄"仁"的社会价值和思想意义，因而主张中外通、上下通、男女内外通和人我通。在"仁"、"通"的基础上，谭嗣同又引入了西方自由、平等、博爱观念，从而转化了儒家的"仁学"。

清末出现的所谓"古学复兴"，并非传统学术的简单再现，而是以近代西学研究、诠释古学，会通其基本精神。在西学东渐之前，传统的义理学主要源于儒学或佛学，此后则渐趋于西学。严复是清末传播西学的代表人物，又是以西学诠释老庄的重要学者。他的老庄评语典型地反映了会通中西的特色，重心

---

① 梁启超：《西学书目表后序》，见《饮冰室合集》文集之一，123 页，北京，中华书局，1989。
② 孙宝瑄：《忘山庐日记》上册，80 页，上海古籍出版社，1983。
③ 王国维：《海宁王静安先生遗书》，见《国学丛刊序·观堂别集》卷四，8 页，上海，商务印书馆，1940。

是启蒙思想而非形而上学,尤其重视阐发老庄中的自由、民主观念。同时,清末国粹派学者虽然强调"保存国粹",但他们对"国粹"的选择是以近代西学为参照,而且也在"保存"的途径上博采西学。许守微说:"国粹者,精神之学也;欧化者,形质之学也。(欧化亦有精神之学,此就其大端言耳)无形质则精神何以存,无精神则形质何以立。"① 这种"中道西器"式的观点看起来显得保守,但强调的还是中西融合而非对立。事实上,国粹派在学术实践中已广泛汲取、融合西学。章太炎早年的著述如《訄书》和《膏兰室札记》均引用了西方进化论、宗教学、哲学和社会学知识。20世纪初年,章氏历史学不但体现了进化史观,而且汲取西理新说更为广泛,西方"心理、社会、宗教诸学"都"熔铸入之"。此外,刘师培、邓实、马叙伦等人都采用近代西学阐发传统学术。因此,国粹派倡导的"古学复兴"并不是复古,而是期望出现欧洲文艺复兴式的新文化。

总的说来,清末中西学术思想的融合还比较零散,甚至不乏肤浅、附会之弊。但是,随着近代西学理论、方法的引进,传统学术经历了巨大的更新和发展,呈现出近代学术的基本形态。

在通商口岸和沿海地区,晚清社会生活、风俗习惯更是潜移默化地经受欧风美雨的浸染,发生着或快或慢、或大或小的变化。19世纪40年代以后,除了清代士大夫已不陌生的"自鸣钟"、望远镜等奢侈品外,"洋火"、"洋油"、"洋皂"、"洋伞"、"洋墨水"、"洋牙刷"等日用洋货逐渐在通商口岸使用,并由绅商之家渐及一般民众,由通都大邑渐及邻近乡村。在上海附近的嘉定县,"光绪乙未、丙申之际,始改用火柴",取代了传统的火石;"光绪中叶后,多燃煤油灯",传统的取光用具——油盏、灯檠"遂归淘汰"。"自轮船、火车通行,往来有一定时刻,钟表始盛行"。到"光、宣之间,西式提箱仿造于沪地,于是旅客多购用之"②。在衣饰方面,"洋布"、"洋绸"、"洋呢"、"洋纱"、"洋手巾"逐渐流行,服饰逐渐模仿西俗。上海郊区的张堰,"光绪间又渐尚短衣窄袖。至季年,马褂不过尺四五寸半,臂不过尺二三寸,且仿洋装,制如其

---

① 许守微:《论国粹无阻于欧化》,载《国粹学报》,1905(7)。
② 参见《近代上海地区方志经济史料选辑》,343～344页,上海人民出版社,1984。

体。妇女亦短衣窄袖……女子十七八犹辫，而不梳髻，不缠足，遵天足会令也"①。以宽袍大袖为特征的传统服饰逐渐被西式的短衣窄袖取代，传统的审美取向发生了转变。中国人接受西方饮食文化相对缓慢一些，但清末广州、上海、北京等地都有番菜馆。填补空白的西式饮食则流行更广。1853 年，英商开始在上海生产冰激凌、汽水，十多年后上海又有了啤酒厂，此外如白兰地、奶茶、咖啡在都市社会有一定市场，其他西方食品如饼干、糖果、罐头等也渐成为民众食品。西方物质文明进一步融入中国日常生活。

在工商业日渐发达的通商口岸，城市设施及物质条件逐渐取法西方。上海、北京、广州、天津、武汉等地，洋房、饭店之类西式建筑有增无已。轮船、火车、汽车、电车以及西式马车、人力车、脚踏车等等使中国人的出行方式大为改观。上海租界完全是一幅西洋街景，有竹枝词写道："傍晚洋街似画图，电灯影里水平铺。驱车忍向人丛去，女伴跟跄弱欲扶。"② 随着物质条件逐渐近代化，人们的生活方式发生了变化，娱乐方式日趋多样化。古已有之的娱乐行业如茶园、酒馆、戏园、妓院、烟馆、赌馆等畸形发达起来。完全西来的跑马场、跳舞厅、西式戏院、健身房等逐渐由上海等地租界扩展到其他地域。一些趋新的官绅、商人逐渐接受西方娱乐方式。西剧传入之时，西方交谊舞也为中国上流社会认识、接受。最早涉足西方的使臣们看到这种迥异于本国的社交活动还不免有些惊奇、误解，但渐渐就不以为怪了。1897 年 11 月 4 日，上海道蔡均为配合慈禧太后"万寿庆典"，在上海洋务局举办盛大舞会，这是中国官方举办舞会的嚆矢。这次成功的舞会模仿西人布置，参加者约五百余人，多为在沪外国人和中国官员、名流，也对社会有一定影响。西俗西艺无疑会刺激、冲击传统的伦理大防。因此，一些士大夫对其表示担忧。1898 年，有人投书《格致新报》，以为"西国男女，每于夜间会聚一处，跳舞为乐，殊属陋习"，希望该报作出评论。该报馆则认为西人"虽男女聚会，乐而不淫，与中国之烧香赛会，男女混杂，大有天渊之别"③。这反映清末士人逐渐接受西方交谊舞的过程。到民国初年，交谊舞在京、沪上流社会流行开来。20 世

---

① 《中国地方志民俗资料汇编·华东卷》上，43 页，北京，书目文献出版社，1995。
② （清）李汝谦：《沪上竹枝词》，见《中华竹枝词》（二），831 页，北京古籍出版社，1997。
③ 《答问》，见《格致新报》第 16 册。

纪 20 年代以后，上海等地出现了一批面向社会的营业性舞厅。

稍后，西方礼俗逐渐在通商口岸出现。一些女性不再固守于闺门之内，而纷纷外出谋生。19 世纪中期，上海等地出现了"女堂倌"、"女招待"。70 年代以后，广东、上海等地缫丝、纺织女工迅速增多。有的士大夫忧心忡忡地说："试思二十年前，烟馆有雇妇女为堂倌者……今者中国风气愈开，制作愈广，如织布、轧花、纺纱等机器局厂日见增多，于是雇妇女以资工作。……中国妇女以廉耻为重，若一丧廉耻，则无所不为矣。"① 陈旧观念阻挡不了女性外出就业的潮流。戊戌时期，上海、广州、天津等地茶楼酒肆及烟馆等消费行业中雇用女性的禁令已经失效，而纺织、茶栈等行业的女工更是有增无已。女性就业冲击了"男女授受不亲"的规范及旧的女德观念，也为改良婚俗提供了条件。维新派曾组织不缠足会，革命派知识分子则提出了改良婚制和家庭革命的口号。1907 年，上海爱国学社的学生"参用文明规则，新郎新娘，皆服西服，首行结婚礼，次见家族，次受贺"②。到民国以后，都市社会采用西式婚礼者逐渐增多。

在晚清文化巨变中，无论是属于精英文化的思想学术，还是属于大众文化的生活习俗，都不能排除在中西交汇的潮流之外。具有民族性与时代性的中西文化相遇时，不免会产生排斥、冲突现象，但调和、融合的态势则逐渐成为主流，涉及范围也由小到大，从而导致晚清文化面貌根本改观。

三、晚清文化的主题：民主与科学

晚清文化的更新和发展异彩纷呈，但进步文化本质上都没有离开科学和民主。这也是近代进步知识分子孜孜探索与追求的思想主题。

中国古代不乏科技成就，并长期处于世界领先地位。"四大发明"就是对人类文明的巨大贡献。但是，在封建社会晚期，中国的科技水平逐渐落后于西方，并沦落到被动挨打的悲惨境地。同样，中国古代也有民主思想的雏形，无论是长期独尊的儒学，还是尘埋后世的墨学，都蕴含了民本、平等和人道主义

① 《女工不如男工说》，载《申报》1894 年 6 月 23 日。
② 《婚礼一新》，载《上海女子世界》，1907（6）。

19世纪70年代 福州船政局全景

1870年 黄浦江

《辛丑条约》签订后日军在天津

棉纱厂内景

14

冯桂芬

戴名世　方苞　刘大櫆　姚鼐

桐城派早期重要作家

15

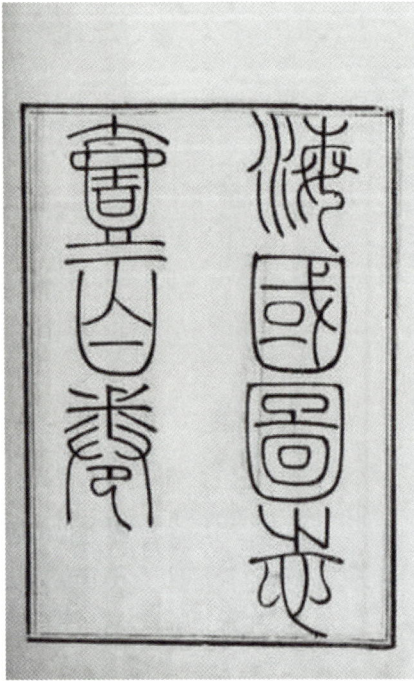

《海国图志》

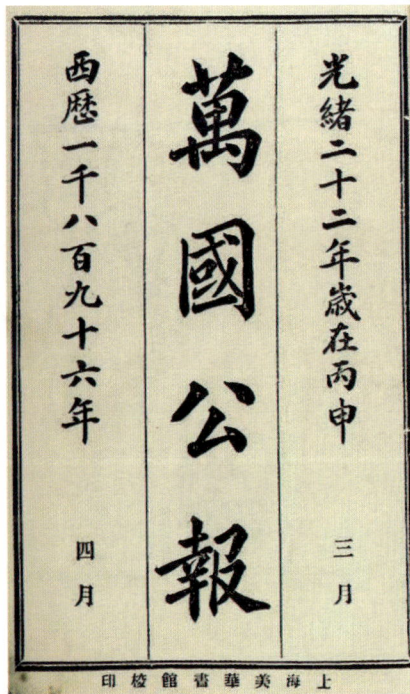

光緒二十二年歲在丙申　三月

萬國公報

西歷一千八百九十六年　四月

上海美華書館校印

《万国公报》

的思想内容。晚清以来的科学和民主继承了传统思想，带有传统文化的某些痕迹。但它们随着近代社会的巨变而发生，与传统士人观念中的技艺之术或"格致之学"有异，也与"为民作主"式的民本思想根本不同。现在一般从广义上说，"科学既是指自然科学，又包括认识事物的科学法则、科学思想和科学精神。民主的含义同样广泛，既包括近代民主制度、民主精神，又包括在政治、经济、思想文化等方面的解放和变革"①。显然，这样的科学和民主与近代西学密不可分。因之，晚清文化中的民主和科学成为中西融合的核心体现。

总的看来，在近代中西文化交流的互动过程中，中国一方不免显得有些被动。但中西接触之初，也不乏有识之士主动寻求近代科技。鸦片战争时期，林则徐、魏源提出"师夷长技"，学习西方军事技术。同时，也出现了丁拱辰、龚振麟等出色的军事技术专家。在科学层面，得风气之先的广东学者邹伯奇长于天文、历算及地理、测量之学，又究心于几何、光学，撰成《格术补》一书，记述了平面镜、透镜等成像规律，并涉及眼镜、望远镜、显微镜等光学仪器的工作原理。郑复光也著《镜镜冷痴》一书，详细介绍了各种透镜的制作方法及应用原理。吴其浚则汇集古代有关植物的文献，编成《植物名实图考长编》、《植物名实图考》等书。这些科学探索既总结了古代科技成就，又受西学东渐的刺激和影响，显示了传统士人主动寻求近代科技的努力。

19世纪60年代以后，洋务派在举办近代军事工业和民用工业之时，近代机械制造技术、电讯技术、纺织技术、采矿技术和有关声光化电的科学原理被越来越多地引进和使用。近代科技的引进固然与清政府的扶持及来华西士的作用相关，但也是近代知识分子努力的结果。此时出现了以李善兰、华蘅芳、徐寿等人为代表的近代第一批科学家。当然，19世纪中期，知识分子引进和探索近代科技还存在一定的局限性。他们沿用传统的概念，将近代科技统称为"格致之学"，而其内涵则不仅包括近代科技，而且一定意义上也是传统经世致用之学的自然延伸。直到19世纪末年，"科学"一词才在中国出现，并很快为学界接受。再则，此时的科技直接为洋务运动服务，表现出浓厚的实用色彩，故其重心也偏向于技术而非科学。尽管如此，这是中国近代科学的起步阶段，

----

① 龚书铎主编：《中国近代文化概论》，14页，北京，中华书局，1997。

为其后的发展奠定了基础。

戊戌维新时期，中国知识分子在引进西学、改造旧学的同时，开始引进、探讨近代科学方法。严复在《天演论》序言中提出学习科学的方法论，自觉地把近代科学作为一种方法论和价值系统来接受。受斯宾塞和培根的影响，严复也对逻辑学和逻辑方法特别重视，先后翻译了约翰·穆勒的《穆勒名学》和耶芳斯的《名学浅说》。它们不仅是一般意义上的逻辑学著作，而且是探讨科学方法的著作。清末一些思想家如严复、梁启超、章太炎、谭嗣同等人都致力于传播科学知识、反对愚昧，也不同程度地引进近代科学法则。近代科学方法、科学思想的引进和传播，深化了人们对科学的认识，也对思想变革具有积极意义。

20世纪初年，新式学堂如雨后春笋般地涌现，科学成为青年学生的必修课。一些留学生更是注重科学与现代文化的密切关系，重视传播科学。随着科技知识、科学方法与科学思想传播渐广、影响扩大，科学的重要性日益凸显，科学的地位迅速上升。到五四时期，一些人相信科学万能，奉之为价值准绳和阐释依据，甚至满怀敬意地称之为"赛先生"。于是，科学不仅是文化内容之一，更是一种意识形态和价值体系，逐渐推演成唯科学主义思潮。不过，一旦科学被奉为至尊而受到顶礼膜拜，势必会带来一些负面效果。一些人把民族文化中尚未揭开的神秘现象一概归入"非科学"，又试图以科学解决一切社会、人生问题。这种偏向事实上不利于科学精神的传播和发扬。五四以后"科学"与"人生观"的论争正反映了唯科学主义存在的问题。这也说明，近代科学主题中的思想问题并没有完全解决。

近代科学主义高歌猛进之时，民主也在中国蹒跚而行。按现代说法，民主既是每个社会成员都能参与组织管理的一种机制，也是社会个体与个体之间、个体与群体之间合理关系的体现。它既是一种社会原则，也是一种价值体系。在近代中国，民主表现为一种新的政治要求，即对西方近代民主制度的追求和实践。作为一种价值观念，民主是理性、平等、自由、法制精神的主要体现。它既与近代制度文化密切相关，又是精神文化的核心内容。

近代中国人对民主的认识、追求和实践走过了较为艰难而曲折的历程。在最初开眼看世界的有识之士中，魏源的《海国图志》介绍了英国的议会制度和美国民选总统情况。徐继畲的《瀛寰志略》、梁廷枏的《合省国说》对欧美议会、民选制度的介绍更为详细、系统。他们注意了解西方的风土民情、社会状况，但对西方民主制度的认识还比较肤浅，在其赞赏言辞中，也无明显吸取西方民主制度的意识。

中外交涉的再次失败，给"天朝上国"的士大夫造成新的思想震动。晚清士人再次感受到列强的船坚炮利，也开始认识到"君民不隔不如夷，名实必符不如夷"。洋务运动时期，随着经济现代化的起步，早期维新派知识分子对西方议会政治、民主制度的关注和介绍明显增多了。他们赞赏、向往西方近代民主制度，有的人如郑观应、王韬还提出仿行议院的主张。他们把近代议会制度看作"君民共主"，与"三代法度相符"，试图通过设议院、通下情、让民参政，以减少专制政治带来的弊端。到19世纪90年代，汤震、陈炽、陈虬、何启、胡礼垣等人还提出了设立议院的具体办法，把郑观应、王韬的"民主"构想阐述得更为详细。在民族危机和社会变革之时，他们的"救时之策"蕴含了主权在民以及自由、平等和法制思想。这些见解和要求与作为人民政治权利的近代民主还有一定距离，却是中国人对近代民主的初步探索。

戊戌维新是一场广泛的文化革新，而其高潮则是政治改革。维新派提出的君主立宪方案，较之早期维新派的主张更为明确、系统，也对旧的纲常道德产生较大冲击。因之，维新派对民主的追求更深入地触动了传统的价值观念，其民主思想更具现代性。在维新派中，康有为构想了一个人人平等的"大同世界"，严复以大量著译宣传了近代民权、自由观念，梁启超则以酣畅淋漓的文字"开民智"、"倡民权"，进行思想启蒙。谭嗣同则激烈地抨击专制主义，他指出："生民之初，本无所谓君臣，则皆民也。民不能相治，亦不暇治，于是共举一民为君。"因此，君民本来平等，有民而后有君，"非君择民，而民择君也"，对于不满意的君主，人民"必可共废之"。另一方面，他阐发古代民本学说，把人民而非君主作为国家兴衰的根本和象征。他说："国与民已分为二，吾不知除民之外，国果何有？"① 这样的"民主"不同于古代的"为民作主"和早期维新派的"君民共主"，而是以近代天赋人权和民约论思想为根据，为

---

① 谭嗣同：《仁学》，见蔡尚思、方行编《谭嗣同全集》下册，334、339～341页，北京，中华书局，1981。

人民争取政治权利。大体说来，维新派的政治改革模式虽未超越"君主立宪"，但基本具备了近代民主思想形态。戊戌变法失败了，它激起的思想波澜却经久不息。维新派知识分子宣传民权平等、抨击封建纲常的见解也不失为一笔巨大的精神财富。"清末新政"的一些举措多受维新派的启发。尽管两种"改革"的主观意图及思想实质有所不同，但说明：在奔腾不息的民主潮流面前，即使最守旧、腐朽的封建政府也不能完全置身其外。

"清末新政"给追求民主的中国人民带来一些希望的幻影，却很快化为失望的泡影。清统治者的愚顽、守旧，革命思潮的迅速发展，使得人们重新寻找民主的出路，设计新的民主方案。清末最后几年，迅速壮大的革命派与康有为、梁启超等立宪派发生了激烈论争。在迅速发展的时代潮流中，"君主立宪"方案已被远远地抛在后面，民主共和蓝图则成为人们追求的目标。

但是，革命派实际上继承、发展了戊戌时期的民主思想。无论是维新派（立宪派），还是革命派，他们在改变专制制度、追求和建立近代民主机制方面并无根本不同。当然，他们对于中国国情的认识，在民主制度的形式以及实践途径方面不无差异。革命派更激烈地抨击专制制度，也更深入地受近代民主思想的浸染。邹容说："吾幸夫吾同胞之得卢梭'民约论'、孟德斯鸠'万法精理'、弥勒约翰'自由之理'、'法国革命史'、'美国独立檄文'等书译而读之也。是非吾同胞之大幸也夫！"① 邹容本人便是有幸读到这些书籍的革命志士之一。因此，他们的民权、民治见解也较之维新派更显完备。他们指出：国家并不属君主所有，而应属于全体国民。"故国者民之国，天下之国即为天下之民之国。……以一国之民而治一国之事，则事无不治；以一国之民而享一国之权，则权无越限。"人民如何才能治一国之事？享一国之权？这就要求建立民主共和制度，国民脱离奴隶性，参与国家政治，肩负社会责任，具有自由、平等、独立的权利和人格。② 这种政治理想落实于他们的反清革命行动之中。后来，孙中山的三民主义及五权分立等方案本质上贯穿了民主思想主题。

① 邹容：《革命军》，见张枬、王忍之编《辛亥革命前十年间时论选集》第一卷，下册，652～653页，北京，三联书店，1960。

② 《说国民》，见《辛亥革命前十年间时论选集》第一卷上册，72～74页，北京，三联书店，1960。

革命派的民主方案及实践带有浓厚的理想色彩，对中国国情的复杂性估计不足。然而，革命派追求的民主道路和共和方案根本上并没有错。它是当时中国社会的产物，反映了多数群众的愿望，也符合世界民主潮流的方向。辛亥革命既是一场政治革命，又是一次思想革新。民主观念借助于政治变革而更广泛地深入到知识分子及其他民众之中。深受专制主义压迫和束缚的中国民众（尤其是青年学生）逐渐认识、接受了近代民主观念和制度。例如，上海爱国学社的刊物虽未直接宣传反清革命，却明确指出："国也者，集民而成者也，有民始有国，故民者国之主人翁。""国为人民公共之器，非一人所得据为己有，更非外人异族所得强占也。"[1] 这些思想逐渐由革命志士向一般青年学生扩散，汇集成反清民主革命的社会基础。辛亥革命后，共和建立，中国人民尝试了民主政治，民主观念也由革命知识分子渐及其他阶层，并成为人们的政治信仰。唯其如此，无论是"洪宪"帝制，还是张勋复辟，都只能成为短暂的历史丑剧；唯其如此，民主才能成为五四新文化的主题之一，时代的强音。

就晚清文化的两大主题科学和民主来看，民主显然不如科学那样基础牢固，得到社会各阶层的普遍认同。这种状况当然与根深蒂固的专制传统相关，因为民主与专制无论在何种文化层面都是绝不相容的两极。从政治层面而言，民主就是人民向统治者要求政治权利和社会平等，与统治集团的利益存在根本矛盾。另一方面，近代民主制度和基本观念不是本土文化的产物，而是西学东渐的一部分。近代民主制度和价值体系源于西方，基本上属于移植而来的西方文化，带着明显的阶级烙印和民族特征，甚至以文化侵略的面孔出现。晚清的文化移植都是直接适应现实社会的需要，具有很强的选择性，伴随侵略势力出现的民主在中国遭到误识和排斥也是不言而喻的。因此，相对于科学，民主是现代中国文化更新、发展的难题。

四、晚清文化的特点及地位

晚清几十年中，文化变化之大、更新之速在中国历史上实属罕见。较之古

---

[1] 陈君衍：《论中国是谁之中国》，载《童子世界》第 27 号，1903。

代，近代文化的发展具有一些新特点，就其主要来说：

首先，晚清文化的发展总是与政治变革、社会运动密切相关。晚清文化传承、发展了古代文化，但并不是自然延续、水到渠成。新文化的发生及其基本内容都与一定的政治事件分不开。中国现代化属于"后发外生型"一类，晚清社会也总是处于不断的政治冲突之中。自古以来，动荡的政局或战争环境对文化的演变都有所影响，但不一定阻止文化的发展。相反，王权失落以及旧文化权威的丧失还可能引起思想变动，有利于新文化的产生。在落后挨打的局面中，晚清士人开始"师夷长技"；又为了"求强求富"的需要，开始大规模地引进西学。戊戌新文化和辛亥新文化更是与救亡图存的历史主题分不开，20世纪初年的"史界革命"、"小说界革命"、"诗界革命"、"戏曲改良"以及提倡"国学"、"保存国粹"等等都是如此。因此，晚清先进文化总是包含鲜明的爱国主义精神，民族主义在近代思想史上占有重要地位。

在此背景下，晚清新文化的生长受政治、社会运动的限制而有明显的选择性。晚清思想家对中学或西学的选择大多打上了政治烙印，如影响很大的西方进化论和民约论。进化论经过严复等人的诠释而赋予了救亡图存、反对侵略的思想意义。民约论也成为戊戌以后知识分子反对封建专制、要求民权平等的思想理论。西方启蒙思想中的自由主义也在中国发生变异，往往被人们代之以"群体"观念或集体主义。同样，近代科学主题也因军事需要而长期偏重于军工技术，学理研究相对欠缺。近代新文化没有经历西方文艺复兴那样的独立发展阶段，过分依靠政治时势，从而表现出功利主义和简单化倾向，人们对文化本身的价值和特点重视不够。这在一定程度上导致新文化的根基极不牢固，一旦政治倒退、复旧，新文化也就随之萎缩。

其次，晚清文化发展具有明显的不平衡性。在晚清社会，"微弱的资本主义经济和严重的半封建经济同时存在，近代式的若干工商业都市和停滞着的广大农村同时存在，几百万产业工人和几万万旧制度统治下的农民和手工业工人同时存在"①。在这种二元结构中，农村的封建、半封建经济完全是传统的延续，资本主义经济则是随着西方侵略势力进入中国，只是在通商口岸、沿海地

---

① 毛泽东：《中国革命战争的战略问题》，见《毛泽东选集》第一卷，88页，北京，人民出版社，1991。

带和交通便利的地区生长。于是，在沿海与内地、城市与乡村之间，经济发展水平极不平衡。

不平衡的经济相伴随的是不平衡的文化，晚清文化的地域性差异相当明显。在五四新文化兴起之前，观念的变化主要源于生活方式的变迁。在一些新兴的工商城市，人们的生活方式，尤其是娱乐习俗已经较近代以前明显不同。这些地区的士大夫阶层也较早地受新环境的浸染，产生了一些不同于传统的新观念、新主张。晚清大多数改革者、思想家（如维新派知识分子、民主革命者）出自沿海地区。当然，这些思想主张的实现则又往往依赖具有政治实力的中部士人。换言之，由于资本主义经济弱小和沿海经济走廊非常狭窄，许多新思想事实上不可能从社会的边缘走到中心，影响全国。

晚清文化更新过程中，偏僻的内地与沿海地区反差很大。比如，伦理观念与生活方式密不可分，故地区差异也十分明显。一方面，在一些工商业城市，人们的生活方式较之古代大不相同，传统的纲常道德渐趋崩溃。在上海等地，父子对簿公堂、买卖婚姻的现象更为常见，传统贞节观念的约束力也大为减弱。另一方面，在广大内陆和农村，社会生活几如平静的死水，民风落后而古朴，传统伦理仍左右着社会风尚和价值取向。常见的现象是，家长制及孝道遗风经久不绝，旧的贞节观念相沿成习。同时，内地的经济形态沿袭传统，社会结构基本如旧。传统士绅很少转变为新式知识分子，继续读着传统的典籍，对西学知之甚少，也没有多少机会"开眼看世界"。在清末留学高潮中，甘肃全省留日学生只有一名，新疆、青海、宁夏则几乎没有。在此氛围中，他们自觉或不自觉地遵循、维护旧的思想信念和社会风习，新文化的传播和生长难上加难。

由于晚清文化对政治环境的依赖性太强，又产生了另一种不平衡，即引进西学或文化更新在不同层面畸轻畸重。关于这一点，梁启超的说法最有影响："第一期，先从器物上感觉不足。这种感觉，从鸦片战争后渐渐发动……曾国藩、李鸿章一班人，很觉得外国的船坚炮利，确是我们所不及。"于是，兴办近代军事工业，翻译西方科技书籍。"第二期，是从制度上感觉不足。"中日甲午战争之后，国内有心人都认为是政治制度不良所致，于是开展"变法维新"运动。"第三期，便是从文化根本上感觉不足。"辛亥革命"成功将近十年，所希望的件件都落空，渐渐有点废然思返，觉得社会文化是整体的，……渐渐要求全人格的觉悟"①。这里，梁启超所谓"文化根本上"，主要是从狭义而言的精神文化。这与本书的"文化"概念大致相同。由于引进西学长期偏重于器物层面，社会制度则相对滞后或走入误区，晚清精神文化本身的引进和变革也存在明显偏差。从洋务到戊戌，中西融合长期局限于"中体西用"、"中道西器"一类模式，西学偏重于科技领域，人文社会科学相对滞后。这是导致新文化基础非常薄弱的根源之一。同样，一些思想家关注文化变革是为了完善、发展儒家的价值体系，他们的精神信仰与制度选择存在着隔阂和冲突。一些思想家（如康有为、章太炎）很快由先进人物变得保守、落后，显然隐含这种因素。

其三，相对说来，晚清的新文化显得肤浅粗糙，缺少体系。晚清资本主义经济非常薄弱，社会矛盾错综交织，政治局势复杂多变。先进知识分子来不及进行深入的理论构建，建立在这种政治、经济基础之上的新思想、新文化不可能像宋明儒学或西方文艺复兴那样经过从容地酝酿和系统地理论化。梁启超说晚清"新思想之输入"是"无组织，无选择，本末不具，派别不明，惟以多为贵，而社会亦欢迎之。盖如久处灾区之民，草根木皮，冻雀腐鼠，罔不甘之，朵颐大嚼，其能消化与否不问，能无召病与否更不问也，而实亦无卫生良品足以为代"②。事实上，不唯输入西学如此，晚清新思想、新理论的构建也有类似特征。无论是洋务派的"中体西用"，还是康有为的"孔子改制"说及"大同理想"，或者是革命知识分子的"古学复兴"、"保存国粹"，都不是成熟的思想理论。它们产生之后，迅速遇到其他思想流派、甚至同一流派内部的挑战。这些理论的生命力相当有限，数年或数十年就被时代抛弃了。

尽管晚清文化存在种种不足，但在中国文化史上的重要性则是毋庸忽视的。民族文化的生命力在于融合创新，汲取一切优秀的文化成果。中国古代几

---

① 梁启超：《五十年来中国进化概论》，见《饮冰室合集》文集之三十九，43～45页，北京，中华书局，1989。

② 梁启超：《清代学术概论》，见《饮冰室合集》专集之三十四，71～72页，北京，中华书局，1989。

次较大的文化发展（如春秋战国、汉、唐、两宋），都与汲取外域文化密切相关。晚清文化也处于类似的历史契机之中。大体说来，晚清文化的历史地位主要体现在：

晚清的文化格局发生了前所未有的大转变。西汉以后，无论儒学内涵如何变化，却一直是传统学术的正统和主流，后世一些人甚至以儒学概称中国文化。撇开这种格局的成因不说，就其影响来说，显然对中国文化的更新和发展是不利的。在西学的参照下，晚清学术的价值坐标无形之中发生了变化。独尊儒学的格局受到冲击，非儒学派的思想内涵和社会价值则得到彰显。道咸以后，随着经世致用思潮的兴起和发展，加之西学东渐的深化，一些学术支流出现了复兴：诸子学兴起、经世派理学复兴、佛学重现生机、史学更新等都成为传统学术格局裂变的重要方面。到清末，传统学术结构已由儒学独盛转为多元并存。这是前所未有的思想解放，为中国文化的发展和繁荣创造了条件。

随着文化格局的转变和西学渗透，传统文化在晚清的更新和发展明显加速了。盛极一时的考据学逐渐淡出，义理之学则彰显出来。早期维新派及康有为等人以西学阐发儒学，使之有所发展。20世纪初年，梁启超、章太炎、严复、王国维等人也以西学诠释传统文化，并赋予其新的社会价值。晚清数十年中，文化见解层出不穷，思想活跃，流派纷呈。士人虽不像宋儒援佛入儒那样构建系统的学术形态，但也从许多方面发展了传统文化。

在大众文化层面，由于生活方式的变迁和中西融会，晚清开启了新的社会风尚。在工商业较发达的地区，传统习俗已有显著变化，趋新、崇洋、尚奢之风逐渐形成。随之，传统的价值观念和道德体系也开始解体。女界变化尤其明显，如废除缠足、自由婚恋和外出就业都渐成都市社会的时尚。这些转变较之宋代、晚明时期巨大而深刻。晚清社会风尚难免泥沙俱下，但其主流是文明的、进步的。新的社会风尚既是文化变迁的基本内容，又为思想构建、学术更新创造了社会氛围，提供了理论素材，也是文化发展的基础。

晚清文化留下了丰富的思想遗产，对于震古铄今的五四新文化尤有意义。如果没有戊戌到辛亥的新文化运动，五四新文化几乎是不可想象的。五四新文化的主题——科学和民主，在晚清进步文化中已基本具备。五四新文化的许多具体观点，如反对独尊儒学、抨击三纲五常、注重改造国民性等等在清末已经出现，而提倡白话文、发现大众文化的价值也在清末某些作品中已有体现。可以说，五四新文化基本上是晚清进步文化的延续和发展。因此，总的来看，晚清文化虽然存在一些不足，却不失为中国文化的重大发展，应该在历史上占有相当地位。

第一章
经世学风与经世实学的兴起

一、经世学风的形成

嘉道之际，封建王朝又一次进入了由盛而衰的历史轮回。看起来，清帝国还是"天朝上国"、歌舞升平，实际上则是政治腐败、经济凋敝、民不聊生。社会千疮百孔，国家险象丛生，反映在思想文化领域，则是兴盛一时的经学停滞不前，士林学风衰坏颓废、死气沉沉。

（一）清代学风的衰颓

从历史上看，一种学术发展到极致时，流弊便随之而至，蜕变也就不可避免了。明代陆王心学发展了儒学，开辟了较为广阔的思想空间。但王学末流陷入了脱离实际、清谈误国的歧途。故当明末社会危机加剧时，忧时救世的士大夫就指斥心学的弊病，倡导实用、经世之学。他们有的关注经世治国的大业，有的究心于天文、历算、医药、水利等实用之学，从而开启了由虚返实的学风。明、清政权更替之后，由虚返实的趋势在儒学领域进一步发展了。顾炎武等思想家没有局限于批评或修正陆王心学，而是寻求儒学的治本良方。在"经学即理学"的呼声中，清代学术走上了一条"回归原典"的道路，从根本上改变了宋明儒家空谈性理、束书不观的积习。

清代学术发展到以经学考据为中心当然有其内在理路。自宋以来，考据辨伪之学已有基础，即使在心性之学盛行的明代，也不乏重考据、尊汉儒的学者。清代考据学在某些方面接续、发展了前代学术。这一点，近年来的研究者已有所重视。但另一方面，也不能完全否定外在历史环境的作用。新王朝的稳定以及士大夫的逐渐认同，尤其是雍正以后屡兴文字狱，文化专制主义不断加强，加上清朝统治者的提倡，这些因素都推动了士大夫趋于儒经考据。于是，经学成为传统学术的主流，其兴衰荣枯主导着清代学术的基本格局。清代经学的重心是关于儒经（集中于"十三经"）的校勘、考订和注释。至乾嘉时期，经学考据如日中天，而学者们解经、注经又以汉代经师为归依，形成所谓"家家许、郑，人人贾、马"的局面，故"汉学"一词成为清代经学的代称。他们推崇考据，崇尚朴实学风，故又称清代经学为朴学或考据学。后人把当时专注于儒经考据的学者称为乾嘉学派。

本来，无论是研究东汉以后占主流地位的古文经，还是研究西汉流行过的今文经，都是汉学。但因两者文本存在差异，经学风格也逐渐分明，即形成所谓"古文学"和"今文学"。综观之，乾嘉学者研究的儒经主要是东汉的古文经。

乾嘉学派以"实事求是"相标榜，以儒经考据为中心，而衍及小学、音韵、史学、天算、水地、典章制度、金石、校勘、辑佚等领域，在系统地整理儒经及古籍，发展考据学方法，开创实证学风诸方面，都取得了巨大成就，故在传统学术史上占有一席之地。但是，这种以考据为重心和价值取向的学术潮流也潜伏着危机。它只重"传事"而不重"传义"，往往流于舍本逐末。到嘉庆朝，其学术积弊更加严重：

其一是泥古积习及门户观念。中国士人历来有好古积习，政教好谈三代，学术研究以古为尚，清学便在梁启超所谓"以复古为解放"的趋向中衍生出来。当时，"解放"的意义尚不明显，"复古"的旋律却非常高亢。他们所复之"古"不是孔孟，而是东汉注疏、训诂。惠栋承父、祖之学研究《易经》，学术上趋于专谨，却强化了"凡古必真，凡汉皆好"的风气。其弟子谨守家法，俨成吴派。复古取向以及伴随而生的门户观念对于汉学的建立不无作用，而负面影响也显而易见。即使汉学盛炽之时，"唯汉是好"的偏向也遭到一些人怀疑，《四库提要》评论惠栋"其长在古，其短亦在于泥古"。① 惠派自建壁垒，学传不广。皖派经学领域较广，但同样存在泥古积习和门户观念。方东树斥之为"但出于汉者主义，出于宋者非。诧为辅经，实足乱经。始不过主张门户，既肆焉无忌，则专以攻宋儒为功。"② 当时，一些汉学家对此积弊也有所认识。焦循指出：标榜"汉学"，而"汉之去孔子几何岁矣，而汉之去今又几何岁矣！学者，学孔子者也。""惟汉是求，而不求其是，于是拘于传注，往往扞格于经文。是所述者，汉儒也，非孔子也。而究之汉人之言，亦晦而不能明。"③ 故他们虽重考据，却也注意博通，有的还讲求义理。王引之主张"熟于汉学之门户，而不囿于汉学之藩篱"④。这些批评对于专宗许、郑、贾、马的汉学家无疑有所触动。于是，一些人的学术视野超越东汉，注意到西汉经学、乃至先秦诸子。

其二是烦琐考据而不讲义理之弊。许多考证著作，总是引经据典，动辄数十万言，看起来专精细密，却不能把握儒学的真精神。章学诚著《文史通义》，意在针砭戴震，指陈经学流弊。他认为考据学"徵实太多，发挥太少，有如蚕食桑叶而不能抽丝"⑤。稍后，汉学家对这类弊端的认识和批评更多了。阳湖派文宗张惠言指出："数十年间，天下争为汉学，而异说往往而倡。学者以小辨相高，不务守大义。或求之章句文字之末，人人自以为许郑，不可胜数也。"⑥ 因而，张惠言既承吴派《易》学，又不像它那样泥古琐碎。他以《春

---

① 《四库全书总目提要》卷二九，见经部《春秋》类四，242 页，北京，中华书局，1965。
② 方东树：《复罗月川太守书》，见《仪卫轩文集》卷七，6 页，同治七年刊本。
③ 焦循：《述难四》，见《雕菰楼集》卷七，14～15 页。
④ 王引之：《经义述闻序》，见《王文简公文集》卷三，4 页，罗振玉辑，高邮王氏遗书本。
⑤ 章学诚：《与汪龙庄书》，见《章氏遗书》卷九，25 页，吴兴刘氏嘉业堂同治元年刊本。
⑥ 张惠言：《安甫遗学序》，见《茗柯文编》三编，22 页，光绪七年刊本。

秋》之法治虞氏《易》，求其条贯，明其统例，被梁启超称为常州今文学派的两大源头之一。稍后岭南汉学家陈澧更认为，"盖百年以来，讲经学者训释甚精，考据甚博，而绝不发明义理以警觉世人。其所训释考据，又皆世人所不能解。故经学之书，汗牛充栋，而世人绝不闻经书义理。此世道所以衰乱也。"①此说或许有点夸张，但义理枯萎造成的经学困境却是事实。

其三是无益于实用的空虚习气。乾嘉学者没有解决"求真"与"致用"的辩证关系。他们在"求真"的旗帜下走入崇古、烦琐的歧途，经学考据脱离社会现实，无益于国计民生。对这类弊端，当时及后世学人都不乏批评。如早年治汉学，后来转向宋学的夏炘指出：汉学家们好寻章摘句，动辄卷帙浩繁，而"于检身齐家、治生接物之道一切不讲，一旦侥幸入官，则农桑、水利、学校、以及事上官、接僚属、御书吏等事更觉茫然无措，一毫无异于吏俗之为"②。历史上也出现过儒学脱离实际的风气，但像乾嘉学派那样走入极端则是罕见的。这种弊病不仅背离儒学的根本精神，也无益于国家和社会。

乾嘉学派的弊病一定程度上反映了衰颓的士林风气。与汉学对峙的宋学虽然高踞庙堂，得到朝廷的提倡，但从清初理学名臣，到乾嘉理学家，均缺少思想创新，不论是哲学本体论还是道德修身学说，都被肢解得面目全非。他们高谈性理，尊崇程朱，多是外托空名、追求利禄的手段。犹如沈垚所说："阴用小人之术以图利，而阳借君子之名以蕴利。宋儒先生有灵，必疾首痛心于斯人而置诸不齿之列矣。"③ 事实上，与汉学家烦琐无用的学风相对照，宋学家追名逐利的风气更甚。

一般文人也不例外。在封建专制主义笼罩下，科举八股限制了士大夫的治学途径，扼杀了思想生机，也腐蚀其人格。此时，诗文辞赋缺乏思想性，也少有艺术新意，一味地以摹拟古人为尚。桐城派文学则以唐宋文章为圭臬，因循僵化，少有佳作。大量的文字都流于应酬阿谀，党同伐异，与修身治世、民生社稷毫不相干。犹如姚莹指出："士之不振于天下也非一日矣！道德废，功业

---

① 陈澧：《陈兰甫先生澧遗稿》，载《岭南学报》第二卷第三期，183 页，1931。
② 夏炘：《学术有用无用辩》，见《夏仲子集》卷一，民国十四年铅印本。
③ 沈垚：《与许海樵》，见《落帆楼文集》卷九，清吴兴刘氏嘉业堂刊本。

薄，气节丧，文章衰，礼义廉耻何物乎，不得而知。"①

与此形影相随的是趋利之风。士人读书是为了科举，考科举则是为了做官，做官是为了利禄。陈寿祺颇为感慨地指出：士人"所业者皆曰从事圣贤之书，而所趣无异乎市井之行。其人皆国家所待之兴能兴贤以收股肱耳目之用者也，而束发受经以迄筮仕，谬曰求名，而终日皇皇，鲜不为利而忘义，安望成德达材与夫气节功名有裨于世哉！"② 于是，向来标榜"礼义廉耻"的士大夫变得唯利是图，在上者贪污腐败，骄奢淫逸；在下者趋承奔走，诔上欺民。正如管同所说："今之风俗，其弊不可枚举，而蔽以一言，则曰好诔而嗜利。惟嗜利，故自公卿至庶民，惟利之趋，无所不至；惟好诔，故下之于上，阶级一分，则奔走趋承，有谄媚而无忠爱。"③ 世风如此，老大的满清帝国在日益腐烂、沉沦。

（二）嘉道年间的学术嬗变

学风的转变，既是社会危机、时代思潮的必然反映，又以学术演变为依据。嘉道年间的经世致用学风也是如此。嘉道经世之学的渊源主要不是苏、皖地区的汉学，而是来自更广泛的学术传统。经世致用的学者大多出自湖南、浙江、安徽、福建、广东等省。他们的学术基础既有今文经学，还有湖湘理学、桐城派宋学。当乾隆年间汉学兴盛，士人群趋于儒经考据之时，一些宋学家较明显地传承了经世意识。陆耀编辑的《切问斋文钞》，接续于清初理学经世思想，有一定影响。翁方纲、姚鼐等宋学家批评汉学无益实用，强调应"穷经以致用"，学术应有裨于人心风俗。至嘉道年间，汉宋之学由对峙趋于调和，学术思想也相互影响。

汉学自身弱点日渐暴露之时，清学的内部危机给宋学制造了攻击的口实和重振良机。惠栋的再传弟子江藩曾撰《汉学师承记》，张扬汉学，又撰《宋学渊源记》，心有轩轾，体现了贬抑宋学的倾向。道光六年（1826年），桐城派学者方东树针对江藩而撰成《汉学商兑》，指斥汉学有六大弊端，"名为治经，

---

① 姚莹：《东溟文集·师说上》卷一，见《中复堂全集》，同治丁卯刊本。
② 陈寿祺：《科举论》，见《左海文集》卷三，道光年间刊本。
③ 管同：《拟言风俗书》，见《因寄轩文初集》卷四，光绪己卯年刊本。

实足乱经，名为卫道，实则乱道"。这种攻击虽然包含门户之见，却切中流弊。此后，贺瑞麟、邵懿辰、方宗诚等宋学家也严厉批评汉学。汉宋纷争为清代学术的裂变、调整创造了条件。

在这种状况下，调和汉宋的苗头开始滋长。有的人如李兆洛、张履等人的学术根柢本为汉宋兼采，无所偏重，自然主张调和汉宋，寻找解决学术危机的出路。李兆洛治今文经学，注重"考据"与"义理"相结合。他认为，"为考证之学者，援文比类，据物索象，迫其说不能自还，则务繁征博引，以蕲必伸，其蔽也凿，然而考订精勤之功不可没也。为义理之学者，穷理必从其朔，其蔽也或，至于穷高极远而无所薄，然而剖析理欲、教人践履之功不可诬也。归之大要，皆有功于圣人。"① 类似李兆洛的学者并不罕见。张履治学也注意"治经穷理"，自述"为汉为宋，则各从其说之长，而绝不参以成见"②。中国古代学术本来是在融合中创新、演进，因而学无偏至、博采众长的学者，在各时期都不乏人。少数兼采汉宋的学者多少继承了传统学术的兼容精神，当然也不会在汉宋对垒中固守一隅。然而，他们并非当时的学术主流，汉宋调和趋势的典型体现还是根柢于汉学或宋学的一批人。

嘉道年间，有的汉学家开始融合宋学。官至督抚的阮元，"历官所至，振兴文教"。这里所谓"文教"，实为汉学。正如他在杭州创办诂经精舍一样，又在广州创办学海堂。史载，他"延揽通儒，造士有家法，人才蔚起。撰《十三经校勘记》、《经籍纂诂》、《皇清经解》百八十余种，专宗汉学，治经者奉为科律"③。但这位显赫的汉学家认为："两汉名教得儒经之功，宋明讲学得师道之益，皆于周孔之道得其分合，未可偏讥而互诮也。"④ 他研究儒经虽以训诂为前提，又不乏义理阐述。在他的影响下，学海堂不乏基于汉学而兼采宋学者，初期的学长林伯桐、陈澧都是调和汉宋的重要人物。陈澧长期担任学海堂学长，其众多著述以考据训诂为主，但他认为"解文字者，欲人之得其义理也。若不思义理，则又何必纷纷然解其文字乎？"⑤ 类似情况也见于其他地区。"绩

① 赵振祚：《养一斋文集序》，见李兆洛：《养一斋文集》卷前，1页，光绪四年重刻本。
② 张履：《复顾访溪书》，见《积石文稿》卷一四，10页，光绪二十年刊本。
③《阮元》，见《清史稿》第38册，11424页，北京，中华书局，1997。
④ 阮元：《国史儒林传序》，见《研经室一集》卷二，2页，上海涵芬楼影印初刻本。
⑤ 陈澧：《与黎震伯书》，见《东塾集》卷四，29页，光绪十八年刻本。

溪胡氏"的胡培翚认为："汉学详于名物训诂，宋学详于义理，以是歧汉宋而二之，非也。汉之儒者未尝不讲求义理，宋之儒者未尝不讲求训诂名物。义理即从训诂名物而出者也。""以汉学为难，得其门径亦非难；以宋学为易，则诚有非易者。"① 浙江学者黄式三及其子黄以周，长于"三礼"研究，学宗郑玄而兼尊朱子，不立门户之见。在他们看来，汉宋之学无分轩轾，互相依存，不可或缺。这种认识较之唯"汉"是好、唯"汉"独尊的取向已有所不同。

嘉道年间，宋学家继续揭露汉学之弊。但另一方面，其中调和汉宋者也不乏人。安徽桐城派文崇汉唐，学宗程朱。其中如刘开、管同、姚莹等人又是调和汉宋的代表人物。刘开说："宋之与汉，其学固有大小缓急之殊也，其交相为用一也，合之则两得，离之则两失。有大贤者出，兼汉宋之长而折衷于孔孟，不快一时之论而先百年之忧。"② 坚持宋学而又容纳汉学，这在桐城派中具有代表性。

道咸时期的理学家曾国藩、朱次琦、夏炘、徐桐、潘德舆、刘熙载等人都有类似倾向。他们的"调和"，不仅是宽容考据学派，而且体现在著述中汲取汉学家的观点和方法。犹如曾国藩的弟子张裕钊所说："夫学固所以明道，然不先以考证，虽其说甚美，而训诂制度之失其实，则于经岂有当焉？"③ 这些理学家因"明道"的需要而重视汉学方法。事实上，有的已经在学术上会通汉宋，如邵懿辰的《礼经通论》、夏炘的《檀弓辨诬》、《述朱质疑》都是这类著作。其中，曾国藩的"外王"功业最为显赫。他认为，乾嘉汉学标榜的"实事求是"并不违背理学主旨："夫所谓事者，非物乎？是者，非理乎？实事求是，非即朱子所称即物穷理乎？"④ 把汉学纳入宋学之中，不免带有宋学家的偏见却代表了宋学家兼采汉学的倾向。

清代偏重考据的汉学和偏重义理的宋学虽为两种学术范式，本质上却非完全对立。汉、宋两家学术重心虽有差异，却不能长期固守一隅，学术自身具有

---

① 胡培翚：《答赵生炳文论汉学宋学书》，见《研六室文钞》卷五，24～25 页，道光年间刊本。

② 刘开：《学论中》，见《刘孟涂集》卷二，道光六年刊本。

③ 曾国藩：《湘乡学案》，见徐世昌编《清儒学案》卷一七七，影印本，北京，中国书店，1990。

④ 曾国藩：《书学案小识后》，见《曾文正公全集》，50 页，光绪三年刊本。

兼通汉、宋的需求。正是这种内在规定性凸显了乾嘉汉学的积弊，引发了学术反思，从而推动汉、宋调和，相互汲取的潮流。同样，当儒学完全不能适应士人修齐治平的需要，不能体现社会实用价值时，就已经走到了调整或变革的门槛。嘉道士人对学术的反思和调整不仅体现在转重义理之学，而且在于寻求适应经国济世需要的"微言大义"。于是，通经致用、通子致用的倾向开始出现。

当然，这种学术调整又基于一定的社会背景和文化环境，后者如士人交游。嘉道年间，潜伏的社会危机逐渐暴露出来，敏感于时的士人开始关注社会问题，宋学发达的地区如湖南、福建明显地延续了经世学风。除了汉、宋调和的学术趋势外，当时频繁的士人交游、修禊雅集活动创造了一个交流思想学术的文化空间，成为传播现实关怀，唤醒经世意识的重要媒介。宋学家因之更直观地汲取汉学方法和实证学风，汉学家更深入地浸淫于宋学的修身主题和经世关怀。于是，主要流传于宋学的经世意识通过修禊雅集而扩散到汉学群体，加之汉、宋学者间的相互影响，学术风气乃加速变化。

因为适应寻求义理和经世致用的需要，以常州学派为代表的今文经学应运而兴。此前，一些人的学术兴趣逐渐由东汉古文经转向更"古"的西汉今文经。此时只有极少数学者研究西汉流行的今文经，如吴派学者褚寅亮的《公羊释例》、《周礼公羊异义》，皖派学者孔广森受庄存与的影响，著有《春秋公羊通义》，常州学者洪亮吉也有《公羊穀梁古义》。这些研究还不能独树一帜，却为今文经学的兴起奠定了基础。

清代复兴今文经学的开创者是庄存与，经其侄庄述祖传衍，至外孙刘逢禄、宋翔凤而大张其帜。因他们籍贯属于江苏常州或与之相关，故称为常州学派。在《春秋》三传中，他们独崇《公羊》，又称为公羊学派。

庄存与生活于乾隆年间，祖、父辈都官居高位，自己中进士后，被授翰林院编修。庄存与早年也治古文经，但不拘于汉宋门户，注意"博通六艺，善于别择"。他于群经皆有论述，尤其看重今文经。他治经的重心不在名物训诂，而是"微言大义"。他最有影响的著作是《春秋正辞》，认为《春秋》并非"记事之史"，而蕴涵着"至圣之法"。他推崇公羊家的解经方法，凸显《公羊传》

的价值。龚自珍说他"以学术自任,开天下之古今之故,百年一人而己矣"①。在古文经学笼罩全局的形势下,庄氏今文经学的社会影响不大,但传及后人,逐渐壮大。嘉庆年间,庄存与之侄庄述祖治《易》学,并传衍庄氏《春秋》公羊学,又援之以治《大戴礼记》中的《夏小正》,重在阐发义理,亦卓然成家。庄存与的族孙庄有可专治《春秋》,著《春秋注释》、《春秋字数义》、《春秋天道义》、《春秋人伦义》等十余种书,约三百余卷,巩固了庄氏《春秋》学的地位。

庄存与的外孙刘逢禄属于常州另一个著名的学术家族。庄、刘二族在三个世纪的联姻中,学术上相互影响、传衍,枝繁叶茂。庄、刘二族对清中叶的学术文化可谓举足轻重。刘逢禄年少即受董仲舒、何休经学的濡染,后从舅父庄述祖治经,发扬外家学述,并汲取同时代今文家孔广森的学术营养。刘逢禄认为《春秋》"能救万世之乱",《公羊传》"知类通达,微显阐幽"。他不像外家治经模糊今、古文,而是专主今文,中年以后撰《春秋公羊何氏释例》等书,非难《左传》,系统地笺释《公羊传》"通三统"、"张三世"的"微言大义",彰显公羊学的政治历史价值,寻找挽救社会危机的良方。刘氏奠定了公羊学复兴的坚实基础。

刘逢禄的表兄宋翔凤年轻时也随舅父庄述祖学习今文经学。他认为《左传》是记史之书,对于《春秋》的"微言大义""阙而不闻",因而推崇《公羊传》。他又独辟蹊径,撰《论语说义》、《大学古义说》等书,探究其中与《春秋》相通的"微言大义",申讲为君之道,为臣之道。刘、宋扩大了今文学阵营。于是,今文经学呈现复兴气象。

同为常州人氏的张惠言虽承苏州惠栋之学,却从治诗文词赋而转治《易》学,超越师承,系统阐述东汉今文《易》学家虞翻的学说,著《周易虞氏义》等书,为一时《易》学大家,扩大了今文经学的阵地。无论是从《公羊传》来讲"张三世""通三统",还是从《易》来讲变易,今文家都以变化、发展的观点来认识历史和社会。这与一味崇古的古文家显然不同。故今文经学成为清代学风转变的基础,为关注社会、倡导改革的学风创造了条件。梁启超论常州学

① 龚自珍:《资政大夫礼部侍郎武进庄公神道碑铭》,见《龚自珍全集》,141 页,上海古籍出版社,1999。

派说：

> 他们的经学是《公羊》家经说——用特别眼光去研究孔子的《春秋》，由庄方耕存与、刘申受逢禄开派。他们的文学是阳湖派古文——从桐城派转手而加以解放，由张皋文惠言、李申耆兆洛开派。两派合一来产出一种新精神，就是想在乾嘉间考证学的基础之上建设顺康间"经世致用"之学。①

这里勾勒出今文经学的源头，反映清代学者由古文经学转向今文经学的历程。不过，常州学派主要是从学术上发掘今文经学的"微言大义"，虽有经世关怀，而社会影响不大。有意识地将学术与治事结合起来，倡导并"建设""经世致用"之学的代表人物还是稍后龚自珍、魏源为代表的经世学者。

（三）经世致用学风的复兴

嘉道年间，社会危机日益严重，吏治败坏，民生凋敝，国势凌夷。英国在华进行"可耻的鸦片贸易"，导致白银外流，清廷财源枯竭，社会矛盾雪上加霜。这使得士大夫更加不能像"乾嘉盛世"的学者那样埋首书斋，不问世事。另一方面，封建王朝日过中天之后，统治者对士人的思想钳制有所放松，学术文化呈现复苏之象。至道光年间，流播于士林的经世言论、著述逐渐增多了。

嘉道之际，敏感忧时的人士开始明确批评陈腐学风，倡导经世致用。宋学家夏炯指出：

> 夫所贵穷经者，将以致用也。用之于家，则自收束心身，整齐内外，以及人情物理，交接应酬，处处皆有实际。用之于国，则自农桑水利风俗学校，以及奉公守法，洁己爱民，事事皆有实心。如是方可谓通儒，方可称为学者。若仅从书册上讨生活计，以为某经一字吾考诸某本之文，而知其是否某书之文。吾核以某处所引，而知其讹错。千言万语毫无心得，此等学问岂非破碎决裂，名为治经，实则贼经，名为好学，同于不学。②

这反映士大夫对乾嘉学风的反省，也典型地反映了宋学家重视经世致用的

---

① 梁启超：《中国近三百年学术史》（四），见《饮冰室合集》专集之七十五，25 页，北京，中华书局，1989。

② 夏炯：《书惠定宇九经古义后》，见《夏仲子集》卷三，民国十四年铅印本。

趋向。风气所及，有的汉学家开始讲求经世之学。如汉学家俞正燮不再局限于名物训诂，而对河工、漕运、边防等时事发表见解。汪中之子汪喜孙自称"二十年来，废寝忘食，惟于经世之学，发生人之蕴"①。他所撰文章多涉及农桑树艺、风化、兵制、河渠、漕粮、盐政等社会实务。此外如陈澧、刘宝楠、何绍基、冯桂芬等汉学家均有鲜明的经世意识，言论中强调讲求经世之学的重要性。今文经学者龚自珍和魏源更是被后人看作嘉道经世派的代表人物。

龚自珍（1792—1841），字璱人，号定盦，浙江仁和（今杭州）人，道光九年进士，官至礼部主事，后主讲杭州紫阳书院。他早年受乾嘉考据学熏陶，外祖父段玉裁是清代著名文字学家，精通汉学。然而，在"起视其世，乱亦竟不远矣"的局面中，龚自珍没有像乾嘉学者一样拘泥于文字考据，而是青睐于经世致用之学。早年，龚氏受浙江学者章学诚"六经皆史"、"史学所以经世"的思想影响。加之，庄存与之子庄绶甲曾在龚氏家馆执教，龚氏与常州学派发生学术因缘。嘉庆二十四年（1819年）春，龚自珍入京会试，向刘逢禄请教《春秋》公羊学，更为折服，作诗表示"从君烧尽虫鱼学，甘作东京卖饼家"②。从此皈依被人称为"卖饼家"的公羊学。与刘逢禄一样，龚自珍推重东汉何休的《春秋公羊解诂》，但与刘氏等前辈不同，他更重视公羊学中的"非常异议可怪之论"，尤其是"变"的哲学思想。

他治今文经学，却主张"不必泥乎经史"，不把今文经学的观点当作金科玉律。他不仅从经书中发掘"微言大义"，且以自身体会和现实需要来解经，进一步凸显了今文经学的经世致用特色。他认为，"自周而上，一代之治即一代之学也；一代之学皆一代王者开之也"③。这种看法并不准确。但龚氏彰显古代"治""学"合一的传统，强调了学术的致用性，直接针对割裂"求真"与"致用"的乾嘉学风。龚氏今文经学的重心不同于常州学派。庄、刘等人适应"乾嘉盛世"的需要而阐述《春秋》"大一统"的"微言大义"，清朝由盛而衰之际的龚自珍则主要发掘《春秋》"张三世"、"通三统"思想。他依据公羊家的"三世"说，把社会历史的发展分为据乱、升平、太平三个

---

① 汪喜孙：《文稿自序》，见《从政录》卷一，江都汪氏丛书本。
② 龚自珍：《杂诗》，见《龚自珍全集》，441页，上海古籍出版社，1999。
③ 龚自珍：《乙丙之际著议第六》，见《龚自珍全集》，4页，上海古籍出版社，1999。

阶段，并强调由据乱进入升平、再达到太平之世的关键是改革。于是，他开"以《公羊》义讥切时政"的先河。龚氏治今文经不"唯经"，也不"唯上"，被后人看作"晚清思想解放"的先驱。

与龚氏齐名的魏源（1794—1857），字默深，湖南邵阳人。他15岁补县学弟子员，始究心阳明之学，又好读史。魏源家贫，长期由叔父魏辅邦教育，而辅邦的好友罗典是岳麓书院山长，为传衍湖湘理学、讲求经世致用的著名学者。嘉庆十八年（1813年）春，魏源就读于传衍湖湘理学的岳麓书院，时间仅十个月，而早年受湖湘理学及经世致用学风的熏陶是不可忽视的。嘉庆十九年春，魏源到北京，学《公羊》学于刘逢禄，并结交龚自珍、姚莹、汤鹏、张际亮等人，进一步浸染于经世致用之学。魏源博学多识，但科场并不如意，道光二年（1822年）中举后，屡次会试不第。后来长期游幕江南，参与筹划江淮盐务、河工、漕运诸大政，成为著名的经世人才。

魏源批评沉迷故纸的乾嘉学风，较之刘逢禄、龚自珍等人更加彻底地批评古文经学。对于今文家，魏源比较推崇西汉的董仲舒，而贬低东汉的何休。他不仅像今文家一样注重儒经的"微言大义"，而且强调通经致用。于是，他研治的今文经学已与常州学派有所不同。他指出：

> 今日复古之要，由训诂声音以进于东京典章制度，此齐一变至鲁也；由典章制度以进于西汉微言大义，贯经术、政事、文章于一，此鲁一变至道也。[1]

可见，魏源不仅把复兴今文经学的重心由东汉推溯到西汉，更加凸显"微言大义"的价值，而且强调"贯经术、政事、文章于一"。他所谓"道"的内核是主要源于《公羊》学"三统"、"三世"说的变易思想，外在形式则是"以经术为治术"，即通经致用。在魏源看来，"通经"是为了"致用"，孔儒之"道"与治事是分不开的。他指出：

> 曷谓道之器？曰'礼乐'；曷谓道之断？曰'兵刑'；曷谓道之资？曰'食货'。道形诸事谓之治；以其事笔之方策，俾天下后世得以求道而制事，谓之经。……士之能九年通经者，以淑其身，以形为事业，则能以

---

① 魏源：《刘礼部遗书序》，见《魏源集》上册，242页，北京，中华书局，1976。

《周易》决疑，以《洪范》占变，以《春秋》断事，以《礼》《乐》服制兴教化，以《周官》致太平，以《禹贡》行河，以三百五篇当谏书，以出使专对，谓之以经术为治术。曾有以通经致用为诟厉者乎？①

他不仅找到了"通经致用"的儒学根据，而且履践这种学术传统。他研究儒经的代表作《诗古微》、《书古微》就体现了这一思想。他编撰的《海国图志》、《皇朝经世文编》等巨著更是直接服务于社会现实的需要，具有里程碑的意义。

道光六年（1826 年）刊行的《皇朝经世文编》是经世致用思想的落实。晚明社会危机之际，复社的陈子龙等人编成《皇明经世文编》，针砭"士无实学"的恶劣风气，推动了明末清初经世学风的发展。这时，以黄宗羲、顾炎武等为代表的士大夫发挥儒家的入世精神，重视有关国计民生的学术研究，探究古今治乱得失，提出济世利民的社会良方。这种传统在乾嘉时期明显淡化了。乾隆中叶陆耀编辑清初经世文为《切问斋文钞》，延续了清初的经世理学，但不像顾、黄、王三大家的经世之学那样具有改革内涵。

道光初年，在江苏布政使贺长龄主持下，魏源编成《皇朝经世文编》。全书收录二百年间经世文二千余篇，分学术、治体、吏政、户政、礼政、兵政、刑政、工政等八纲六十四目，凡一百二十卷。收录的文章注重于当代典章及历史沿革，涵盖学术、治体和治术（六政）三方面，体现了经世之学的三个层面，体例较之《皇明经世文编》和《切问斋文钞》更加完备。此编成为经世致用思潮复兴的标志之一。晚清汉学家俞樾说："《皇朝经世文编》数十年风行海内，凡讲求经济者无不奉此书为矩矱，几于家有其书。"② 其后，"皇朝经世文""续编"、"三编"、"新编"、"统编"等接踵出现。常州今文经学所包含的经世致用"精神"通过龚、魏发扬起来。

嘉道之际，经世致用学风迅速兴起，出现了一批有见识、有作为的人物。他们既是著名学者，又多是务实能干的地方官吏或封疆大吏的得力幕僚。由于现实的迫切需要，也由于得到一批地方官吏的支持，经世致用逐渐成为一些士

---

① 魏源：《默觚上·学篇九》，见《魏源集》上册，23～24 页，北京，中华书局，1976。

② 俞樾：《皇朝经世文续编序》，见《春在堂杂文四编》卷七，20 页；《春在堂全书》光绪二十八年刊本。

大夫的价值取向。他们将学术与治事融为一体，关心时政，致力于解决社会实际问题。除龚、魏之外，包世臣少即"慨然深究天下之利病"，自负经世之才，著《安吴四种》，讨论水利、漕运、盐政三大时政及农、礼、兵、刑等政务。姚莹"弱冠时即以经世自任"，"为学体用兼备，不为空谈"，被林则徐称为"学问优长，所至于山川形势民情利弊无不悉心讲求，故能洞悉物情，遇事确有把握。前在闽省，闻其历著政声。自到江南，历试河工漕务，词讼听断，皆能办理裕如。"① 又如汤鹏"慨然有肩荷一世之志"，著有《浮邱子》，指陈前代得失，通论军国利病、吏治人事。周济"少与同郡李君兆洛、张君琦、泾县包世臣以经世学相切劘，兼习兵家言。习击刺骑射；至是益交江、淮豪士，互较所长，尽通其术，并详训练营阵之制"②。张穆"其学不专主一家，而皆能得其精诣，涉历世故，益讲求经世之学，于兵制、农政、水利、海运、钱法尤有究心"③。由于边疆危机，不少学者如徐继畬、何秋涛、张穆、沈垚等人尤其究心于边疆史地，讲求有益于国用的实学。

这些被后世称为经世派的人物还包括一些务实的封疆大吏如陶澍、贺长龄、林则徐、梁章钜等人。他们注重外王功业，与稍后声势显赫的理学经世派如曾国藩、罗泽南、左宗棠等人的学术取向上本质相通。

随着经世致用学风在汉学和宋学群体中广泛扩散，整个士林风气开始发生变化。道光初年以后，京师士大夫常常诗酒唱和，而且批评时政，主张社会改革，形成"处士横议"局势。据《水窗春呓》记载："自来处士横议，不独战国为然。道光十五六年后，都门以诗文提倡者，陈石士、程春海、姚伯昂三侍郎，谏垣中则徐廉峰、黄树斋、朱伯韩、苏赓堂、陈颂南，翰林则何子贞、吴子序，中书则梅伯言、宗涤楼，公车中则孔宥涵、潘四农、臧牧庵、江龙门、张亨甫。一时文章议论，掉映京洛，宰执亦畏其锋。"④ 这表明，敏感于时局的士大夫开始改变埋首书斋、不问世事的乾嘉旧习，转向关心国家的治乱兴衰，从而改变了万马齐喑的政治局面。道光二十一年，清初经世学者的顾炎武

---

① 姚莹：《东溟文后集·十幸斋记》卷九，见《中复堂全集》，同治六年刊本。
② 魏源：《荆溪周君保绪传》，见《魏源集》上册，362页，北京，中华书局，1976。
③ 张穆：《月斋诗文集序》，咸丰八年祁寯藻刊本。
④ 欧阳兆熊、金安清：《禁烟疏》，见《水窗春呓》，80页，北京，中华书局，1984。

入祀江苏乡贤祠。道光二十三年，何绍基、张穆、苗夔等人在京师慈仁寺建顾炎武祠，其后，京师"顾祠修禊"持续整三十年，每年春秋及顾炎武生日皆行祭祀，成为士人倡导顾氏经世文学和崇高气节的象征。经世致用学风复兴了。

当然，这些人的思想皈依和学术渊源并不相同。有的思想较进步，指陈时弊，提出了明确的改革主张；有的人只是抱持儒家传统的入世态度，比较关心世务；有的人在改革旧制方面还显得相当保守。至于他们的学术所宗，也多歧异。尽管如此，经世派又具有共同的学术思想特征，即凸显学术的经世致用性，广泛地讲求有益于国计民生的经世实学。

二、道咸年间的经世实学

龚自珍、魏源等经世学者"贯经术、政治、文章于一"，把学术引向政治层面。他们是学者，也是社会的批评者、改革家。他们不仅以学术语言谈政治，而且直接倡导、实行社会改革。

（一）"经世之理"的发展

所谓实学，是士人针对空虚无用之学而提出的概念。道光年间，云茂琦曾著《实学考》一书，述录从汉代到清代对"实学"有所贡献的人物和见解。此书所考"实学"较为宽泛，一方面是指适应治国安邦需要的"经世之学"，如诸葛亮辅佐刘备治蜀，宋代名臣韩琦、范仲淹的政绩、方略；另一方面，它也包括有益于修身养性的"实行"之学，如记述宋明儒家朱熹、王阳明的"力行"思想，介绍东林党人"躬行力践"以"救虚"的主张，还记录颜李学派躬行实践的事迹。

道咸经世学者讲求"经世之学"的基本前提是士大夫积极入世，注重"外王"功业，具有"治国、平天下"的政治抱负，能自觉肩负救世济民的责任。"经世之学"本身首先是指"经世之理"，即基于救世济民的现实需要阐发传统学术，彰显其思想意义和社会价值。这不但包括宋明以来儒家讲求的"治道"或"治体"，而且容纳儒学之外的"经世之理"。

这种"经世之理"首先来自儒经。"通经致用"本来是儒家的重要传统。

从先秦的孔、孟、荀到宋明儒家程、朱，无不积极入世，既讲求内圣修养，又开掘外王功业。故他们治学并不是完全为了完善人格和学术求真，而是要将学术资源用于经国济世。道咸年间，经世致用思潮复兴，经世之学也较前有所发展。

龚、魏等今文家讲求的"微言大义"包含了新思想，传统学术资源也不限于儒家。乾嘉时期，士大夫囿于经学考据，学术领域比较狭窄。他们校勘、训诂古籍之时，也涉及先秦子书，这主要是以子证经或考经之余的产物。孙星衍、毕沅、王念孙等人对子书文字有所校释，但明确提倡诸子学说的言论则不曾出现。个别学者如汪中重视阐释诸子思想并提倡子儒平等，但遭到有的士大夫攻击。宋学家翁方纲甚至指责汪中为"名教之罪人"，威胁要"褫革"其生员资格，只称"墨者汪中"。① 风气所及，史学家章学诚也攻击汪中治学"好诞之至"、"不知宗本"。在此氛围中，汪中的诸子学著作多未流传下来。这种格局长期没有根本改变。嘉庆朝上谕还明确规定："诸子百家，不过供文人涉猎，已属艺余。"②

道咸年间，社会变局，学风转移，士人的治学领域明显扩大了。人们开始摒弃视诸子为"异端"的观念，而从中汲取思想营养。龚自珍"出于九经七纬、诸子百家，足以继往开来，自成一家"③。姚莹明确否认儒家"辟佛老"的传统，而主张采老庄而用之：

> 儒者之言必灭去二氏以为快。夫恶其失而救之可也，灭而去之，恶有是理哉！水之渊渊也，火之炎炎也，金之利断而木之曲直也，土之雍淤也，是相害也。造物者揉而用之，使相生而不可斯须去。……夫老子者恶夫文为之敝，诈伪相滋，故反淳归朴，以清静无为救之。庄子推而放之，至于一死生，齐万物。④

他认为，老庄之学适应救世之弊的需要，虽与儒学趣旨不同，但不应"灭而去之"，而应"揉而用之"。他又说，《管子》讲"霸道"，却与儒家的"王

---

① 翁方纲：《书墨子》，见《复初斋文集》卷一五，9页，光绪三年校刊本。
② 颙琰：《清仁宗圣训》，见《大清十朝圣训》第九卷，5129页，北京，燕山出版社，1998。
③ 《曹籀序》，见夏田蓝编《龚定盦全集类编》，影印本，北京，中国书店，1991。
④ 姚莹：《东溟文集》卷一，见《中复堂全集》，8～9页，同治六年刊本。

道"不冲突，同样是"古今治道"。在某些方面，"管子之言即孔子之言也"。①

比较而言，关中的理学家路德提倡墨学的言论更为大胆。兼采汉宋的路德"尝谓读书不知致用，何异不读"②。针对士大夫外儒内杨、自私自利的市侩习气，他主张以无私奉献的墨学来救治社会。他说："吾假道于墨，不犹愈于假道于儒而归宿于杨者乎！谓吾援儒入墨，不犹愈于冒儒之名以取杨之实乎！"因此，他认为孟子斥墨之词不足为训，"使孟子生于今日，遇有墨子其人者，必且嘉叹之、奖励之，以为爱人济物者劝"③。路德明确主张以墨学来经世济民，改变了儒家排斥"异端"的传统，是有识之士突破儒学藩篱的表征。与路德有类似倾向的包括朱琦、宗稷辰、刘熙载、黄彭年及一些桐城派理学家，体现了宋学对诸子的汲纳、调和趋势。

与此同时，一些人、尤其是讲求经世致用的学者把学术重心转向诸子学。广东学者陈澧曾撰《老子注》等书，他所著的《东塾读书记》，"自经学外"，"唯详于诸子之学"。刘熙载"虽从事于六经，然颇好周秦诸子"④。研究诸子并履践经世致用的魏源广泛涉猎诸子，著有《老子本义》、《墨子注》、《孙子集注》等书。从仅存的《老子本义》来看，魏源把《老子》当作"救世之书"，对其社会价值和经世意义进行了充分的发掘。他赞赏《老子》的"无为而治"，要求清朝统治者应"无欲"、"减省刑法"。他重点阐述《老子》"慈"、"俭"、"不敢为天下先"的思想，并会通儒道，认为"慈非仁乎？俭非义乎？不敢先非礼乎？"⑤他调和儒道最终是为了把道家学说纳入经世致用的范畴。他强调：

> 老氏书赅古今，通上下。上焉者羲皇、关尹治之以明道；中焉者良、参、文、景治之以济世；下焉者明太祖诵"民不畏死"而心减，宋太祖闻"佳兵不祥"之戒而色动是也。儒者自益亦然，深见深，浅见浅。余不能有得于道而使气焉，故贪其对治而三复也。⑥

如同研究今文经一样，魏源研究《老子》也深藏着现实关怀，贯穿了经世

---

① 姚莹：《康輶纪行》卷十三，见《中复堂全集》17页，同治六年刊本。

②《陕西盩厔县绅耆呈请入祀乡贤事实清册》，见《柽华馆全集·附录》，3页，光绪七年刊本。

③ 路德：《柽华馆文集》卷一，9～10页，见《柽华馆全集》光绪七年刊本。

④ 刘熙载：《昨非集·自序》，古桐书屋遗书本。

⑤⑥ 魏源：《老子本义·论老子》，见《诸子集成》，2页，上海书店影印本，1986。

致用的思想主旨。从主观上看，魏源等人阐发诸子、彰显其思想价值，主要是完善而非对抗正统儒学。但他们的研究说明，此时有识之士的学术领域已不限于"通经致用"，而是发展到了"通子致用"。这是乾嘉时期未曾出现的学术倾向。从思想史意义来看，他们不仅仅扩展了儒家经世之学的范围，而且客观上推动了非儒学派的兴起。

稍晚，曾国藩为代表的理学经世派则多少在事功中履践了"通子致用"。曾氏在戎马倥偬中，留下了阅读《管子》、《庄子》、《淮南子》各篇及部分文字考释的记录（见《求阙斋读书录》卷五）。他对诸子的称道和汲取也为其他理学家所不及："周末诸子各有极至之诣。……若游心能如老庄之虚静，治身能如墨翟之勤俭，齐民能如管商之严整，而又持之以不自是之心，偏者裁之，缺者补之，则诸子皆可师而不可弃也。"[1] 曾氏"裁"、"补"诸子的准绳当然是儒学及现实需要，但他已经把诸子学纳入经世致用的范畴。正如他自己总结的："吾曩者志事，以老庄为体，禹墨为用"[2]。曾氏汲纳诸子的内容是比较广泛的，成为扩展晚清经世之学的代表人物。

（二）讲求"经世之术"

道咸时期的经世实学又指经国济世的"实用之术"，即专门知识。由于迫切的现实需要，有关农田、水利、盐法、理财、漕粮、夷防等等"形而下"的实学都成为经世学者研究的重心。当然，其重心也会因时而变。到清末，一些士大夫更注重官制、商务、路矿、练兵等等，于是，经世之术较之道咸年间又有所发展了。

经世学者的改革主张基于对社会弊端的认识。他们抨击腐败的封建政治，揭露大小官吏贪赃枉法、投机钻营、结党营私的恶劣风气。包世臣说："世臣生乾隆中，比及成童，见百为废弛，贿赂公行，吏治污而民气郁，殆将有变。"[3] 张际亮也指斥地方官吏"贪以朘民之脂膏，酷以干天之愤怒，舞文玩

---

①② 曾国藩：《求阙斋日记类钞》卷上，20、55 页，见《曾文正公全集》，光绪二年刊本。
③ 包世臣：《再与杨季子书》，见《安吴四种·艺舟双楫》卷一，光绪十四年重刻本。

法以欺朝廷之耳目"①。龚自珍还委婉地把批判的矛头指向封建帝王："昔者霸天下之氏，称祖之庙，其力强，其志武，其聪明上，其财多，未尝不仇天下之士。去人之廉，以快号令，去人之耻，以嵩高其身；一人为刚，万夫为柔，以大便其有力强武。"② 龚自珍的诗文一再揭露了王朝危机、乱世将至的大势。

社会危机呼唤着改革，而改革又总是需要一定的理论根据。龚、魏等人的理论基础仍然是儒学，尤其是今文经学中的变易、发展观点。此外，他们也注重从历史中寻找变革的理论根据。龚自珍少读历代史书及周朝掌故，对"法无不改，势无不积，事例无不变迁，风气无不移易"的历史规律有所认识。魏源认为，"天下无数百年不弊之法，无穷极不变之法"③。在社会危机加深之时，他们指出"一祖之法无不弊，千夫之议无不靡。与其赠来者以劲改革，孰若自改革?"④ 他们认为，改革越彻底越好。"小变则小革，大变则大革；小革则小治，大革则大治。"⑤ 故改革主张成为其"经世实学"的表现形式。

他们的改革方案涉及很广，如批评压抑、摧残人才的选才、用人制度，呼吁"不拘一格降人才"。早在乾嘉时期，文学家吴敬梓的《儒林外史》就对科举八股的危害有生动、深刻的揭露。嘉道年间，有识之士对此已有所认识而且进一步提出了改革措施。他们认为，"士子以腐烂时文互相弋取科名以去，此人才所以日下也"⑥。姚莹提出完善书院育才制度，修改学习内容，"使学者服孔氏之遗经，鉴往代之正史，旁逮天文律历诸子百家之言，皆习而通之，以底于用"⑦。潘德舆提出：初场校以经义，"而经义不仅扫除有明所制八股文诸烦法也，命之多述汉至有明儒者之成说"；二场校以史论；三场校以时务策，"专问时事，审利弊，不远征古典，徒富考证者不录，必取其深切有经济足备当事采择者，虽极言时弊无从忌庤，则人必通世务，无迂阔泥古之失，且作其敢言之气，上之所闻，将亦无所壅矣。"⑧ 他们试图通过改革科举内容，改变士大

---

① 张际亮：《答黄树斋鸿胪书》，见《张亨甫全集》文集卷三，同治六年刻本。

② 龚自珍：《古史钩沉论一》，见《龚自珍全集》，20页，上海古籍出版社，1999。

③ 魏源：《筹鹾篇》，见《魏源集》下册，北京，中华书局，1976。

④ 龚自珍：《乙丙之际著议第七》，见《龚自珍全集》，6页，上海古籍出版社，1999。

⑤ 魏源：《圣武记》卷七，北京，中华书局，1984。

⑥ 林昌彝：《射鹰楼诗话》卷一二，咸丰元年刊本。

⑦ 姚莹：《东溟文外集》卷二，见《中复堂全集》，1页，同治六年刊本。

⑧ 潘德舆：《与鲁通甫书》，见《养一斋集》卷二二，19页，道光二十九年刻本。

夫沉迷于八股、考证的风气，转而研治有益于国计民生的经世之学。这些建议当时不免纸上谈兵，但在洋务运动兴起后得到部分的实行，又为清末改革、取消科举制度作了先导。

此外，经世学者也就整顿吏治、赈济灾民等社会难题提出了诸多见解，而其议论的重心是关切国计民生的漕运、治河、边防、盐政、屯田等诸大政。

首先，农业为立国之本，也是中国封建经济兴衰的主要体现。晚清农业经济萎缩，民不聊生。包世臣的许多论著都指陈农业凋敝的根源："近者农民之苦剧矣！为其上者，莫不以渔夺牟侵为务，则以不知稼穑之艰难，而各急子孙之计故也"①。他不仅一再阐明重农主张，而且进行农事研究，撰成《郡县农政》一书，介绍粮食、蔬菜、瓜果的种植经验。林则徐、陶澍等官员也深知"农为天下本务，稻又为农之本务"。他们论述不多，却重视兴修水利、改良农具等实事，取得了一定成效。

愈演愈烈的土地兼并问题是导致经济衰退的重要原因。对此，汤鹏主张"申名田之限以黜兼并"，认为"限民田则均贫富，均贫富则抑兼并，抑兼并则鲜流亡，如是者国无贫"②。一贯关注农事的龚自珍对此提出了较为详细的解决方案。在他看来，民生困苦的根源在于贫富"大不相齐"，因而他的《平均篇》提出"有天下者，莫高于平之之尚也"。他的平均思想主要体现在平均土地。他提出将土地所有权与宗法结合起来，按宗族等级"大宗"、"余夫"（包括小宗、群宗）而分配土地，限定人口。每一"大宗"有地百亩，"余夫"则有地25亩，可以世袭。③ 他们的主张并没有超出历史上的类似方案，龚自珍的方案也不切实际，都不能真正解决问题。这虽是他们对社会顽症开出的旧药方，却体现了解决土地兼并及社会危机的良苦用心。

第二，在晚清社会危机中，财政一直是困扰士大夫的难题。朝野的经世派人物大多对此发表了看法。林则徐、包世臣、黄爵滋等人都指陈鸦片泛滥导致的经济灾难。包世臣究心于财政问题并提出一系列的改革措施。他认为："国立于三，行之以一。夫维心以德，养尊以威，合众以财，财匮则威不行，威沮

---

① 包世臣：《齐民四术叙》，见《安吴四种·齐民四术》卷八，光绪十四年刻本。
② 汤鹏：《医贫》，见《浮邱子》卷一〇，313 页，长沙，岳麓书社，1987。
③ 龚自珍：《农宗》，见《龚自珍全集》，49～53 页，上海古籍出版社，1999。

中国文化发展史
晚清卷／46

则德不立。"① 他是当时著名的理财专家,自称平生所学"大半在此,如节工费、裁陋规、兴屯田、尽地力,皆言利也"②。针对银贵钱贱的现象,他支持以发行纸币来吸收、取代流通中的白银,最终"夺银之权归之于钱,而广钱之用,操之于钞"③。包世臣不仅改变儒家"耻于言利"的旧习,而且超出传统的"重农抑商"的轨道。他的《说储》、《青口议》、《庚辰杂著》等论著,阐述"本末皆富"的道理,事实上为洋务运动的"求强求富"作了思想准备。

其三,改革漕运、盐法、河工"三大政"的方案和实践。如何改革数百年来积弊深重的"三大政"是经世学者的言论重心,也是其履践经世致用之学的主要途径。

清政府设置了漕运总督,通过运河转运漕粮。但是,庞大的运费,加上运送过程中的浮收、勒索和舞弊现象使贪官污吏中饱私囊。结果,一石漕粮抵达京师时,常比东南地区的市价高出二三倍。青年时曾游历大江南北的包世臣有鉴于此,在《海运南漕议》中提出以海运代替漕运。海运粮漕不只是运输路线由运河改为海上,而且不再由官方包办,可雇佣民船,引入竞争机制,以减少运费,杜绝官吏"浮收勒折"的弊端。他还提出,为了从根本上扭转南粮北运,可在京畿附近水源方便的地方屯田,种植水稻。魏源的看法与包世臣基本一致,且明确提出"海代河,商代官"的原则。两江总督陶澍、江苏巡抚林则徐、江苏布政使贺长龄则是积极推行包、魏改革方案的地方大员。道光四年(1824年),道光帝批准苏、淞、常、镇、泰五府漕粮改为海运。在贺长龄、魏源等人协助下,陶澍亲自督办此事,道光六年正式实行,粮船"旬月直抵天津",节省大批运费。陶澍本拟全面推广,但因朝中诸多阻碍而未能实行。至光绪年间,轮船使用后,漕粮才全部改为海运。

"盐、铁之利"是封建政府的经济支柱。但清代乾隆以后,私盐占去大半市场,官办的淮盐滞销,盐商困顿,盐业萧条,原因何在?魏源认为,这是由于盐政制度过于烦琐,关关批验,"官为盐蠹",导致盐商缺乏经营积极性,盐价居高不下。包世臣指陈各盐区之间的差价诱发私盐猖獗,以及黑社会与盐商

---

① 包世臣:《说储上篇前序》,见《安吴四种·中衢一勺》卷一。
② 包世臣:《答族子孟开书》,见《安吴四种·齐民四术》卷二。
③ 包世臣:《致前大司马许太常书》,见《安吴四种·齐民四术》卷二。

勾结为害的现象。这些弊端伴生着官吏层层盘剥、中饱私囊的顽症。包世臣指出，改革盐政的上策不是"缉私"，而是以"盐票"代替"纲盐"，由"纲商"垄断变为商人自由经销：

> 若夫上策，则裁撤大小管盐官役，唯留运司主钱粮，场大使管灶户，不立商垣，不分畛域，通核现行盐课，每斤完数若干……听商贩领本地州县印照，赴场挂号，缴课买盐。①

由政府垄断盐业，改为商人自由经销，这无疑是历史上一大进步。魏源也持相同看法，认为"缉私之法"不及自由运销有效。在他们的襄助下，兼理两淮盐务的陶澍于道光十一年（1831 年）开始推行改革，在淮北"一律变通，改行票盐"。这种办法主要是废除世袭专利的"纲商"，扩大特许商的范围，听商民在试行州县运销食盐。同时，简放特许证发放手续，降低票商承销单位额。"票盐法"实行后，盐价顿减，又由于私贩无利，商人都改领盐票，政府课额收入也增加了。淮北推行"盐票法"成功后，自道光二十九年起，逐渐推广到其他省份，成为成效卓著的一项改革。

所谓"河工"，主要是治理黄河。清朝设有河道总督，开国以来，无一岁不治河。"黄河无事，岁修数百万，有事塞决千百万。无一岁不虞河患，无一岁不筹河费，此前代所无也。"② 魏源认为对黄河水患，朝廷"但言防河，不言治河，故河成今日之患"③。由于河床高，黄河总是从南岸决口，魏源根据山川地势，提出以人工改道，使黄河从北面经山东入海，从而化害为利。这种主张在当时过于大胆，不可能实行。然而，魏源提出这一设想 13 年后（咸丰五年），黄河自己从开封附近决口，按照他设想的路线奔流入海。此外，魏源的《畿辅河渠议》也对北京附近的漳河、永定河、子牙河等提出了"如治黄河小异而大同"的方法。

在治河的问题上，包世臣与魏源的看法也多契合，如由河防变为治河，采取御坝、浚淤并举的措施等等。包世臣更注重化害为利，将灌溉与防涝结合起来，又将治河与漕运、盐务统筹治理。

---

① 包世臣：《庚辰杂著五》，见《安吴四种·中衢一勺》卷三。
② 《魏源集》上册，165 页，北京，中华书局，1976。
③ 魏源：《筹河篇上》，见《古微堂内外集·外集》卷五，光绪四年淮南书局刊本。

戴震

林则徐

《龔定盦全集》

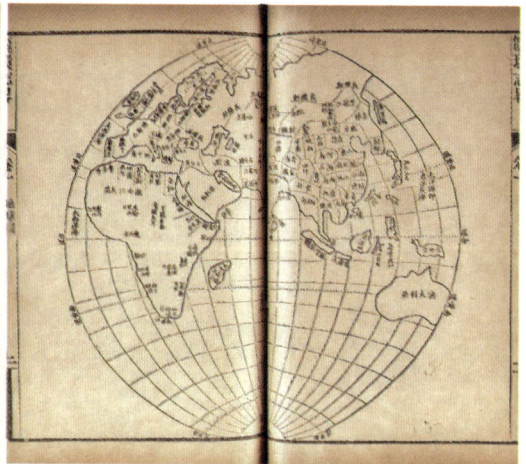

《瀛寰志略》

19世纪六七十年代 南京城外报恩寺塔附近的军械库

经世学者的改革方案当然是为了完善、修补封建制度，缓解社会危机，也不可能完全实行。"盐票法"逐渐推广了；"海运南漕"则只是部分地实施；治河策略没有效果；发行纸币则流于空谈；禁烟更是惨遭失败。尽管如此，这些建议反映了忧国忧民的救世精神，一定程度上符合人民的根本利益，具有明显的进步意义。

（三）"师夷长技以制夷"

中国士大夫对于西学并不陌生，早在明末的中西接触中，西方的天文、历法、数学就已传入中国。徐光启、李之藻等少数士大夫顺应了传播西学的趋势。不幸的是，闭关锁国政策使中西文化交流陷于中断，中国失去了汲取西方文化的良机，不知不觉地落后于世界发展水平。

19世纪中叶，经世致用思潮使学术趋近社会现实，转而重视有益于国计民生的学问，也使一些士人不再局限于传统学术。在中西文化的再次碰撞及逐渐融合过程中，那些能够适应救世济民需要之学受到人们的青睐。尤其是，鸦片战争的教训使中国士大夫重新认识到西方的优长。魏源提出的"师夷长技以制夷"，概括了当时"开眼看世界"人士的卓识。虽然"师夷"、"制夷"的提法还带着"天朝上国"的心态，但"制夷"的决心体现了鲜明的爱国立场。而且，承认并学习西方的"长技"，扩大了士大夫的眼界和求知领域，无形之中改变了士大夫的排外心态。"师夷长技"标志晚清士大夫开始主动地了解、吸取西学，为西学东渐开辟了道路。

道光年间，两广总督林则徐注重了解夷情，"日日使人刺探夷事"，又组织人翻译西方书籍，聘请洋人兼职翻译。他购置西方船炮，摘译有关船炮的资料。1841年6月，林则徐被贬谪浙江效力，即与地方官员商议"铸炮演炮"之事，并提供广州带来的资料。在他的参与下，镇海炮局研制西式船炮取得一定成效。

近代中国的援西入中，最初是在"落后挨打"的军事失败下启动的，故在一段时间内，西方科技总是通过军事这条管道而进入，逐渐由点到面，渗入社会生活。由于时代的局限性，林则徐、魏源、徐继畬、姚莹等人对西方的认识还相当有限。他们主张学习的西方"长技"主要是战舰、火器和养兵练兵之法。鸦片战争之后，出现了丁拱辰、龚振麟等出色的军火制造专家。丁拱辰参加了抗击英国侵略者的斗争，在实践中发明的演炮加表法，使清军大炮的命中率有所提高。后来，他著成《演炮图说》、《演炮图说辑要》、《西洋军火图编》等书，论述制造轮船、炮弹等武器的方法。

发明铁模铸炮法的龚振麟曾任浙江嘉兴县丞，鸦片战争发生后，被调往宁波军营试制轮船。他看见英军的火轮船而"心有所会"，便依式仿制。没有蒸汽机，他就"以人易火"，制成一艘以人力驱动叶轮的小轮船。后来又根据林则徐的《车轮船图说》，造成一种车轮战船，时速达 3.5 海里。但是，由于国家的工业和技术都普遍落后，这种枝节的发明、改进仍不能增强抵御外侮的力量。

然而，制造坚船利炮的需要，为近代科学技术的进步开辟了道路。道光年间，有的士人开始关注近代科技。郑复光于 1846 年出版《镜镜诒痴》，凡七万余言，详细介绍各种透镜的制作及成像原理，是当时不可多得的光学著作。同时，邹伯奇也著有《格术补》，记述平面镜、透镜等成像规律，对眼镜、望远镜、显微镜等光学仪器的工作原理也有所介绍。他还于 1844 年制成摄影器，并撰成《摄影之器记》，阐述照相机的制作原理。他们提高了古代的光学水平，成为近代光学探索的前驱先路。当时，他们对近代西方科技还缺乏深入的研究。邹伯奇大谈西方的天文、力学、光学、数学等等源出《墨子》。[①] 这种看法包含了民族自尊心和自信心的因素，但也说明当时士大夫对西方科技的认识确实如雾里看花。

虽然道咸年间"师夷"的范围十分狭窄，顽固守旧势力却指斥西方长技为"奇技淫巧"，不足取法。用守旧大臣倭仁的话说就是："立国之道，尚礼义不尚权谋；根本之图，在人心不在技艺。"[②] 故魏源提出"师夷长技"之后近二十年中，清王朝并没有将"师夷"变成产业。而爱国士大夫期望的"制夷"，也成了未能实现的空话。

但是，门户一旦打开，外国的思想学说总会或快或慢地渗透进来，或多或少地引起人们的观念变化。尤其是，不断加深的社会危机推动着经世致用思潮

---

① 邹伯奇：《学计一得》卷下，见《邹征君遗书》，20～21 页，同治末年刊本。
② 中国史学会主编：《洋务运动》第二册，30 页，上海人民出版社，1961。

的高涨，也彰显了西学的社会价值。咸丰末年，经世派代表人物冯桂芬在《校邠庐抗议》一书中，提出"以中国之伦常名教为原本，辅以诸国富强之术"，以此为原则，他系统地阐述了改革旧制、采纳西学的方案。① 这是士大夫对西学认识加深的重要标志。

另一方面，就统治者来看，第二次鸦片战争的再次教训，加之镇压太平天国、捻军等农民起义的迫切需要，使之把"师夷长技"的口号推进到实行阶段。曾国藩在 1861 年说："此次款议虽成，中国岂可一日忘备？……目前资夷力以助剿济运，得纾一时之忧，将来师夷智以造炮制船，尤可期永远之利。"② 在曾国藩、李鸿章等地方督抚的推动下，清王朝开始"师夷长技"，兴办"洋务"。

1861 年，曾国藩的湘军攻下太平军驻守的安庆后，即设立安庆内军械所，试造枪炮弹药。1865 年，曾国藩、李鸿章在丁日昌的倡议下，在上海设立江南制造总局。随后，南京、福州、天津等地也设立了制造枪炮、轮船的工厂。洋务派早期引进的西方"长技"仍局限于军事技术及相关的科技知识。但由于现实的需要，其范围已超出"坚船利炮"、"养兵练兵"之法。

英国伦敦会士麦都思、伟烈亚力于 1843 年在上海开设墨海书馆，这是近代初期输入西学的重要机构。19 世纪中期，中国士人开始主动地引进西学，其主要门径是江南制造局的翻译馆和京师同文馆。清政府于 1862 年设立京师同文馆，学习西方语言。恭亲王奕䜣提出同文馆招收科甲正途人员学习天文算学时，曾引起一场轩然大波。然而，洋务运动一旦启动，西学入华的趋势就不可避免了。京师同文馆在三十多年中，翻译出版西书二百多种。它译出的西书包括法学（如中国第一部有关国际法的译著《万国公法》），经济学（如《富国策》），外国历史（如《俄国史略》），以及物理学、化学、数学、天文学、生理学等方面。当时翻译西方科技书籍的潮流中，京师同文馆较早译介西方人文社会科学，这是值得注意的。

江南制造局于 1867 年增设翻译馆，专门"翻译格致、化学、制造各书"。在近代早期科技人才徐寿、华蘅芳、赵元益、李善兰、徐建寅、贾步伟、钟天

① 冯桂芬：《校邠庐抗议·采西学议》，55～57 页，上海书店出版社，2002。
② 曾国藩：《曾文正公奏稿》卷十二，见《曾文正公全集》，58 页，光绪二年刊本。

纬等人与传教士傅兰雅、伟烈亚力、林乐知、玛高温、金楷理等人合作下，江南制造局翻译了大量科技书籍。据傅兰雅的《江南制造总局翻译西书事略》记载，从1871至1880年，翻译馆刊印译书98种，共235册。译成未印者45种，142册，未译完者13种，计34本。[①] 其中，李善兰、华蘅芳、徐寿等人不仅翻译西书，而且还从事研究、创造，是近代科技领域"向西方寻找真理"的代表。

著名数学家李善兰与西人伟烈亚力等人合译西书7种，其中有《几何原本》等5种数学著作，李善兰又著有《则古昔斋算学十四种》，其中《方圆阐幽》发明了相当于积分算法的"尖堆术"，并正确运用了圆面积、幂级数、对数原理。其他如《垛积术》、《考数根法》等著作也不乏创造性。著名数学家华蘅芳参与主持江南制造局翻译馆，与傅兰雅合作译出《代数术》、《三角数理》、《微积溯源》、《代数难题解法》、《决疑数学》、《算式解法》、《合数术》等7种数学专著。后来，清政府开办新式学堂，数学教材多取于李善兰、华蘅芳的译著。

明清之际，近代物理学知识开始零星地传入中国，近代初期郑复光、邹伯奇的著述与近代物理学还有较大距离，直到上海墨海书馆、江南制造局翻译馆和北京同文馆建立后，西方物理学才开始系统地输入中国。李善兰与艾约瑟合译了英国物理学家胡立威的《重学》，详细介绍牛顿力学定律及一般力学知识。张福僖与艾约瑟合译的《光学》，介绍了光速及其测定方法。到1874年，徐建寅与傅兰雅合译了英国物理学家田大里的《声学》。此后，传播、研究近代物理学的著作逐渐增多，范围更广。

中国近代化学的传播和创立与著名化学家徐寿分不开。1855年，墨海书馆出版的《博物新编》（英国人合信著）介绍了一些化学知识。徐寿在墨海书馆读到此书，便在家中依书中所述方法自制仪器，进行化学试验。1962年，徐寿受曾国藩之聘，到新办的安庆军械所研制轮船，曾与华蘅芳等人一起成功地研制出中国第一艘轮船"黄鹄"号。1867年以后，他被派到江南制造局翻

---

① 傅兰雅：《江南制造总局翻译西书事略》，见《中国近代出版史料初编》，25页，北京，中华书局，1957。

译馆做翻译，共译西书 12 部，如《化学鉴原》、《西艺知新》等。其中，翻译化学书籍 6 部，如果加上其子徐建寅译的《化学分原》和汪振声译的《化学工艺》两书，则涵盖了 19 世纪七八十年代化学知识的基本内容。

西方医学及生物学传入中国比较早。自 1820 年东印度公司医生立温斯敦和传教士马礼逊在澳门设立医院，到 1860 年发生第二次鸦片战争，外国人先后在香港、澳门及通商五口共设立了 14 所医院。1865 年，京师同文馆内设医学科，是为中国自办西医事业之始。随之，西医理论和技术逐渐传入中国。最早的西医书籍是英国传教士医生合信于 1851 年编成的《全体新论》。他后来又陆续编译了《西医略论》、《内科新说》、《妇婴新说》、《博物新编》等书，统称为《合信氏医书五种》，影响很大。继合信之后，京师同文馆出版了英国人德贞著的《全体通论》。此后的类似著作有《合体阐微》、《化学卫生论》。19 世纪中期编译西医书籍的代表人物还有嘉约翰和傅兰雅。嘉约翰编译了《西医略解》、《皮肤新编》、《内科全书》等 20 余种，内容侧重临床外科。这些著译虽夹杂着不少宗教宣传，却推动了中国士人传播、研究西方医学及生物学。如傅兰雅与赵元益合作编译了多种西医书籍，侧重于卫生学方面。李善兰与韦廉臣合译的《植物学》（墨海书馆，1858 年）是以中文出版的第一本现代植物学专著。

在中日甲午战争之前，洋务运动试图以西方"长技"来挽救王朝危机，而不是以"西学"来改造传统社会。故西学的引进也偏重于器物层面，很少涉及政教制度。直到严复等戊戌知识分子走上历史舞台，引进西学才进入以政教及思想文化为重心的实质阶段。

（四）传统史地学的发展

乾嘉时期，古老的史地学集中于典籍的辨伪、辑佚、校订，与社会民生关系不大。道咸年间，由于边疆危机的加深和经世学风的兴起，"一时风会所趋，士大夫人人乐谈"边疆史地之学。又因"师夷"与"制夷"的需要，也极大地推动了外国史地研究的发展。犹如姚莹著《康輶纪行》，是"欲吾中国童叟皆习见习闻，知彼虚实，然后徐图制夷之策，是诚喋血饮恨而为此书，冀雪中国之耻，重边海之防，免胥沦为鬼域"①。显然，这些研究均具有鲜明的现实关怀。

19世纪中叶是传统舆地学更新、发展的重要时期。这与西学东渐密不可分。据统计，1819至1840年，西人传来的世界史地著译约13种，1840至1860年，又新增了约12种。② 这些著作如传教士慕维廉编译的《地理全志》、裨治文编译的《美理哥合省国志略》都有较大影响，为晚清士人的史地撰述提供了方便。林则徐组织人员根据1836年伦敦出版的《世界地理大全》编译成《四洲志》，介绍海外各国情形。魏源在此书基础上，征引历代史志14种，并参考西人《地理备考》、《合众国志》及古今各家著述70多种，各种奏折30多种，加上魏源亲自调查的材料，于1842年编撰成《海国图志》50卷，其后的刻本续有增补。咸丰二年的重刻本增补到100卷，全书附图73幅。此书开宗明义，是"为以夷攻夷而作，为以夷款夷而作，为师夷长技以制夷而作"③。书中介绍世界各国情况，并以大量篇幅揭示英国在世界各地扩张的态势，也介绍了东南洋诸国反侵略的经验和亡国教训。尽管此书对外域形势的判断还不完全准确，还带有华夏中心主义的烙印，但思想意义却是巨大的。梁启超曾评论此书"实支配百年来之人心，直至今日犹未脱离净尽，则其在历史上关系，不得谓细也"④。

与此同时，魏源也重视当代史的研究，他撰成40余万字的《圣武记》，叙述满清崛起至道光年间的主要战事，总结清前期的军事经验。书中提出"师前圣前王"的口号，显然是有感而发，意在为防范外敌提供历史借鉴。他又著《道光洋艘征抚记》，全文约二万字，最初发表时未署名。1878年，上海《申报》馆确认为魏源所作，收入《圣武记》排印。该文全面介绍第一次鸦片战争的起因、经过，肯定林则徐及人民群众的抗英斗争，抨击清政府的腐败无能，具有鲜明的现实意义。该文与夏燮《中西纪事》、梁廷枏的《夷氛闻记》成为记录英国等西方列强侵略中国的珍贵史料。这类著作也开创了晚清士人撰写当

① 姚莹：《东溟文后集·复光律原书》卷八，见《中复堂全集》，同治六年刊本。
② 王家俭：《19世纪西方史地知识的介绍及影响》，载《大陆杂志》，第38卷第6期。
③ 魏源：《海国图志》"自序"，光绪二年平庆泾固道署重刻本。
④ 梁启超：《中国近三百年学术史》，见《饮冰室合集》专集之七十五，323页，北京，中华书局，1989。

代史的风气。此后，有关太平天国、戊戌变法、辛亥革命等重大历史事件的记录接踵不断。

徐继畬也是道光年间开眼看世界的有识之士。他素怀"究时务"的抱负，关注世界大势。他长期担任闽粤的地方官，多与外人接触，尤其是通过美国传教士雅裨理了解世界历史知识。他根据中国传统典籍和收集的西方资料，于道光二十八年（1848年）撰成《瀛寰志略》一书，介绍八十余国风土人情，史地沿革，辑录东南亚各国资料尤为详备，并展示英国在沿海与内陆包围中国的态势。书中也简介并称赞美国的民主制度、欧洲的社会经济制度。因此，《瀛寰志略》问世后，守旧势力"即腾谤议"。但由于他博学多识，"熟悉夷情"，在罢官多年之后，朝廷又于1865年任命年过70的他为三品京堂，在总理衙门供职。他参与外交事务，并经办同文馆，成为早期兴办洋务的重要角色。

《瀛寰志略》多次重印，与《海国图志》一样，成为对晚清士大夫和近代日本产生了巨大影响的地理学名著。早期维新派思想家王韬评论道："近来谈海外掌故者，当以徐松龛中丞之《瀛寰志略》、魏默深司马之《海国图志》为嚆矢，后有作者，弗可及已……此二书者，各有所长，中丞以简胜，司马以博胜。"[1]《瀛寰志略》的篇幅较魏著少一些，但对外国名词的翻译较为准确，更接近后世使用的译名。故康有为说，"《瀛寰志略》其译音及地最正，今制造局皆本焉。《海国图志》多谬误，不可从"[2]。这种个人评价也从侧面反映出两书的特点。

此外，曾任粤海关志局总纂的梁廷枏没有显要的官职，却是林则徐禁烟运动的热情支持者。他于1846年撰成《海国四说》，较早介绍了英、美等国的历史、风俗及社会制度。稍后，著名的早期维新思想家王韬著成《普法战纪》、《法国史略》、《扶桑游记》等书，使中国对西方及日本的研究前进了一步。后来，黄遵宪著《日本国志》成为光绪年间士人研究东、西洋进一步深化的标志。这些史著均"详今略古，详近略远"，适应社会现实的需要。尽管在写作体例上，这些史著还比较传统，但向国人打开了一扇扇了解世界的窗口。尤其是书中对西方社会制度的介绍和赞扬，既引起国人的警醒，激荡起爱国主义情

① 王韬：《瀛寰志略·跋》，见《弢园文录外编》卷九，273页，北京，中华书局，1959。
② 康有为：《桂学答问》，见《长兴学记·万木草堂口说》，38页，北京，中华书局，1988。

感，又激发人们的改革愿望，推动了维新思潮的产生。

道光年间，国势衰落，边疆危机日益加深，清王朝面临的威胁不仅来自海上的英、法帝国主义，也包括后起的沙俄。一些有识之士开始立足于现实需要而注重边疆史地研究，相关著述接踵出现。

伊犁将军的部属祁韵士曾受命于19世纪初撰成《西陲总统事略》，记录西北史地。不久，前湖南学政徐松因获罪被遣戍伊犁，他预感到沙俄将成为中国边疆大患，通过实地考察，又汲取祁韵士著述中的部分资料，撰成《新疆识略》，被龚自珍誉为"当代奇作"。徐松还撰有《西域水道记》、《西域水道记校记》、《西夏地理考》等有关西北地理的佳作，奠定了清代边疆史地学的基础。徐松被释还京师后，与他一起交游研究西北地理的有张穆、沈垚、程同文、魏源、龚自珍、杨亮、俞正燮、董祐诚、陈潮等一批人。其中，龚自珍曾撰《西域置行省议》，设计了在西北边疆设置行省、徙民屯边以充实边疆的具体方案。他又计划编撰《蒙古图志》，收集了大量资料，可惜未能成书。沈垚于1826年撰《新疆私议》一文，研究新疆水道，探讨防守新疆的办法。

姚莹贬谪川藏时，于1845年撰成《康輶纪行》，考察了西藏的史地、政教、风俗，也介绍了英、俄等国的情况。书中揭露英、俄侵略中国的野心，提醒政府加强边疆与沿海的防务。

对后世影响较大的边疆史地学者还有张穆和何秋涛。张穆究心经世之学，对兵制、农政、水利、钱法等均有研究，而长于西北历史。他著有《魏延昌地形志》、《俄罗斯事补辑》等，而最重要的著作是《蒙古游牧记》。他对后者"致力十年"，去世时尚未完稿，后经其好友何秋涛补校完成，凡16卷。全书对内外蒙古、青海、新疆等地蒙古部落的游牧所在、山川形势、历史演变、风土人情、王公谱系事迹及与清廷的关系等，都作了详细记述。此书被看作既能"实事求是"地"陈古义"，又能"经世致用"地"论今事"的著作。

晚清最先研究俄罗斯的学者是俞正燮。他于1807年撰成《俄罗斯事迹》。其中有关俄罗斯的史地情况的介绍引起士林的注意。至咸丰初年，"专精汉学"的何秋涛"益究经世之务"。为了对付外国侵略，他主张"集夷务以烛情伪"，尝谓"俄罗斯地居北徼，与我朝边卡相近，而诸家论述，未有专书，乃采官私载籍，为《北徼汇编》六卷"。① 后又增衍图说至 85 卷。咸丰八年（1858 年），此书进呈御览，赐名《朔方备乘》。该书介绍外蒙古诸部及北方边疆的史地沿革，并涉及俄罗斯、西北利亚、中亚等地史地情况。书中《北徼界碑考》、《雅克萨城考》、《尼布楚城考》、《俄罗斯互市始末》等有关中俄关系的篇章尤有价值。他的史著既发展了前人的类似研究，又适应了经世致用的现实需要。

晚清，边疆危机有增无已，蒙元史的研究也显著发展了。魏源"采《四库》书中元代各家著述百余种，并旁搜《元秘史》、《元典章》、《元文类》各书，参订旧史"，成《元史新编》95 卷。该书系统叙述元朝的盛衰兴亡之迹，总结历史教训，作为当世借鉴。此后，有关元史的著作不断产生，曾出使俄、德、奥、荷四国的洪钧，编译成《元史译文补证》30 卷，后来还有柯绍忞的《新元史》，集清代治元史之大成。

这些史地著作大多撰成于道咸年间，是近代初期士人讲求经世之学及西学东渐的产物。同光以后，类似的著述又进入了发展、更新阶段。道咸年间的史地著述主要继承了传统的学术体例和方法，尤其是乾嘉学派的考据方法。但是，在经世致用学风的推动下，加之西学的渗透，传统的学术领域也开始变化、发展。总的来看，一是学术领域的扩大。这些史地著作的记述不再局限于"朝贡"的藩属小国，而是重在威胁中国的西方列强如英、美、俄等国。著述中引用的资料相当广泛，许多资料还来自作者的实地考察。因而，其真实可靠性和学术价值与以前的类似著作不可同日而语；二是经世致用性和爱国主义的凸显。这些著作都切近社会现实的需要，服务于抵御外敌、守土保边的需要。因此，许多著作没有局限于介绍知识、学理，而是给国人以深刻的警醒，洋溢着浓郁的爱国主义激情；第三，近代性的呈现。一些介绍西方史理的著作，如《海国图志》、《瀛寰志略》都介绍、赞扬了西方社会制度，尤其是民主选举和三权分立制度，有的著作还涉及西方近代政治学、经济学等理论。这使得道咸年间的史地著作带有一定的近代思想烙印，也为民主、改革思潮的滋生、兴起作了准备。

---

① 黄彭年：《刑部员外郎何君墓表》，见缪荃孙编《续碑传集》卷二〇，台湾文海出版社，1966 年影印本。

第二章

西学输入与中西文化冲突

一、西学大潮的冲击与晚清
社会、文化的变迁

　　西方文化之输入中国，并非始于晚清。早在明朝末年，利玛窦、艾儒略、汤若望等外国传教士，便陆续来华，介绍了一些西方的自然科学知识。但由于种种原因，西学在当时没有在中国植根，也未产生重大影响。接下来便是近百年的闭关时代，西学输入被迫中断。"道光咸丰以来，中国再败于泰西，使节四出，交聘于外，士大夫之好时务者，观其号令约束之明，百工杂艺之巧，水陆武备之精，贸易转输之盛，反顾赧然，自以为贫且弱也。于是西学大兴，人人争言其书，习其法，欲用以变俗。"① 邵作舟的这段话清楚展示了道咸以后西学输入的社会历史背景。正是从 19 世纪 60 年代开始，西学的输入与传播进入一个新的历史时期，其规模之大，影响之深之广，远非往昔之西学输入可同日而语。

（一）以译印西书为例

关于晚清时期西学输入的具体情况，我们以西学图书的编译、出版为例，作些说明和分析。

熊月之所著《西学东渐与晚清社会》一书，根据多方面资料，作过一些统计，很有参考价值。熊著将晚清的西学东渐分为四个阶段：1811—1842 年为第一阶段，以马礼逊为代表的西方传教士，在广州、马六甲、新加坡等地，开学校，办印刷所，出版书籍、报刊，在当地华侨中传播西学。他们先后出版中文书刊 138 种，属于介绍世界历史、地理、政治、经济等方面知识的不过 32 种。1843 至 1860 年为第二阶段，仅香港、广州、福州、厦门、宁波、上海六个城市，共出版各种西书 434 种，其中纯属宗教宣传品的有 329 种，占75.8%，属于天文、地理、数学、医学、历史、经济等方面的只有 105 种，占24.2%。1860 至 1900 年为第三阶段，四十年间共出西书 555 种，其中哲学社会科学 123 种，占 22%，自然科学 162 种，占 29%，应用科学 225 种，占41%，其他方面 45 种，占 8%。1900 至 1911 年为第四阶段，十年间共译各种西书 1599 种，占晚清一百年间译书总数的 69.8%，超过此前九十年中国译书总数的两倍。于此不难看出，晚清的西学输入，随着时间的推移，呈急速增长趋势，20 世纪初年达于极盛。②

晚清引进的西学，内容十分广泛。不过，前后侧重点有较大不同。19 世纪 60 至 90 年代，服务于求强求富的洋务运动，西学的引进侧重于兵工技术、自然科学知识，这方面的译作占总数的 70% 以上；90 年代以后，随着政治变革的推进，随着国人对西方社会越来越多的了解和对西方文化越来越深的认识，西学引进的重点越来越偏重于哲学、社会科学方面。以 1902 至 1904 年为

---

① 《邵氏危言》"纲纪"，见中国史学会主编：《戊戌变法》第一册，181 页，上海，神州国光社，1953。

② 参见熊月之：《西学东渐与晚清社会》"绪论"，上海人民出版社，1994。

例，三年共译文学、历史、哲学、经济、法学等社会科学书籍 327 种，占总数的 61.4%，而同期翻译自然科学书籍 112 种，占总数的 21%，应用科学书籍 56 种，占总数的 10.5%。[①] 与以前几十年的情况正好相反。服务于当时蓬勃兴起的中国资产阶级民主革命，西方资产阶级哲学、社会政治学说方面的代表作，如卢梭的《民约论》、孟德斯鸠的《万法精理》（即《论法的精神》，严复译本名为《法意》）、斯宾塞的《政治哲学》、伯伦知理的《国家学》、约翰·穆勒的《自由原理》（严复译本名为《群己权界论》）等，均在 1903 年前后出版发行。梁启超从 1901 年起，在《清议报》、《新民丛报》上连篇累牍地发表文章，评介亚里士多德、培根、笛卡儿、霍布斯、斯宾诺莎、卢梭、孟德斯鸠、边沁、康德、达尔文等人的思想学说，在思想文化界产生了巨大影响。可以说，到 20 世纪初年，中国对西学的引进、介绍已经相当全面和系统。

从 1922 年梁启超发表《五十年中国进化概论》一文以来，学术界一直有一种相当普遍的看法，即认为中国人学习西方的历程（或叫西化的过程）大致经过三个阶段：第一阶段是学习西方的自然科学、应用技术（或叫物质的西化），第二阶段是学习西方资产阶级的政治制度（或叫制度的西化），第三阶段（包含了五四时期）是学习西方的思想理论、精神文化（或叫观念的西化）。从前面的介绍来看，这种看法有一定道理，但也应认识到，这种划分只是相对而言，因为每个时期输入的西学都不是也不可能是单一的，都是既有自然科学方面的，也有社会科学方面的，只是多少不一，侧重点不同罢了。

（二）江南制造局翻译馆和广学会

晚清时期，译印西书、传播西学的出版机构，先后有一百多家，主要有三种类型：一是教会系统的，如广学会、美华书馆、益智书会、上海土山湾印书馆等；二是政府系统的，如上海江南制造局翻译馆、京师同文馆、京师大学堂编译局等；三是民办系统的，如商务印书馆、译书公会、时务报馆、文明书局、广智书局等。大体说来，19 世纪 60 年代以前，是教会出版机构的天下；60 至 90 年代，教会出版机构与官办出版机构并峙；20 世纪初年，民间商办的

---

① 顾锡广：《译书经眼录》。参见钱存训著：《近世译书对中国现代化的影响》，载《文献》，1986（2）。

出版机构空前兴盛。

在 20 世纪以前的出版机构中，以江南制造局翻译馆和广学会最有成效，影响最大。

江南制造局翻译馆正式开馆于 1868 年 6 月。何时停办，不得而知，但至少 20 世纪初年还在从事译书活动。其译书成就最大的时期是 19 世纪 70 至 90 年代。

在四十余年的译书活动中，江南制造局翻译馆究竟译印了多少种西学书籍，由于统计方法不同，历来有不同的说法。根据傅兰雅在《格致汇编》中连载的《江南制造局西书事略》记载，截至 1879 年 6 月，翻译馆所译西书 143 种，其中已经出版 98 种。魏允恭在 1905 年编成的《江南制造局记》中给出的译书目录是 177 种。据徐维则《东西学书录》，到 1899 年，江南制造局翻译馆共出书 126 种。而由翻译馆译员陈洙所编、1909 年出版的《江南制造局译书提要》，则收录译书 160 种。当代年轻学者张增一先生，则通过对各种有关书目表进行疏理、分析，得出结论，认为江南制造局翻译馆前后译书共 200 种，其中，史志类 10 种，交涉类 9 种，学务类 2 种，国政类 4 种，格致类 2 种，物理学类 11 种，化学类 9 种，算学类 17 种，天文学类 6 种，地学类 2 种，医学类 16 种，农学类 11 种，矿学类 10 种，交通类 14 种，工艺类 22 种，兵政类 22 种，兵学类 25 种，测绘类 6 种，杂类 2 种。依大的分类法，属于社会科学的 27 种，占总数的 13.5％；属于自然科学的 47 种，占总数的 23.5％；属于应用科学的多达 126 种，占总数的 63％。① 这种情况集中显示了洋务派开展洋务活动的主要内容，反映了 19 世纪 60 至 90 年代以前西学输入的特点。

广学会是韦廉臣等外国传教士所办的出版机构，初名同文书会，1887 年成立于上海，1894 年易名为广学会。韦廉臣于 1890 年病逝后，广学会的日常工作由李提摩太负责。李在任长达 25 年之久，是广学会最重要的人物。

广学会一直存在到 1956 年，其历史长达 70 年之久。

广学会究竟翻译、编撰、出版过多少种书籍，无法确知。其介绍西学最多、对中国社会影响最大的时期是 1900 年以前，特别是戊戌变法时期。据台

---

① 张增一：《江南制造局的译书活动》，载《近代史研究》，1996（3）。

湾学者王树槐估计，从 1887 年至 1900 年，广学会共出版书籍约 176 种；至 1911 年，共出版 461 种，其中，纯宗教性书籍 138 种，占总数的 29.93％；非宗教性书籍 238 种，占总数的 51.63％；含有宗教意味也含有其他内容的书籍 85 种，占总数的 18.44％。[①] 在这些书籍中，《泰西新史揽要》（1894 年出版）、《中东战纪本末》（1896 年出版），风行海内；《格物探源》（1888 年出版）、《自西徂东》（1888 年出版）、《七国新学备要》（1889 年出版）等书，读者也是遍布城乡；所出刊物《万国公报》，朝野争读，影响更是广泛。

当时，江南制造局所出书籍偏重于应用科学、自然科学基础知识方面，广学会所出书籍则偏重于批评弊端、鼓吹变法方面。有学者指出："从思想文化发展角度看，江南制造局翻译馆属于洋务时代，广学会则属于戊戌时代。"[②] 此说颇有道理。

关于广学会在晚清西学东渐史上所占重要地位，学者作过充分肯定，认为它"开始了结合中国实际、围绕变法宣传西学的历史"；在西学的普及和流通上下了很大功夫，使西学从书斋走向社会，"创造了西学传播的新局面"。[③]

（三）传教士与西学东渐

晚清中国，对引进西学、学习西方起关键和主导作用的，自然是中国人自己。如所周知，鸦片战争前后，林则徐等人已很注意翻译西书，了解"夷情"。到 20 世纪初年，国人进一步成为译界主体，产生了严复、林纾等翻译名家。同时，也应看到，晚清时期对引进西学起过重要作用的，还有另外一种力量，即西方来华传教士。

说到传教士，情况十分复杂，既有干涉中国内政、散布奴化思想、全力充当西方列强侵略工具的人，也有真诚布道、传播西方文化的人，我们不好以"一言以蔽之"的做法进行简单的评判，而只能就某个方面或某个人在不同时期的具体行为，进行具体的分析。就晚清时期的西书中译、西学东渐来说，对

① 王树槐：《清季的广学会》，载（台湾）《"中央研究院"近代史研究所集刊》第 4 期上册，1973 年 5 月出版。
② 熊月之：《西学东渐与晚清社会》，560 页，上海人民出版社，1994。
③ 熊月之：《西学东渐与晚清社会》，559～563 页，上海人民出版社，1994。

传教士，我们主要应该肯定他们为此做出的重要贡献。当然，传教士的译书活动多是在中国知识分子的通力合作下进行的，没有李善兰、华蘅芳等中国学者的配合，他们的译书活动很难取得太大的成绩。

前面提到的晚清中国重要的翻译、出版机构之一广学会，便是由西方传教士创办和经营的。据《李提摩太传》记载：三十余年间，广学会"所著译如神道、哲理、法律、政治、教育、实业、天文、地理、博物、理化之类，以及《万国公报》、《中西教会报》、《大同报》诸出版物都四百数十种，卷数约数百万"[①]。有人统计，广学会先后共出书两千余种。[②]

除广学会这一教会出版机构外，在中国人自办的翻译、出版机构中，传教士也起着很大作用。如江南制造局翻译出版的一些科技图书，主要由英国传教士傅兰雅主持，北京同文馆的译书工作，则由美国传教士丁韪良主持。

在这些传教士中，特别值得一提的是傅兰雅。他于 1868 年 5 月底正式到江南制造局翻译馆担任译员，在馆先后达 28 年，共翻译西书 77 部，占全馆译书总数的 1/3 以上。除为江南制造局译书外，傅兰雅还为益智书会翻译了 30 多种西书，在编辑《格致汇编》时，也抽印了一些单行本，甚至在 1896 年离开中国后，还为中国翻译了一些图书。据有人统计，傅兰雅一生共译书 129 种，涉及基础科学、应用科学、军事科学、社会科学等各个方面，同时代的翻译人员，无论中外，包括林乐知、丁韪良、徐寿、华蘅芳等，均不能望其项背。[③]

在传教士所译西书中，傅兰雅译的《微积溯源》、《声学》、《电学》、《化学鉴原》、《化学分原》、《佐治刍言》，丁韪良译的《万国公法》，玛高温译的《地学浅释》，李提摩太译的《泰西新史揽要》，林乐知译的《中东战纪本末》等，均轰动一时，产生广泛影响。如《泰西新史揽要》于 1895 年正式出版后，立即成为热门书，刊印三万册，仍供不应求。据说，在杭州就有 6 种翻版，在四川，至 1899 年达 19 种翻版，[④] 成为晚清所译西方历史书籍中销量最大、影响

---

① 马自毅：《中国翻译简史》（五四以前部分），245～246、242 页，北京，中国对外翻译出版公司，1984。

② 方汉奇：《广学会与万国公报》，载《新闻业务》，61 页，1957 年 9 月。

③ 参见熊月之：《西学东渐与晚清社会》，574～575 页，上海人民出版社，1994。

④ 参见熊月之：《西学东渐与晚清社会》，601 页，上海人民出版社，1994。

最广的一部。

传教士编译的西学书刊，为近代中国知识分子了解和学习西方提供了必要条件，甚至直接推动了他们变革社会的实践活动。维新思想家康有为、梁启超等都曾受过传教士译著的影响。据记载，康有为讲学长兴里时，"好浏览西学译本，凡上海广学会出版之书报，莫不尽量购取"①。后来，康有为还把李提摩太译的《泰西新史揽要》、林乐知译的《列国岁计政要》等书，进呈光绪皇帝御览。梁启超不仅阅读了大量的广学会译著，而且还写过很多评论文章。谭嗣同既参观过傅兰雅的格致书室，也购买了大量广学会出版物，包括《西国近事汇编》、《环游地球新录》等有关外国政治、历史、地理和基督教神学方面的图书。正如学者所指出的："谭嗣同与康有为等维新人士的新知识，有许多地方是从研读广学会中书籍而来的。"②

总之，在晚清西学东渐史上，在西书中译、西学传播事业中，传教士的作用不可低估，尽管有些传教士译书动机不纯，尽管所译书籍掺杂有大量宗教的内容甚至其他政治上反动的内容，但大量自然科学、社会科学书籍的翻译、出版，在客观上对传播近代西学知识，为中国人认识世界、学习西方提供了方便条件，可以说，他们不自觉地充当了传播西学、促进中国文化近代化和推动中西文化交流的工具。

（四）观念变革与社会变迁

晚清时期的西学输入，无疑存在有这样那样的缺陷，比如初始阶段，学科领域间存在明显的不平衡状态；20世纪初年引进的西学，则又显得内容芜杂、多而不精；再有，对引进西学，自始至终带有浓厚的功利色彩，等等。这些，都在不同程度上影响到晚清引进西学、学习西方的总体水平。不过，比较起来，西学引进对旧观念的冲击，对中国社会、文化进步所起的积极作用，则更加值得重视，因为正是这方面的成效，才真正决定并体现着中国近代社会、文化发展演变的大趋势、大方向。

由于西学的引进，由于西方文化的冲击，中国传统的文化价值观念开始动

---

① 冯自由：《革命逸史》初集，47页，北京，中华书局，1981。
② 杨廷福：《谭嗣同年谱》，52页，北京，人民出版社。1957。

摇，发生一系列的变化。关于传统的"夷夏"观念。如果说林则徐、魏源时期，还能经常听到、看到"天朝上国"、"用夏变夷"这类字眼的话，那么，经过冯桂芬的"人无弃材不如夷、地无遗利不如夷、君民不隔不如夷、名实必符不如夷"① 的宣传，经过三十多年的洋务运动，"华夷之辨"、"夷夏大防"的旧观念，已被彻底冲破了，到 19 世纪末、20 世纪初，甚至可以说是踪影全无了。因为当时社会舆论、思想理论界的中心问题已是君主立宪、民主共和、民权平等，甚至"醉心欧化"这类问题了，"夷夏大防"问题早已不在考虑之列。事实上，传统的"夷夏"观念，在晚清中国，始终都处于被批判、被否定的状态，魏源的"师夷长技"无疑是承认了"夷人"有其"长技"，不应一味蔑视，一概否定；冯桂芬的四个"不如夷"，更是对"夷人"多方面的肯定。曾纪泽批评鄙视夷狄如"禽兽"的陈腐观念时指出：平心而论，西方各国"亦诚与岛夷社番、苗猺獠猓，情势判然，又安可因其礼义教化之不同，而遽援尊周攘夷之陈言以鄙之耶？"② 曾纪泽对少数民族的鄙视态度虽然是错误的，但承认西方国家也是礼义教化之邦，反对抱着陈旧观念而鄙视他们，则是正确的。此外，从"夷人"、"洋人"，"夷务"、"洋务"等词汇、用语的变化，也能透视出传统"夷夏"观念在晚清时期消亡的轨迹。

关于道器观念。"道"、"器"是中国传统思想体系中的一对重要概念，"道"指封建秩序、礼义纲常，"器"指具体事物。道是体，是虚；器是用，是实。中国传统观念，一直是重道轻器，道本器末。晚清时期，随着西学的大规模输入，随着人们对西方文化认识的逐渐加深，传统的道器观念开始发生动摇。王韬、郑观应等维新思想家都曾撰文阐述道器问题，其中，王韬有一段话很有代表性，很能说明时人关于道器观的新思考、新认识。他说：

> 天下之道，其始也由同而异，其终也由异而同。……今日欧洲诸国日臻强盛，智慧之士造火轮舟车以通同洲异洲诸国，东西两半球足迹几无不遍，穷岛异民几无不至，合一之机将兆于此。夫民既由分而合，则道亦将由异而同。形而上者曰道，形而下者曰器，道不能即通，则先假器以通

① 《制洋器议》，见冯桂芬《校邠庐抗议》卷下，光绪二十三年聚丰坊刻本。
② 《曾纪泽选集》，194 页，长沙，岳麓书社，1983。

之，火轮舟车皆所以载道而行者也。①

王韬认为，中西之"道"虽有差异，但并无优劣之分，而且最终要通同合一；"器"是沟通中西之"道"的契机，它不是被动的，从属的，无足轻重的，它可以用来通"道"。这就改变了传统的重道轻器的观念，器的地位和作用得到了提高。

与此相联系，传统的重视"义理"，轻视"艺事"、科技的偏见，也受到了批评，得到了纠正。反对空谈、讲究实效，成为有识之士的一个共同特点。许多人已经把"省虚文而收实效"视为"自强"大业的当务之急。②李鸿章说："今日所急，惟在力破成见以讲求实际而已"③。左宗棠针对轻视科技的倾向说："中国之睿智运于虚，外国之聪明寄于实；中国以义理为本，艺事为末，外国以艺事为重，义理为轻。彼此各是其是，两不相喻，姑置弗论可耳。谓执艺事者舍其精，讲义理者必遗其粗，不可也。"④左氏的中西比较，倾向性十分明显，他反对的正是空谈义理的"务虚"，所提倡的正是讲求功利、实效的"务实"。

关于传统的义利观。重义轻利是传统儒学思想体系中的一项重要内容，这一理念走向极至，便有了"贵义贱利"甚至言义不言利的价值取向和价值追求。晚清时期，由于西学的影响，由于"求强"、"求富"，发展经济的现实需要，传统的义利观念开始发生明显变化。有人批评讳于言利是迂腐之见："利在天地间，原不禁正人拟议，彼畏利而讳言者，特小儒拘滞之见，而不足以探本也。"⑤晚清知识界重新解释义、利关系，阐发新的义利观的言论，俯拾即是。陈炽提出："惟有利而后能知义，亦惟有义而后可以获利"。又说："古圣人盖日日言利，以公诸天下之人，而决不避言利之名，使天下有一夫稍失其利也。"⑥宣称人人有求利的权利。左宗棠还曾建议"以官倡其利"，并说："开

① 王韬：《弢园文录外编》，1～2页，北京，中华书局，1959。
② 中国史学会主编：《洋务运动》第二册，206页，上海人民出版社，1961。
③ 《李鸿章全集》奏稿，卷二四。
④ 《左文襄公全集》奏稿，卷一八，北平1928年文华斋刻本。
⑤ 宗稷辰：《躬耻斋文钞》卷一，转引自龚书铎：《中国近代文化探索》，增订本47页，北京师范大学出版社，1997。
⑥ 陈炽：《续富国策》卷四"分建学堂说"、卷二"攻金之工说"，见《陈炽集》，273、212页，北京，中华书局，1997。

利之源，自以因民所利而利之为善，盖源开而流弊自少，故与民争利不若教民兴利之为得也。"①

与传统义利观的变化相联系，传统的崇本抑末、重农轻商思想，传统的黜奢崇俭倾向，也都与以往有了明显不同，特别是商业和商人的地位有了空前的提高，"商务"被视为"国家之元气"，商人"与士、农、工互相表里"，并"握四民之纲领"，振兴商务直接关系到富国强民、抵制外国侵略的民族大业，正如郑观应所说："欲制西人以自强，莫如振兴商务。安得谓商务为末务哉？"②

在传统文化价值观发生变化的同时，在欧风美雨的浸洗、熏染下，中国社会生活的各个方面都在发生着或快或慢、或大或小的变化。这种变化，最表面、最直接的体现，便是"洋火"、"洋油"、"洋皂"、"洋装"等洋货的日渐广泛使用和流行。在通商口岸、沿海地区，变化尤为明显。据《嘉定县续志》记载，该县于"光绪乙未、丙申之际，始改用火柴"，取代了传统的火石；"光绪中叶后，多燃煤油灯"，传统的取光用具——油盏、灯檠"遂归淘汰"。此外，由于毛巾盛行，传统的洗面擦身所用的土布渐被取代；由于欧美肥皂行销中国，"遂无有用皂荚者"；"自轮船、火车通行，往来有一定时刻，钟表始盛行"。另载，"光宣之间，西式提箱仿造于沪地，于是旅客多购用之"③。又据《重辑张堰志》载，该地衣服之制，"光绪间又渐尚短衣窄袖，至季年，马褂不过尺四五寸半，臂不过尺二三寸，且仿洋装，制如其体"④。可见，西洋的物质文明已经广泛地融入中国人的日常生活起居之中。

上海及其周围地区的情况是如此，传统色彩较重的北京也在发生着明显变化。时人所写"竹枝词"中，"眼前报馆如林立，不见'中央'有'大同'"；"储蓄交通均有益，巍然开设几银行"；"贫富人人抽纸烟，每天至少几铜元"；"或坐洋车或步行，不施脂粉最文明"；"门外电灯明似昼，陕西巷深醉琼林"等诗句，⑤ 生动、形象地展现了19世纪末、20世纪初北京社会生活方方面面

---

① 中国史学会主编：《洋务运动》第七册，579页，上海人民出版社，1961。

② 《郑观应集》上册，604、607、614页，上海人民出版社，1982。

③④ 转引自《近代上海地区方志经济史料选辑》，343～344、331页，上海人民出版社，1984。

⑤ 路工编：《清代北京竹枝词（十三种）》，115～133页，北京出版社，1962。

的新气象、新景观。

大都会的变化自然也会延展到内地。"光宣之交，盛行文明结婚，倡于都会商埠，内地亦渐行之。"① 结婚习俗如此，其他方面亦大多如此。

西学输入对晚清社会、文化的影响，远不止以上这些内容。可以说，近代中国每一种新思想、新理论的产生，每一种新的社会、文化现象的出现，几乎都与西方文化的影响有关。当然，晚清时期引进的西方文化，并非都是科学的、健康的、进步的，其对中国社会的影响也并非都是积极有益的，但对处于封建末世的中国社会、中国文化来说，西方文化的影响，从总体上说，其积极方面还是主要的。

晚清时期的西学输入虽然达到了空前的规模，给中国社会、文化造成了空前的影响，但引进西学、学习西方的过程却是艰难、曲折的，自始至终充满了矛盾和斗争。

二、中西文化论争的三个阶段

（一）冲突的不可避免

晚清时期涌入中国的西学，是文艺复兴以后迅速发展起来的崭新的资本主义文化，而当时在中国占统治地位的，仍是以儒学为主体的封建主义文化。这是两种迥然不同的异质文化。关于两种文化的种种差别，近代思想家已有近乎全面的认识：

> 中国最重三纲，而西人首明平等；中国亲亲，而西人尚贤；中国以孝治天下，而西人以公治天下；中国尊主，而西人隆民；中国贵一道而同风，而西人喜党居而州处；中国多忌讳，而西人众讥评。其于财用也，中国重节流，而西人重开源；中国追淳朴，而西人求欢虞。其接物也，中国美谦屈，而西人务发舒；中国尚节文，而西人乐简易。其于为学也，中国多夸识，而西人尊新知。其于祸灾也，中国委天数，而西人恃人力。②

---

① 徐珂编：《清稗类钞》第五册，1987 页，北京，中华书局，1984。
② 严复：《论世变之亟》，见《严复集》第一册，3 页，北京，中华书局，1986。

可以说，在价值观念、思维方式、行为方式、生活习俗乃至心理感情等方面，中西文化都存在着重大差异。这样两种不在一个系统、不是一种类型，形态完全不同的文化，相遇一起，产生矛盾，发生冲突，在所难免。正如陈独秀在《吾人最后之觉悟》（1916 年）一文中所言："欧洲输入之文化，与吾华固有之文化，其根本性质极端相反。数百年来，吾国扰攘不安之象，其由此两种文化相接触相冲突者，盖十居八九。"①

谈到晚清的中西文化冲突，有一种情况不可忽视，即西方文化是和西方列强的鸦片、炮舰等一起涌入中国的，而其中的某些方面又正是列强用于侵略的组成部分，因而，饱受西方列强欺凌之苦的中国人，在谴责、反对外来侵略的同时，对西方文化也表现出排斥心理，有时甚至采取过激行为，这是可以理解的。

另外，如前所说，晚清时期输入的西方文化并不都是民主的、进步的精华，而是夹杂着大量腐朽的糟粕，诸如弱肉强食的侵略理论，白种人至上的种族歧视论，欧洲中心论，以及西方腐朽没落的生活方式等，这些东西传入中国，可以说有害无益，遭到国人反对和抵拒，是理所当然的。

当然，从总体上说，晚清涌入的西方文化，是一种较之中国传统文化先进的、更高形态的资本主义新文化，这种新文化对冲击中国封建主义旧文化，对改变国人保守、落后的旧观念，对促进中国近代民族新文化的形成和发展，是有积极作用的。今天，我们可以有这样一种清醒的认识，而在当时，对很多人来说，让他们接受西方文化，认可西方文化的进步性，简直就是不可想象的，可以说是天大的难事。在西方文化的输入和传播过程中，遇到重重困难，是很自然的事情。

晚清时期的中西文化冲突，其表现形式多种多样，但新派与旧派（都是相对而言）之间围绕中西文化的优劣高低、中西文化的关系问题所展开的争论，最具典型性。这种争论贯穿于整个晚清时期，甚至延续到 20 世纪三四十年代。

与近代中国急剧变化的社会、政治形势有关，与西方文化在各个时期不同的输入、传播情况有关，与国人对西方文化认识的逐步加深有关，晚清的中西

---

① 《独秀文存》，37 页，合肥，安徽人民出版社，1987。

文化论争，在不同历史阶段，情况各有不同，但总的趋势是日益深入。

（二）洋务时期的中西文化论争

19 世纪 60 至 90 年代，清廷内部一部分封疆大吏出于御外夷、平内患的双重目的，倡导并掀起一场以引进西方科技，"求强"、"求富"为主要内容的洋务运动。伴随洋务运动的兴起，西学输入掀起高潮，强烈地冲击着封闭保守的社会风气，传统的重道轻器、贵义贱利、重农轻商观念开始发生动摇，并直接冲击到封建王朝选官举士的要途——科举考试制度。这种情况不能不引起人们的极大关注，中西文化论争由此拉开序幕。

洋务运动时期的中西文化论争，主要是在封建统治阶级内部进行的。论争双方分别是洋务派和顽固派。洋务派主张有选择、有限度地吸收、借用西方文化，主要是学习西方的器物、技艺，而顽固派则坚决排斥一切外来文化。虽属封建统治阶级内部的争论，根本目的都是为了维护清朝的封建统治，但从思想文化的角度看，仍有开明与守旧之分、进步与落后之别。

当时，洋务、顽固两派几乎在所有师法西人、举办洋务问题上，都存在尖锐对立，发生激烈争执。以京师同文馆招收科甲正途人员学习天文算学之事为例。鉴于"洋人制造机器、火器等件，以及行船、行军，无一不自天文算学中来"，恭亲王奕䜣等人于 1866 年 12 月奏请京师同文馆添设天文算学馆，招取满汉举人及恩、拔、岁、副、优贡，并令正途出身五品以下满汉京外各官，入馆学习天文、算学，且延聘西人教习。[①] 此议招致顽固派猛烈攻击。大学士倭仁大谈"立国之道，尚礼义不尚权谋；根本之图，在人心不在技艺"，声称"古今来未闻有恃术数而能起衰振弱者"。又说：西人为中国之仇敌，若"举聪明隽秀、国家所培养而储以有用者，变而从夷"，会使"正气为之不伸，邪氛因而弥炽"。他指责洋务派"数年之后，不尽驱中国之众咸归于夷不止"。言语之中，对"夷人"表现出极大的蔑视和反感，表示："如以天文、算学必须讲习，博采旁求，必有精其术者，何必夷人？何必师事夷人？"[②] 御史张盛藻认为，天文算学等事，宜归钦天监、工部分别选拔生员和武弁学习，科甲正途人员都是"读

---

① 《筹办夷务始末》同治朝卷四六，总 4416～4417 页，故宫博物院 1929 年影印本。
② 中国史学会主编：《洋务运动》第二册，30 页，上海人民出版社，1961。

孔孟之书，学尧舜之道，明体达用"，用以"规模宏远"的人才，何必要让他们"习为技巧，专明制造轮船、洋枪之理"？如果让他们去学习天文算学，那就是"重名利而轻气节"，而"臣民之强，则惟气节一端耳"，"无气节，安望其有事功哉？"①稍后，候补知州杨廷熙上奏，断言："历代之言天文者中国为精，言数学者中国为最，言方技艺术者中国为备"，"西学之轮船机器未必有如此幽深微妙矣"。在19世纪中叶，杨廷熙的言论，表现出的是一种严重的盲目自大心理。他甚至还把同文馆视为"不祥之物"，把"久旱不雨"、"阴霾蔽天"、"大风昼晦"、疫病流行等自然灾害，统统归罪于同文馆的设立。②

奕䜣等人不肯示弱，对倭仁等人的观点进行了有力驳斥，指出"洋人制胜之道，专以轮船、火器为先，……又本之天文度数，参以勾股算法，故能巧法其中"③。天文算学是"机巧之源，制作之本"，理当学习，必须学习；设立天文算学馆，目的在于学习西方的先进科学技术，"徐图自强"，而不是"空讲弧虚，侈谈术数"。说倭仁反对"师事夷人"，反对向西方学习，是"以道学鸣高"，故作危言耸听之论，斥责倭仁所说的"以忠信为甲胄，礼义为干橹"纯属空言滥调，于实际毫无用处，强调："以中国之人师法西人为深可耻者，此皆不识时务之论也"④。

1880年，因刘铭传有修筑铁路之议，两派争论再起。李鸿章等支持刘铭传的建议，认为修铁路，可以助国用，便于调兵，是"利国利民，可大可久"的富国强兵之道，而绝非"用夷变夏"的坏事。⑤顽固派则力陈修铁路有百害而无一利。刘锡鸿声称修铁路"不可行者八，无利者八，有害者九"。他还特别从民风、习俗的角度加以阻挠，极具蛊惑性和影响力。他认为修铁路会触怒山神，破坏风水。这是由于中国的名山大川，"历古沿为祀典，明禋既久，神斯凭焉；倘骤加焚凿，恐惊耳骇目，群视不祥；山川之神不安，即旱涝之灾易召"⑥。而且筑路占用农田祖坟，既影响农作，又有害风俗。以影响农作为借

①《筹办夷务始末》同治朝卷四七，总4540～4541页，故宫博物院1929年影印本。
② 中国史学会主编：《洋务运动》第二册，45页，上海人民出版社，1961。
③ 中国史学会主编：《洋务运动》第二册，32页，上海人民出版社，1961。
④《筹办夷务始末》同治朝卷四六，总4497页，故宫博物院1929年影印本。
⑤ 中国史学会主编：《洋务运动》第六册，141页，上海人民出版社，1961。
⑥ 刘锡鸿：《仿造西洋火车无利多害折》，见《刘光禄遗稿》，光绪年间刻本。

口反对修筑铁路，反映的是传统生产方式与现代交通方式之间的矛盾；以风俗来要挟筑路，反映的则是传统民族文化与现代物质文明之间的矛盾。刘锡鸿还说："今行火车，则货物流通，人心必增奢侈，财产日日虚糜。"① 即认为铁路交通促进商品流通，商品经济又会助长人们的奢侈之心，有悖于传统的节俭原则，有悖于传统的消费观念，与国情不合，与中国人的生活方式和国民心理不合，断难推行。这也是以传统的生产方式和生活方式非难洋务派修筑铁路的建议。

在利用西法开矿、制造和行驶轮船以及派遣学生出洋留学等洋务新政上，洋务派和顽固派也都发生过激烈争执。

在两派的论争中，顽固派囿于传统的"夷夏大防"、"华夷之辨"的陈腐观念，把以儒学为代表的"中学"看得十全十美，全盘肯定，不许做丝毫变通，只能虔诚信奉；把"西学"一概视为"异端邪说"，坚决予以排斥，甚至连学习西方的某些制造工艺都不允许。相对而言，洋务派对待西方文化的态度要开明一些，面对千古未有的变局，能够以比较务实的精神肯定西方物质文化的先进性和实用性，明确表示可以接纳。当然，这种接纳是非常有限的，是以不触动"中学"之本，即封建君主专制制度和纲常名教为前提的，当时叫做"中学为体，西学为用"。从这一点上说，洋务派和顽固派在最终目的上是一致的，没有本质的分歧，即在对待封建文化问题上，他们都无心也不敢触动孔孟儒学，都是封建制度和封建文化的忠实捍卫者。这种情况也就决定了两派的论争还是低层次的论争，只是如何看待西方物质文化的论争，只是西学能否"为用"的论争，或者说，论争还只是停留在能不能向西方学习的阶段上。至于向西方学习什么，这实际上是戊戌时期新旧争论才真正涉及到的问题。

尽管如此，洋务时期的中西文化论争，使封建守旧思想，特别是传统的"夷夏之辨"观念，受到了空前的冲击；同时，提高了西学在中国的地位，为西学在中国的传播制造了舆论，有利于讲习西学风气的形成。

（三）戊戌时期的中西文化论争

甲午战败后，中国面临被列强瓜分的严重民族危机。为挽救民族危机，资

---

① 刘锡鸿：《仿造西洋火车无利多害折》，见《刘光禄遗稿》，光绪年间刻本。

产阶级维新派发动和领导了一场维新变法运动。这既是一场政治斗争，也是一场影响深远的思想解放运动。在文化问题上，维新派吸收西方的哲学、社会科学学说，以进化论和民权平等思想批判封建主义意识形态，反对封建君主专制制度，引起封建守旧势力（包括洋务派和顽固派）的极大恐慌，他们在"翼教"、"护圣"的旗号下迅速集结起来，与维新派展开激烈论争。其激烈程度，如杨深秀所描述的："其守旧者，谓新法概宜屏绝；其开新者，谓旧习概宜扫除。小则见诸论说，大则形诸奏牍，互相水火，有如仇雠。"[①]

这一时期的论争，简单地说，就是要不要实行维新变法。具体地讲，主要涉及三方面问题：（一）要不要废除封建君主专制制度，改行君主立宪？（二）要不要废除三纲五常，提倡民权、平等？（三）要不要变科举，兴办学校？

面对深重的民族危机，维新派认为，要想把中国从被帝国主义瓜分的厄运中拯救出来，求得民族的生存和国家的独立富强，只有实行维新变法，向西方学习。关于中国的贫弱落后问题，他们首先想到了封建君主专制制度的祸国殃民，认为这是祸根，是中国落后挨打的根本原因。梁启超明确指出："君权日益尊，民权日益衰，为中国致弱之根原。"[②] 康有为讲："中国大病，首在壅塞，气郁生疾，咽塞致死。"[③] 所谓"壅塞"，指的正是君主专制制度造成的上下隔绝、民情不通的政治弊病。维新派提出，要挽救民族危亡，必须对现行政治体制进行变革，以君主立宪制取代封建君主专制。认为只有实行君主立宪，开设议会，才能使"国家无难决之疑，言路无壅蔽之患"，才可望"解生民于倒悬之危，置国家于磐石之安"[④]。为了从根本上论证君主专制的不合理性和君主立宪的合理性，维新派根据西方资产阶级的政治学说和中国古代的"重民"思想，对君主的起源和君民关系作出了新的解释，指出：国家是"民之公产"，王侯将相不过是"通国之公仆隶"，人民才是"天下之真主"。[⑤] 谭嗣同讲："生民之初，本无所谓君臣，则皆民也。民不能相治，亦不暇治，于是共

① 《戊戌变法档案史料》，1页，北京，中华书局，1958。

② 梁启超：《西学书目表后序》，见《饮冰室合集》文集之一，128页，北京，中华书局，1989。

③ 康有为：《上清帝第二书》，见《康有为政论集》上册，134页，北京，中华书局，1981。

④ 赵而霖：《开议院论》，见中国史学会主编《戊戌变法》第三册，195页，上海，神州国光社，1953。

⑤ 严复：《辟韩》，见《严复集》第一册，36页，北京，中华书局，1986。

举一民为君"；既然君可以由民"共举之"，那么，当然也可"共废之"，所以，可以说，"君末也，民本也"。① 这就从根本上否定了"君权神授"和君主"受命于天"的封建说教，为变法维新、实行君主立宪制提供了理论依据。

与批判君主专制相联系，维新派还猛烈抨击了为这一制度服务的封建纲常名教。他们从民权、平等观念出发，认为追求民权、平等是人类生来就有的本性，而封建的三纲五常专讲等级高下、尊卑贵贱，违反了人的本性，只能给人类带来痛苦和灾难。谭嗣同对纲常名教的批判最具代表性，他在《仁学》中指出："俗学陋行，动言名教，敬若名教而不敢渝，畏若国宪而不敢议。嗟呼！以名为教，则其教已为实之宾，而决非实也。又况名者，由人创造，上以制其下，而不能不奉之，则数千年来，三纲五伦之惨祸烈毒，由是酷焉矣！"他严厉斥责"三纲之慑人，足以破其胆，而杀其灵魂"。对"三纲"中的"君为臣纲"，谭嗣同抨击尤为痛切："二千年来，君臣一伦，尤为黑暗否塞，无复人理，沿及今兹，方愈剧矣！"② 鉴于这种认识，谭发出了"冲决君主之网罗"、"冲决伦常之网罗"的呼喊。在当时的维新派知识群体中，谭属于最坚定、最激进的变革者。

在批判三纲五常这些封建旧伦理、旧道德的同时，维新派大力提倡民权、自由、平等这样一些新的道德准则。严复认为，如果人民享受不到自由、平等的权利，缺乏独立自主的意识，实行民权政治便是一句空话。为此，他提出了"自由为体，民主为用"的主张，强调在争取民主政治的同时，必须使人民拥有广泛的社会权利。他在《原强》、《论世变之亟》等政论文章中提出的自由权利，包括了言论自由、人人平等、人身不受侵犯、保护私有财产等多方面的内容。谭嗣同在抨击纲常名教的同时，对五伦中的"朋友"一伦则加以肯定，认为这一伦"于人生最无弊而有益"，因为朋友之间讲"平等"、讲"自由"、"节宣惟意"，"总括其义，曰不失自主之权而已矣"。③ 表现了谭嗣同对资产阶级平等、自由精神的真诚追求。

---

① 谭嗣同：《仁学》，见《谭嗣同全集》（增订本）下册，339 页，北京，中华书局，1981。
② 《谭嗣同全集》（增订本）下册，299、337 页，北京，中华书局，1981。
③ 谭嗣同：《仁学》，见《谭嗣同全集》（增订本）下册，349～350 页，北京，中华书局，1981。

在维新派看来，要实现民权政治，使国家走向富强，一个重要的任务，是尽快更新和提高国民的素质；而要提高国民素质，重要的一条，便是开启民智；而要开启民智，就必须变科举，办学校。梁启超讲："言自强于今日，以开通民智为第一义。"① 又说："变法之本，在育人才，人才之兴，在开学校，学校之立，在变科举。"②相沿数千年的科举取士制度，对国家、社会的危害已暴露无遗，对此，严复作了无情揭露，指出：科举制度"锢智慧"、"坏心术"、"滋游手"，其结果，"使天下消磨岁月于无用之地，堕坏志节于冥昧之中，长人虚骄，昏人神智，上不足以辅国家，下不足以资事畜，破坏人才，国随贫弱"。他坚决主张废除科举制，认为"此之不除，徒补苴罅漏，张皇幽渺，无益也"③。维新派把设立新式学堂、学校，传授新的知识和思想，视为治愚致强的根本之计，指出"亡而存之，废而举之，愚而智之，弱而强之，条理万端，皆归本于学校"④。

维新运动的高涨，维新派要求变革旧制度、旧文化的主张，引起了封建守旧势力的高度紧张和极大恐慌，他们纷纷著书立说，攻击维新派，诋毁变法主张，视维新派为"士林败类"、"名教罪人"，视维新思想为"异端邪说"、"洪水猛兽"，急欲扑灭之，铲除之。苏舆编辑了《翼教丛编》，张之洞撰写了《劝学篇》，集中反映了守旧势力对维新思想的敌视和嫉恨。

守旧势力抱着"天不变，道亦不变"的形而上学宇宙观，坚持"祖宗之法不可变"，否则就是违背天理；对维新派的变革主张，几乎全盘予以否定。维新派要求变革封建君主专制制度，实行君主立宪，守旧派则声称中国的君主专制是自古以来最完善最美好的政治制度，万万不可更改。同时，他们又攻击西方国家的政体"荒谬绝伦"、"无复人理"，甚至危言耸听地说：中国如果实行西方的政治制度，"不十年而二十三行省变为盗贼渊薮"，"不十年而四万万之种夷于禽兽矣"。并据此断言："民主万不可设，民权万不可重，议院万不可变

①② 梁启超：《变法通议》，见《饮冰室合集》文集之一，14、10 页，北京，中华书局，1989。

③ 严复：《救亡决论》，见《严复集》第一册，43 页，北京，中华书局，1986。

④ 梁启超：《变法通议》，见《饮冰室合集》文集之一，19 页，北京，中华书局，1989。

通"。① 维新派反对封建的纲常名教，提倡自由、民权、平等，守旧派则坚持认为，人类之所以为人类，中国之所以为中国，正在于有三纲五常、等级尊卑这样的伦理规范。叶德辉讲："孔子之制在三纲五常，而亦尧舜以来相传之治道也。三代虽有损益，百世不可变更。"② 从维护封建统治秩序的目的出发，他们坚决反对民权、平等之说。张之洞讲："知君臣之纲，则民权之说不可行也；知父子之纲，则父子同罪、免丧废祀之说不可行也；知夫妇之纲，则男女平权之说不可行也。"他们对民权之说极为惧怕，认为，若任此说流行，后果不堪设想，"民权之说一倡，愚民必喜，乱民必作，纪纲不行，大乱四起"；强调"民权之说，无一益而有百害"。③ 维新派提出要变科举、兴学校，守旧派则坚持为行将就木的科举制度唱赞歌，认为这种制度把"读书、做人、为文"融为一体，是"光大圣道"、育才兴邦的最好办法。当光绪皇帝接受维新派建议，准备颁旨废八股时，顽固派头目刚毅极力阻挠，对光绪帝说："此事重大，行之数百年，不可遂废，请三思之。"④ 直到光绪帝正式颁布废八股、改试策论的谕旨后，顽固派仍不肯罢休，上下奔走，"聚议将联名翻国是，复八股"⑤。一些以八股考试为仕途敲门砖的守旧之徒，甚至想聚殴、暗杀力主废八股的康有为。湖南的一些守旧分子还攻击维新派兴办学校的主张是"名为培才，实则丧才"，"且贻人心风俗无穷之忧"⑥。

面对守旧势力的诋毁和攻击，维新派毫不退缩。他们根据事物新陈代谢的法则，根据社会不断进化的原理，据理力争，强调："法既积久，弊必丛生"，因此，没有百年不变之法，"祖宗之法"必须随着时代的变迁而有所变化。⑦他们在驳斥顽固派的歪理时，把变法与救亡直接联系起来，大大增强了现实的说服力，同时进一步揭露了守旧者的不识时务。康有为说："观大地诸国，皆

① 王仁俊：《实学评议》，见《翼教丛编》卷三，台北，文海出版社，1967。

② 叶德辉：《读西学书法书后》，见《翼教丛编》卷四，台北，文海出版社，1971。

③ 张之洞：《劝学篇》，70、85、86 页，郑州，中州古籍出版社，1998。

④ 中国史学会主编：《戊戌变法》第四册，146 页，上海，神州国光社，1953。

⑤ 中国史学会主编：《戊戌变法》第四册，147 页，上海，神州国光社，1953。

⑥ 《宾凤阳等上王益吾院长书》，见中国史学会主编《戊戌变法》第二册，639 页，上海，神州国光社，1953。

⑦ 《康有为上清帝第六书》，见中国史学会主编《戊戌变法》第二册，198 页，上海，神州国光社，1953。

以变法而强，守旧而亡"，中国面临被列强瓜分豆剖的严重危机，变法更是刻不容缓，不变法就只有灭亡。针对顽固派所说"祖宗之法不可变"，康有为质问道："法者，所以守地者也。今祖宗之地既不守，何有于祖宗之法乎？夫使能守祖宗之法，而不能守祖宗之地，与稍变祖宗之法，而能守祖宗之地，孰得孰失？孰重孰轻？"① 这种批驳有理有据，因而也是有力的。

勿庸讳言，维新派的变法主张中存在着反对君主专制和维护当朝皇帝、反对封建纲常名教和尊奉孔子与孔教这样的内在矛盾，他们的变革思想是不彻底的。尽管如此，他们对旧制度、旧文化的批判和冲击，其猛烈程度仍是空前的，在思想界、文化界所产生的巨大影响也是空前的。也正因此，才引起了守旧势力的极大不安。

戊戌时期的中西文化论争，较之洋务时期的中西文化论争，已明显深入了一步，已由原来的主要是器物、技艺之争发展到了制度文化之争。从维新、守旧两派分别发表的言论来看，维新派敢于正视严峻的社会现实，以积极的态度，主动变革旧制度、旧文化，以宽广的胸襟，主动学习和吸收西方的先进文化，符合文化进步、社会发展的内在规律，合乎时代的要求；而守旧派一味维护封建主义的旧制度、旧文化，不敢接受新文化，反映了他们思想的严重僵化和保守，他们的主张违背了时代的要求，不利于文化进步和社会发展。两派的文化主张，实际上反映了两种不同的阶级力量在近代中国特殊的社会、历史环境下，作出的两种不同的文化选择。正如学者所指出的："维新派的文化主张是新兴资产阶级对中国社会近代化前途作出的文化选择，守旧派的文化主张则反映出没落阶级企图保持封建旧传统、旧秩序而作出的文化选择。"②

（四）20 世纪初年的中西文化论争

进入 20 世纪，中国资产阶级民主革命运动蓬勃发展。以孙中山为代表的资产阶级革命派主张以武力推翻实行封建君主专制的清朝政府，建立资产阶级民主共和国，而以康有为为首的改良派，在戊戌变法失败后，仍坚持走改良道

---

① 《康有为上清帝第六书》，见中国史学会主编《戊戌变法》第二册，197、198 页，上海，神州国光社，1953。

② 龚书铎主编：《中国近代文化概论》，50 页，北京，中华书局，1997。

路，希求清政府实行君主立宪。革命派和改良派之间于是发生了民主共和与君主立宪的争论。这场争论既反映了两派对政治目标的不同追求，也反映了两派文化观念上的差异；既有政治斗争的性质，又带有文化思想冲突的特征。这种文化思想的冲突和论争，又主要体现为对制度文化的不同选择。

改良派一贯主张，政治改革只能循序渐进。他们借口中国民众大多"民智未开"、缺乏自治能力等，坚决反对搞民主共和。他们认为，在"民智未开"的情况下，骤行民主共和，必然险象环生，"民无宁岁"；在这种情况下，与其实行民主共和，远不如实行君主立宪或"开明专制"。在他们的言辞中，时时流露出对君主制的无限怀恋。康有为在文章中，对光绪皇帝大加赞颂，认为是千载难逢的"圣君"，是中国振兴的希望所在，而中国现存的种种灾难，都是慈禧太后、荣禄这帮祸国殃民的国贼造成的，与帝制无干。为了反驳革命派对清朝黑暗统治的揭露批判，康有为一反昔日抨击君主专制的进步立场，反过来却对历史上的封建王朝和现存的专制政府评功摆好，声称中国历代的"明君圣贤"一贯"爱民如子"，清朝实行的"仁政"尤多，中国人民早就享受到充分的自由、平等之权了。言语间清楚地表明了康氏维护君主制的政治立场。1906年，梁启超发表《开明专制论》，提出更为落后的观点"与其共和，不如君主立宪；与其君主立宪，又不如开明专制"①。改良派在提倡君主立宪制的同时，对民主共和制又大加丑化，把法国大革命诬蔑为"酷毒民贼"领导的"妄行杀戮，惨无天日"的恐怖之世。在他们看来，君主制未见得就好，而民主制要更加糟糕。

在资产阶级民主革命已成不可逆转的历史潮流的形势下，改良派仍顽固坚持君主立宪或"开明专制"，显然落后于时代，自然要受到革命派的批判。革命派强调：政治改革不能寄希望于政府，尤其不能寄希望于腐败无能的清政府，而应"专望之国民"。他们认为，通过革命实践，国民的政治程度可望迅速提高，在推翻清朝封建统治后，完全有能力建立世界上最完善的共和政体。在与改良派的论争中，革命派对西方的民主共和制度表示了无比的欣羡和向往，认为这是"最美最宜之政体"②，真正体现了"天赋人权"和"平等、自由、博爱"的精神，是取代专制政体、医治专制制度积弊的"良药宝方"。革

---

① 见《新民丛报》第75号。
② 陈天华：《论中国宜改创民主政体》，载《民报》第一期。

命派以西方资产阶级民主思想为武器，继续对封建君主专制制度进行无情的批判。孙中山说："中国数千年来都是君主专制政体，这种政体，不是平等自由的国民所堪受的。"① 必须用革命的手段彻底扫除之。

应当说，革命派和改良派在文化选择和总的文化取向上，有很多一致的地方，他们都反对一味固守封建文化，都主张向西方学习；他们的差异主要在于：在批判封建文化时有没有保留，或者说保留多少，是否彻底，在学习西方文化上，各自能走多远。这种差异，除了表现在上面所说对政治制度、政治文化的追求有所不同外，也表现在对待中国固有伦理道德和纲常名教的态度等方面。康有为等在为封建皇帝和君主制唱赞歌的同时，还极力夸耀中国的封建伦理道德之美胜过西方国家，声称："若以道德论之，则中国人数千年以来受圣经之训，承宋学之俗，以仁让为贵，以孝悌为尚，以忠敬为美，以气节名义相砥，而不以奢靡淫佚奔竞为尚，则谓中国胜于欧、美人可也。"② 显然，他对中国传统文化中的封建性因素作了较多的保留。与此相反，革命派对封建文化则作了更多的批判，较之当年的维新派更向前进了一步。他们在抨击三纲五常、封建礼教的同时，更把批判的锋芒指向封建社会的"至圣先师"孔子，公开宣称：孔孟之道"必不能合现在的时候"，号召国人"做现在革命的圣贤，不要做那忠君法古的圣贤"③。在这里，我们似乎已经隐约听到了五四时期的反孔呼声。

20世纪初年，还有一个方面的文化论争值得关注，这就是"欧化"与"国粹"的论争。欧化论者和国粹派的直接交锋虽然不多，在当时也未引起太大的影响，但两派在文化思想、文化主张上的矛盾却是客观存在的，出现相互指责也是很自然的。尤为重要的，两派论争中涉及的问题很值得人们深思。

欧化论者提出的观点，实际上也就是后来常说的"全盘西化"。顾名思义，持这种主张的人，肯定是西方的盲目崇拜者。他们"尊西士为圣神，崇欧人为贵种"④，鼓吹"彻底输入"西方文明。在盲目崇拜西方的同时，他们对中国

---

① 孙中山：《在东京〈民报〉创刊周年庆祝大会的演说》，见《孙中山全集》第一卷，325页，北京，中华书局，1981。

② 康有为：《物质救国论》，见《康有为政论集》上册，568页，北京，中华书局，1981。

③ 君衍：《法古》，载《童子世界》第31号。

④ 《论中国对外思想的变迁》，载《警钟日报》1904年6月21日。

固有的民族文化又可以说是盲目否定，采取了不恰当的虚无主义态度。当时，有人主张把中医书籍"付之一炬"，有人鼓吹完全废除汉字，认为中国固有的东西"已属过去之陈迹"，早就应该"陈诸博物馆"。① 应当承认，中国固有文化中确有很多封建性的糟粕，确有很多过时的成分，对此，需要的是认真总结，批判继承，而不能是简单否定，说得一无是处，"虽一石一华亦加轻薄"②。欧化论者表现出的反封建精神是可贵的，但对中国固有文化的态度显然是偏激了；这种过激主张自然要受到国粹派的批评。章太炎便曾指出："近来有一种欧化主义的人，总说中国人比西洋人所差甚远，所以自甘暴弃，说中国必定灭亡，黄种必定剿绝。因为他不晓得中国的长处，见得别无可爱，就把爱国爱种的心，一日衰薄一日。"③ 国粹派针对"醉心欧化"者的民族虚无主义倾向，主张用发扬国粹来"激动种性，增进爱国的热肠"，从中国传统文化中寻求排满革命的助力。

需要说明的是，国粹派是当时民主革命阵营中的一个思想流派，他们虽然主张保存国粹，但并非一味地守旧，而是主张在一定程度上肯定并吸收西方文化。他们的文化思想中值得注意的，除了前面提到的主张以国粹"激动种性，增进爱国的热肠"外，还有一点，即不再把孔子和儒学作为圣人和圣经来崇拜，而是作为历史人物和文献典籍来分析研究，从而使儒学从独尊的统治地位降为普通的学术流派。在反对儒学独尊的同时，他们极力提倡诸子学，弘扬明末清初顾炎武、黄宗羲、王夫之、颜元等人的学说。他们还身体力行地用新理论、新方法研究诸子学，如章太炎撰写了《诸子学略说》，刘师培发表了《周末学术史序》等，取得了一定的学术成就。国粹派的"复兴古学"、保存国粹，与封建守旧派打着保存国粹的旗号，维护封建旧礼教、旧秩序，反对向西方学习，有着本质的不同。

再回到"欧化"与"国粹"的论争上来。欧化论者认为中国固有文化全都陈旧过时了，没用了，中国要发展，要进步，只能照搬西方文明。可以说，他们强调了文化的创新，而忽视了文化的继承；看到了文化的时代性，而抹杀了

---

① 反：《国粹之处分》，载《新世纪》第 44 号。
② 这是鲁迅在《破恶声论》一文中批评欧化论时的用语，载《河南》第 8 期。
③ 《演说录》，载《民报》第 6 号。

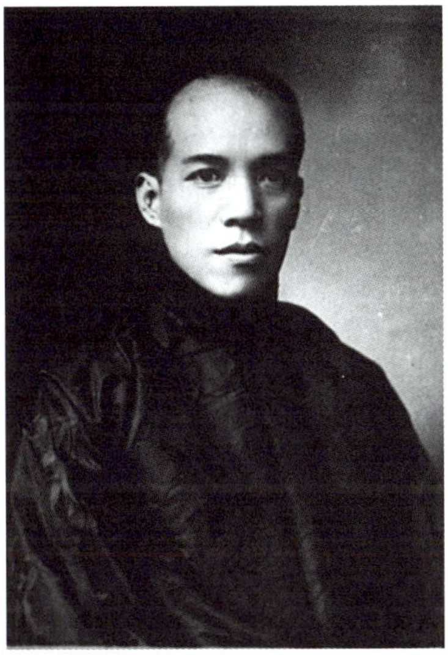

梁启超

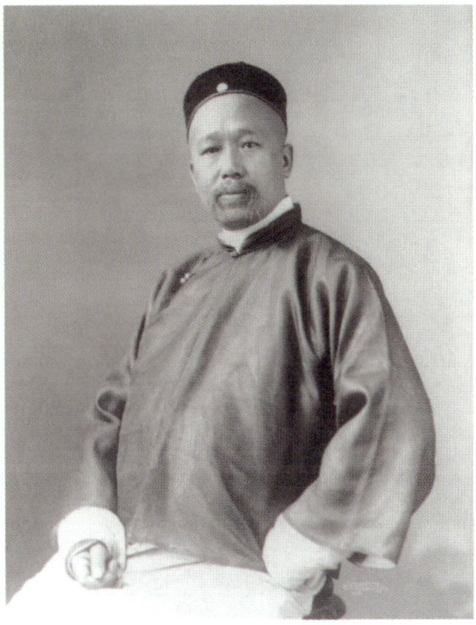

康有为

論中國積弱由於防弊　新會梁啟超撰
先王之爲天下也公故務治事後世之爲天下也私故務防弊務治事者雖不免小
弊而利之所存恆足以相掩務防弊者一弊未弭百弊已起如葺漏屋愈葺愈漏如
補破衲愈補愈破務治事者用得其人則治不得其人則亂務防弊者用不得其人
而弊滋多即用得其人而事亦不治自秦迄明垂二千年法禁則日密政教則日夷
君權則日尊國威則日損上自庶官下自億姓游於文網之中習焉安焉馴焉擾焉
靜而不能動愚而不能智歷代民賊自謂得計變本而加厲之及其究也有不受節
制出於所防之外者二事曰彝狄曰流寇二者一起如湯沃雪遂以滅亡於是昔之
所以防人者則適足爲自敝之具而已梁啟超曰吾嘗讀史鑑古今成敗興廢之迹
未嘗不悁悁而悲也古者長官有佐無貳所以盡其權專其責易於考績王制公羊傳春秋繁
露所述官制莫不皆然獨周禮言建其正立其貳故既有冢宰司徒宗伯司馬司寇司空復有小宰小司徒小宗伯小司馬小司寇小司空凡正皆卿一人凡貳皆中大
夫二人此今制一尚書兩侍郎之所自出周禮僞書誤盡萬世者也漢世九卿尚治斯制漢晉間太常等尚無少卿後魏太祖十五年始有之後
世懼一部之事一人獨專其權也於是既有尚書復有侍郎重以管部計一部而長
官七人人人無權人人無責防之誠密矣然不相掣肘即相推諉無一事能舉也古
者大國百里小國五十各親其民而上蒞於天子諸侯所治之地猶今之縣令而已

時務報
共訂六册實價二元半
書經存案翻印必究

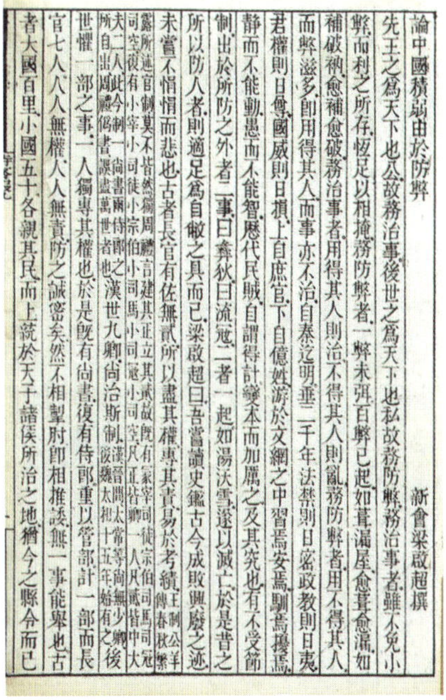

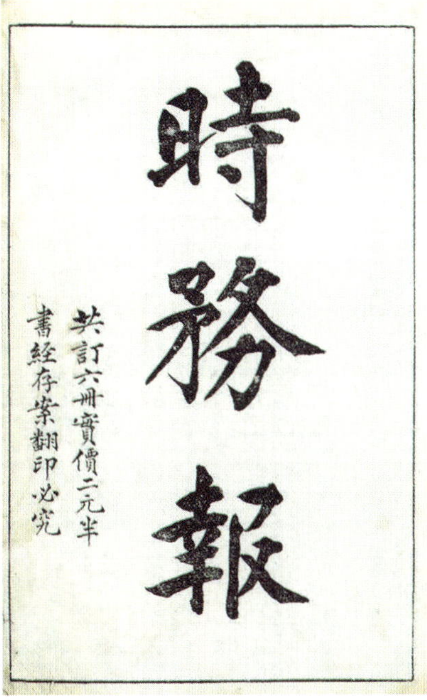

《时务报》

傅兰雅

《格致汇编》创刊号

格致彙編

中歷光緒二年春季
西歷一千八百七十六年春季
每季出印一卷
此卷三次排印

是編補續中西聞見錄
在上海格致書室發售

英國傅蘭雅輯

《劝学篇》

勸學篇

華衡芳（左）与徐寿父子在江南制造局翻译处

张之洞

章太炎

谭嗣同（左二）与时务学堂部分教员合影

文化的民族性，不承认东西方文化各有创造，各有自己的特点。这无疑是不科学的。国粹派反对"醉心欧化"固然是对的，他们的文化思想和学术成就固然有值得肯定的地方，但所以被称为国粹派，很显然，这与他们过分强调保存国粹、过分强调旧文化的价值大有关系。正因为过分看重国粹的价值，因而也就不可避免地偏重旧学而薄视西学，有些人甚至把封建纲常名教也当作"吾族之灵魂"，加以颂扬。可以说，国粹派是看到了文化的继承，而忽视了文化的创新；看到了文化的民族性，而忽视了文化的时代性。这同样是不科学的。另外，在评判中西文化的不同价值时，国粹派中有些人把中国文化说成是"精神之学"，把西方文化说成是"形质之学"，这种将精神和物质截然分开，界定一种文化的特征、评判一种文化的价值的做法，也是不科学、不足取的。

清末几次文化论争的情况，大致如此。辛亥革命后，随着五四新文化运动的兴起，引发了一场更为深广的关于中西文化问题的论争，因已超出本卷范围，不再赘述。

三、"西学中源"说和"中体西用"论

晚清时期，在西学大规模输入过程中，在中西文化激烈冲突、论争中，出现过种种文化理论，"西学中源"说和"中体西用"论是其中最有代表性、影响最为广泛的两种理论。

（一）关于"西学中源"说

"西学中源"说即"西学源于中国"说。它发轫于明末清初。当时，欧洲耶稣会传教士在来华传教的同时，也带来了一些先进的天文、数学、地理学等方面的知识和技术，引起了徐光启、李之藻、梅文鼎等开明士大夫的极大兴趣，积极主张学习、借鉴，但遭到了守旧势力的阻挠和责难。在这种情况下，同样出身于旧学系统，同样具有崇古思想和天朝大国观念的徐光启等人，很自然地要求助于古圣先贤，从他们那里寻求依据，证明西学与中学并不相悖。徐光启说：羲和、后稷、墨子等古代圣贤都重视技艺之事，"非度数不为功"，发明创造不可胜计；秦始皇焚书，使风气为之一变，工艺度数之数"尽废"；传教士带来的西学正可以"补缀唐虞三代阙典遗义"，礼失求诸野，学习西学正合古训。① 清初数学家王锡阐把中西方的天文数学一一对比后明确指出："西学原本中学，非臆撰也。"② 黄宗羲曾著《西洋历法假如》、《授时历法假如》等，认为"勾股之术，乃周公、商高之遗，而后人失之，使西人得以窃其传"③。《明史》的编纂者还根据数学家梅文鼎的"研究"勾勒出中学西传的过程和路线，然后指出："西人浑盖通宪之器，寒热五带之说，地圆之理，正方之法，皆不能出《周髀》范围，亦可知其源流之所自矣。"④ 这些说法自然不科学，但旨在鼓励人们向传教士学习西学——失传的中学，反映出的是一种对外来文化有限的认同态度。"西学中源"说给西学的引进和传播留下了一大片空间。

嘉庆年间，阮元在《畴人传》、《续畴人传序》、《揅经室集》等论著中，多次谈到"西法实窃取于中国"、西人"暗袭我中土之成说成法"，但他阐发"西学中源"的目的不是倡导西学，而是要论证西学不如中学，从根本上说是要维护中国古学。

鸦片战争后，随着"师夷"问题的提出，"西学中源"说经过一个时期的相对沉寂后，再度被人提起。林昌彝说："外夷奇器，其始皆出中华，久之，中华失其传，而外夷袭之。"广东人温训且作诗云："西夷制器虽奇巧，半是中华旧制来。"⑤ 梁廷枬也说："彼之大炮，始自明初，大率因中国地雷飞炮之旧而推广之。夹板舟，亦郑和所图而予之者。即其算学所称东来之借根法，亦得自中国。"⑥

19世纪60年代以后，随着西学的大规模涌入，随着中西文化问题论争的全面展开，"西学中源"说得到充分的阐发，传诵日广，影响日深。无论洋务派，还是维新派，鼓吹"西学中源"者，大有人在。洋务派首领奕䜣在驳斥倭

① 《刻几何原本序》，见《徐光启集》，74～75页，上海古籍出版社，1984。
② 阮元：《畴人传》第三十五卷，436页，北京，商务印书馆，1955。
③ 凌扬藻：《蠡勺编》卷三一，7页；转引自《中国近代文化概论》，65页，北京，中华书局，1997。
④ 《明史·戚继光传》卷三一，第三册，544～545页，北京，中华书局。
⑤ 林昌彝：《射鹰楼诗话》卷三，43页，上海古籍出版社，1988。
⑥ 梁廷枬：《夷氛闻纪》，172页，北京，中华书局，1959。

仁反对在同文馆增设天文算学馆时即称：

> 查西术之借根，实本于中术之天元，彼西土犹目为东来法。特其人情性缜密，善于运思，遂能推陈出新，擅名海外耳。其实法固中国之法也。天文算学如此，其余亦无不如此。中国创其法，西人袭之。①

维新思想家郑观应在《盛世危言》中的《西学》、《道器》等篇中，对"西学中源"说作了颇为系统的表述，认为西方的化学、重学、光学、气学、电学等等，皆"出于我"。②他指出：

> 自《大学》亡《格致》一篇，《周礼》缺《冬官》一册，古人名物象数之学，流徙而入泰西，其工艺之精，遂远非中国所及。

中学何以会落后于西学？

> 盖我务其本，彼逐其末；我晰其精，彼得其粗；我穷事物之理，彼研万物之质。秦汉以还，中原板荡，文物无存，学人莫窥制作之原，循空文而高谈性理，于是我堕于虚，彼征诸实。③

王之春也说：

> 制器尚象利用本出于前民，几何作于卣子而中国失其书，西人习之，遂精算术。自鸣钟创于僧人而中国失其传，西人习之，遂精机器。火车本唐一行水激铜轮自转之法，加以火蒸气运，名曰汽车。火炮本虞允文采石之战，以火器败敌，名曰霹雳。凡西人之绝技，皆古人之绪余，西人岂真巧于华人哉？④

黄遵宪讲得更为全面：

> 余考泰西之学，其源盖出于墨子。其谓人人有自主权利，则墨子之尚同也；其谓爱邻如己，则墨子之兼爱也；其谓独尊上帝，保汝灵魂，则墨子之尊天明鬼也；至于机器之精，攻守之能，则墨子之备攻、备突、削鸢能飞之绪余也。而格致之学，无不引其端于《墨子》经上下篇。⑤

中日甲午战争以前，"西学中源"中的"西学"，主要指的是"西艺"；甲

---

① 中国史学会主编：《洋务运动》第二册，24页，上海人民出版社，1961。
② 《郑观应集》上册，274～275页，上海人民出版社，1982。
③ 《郑观应集》上册，242～243页，上海人民出版社，1982。
④ 王之春：《国朝柔远记》卷十九，北京，中华书局，1989。
⑤ 黄遵宪：《日本国志》卷三二，见《学术志》，光绪二十四年上海图书集成印书局本。

午以后，随西学输入规模、范围的进一步扩大，讲"西学中源"者，既讲"西艺"，也讲"西政"，而尤侧重于阐发"西政源于中国"。康有为在为上海强学会订立章程时称："近年西政西学，日新不已，实则中国圣经、古〔孔〕子先发其端，即历代史书、百家著述，多有与之暗合者，但研求者寡，其流渐湮。"① 在其所上《请定立宪开国会折》中，发挥郑观应、陈炽等早期维新派曾经阐述的"议院乃上古遗意，固非西法"② 的观点，进一步申述了议院创于中国说，指出："春秋改制，即立宪法，后王奉之，以至于今。……今各国所行，实行吾先圣之经义。"③ 梁启超虽自称"生平最恶人引中国古事以证西政"，"不欲蹈之"，然而，在当时一般人都讲"西学中源"的情况下，也"往往自不免"，④ 甚至写了《古议院考》，为"西政源于中国"说进行历史论证。由此可见，"西学中源"说在当时是多么流行，影响又是多么之大。

反对学习西方的守旧分子，也有持"西学中源"说者。如王仁俊曾写了一本《格致古微》，从《易经》、《诗经》等儒家典籍中，从《史记》、《汉书》等历代史书中，从《荀子》、《管子》等诸子著作及各种文集、笔记中，共辑出近二百则史料，分别从天、算、地、兵、医、化、矿、重、气、水、热、电、光、声、字、画、商、工、植物、政俗、自强等 21 个方面，说明"西学出于中国"。他在《实学平议》中，进一步论述了民主滥觞于《墨子》一书。⑤ 不过，守旧者鼓吹"西学中源"说，其目的正与开新者相反，是为了"扬中抑西"，反对学习西方。他们的逻辑推论是：既然西学均源于中国，那么，中国根本就用不着向西方学习，只需挖掘、研究中国的旧法就可以了。刘岳云便说："彼之法，皆中法也"，"虽精益求精，然非中国启其知识而新若此哉！""至于得南针而知航海，得火药而后用枪炮，则尤中国大有造于彼者"，尽管如此，西方得之于中国的技艺，仍只是小者、末者，大者、本者仍在中国，因

---

①《康有为政论集》，174 页，北京，中华书局，1981。

②《郑观应集》上册，323 页，上海人民出版社，1982；陈炽：《庸书外篇》卷下，"议院"，107 页，北京，中华书局，1997。

③ 中国史学会主编：《戊戌变法》第二册，236 页，上海，神州国光社，1953。

④ 梁启超：《与严幼陵先生书》，见《饮冰室合集》文集之一，108 页，北京，中华书局，1989。

⑤ 王仁俊：《实学平议·民主驳议》，见《翼教丛编》卷三，台北，文海出版社，1967。

此，中国根本不必转而师法西方。①

总的来看，晚清时期谈论"西学中源"说的，绝大多数是主张向西方学习的开明之士，守旧之士谈论此说者很少。由此可以推断，"西学中源"说在事实上更有利于开新者对付守旧者的"用夷变夏"论，更有利于贯彻实施向西方学习的主张。"西学中源"说往往使顽固守旧之徒在理论上进退失据：如果不承认"西学中源"，就必须承认西方人多有超过中国圣贤之处，这是顽固派在感情上绝对不能接受的；如果承认"西学中源"，就没有理由让祖宗发明的东西永远只在外国开花结果，那样岂不是数典忘祖！主张学习西方的人，实际上是要利用"西学中源"说调和中西学的矛盾，架起沟通中西的桥梁，通过变学习西方为光复旧物，来减少引进西学的阻力。从这一点上说，新派人物鼓吹"西学中源"，可以说是一种策略上的考虑。康有为谈到"托古改制"时便说："布衣改制，事大骇人，故不如与之先王，既不惊人，自可避祸。"②

新派人物所以大讲"西学中源"，除了上面所说应付现实的新旧之争一条外，还有更深层的历史、文化原因，这便是晚清知识分子自身的知识结构和文化素养。当时，即使像郑观应、康有为这样的新派人物，对西方文化发生发展过程的了解，对近代西方文化本质的了解，事实上也是很有限的。相反，他们对中国传统的经典却是相当熟悉，旧学根柢相当深厚，相当牢固，在新旧之争日益激烈的情况下，在守旧势力动辄以用夷变夏、数典忘祖的罪名进行恶意攻击的情况下，他们往往会情不自禁地到古人那里、到故纸堆中为新学寻找根据，通过利用古代亡灵使西学的引进和传播变得合"理"合"法"。

不能说"西学中源"说完全没有史实根据，不能说它完全没有道理，但主要问题不在这里，而恰恰在另一方面，即它的主观臆断成分太多，牵强附会之嫌太重。这也就决定了它是一种很不科学的理论。

尽管如此，"西学中源"说的积极作用还是主要的。它有利于消除来自守旧势力的阻力，有利于中国人变被动为主动地学习先进的西方文化；同时，对启迪人们反思中国传统文化，发掘古学，也有一定的积极意义。

由于它的牵强附会，由于它的不科学性，"西学中源"说的消极影响也不

---

① 刘岳云：《格致中法自叙》，见王仁俊《格致古微》卷五。
② 康有为：《孔子改制考》，267 页，北京，中华书局，1958。

可忽视。首先，它不利于人们正确认识西方文化的发展演变，不利于人们正确认识中西方文化的区别和联系；其次，这种说法本身，就是"天朝大国"虚骄自大心理的一种表现，它的流行，又难免进一步助长一些人的崇古心理和虚骄恶习，从而在一定程度上限制了新派的视野，束缚了他们的手脚。正如梁启超后来所说：一味局限于比附之文，一味局限于古人言行，"无形之中，恒足以增其故见自满之习，而障其择善服从之明"。又说："比附之言，传播既广，则能使多数人之眼光之思想，见局见缚于所比附之文句……而不复追求其真义之所存"①。

到 20 世纪初年，随着国人对西方文化的认识进一步加深，随着学习西方、实行新政被定为"国策"，"西学中源"说的市场越来越小，影响也越来越弱。

（二）关于"中体西用"论

与"西学中源"说相比，"中体西用"论在晚清时期要更为流行，影响要更为广泛和深远，甚至成为一种重要的社会思潮。

"中体西用"，即"中学为体，西学为用"。这种理论是随着洋务事业的举办而逐渐流行开来的。1861 年，冯桂芬在《校邠庐抗议》中提出："以中国之伦常名教为原本，辅以诸国富强之术"②，此即"中体西用"论之滥觞。此后，循此思路写文章、发议论者不乏其人。不过，在中日甲午战争以前，人们在表述这一思想时，大多使用的是"道器"、"本末"、"主辅"一类的概念，以"中道西器"、"中本西末"、"中主西辅"的形式表现出来。当时，发表关于"中体西用"言论较多的，主要是洋务派和早期维新派人士。洋务派作为清末统治集团中的一个重要派别，他们始终以"中体西用"作为从事洋务活动的指导原则。李鸿章有言："中国文物制度迥异外洋獉狂之俗，所以郅治保邦固丕基于勿坏者，固自有在。必谓转危为安、转弱为强之道全由于仿习机器，臣亦不存此方隅之见。顾经国之略，有全体，有偏端，有本有末，如病方亟，不得不治

---

① 梁启超：《清代学术概论》，见《饮冰室合集》专集之三十四，64 页，北京，中华书局，1989。

② 冯桂芬：《采西学议》，见《校邠庐抗议》卷下，光绪二十三年聚丰坊刻本。

标，非谓培补修养之方即在是也。"① 1872 年，清政府派遣学生出洋留学，为留学生规定的方针也是"肄习西学仍兼讲中学，课以孝经、小学、五经及国朝律例等书"，并要定期"宣讲圣谕广训，示以尊君亲上之义，庶不至囿于异学"②。就是说，西学是"异学"、"偏端"，只可用于治标，培养国本则要靠中学。在洋务派这里，西方天算、器艺之学的先进性虽然得到了认可，但中学的"主体"、"本体"的地位，丝毫未曾受到怀疑。

早期维新派对"中体西用"的阐释要更为清楚、明白，如王韬说："形而上者中国也，以道胜；形而下者西人也，以器胜。如徒颂西人，而贬己所守，未窥为治之本原者也。"③ 又说："器则取诸西国，道则备自当躬。盖万世不变者，孔子之道也，儒道也，亦人道也。"④ 薛福成说："取西人气数之学，以卫吾尧、舜、禹、汤、文、武、周、孔之道。"⑤ 汤震说："中国所守者形上之道，西人所尊者形下之器，……愿人善用其议，善发其愤，求形下之器，以维形上之道。"⑥ 郑观应说："中学其本也，西学其末也。主以中学，辅以西学。"⑦

"中学为体，西学为用"的完整提法，正式出现于 19 世纪 90 年代。1895 年 4 月，沈寿康在《万国公报》第 75 期上发表《匡时策》，提出："夫中西学问，本自互有得失。为华人计，宜以中学为体，西学为用。"1896 年 8 月，孙家鼐在《议复开办京师大学堂折》中阐述办学方针说：

中国五千年来，圣神相继，政教昌明，决不能如日本之舍己芸人，尽弃其学而学西法。今中国京师创立大学堂，自应以中学为主，西学为辅；中学为体，西学为用。中学有未备者，以西学补之；中学有失传者，以西学还之；以中学包罗西学，不能以西学凌驾中学。⑧

戊戌变法时期，新旧势力的斗争异常激烈，而一种有趣的现象是：维新派

① 李鸿章：《李文忠公全集》奏稿卷九，35 页。
② 中国史学会主编：《洋务运动》第二册，158 页，上海人民出版社，1961。
③ 王韬：《弢园尺牍》，见《弢园文录外编》，30 页，北京，中华书局，1959。
④ 王韬：《杞忧生易言跋》，见《弢园文录外编》，323 页，北京，中华书局，1959。
⑤ 薛福成：《筹洋刍议·变法》，光绪十三年上海醉六堂印本。
⑥ 汤震：《危言》，中学第六，光绪二十一年石印本。
⑦ 《郑观应集》上册，276 页，上海人民出版社，1982。
⑧ 中国史学会主编：《戊戌变法》第四册，489 页，上海，神州国光社，1953。

讲"中体西用"，洋务派讲"中体西用"，顽固派也讲"中体西用"，甚至在光绪皇帝颁布全国的变法上谕中，讲的也是"中体西用"。维新派的康有为说："中学体也，西学用也，无体不立，无用不行，二者相需，缺一不可。"① 梁启超说："舍西学而言中学者，其中学必为无用；舍中学而言西学者，其西学必为无本。无用无本，皆不足以治天下。"② 又说："考东西各国，无论何等学校，断未有尽舍本国之学而能讲他国之学者，亦未有绝不通本国之学而能通他国之学者……夫中学体也，西学用也，二者相需，缺一不可。体用不备，安能成才？"③ 光绪帝接受维新派建议，颁布变法上谕说："中外大小诸臣，自王公以及士庶，各宜努力向上，发愤为雄，以圣贤义理之学植其根本，又须博采西学之切于时务者，实力讲求，以救空疏迂谬之弊，……以成通经济变之才。"④ 在这里，"中体西用"已被作为最高统治者的政治号召，昭告天下。

戊戌时期，对"中体西用"论阐述最为系统、影响最大的，还是后期洋务派代表人物张之洞的《劝学篇》。该书的《设学篇》称：

新旧兼学，四书五经、中国史事、政书、地图为旧学，西政、西艺、西史为新学，旧学为体，新学为用，不使偏废。⑤

《劝学篇》阐述的思想受到光绪帝的赏识，立即"颁行天下"，令朝野诵读。由于这一原因，加上张之洞的重臣地位，以及他在洋务事业上的颇多建树，因而，《劝学篇》备受世人关注，张之洞的"中体西用"思想也成为学界讨论不休的重要话题。

顽固派谈论"中体西用"者，可以怀塔布和文悌为例。怀塔布在为冯桂芬的《校邠庐抗议》写批语时说："西人政治可学者多，然必以中国之伦常名教为本。"⑥ 文悌在弹劾康有为时说："维中国此日讲求西法，所贵使中国之人明西法为中国用，以强中国，非欲将中国一切典章文物废弃摧烧，全变西法，使

① 《康有为政论集》上册，294 页，北京，中华书局，1981。
② 梁启超：《西学书目表后序》，见《饮冰室合集》文集之一，129 页，北京，中华书局，1989。
③ 《遵筹开办京师大学堂折》附章程（梁启超代拟），见陈学恂主编《中国近代教育史教学参考资料》上册，北京，人民教育出版社，1986。
④ 中国史学会主编：《戊戌变法》第二册，17 页，上海，神州国光社，1953。
⑤ 《张文襄公全集》卷二〇三，北京，中国书店，1990。
⑥ 参见龚书铎：《中国近代文化探索》（增订本），203 页，北京师范大学出版社，1997。

中国之人默化潜移，尽为西洋之人，然后为强也。故其事必须孔孟程朱、四书五经、小学、性理诸书，植为根柢，使人熟知孝悌忠信、礼义廉耻、纲常伦纪、名教气节以明体，然后再学习外国文字、言语、艺术以致用，则中国有一通西学之人，得一人之益矣。"①

为什么各个派别的人物都可以讲"中体西用"？因为中学、西学的内容十分宽泛，没有一个严格的界定，哪些中学应该"为体"，哪些西学应该"为用"，见仁见智，言人人殊。由于对体、用内涵解释的宽泛、不固定，从而也就使"中体西用"论成为一个弹性很大的"橡皮口袋"，什么时候都可以讲，什么人都可以讲。而事实上，每个时期的"中体"和"西用"，含义多有差别，每个派别的人物对"中体"和"西用"的侧重也各不相同。

正是由于这种情况，我们对"中体西用"论的评价就不能一概而论，而必须结合不同时期的不同情况、不同人物的不同情况，进行具体分析。

19世纪60至90年代，可以说还处于中国近代文化转型的初始阶段。在守旧势力还相当强大，旧思想、旧观念还十分牢固，整个文化氛围还十分保守的情况下，有识之士要想引进西学，学习西方，不打出维护"中体"的旗号，几乎是寸步难行的。"中体西用"论正是在尊崇中学的前提下，以比较温和的色调避过了顽固派"用夷变夏"的攻击锋芒，为引进西学开辟了一条通道。翻阅冯桂芬、王韬、郑观应等人的文集，可以发现一个很有意思的现象，各书的要旨分明是谈学习西方的问题，但几乎每书又都专辟一章或一节，专讲"中道西器"、"中体西用"。为宣传西学，他们采取的策略是：为欲扬之，故先抑之。真可谓用心良苦！从这一点来说，"中体西用"论，与"西学中源"说相似，它主要是主张学习西方的有识之士用以宣传西学、变法维新的理论武器，对晚清时期中国引进和吸收西学，的确起到了积极作用。不管洋务派对"中体"如何强调，对"西用"又如何限制，从实际情况看，正是在"中体西用"这一方针和口号的影响下，中学、西学的地位在发生着明显的变化，西学引进的数量和规模越来越大。1898年，军机大臣和总理衙门的一份奏折称："近年各省所设学堂，虽名为中西兼习，实则有西而无中，……既以洋务为主义，即以中学

---

① 文悌：《严参康有为折稿》，见《戊戌变法》第二册，484页，上海，神州国光社，1953。

为具文。"① 此话讲出了事实，也显出了统治者的无奈。西学的大规模输入，势必对封建主义的"中体"形成巨大的冲击。

戊戌维新时期，特别是"百日维新"前后，情况就比较复杂了。维新派虽然讲"中体西用"，但他们的影响主要不在这里。另外，他们所说的"中体"，显然不包括封建君主专制制度，不包括封建的纲常名教，他们强调"中西并重"、"体用并举"，实际上是主张建立一种融合中西的崭新的资产阶级政治、文化体系；而要达此目的，首先便须以"西用"改变"中体"。这与洋务派、顽固派所讲的"中体西用"显然有着本质的不同。怀塔布、文悌自不必说，张之洞于"百日维新"前夕抛出《劝学篇》，大谈"旧学为体，新学为用"，事实上，也主要是针对康、梁的变法维新而来的。当维新派力倡民权、自由、平等，主张君主立宪之时，当封建制度、封建文化之"体"受到巨大冲击、真正发生动摇之时，同是封建卫道者的洋务派和顽固派，必然要群起反对。张之洞较之早期洋务派，对西学的认识虽然有明显进步，他讲的可以"为用"的西学，虽然已有西政的内容，但决不包括西方资产阶级的民主政治制度；他讲的"旧学"、"中体"，指的仍主要是封建君主专制制度，以及服务于这一制度的封建纲常名教；他讲的"中体西用"，实际上强调的是以"西用"维护"中体"，"杜离经叛道之弊"。我们结合他的"三纲为中国神圣相传之至教"，"圣人所以为圣人，中国所以为中国，实在于此"，以及"知君臣之纲，则民权之说不可行"一类的言论，便不难看出这一点。

因此，就戊戌时期洋务派和顽固派的"中体西用"论来说，其积极作用是非常有限的，它所彰显出来的，主要是政治上的反动作用。

晚清时期的"中体西用"论，虽然为引进西学、沟通中西起到了一定的积极作用，但作为特定历史时期的一种文化理论、文化思潮，与"西学中源"说一样，它反映出来的，无疑是一种传统文化本位、以我为中心的保守主义文化思想。"体"、"用"与"道"、"器"一样，是中国传统哲学中的一对重要范畴，简而言之，"体"指主体、实体、本体，"用"指作用、功能、属性；"体"是第一位的、主要的、基本的，"用"是第二位的、次要的、从属的。"中体西

---

① 《遵筹开办京师大学堂折（附章程清单）》，见陈学恂主编《中国近代教育史教学参考资料》上册，437页，北京，人民教育出版社，1986。

用"正是从中学为主、西学为辅，中学为基本、西学为补充的含义上来运用"体"、"用"概念的，事实上这是对中西文化作出了不同的价值判断。张之洞的"中学为内学，西学为外学，中学治身心，西学应世事"；孙家鼐的"以中学包罗西学，不能以西学凌驾中学"，都是"中体西用"论的题中必有之意，甚至是它的主要内容。

作为一种文化理论和思维模式，晚清的"中体西用"论，其内在逻辑上的矛盾也是显而易见的。造成这一矛盾的主要原因，便是前面提到的中学、西学内容的不固定，体、用内涵的不固定。当"中体西用"思想尚处于萌芽状态时，"西用"的含义比较单薄，基本上局限于形下之学，即工艺、制器，其与"中体"的矛盾尚不明显；但越到后来，随着人们对西方文化了解的日渐深入，"西用"包括的内容越来越多，与"中体"的矛盾也就越来越明显，特别是"西政"方面的内容，如开设议院的主张，显然已与封建君主专制制度的"中体"形成直接对立，"西用"对"中体"的冲击已成为必然之势。企图依靠对西学有限的引进来维护中学这个"体"是不可能的；而强调中学这个"体"，事实上又极大地限制了对西学的引进，从而影响到中国近代文化的更新与进步。

正因为"中体西用"论存在着自身难以克服的矛盾，因此，从它问世的那一天起，便不断有人对它提出修正或批评。冯桂芬在提出"以中国之伦常名教为原本，辅以诸国富强之术"的同时，又明确告诉人们，中国在"人无弃才"、"地无遗利"、"君民不隔"、"名实必符"四个方面的"不如人"，这里已经预示着人们在中西学问题上的认识迟早要冲破"中体西用"论的旧框框。19 世纪 70 年代，来自洋务派内部的郭嵩焘，在《条议海防事宜折》中明确提出："西洋立国，有本有末，其本在朝廷政教，其末在商贾，造船、制器，相辅以益其强，又末中之一节也。"这种说法有助于改变当时一般人士在"体用"、"本末"问题上的模糊认识，是对"中体西用"论的一种修正和突破。

甲午战败以后，严酷的事实启发着先进人士更深入一步地探讨中学与西学的"体用"、"道器"关系。谭嗣同说：

> 圣人之道，果非空言而已，必有所丽而后见。……故道，用也；器，体也。体立而用行，器存而道不亡。……器既变，道安得独不变？

且道非圣人所独有也，尤非中国所私有也。……彼外洋莫不有之。以私诸中国，则大不可。①

这一说法不仅重申了道器、体用一变俱变、不可分割的直接对应关系，而且从根本上把传统的以"道"为"体"、以"器"为"用"的观点彻底颠倒了过来，"器"上升为"体"，"道"转化为"用"，这样就一举推翻了古圣先贤对"道"的垄断权，推翻了洋务派"中体西用"、"变器不变道"的理论基石。

被人们引用最多的，是启蒙思想家严复批评"中体西用"论的一段话：

体用者，即一物而言之也。有牛之体，则有负重之用；有马之体，则有致远之用，未闻以牛为体、以马为用者也。中西学之为异也，如其种人之面目然，不可强谓似也。故中学有中学之体用，西学有西学之体用，分之则并立，合之则两亡。议者必欲合之而以为一物，且一体而一用也，斯其文之违舛，固已名之不可言矣，焉望言之而可行乎？②

严复之言，就"中体西用"作为一种一般意义上的文化理论来说，就同一事物的本体与属性而言，自是不刊之论；但具体到清末的"中体西用"论，所讲的主要是中学为主、西学为辅的意思，与本体、属性的体用论并不是一回事，因此，严复的批评似乎也就不是十分妥贴，十分准确。

进入 20 世纪以后，"中体西用"虽然仍是清朝统治者的指导思想，在思想文化领域虽然仍长期存在，但作为清末特殊历史阶段上的一种文化理论、文化思潮，随着"中体西用"论自身矛盾的日益显露，并日益受到人们的批评，公开鼓吹这一理论的人越来越少，这一理论的社会影响实际上在不断缩小，逐渐成为一种历史的遗产。

四、在冲突中寻求会通之道

西学的大规模涌入，引起了中西文化的激烈碰撞和冲突。在冲突和碰撞过程中，始终有人在思考、探讨如何对待中西文化的问题。在这一问题上，如上

---

① 谭嗣同：《报贝元征》，见《谭嗣同全集》（增订本），197 页，北京，中华书局，1981。
② 严复：《与外交报主人论教育书》，见《严复集》第三册，558～559 页，北京，中华书局，1986。

所述，有顽固保守传统文化的，有醉心欧化的，也有主张"中体西用"的。从以上的介绍和分析可知，这些观点都有失偏颇，都不是对待中西文化的科学态度。比较而言，另有一种意见似更加理智，也更有价值。这种意见即：以不带任何偏见的、客观的、分析的态度，正确区分中西两种文化的长短优劣，经过选择、消融、改造，实现真正的会通融合，并最终创造出合乎时代要求的民族新文化。康有为在戊戌变法时期就提出，要"泯中西之界限，化新旧之门户"①。20世纪初年，梁启超鼓吹西学甚力，同时又不抛弃民族固有文化，认为应当"淬厉其所本有而新之"，"采补其所本无而新之"，"二者缺一，时乃无功"。② 严复也指出："必将阔视远想，统新故而视其通，苟中外而计其全，而后得之。"③ 辛亥革命时期，有人在批评"开新"与"守旧"两派之言论时说："开新者曰：欲造新中国，必将中国一切旧学扫而空之，尽取泰西之学，一一施于吾国。守旧者曰：我欲强我国，行我古代圣王之法而有余，不必外求，或但取其艺学。二家之见，所谓楚则失矣，齐亦未为得也。"他们认为，不论对于中国文化或西方文化，都不应该一概接受或一概排斥，而应加以具体分析："夫我国之学，可遵守而保持者固多，然不合于世界大势之所趋者亦不少，故对于外来之学不可不罗致之。他国之学固优于我国，然一国有一国之风俗习惯，夏裘而冬葛，北辙而南辕，不亦为识者所齿冷乎？然则对于我国固有之学，不可一概菲薄，当思有以发明而光辉之；对于外国输入之学，不可一概拒绝，当思开户以欢迎之。"总的原则是，"吸食与保守两主义并行"，"拾其精英，弃其糟粕"，"于西学庶免食而不化之讥，于中学冀呈晦变明之象"。④ 他们对待中西文化总的态度是："合数千年吾国国学之精粹，各取其长，进而参考东西各科之新理，以求其是"，也就是要"融合东西之学说"，⑤ 建设一种新时代的新文化。这种新文化，用鲁迅的话说，应是："外之既不后于世界之思潮，内之仍弗失固有之血脉，取今复古，别立新宗。"⑥

---

① 《康有为政论集》上册，295页，北京，中华书局，1981。
② 梁启超：《新民说》，见《饮冰室合集》专集之四，5页，北京，中华书局，1989。
③ 严复：《与外交报主人书》，见《严复集》第三册，560页，北京，中华书局，1986。
④ 师蠡：《学术沿革之概论》，载《醒狮》第1期。
⑤ 凡人：《开通学术议》，载《河南》第5期。
⑥ 鲁迅：《文化偏至论》，载《河南》第7期。

具体到个人来讲，孙中山可以视为会通中西的一个典范。他在《中国革命史》中强调："发扬吾固有之文化，且吸收世界之文化而光大之，以期与诸民族并驱于世界。"他的三民主义学说，如他自己所说："有因袭吾国固有之思想者，有规抚欧洲之学说事迹者，有吾所独见而创获者。"① 可以说，孙中山对西方文化的吸收，有选择而不盲从，对传统文化的继承也是如此，他的三民主义学说，是在融合中西文化基础上的一种富有时代特色的新的创见。

　　回想张之洞、孙家鼐等人的主张，不能说他们不赞成中西会通，但问题在于他们对中西两种文化分别怀有程度不同的偏见，他们不敢以平和的、健康的心态和开放的态度来对待西方文化，只是希望通过有限地引进西学，最终达到维护封建制度、封建伦理纲常的目的；他们标榜的"中体西用"论，顶多只能算是保守的中西会通，而这种保守的中西会通，是不可能创造出合乎时代要求、真正有利于人类文化健康发展的民族新文化的。

----

① 《孙中山全集》第七卷，60页，北京，中华书局，1985。

第三章
戊戌至辛亥的新文化运动

　　严格说来，中国资产阶级文化运动是在中日甲午战争后才开展起来的，在此之前只是它的准备阶段。当时，新文化的传播，一般来说，还是零散的、枝节的，涉及的领域也比较狭窄，主要是一些实用技术、自然科学知识和某些政治学说，而且偏重于个人的主张，缺少群众性和社会性，没有形成运动，对旧文化冲击的力度还很不够。而甲午战败以后，随着救亡图存、变法维新政治运动的蓬勃兴起，资产阶级新文化始由个人的传播迅速发展成为运动，并影响到文化的各个领域，以儒学纲常伦理为核心的封建文化体系受到空前的冲击，发生全面的、根本性的动摇。中经辛亥革命，至五四前夕，新文化运动达到新的高潮。

　　戊戌到辛亥间的新文化运动包含多方面的内容，举其大者，如宣传民权、平等等新的伦理道德观，批判"三纲五常"等旧的封建伦理道德观；追求君主立宪、民主共和的资产阶级政治制度，否定封建专制统治；宣传进化论，变革旧的发展观、变易观；提倡文艺变革与史学革命；变革旧习俗；等等。现分述如下。

一、从"冲决网罗"到"圣人革命"

我们说直到甲午战争后中国才有较完备的资产阶级文化，这不仅是由于新的文化因素空前活跃和繁荣，更重要的是因为文化领域发生了实质性的变化，文化结构发生了根本性的变革。其最主要的表现，乃是进化论和民权、平等等西方资产阶级革命时代的理论、学说，成为文化各领域的指导思想，成为批判封建思想文化的有力武器。当时，在知识界有相当一批人，其思想的主要方面已不是儒学世界观和价值观，更不是要用西方的"器"去保卫中国的"圣道"，而是逐渐形成了资产阶级民主、平等的世界观和价值观，并以此为武器，与封建旧思想、旧文化进行斗争。正是这样一个新兴的资产阶级知识分子群，推进了中国资产阶级新文化的发展。

在中国漫长的封建社会里，在思想文化领域占统治地位的，一直是儒学，它既是封建统治阶级的统治思想，又是文化构成的主干；而它的核心则是"三纲五常"、忠孝节义这样一套封建的纲常伦理。在传统观念中，这套纲常伦理是最美好、最根本的东西，如"日月经天，江河行地"，是"万古不易之常经"，是"万事之根本，百川之源头"。直到鸦片战争后，在国门已被打开，西学、新学日益广泛传播的情况下，不少人仍然固守陈旧的观点，继续为封建的纲常伦理唱赞歌，鼓吹"五伦之要，百行之原，相传数千年，更无异义。圣人所以为圣人，中国所以为中国，实在于此"①。不少早期改良派人士也陶醉于"礼义纲常之盛，甲于地球诸国"②，以此引为自豪。中国文化基本上仍是在旧的文化体系中蹒跚、漫步。这种情况直到戊戌时期始有根本性的变化。发生这种根本性的变化，首先要归功于维新派，归功于他们为救亡图存而力主维新的精神和行动。

---

① 张之洞：《劝学篇·明纲》，光绪二十四年中江书院刻本。
② 薛福成：《庸庵全集》文编卷二，光绪年间刻本。

维新派十分重视对传统纲常伦理的变革，谭嗣同曾说："今中外皆侈谈变法，而五伦不变，则举凡至理要道，悉无从起点，又况于三纲哉!"[1] 就是说，不变革三纲五伦，则一切变法都无从谈起。在"三纲五常"中，维新派尤其重视对"君为臣纲"的否定、对封建君权的批判，而这一点则与他们政治上的追求分不开。维新派在政治上所要实现的是君主立宪制。君主立宪，并不是维新派的首倡，早期维新派已多有鼓吹，但对君权的批判（尽管是有限度的），对天赋人权、自由、平等思想的宣传，则是维新派的功绩。当时，梁启超批驳过"唯天子受命于天，天下受命于天子"的封建说教，呼吁"伸民权"、"设议院"。[2] 严复论证了国家是"民之公产"，人民是"天下之真主"，人人享有天赋的自由权利，不可侵犯，"侵人自由者，斯为逆天理，贼人道"。[3] 谭嗣同提出了"君末民本"，揭露了"三纲五伦之惨祸烈毒"，发出了"冲决伦常之网罗"的呐喊，同时又赞美了"朋友"一伦，强调要"不失自主之权"，[4] 表现了对资产阶级民权、自由、平等精神的无比向往和真诚追求。这些，在"西学输入与中西文化冲突"一章讲述维新派与守旧派的文化论争时大多都已提到过，此处不多赘述。值得称道的，是维新派提倡的民主、平等思想还特别落实到了女权问题上。他们十分注重男女平权、平等，在口头倡导的同时，还积极创办女学会、女学堂，出版《女学报》，为真正实现男女平等、提高妇女的社会地位做了很多卓有成效的工作，这在中国可以说是破天荒的举动。

资本主义的君主立宪制与封建的君主专制制度是严重对立的，资产阶级的民权、平等思想与封建的纲常伦理是格格不入的。与救亡图存这一声势浩大的政治救亡运动相配合，维新派大张旗鼓地宣传资产阶级民权、平等思想，其对旧制度、旧秩序、旧文化的震撼，是可想而知的。张之洞惊呼："民权之说一倡，愚民必喜，乱民必作，纪纲不行，大乱四起。"从反面映衬出了民权、平等学说的巨大威力和不可忽视的社会影响。

戊戌变法作为一场政治运动很快便失败了，但维新志士提倡新文化、改造

---

① 谭嗣同：《仁学》，见《谭嗣同全集》（增订本）下册，351 页，北京，中华书局，1981。

② 梁启超：《西学书目表后序》，见《饮冰室合集》文集之一，127 页，北京，中华书局，1989。

③ 严复：《论世变之亟》，见《严复集》第一册，3 页，北京，中华书局，1986。

④ 谭嗣同：《仁学》，见《谭嗣同全集》（增订本）下册，350 页，北京，中华书局，1981。

旧传统的工作并未停止，特别是梁启超，进入 20 世纪之初，其在输入新思想、新学说方面的贡献，几乎无人能够比拟，其影响也无人能够替代，甚至一度执思想文化界之牛耳。

中国资产阶级新文化的潮流，由戊戌维新运动一发而不可收拾。20 世纪初年，随着以建立民主共和国为目标的资产阶级民主革命运动的兴起，以资产阶级革命派为主体的资产阶级文化运动，在戊戌新文化运动的基础上，继续向前迈进。革命派在维新派曾经开垦过的文化土壤上，继续批判封建主义旧文化，发展资产阶级新文化，其在思想文化上的贡献，不论在广度上，抑或深度上，都有新的发展。具体到对封建纲常伦理的批判，革命派较之维新派，显得更有胆识，更有魄力。他们提出，要想"提自由之空气，振独立之精神，拔奴隶之恶根，救民群之悲运"，非"扫荡三纲，煎涤五伦"不可。[1] 他们控诉封建礼教的"吃人"本质说："礼之耗人血，消人气，不致死亡不止。"[2] 谴责那些满口仁义道德的封建卫道士是杀人不见血的刽子手。他们明确喊出了"三纲革命"、"圣人革命"的口号。刘师培反对把孔子奉为"至圣先师"，认为"孔子之学，仅列周季学派之一耳"[3]。把孔子的学说仅看作是当时众多学派中的一种，这就否定了"圣人"和"圣学"绝对不可怀疑、神圣不可侵犯的独尊地位。1907 年出版的第 3 期《河南》杂志发表了一篇题为《无圣篇》的文章指出，古往今来，无论东方西方，根本没有什么圣人。文章把孔子及其学说视为封建专制制度的精神支柱，大加挞伐，提出："破专制之恶魔，必自无圣始"[4]。陈君衍用白话撰写《法古》一文，大胆破除千百年来对孔子和儒学的迷信，剥去封建统治者加在孔子头上的神圣桂冠。文章指出：所谓"'至圣'两个字不过是历代的独夫民贼加给他的徽号"，"因为孔子专门教人忠君服从，这些话都很有益于君的。所以，那些独夫民贼喜欢他的了不得，叫百姓尊敬他，称他为至圣，使百姓不敢一点儿不尊敬他，又立了诽谤圣人的刑法，使百姓不敢说他不好"；但"总而言之，孔子虽好，必不能合现在的时候了"，因

---

① 《伦理学平等危言》，载《经世文潮》第 2 期。

② 《权利篇》，见《辛亥革命前十年间时论选集》第一卷上册，479 页，北京，三联书店，1960。

③ 刘师培：《论孔子无制之事》，见《刘申叔先生遗书》第 45 册，1936 年宁武南氏铅印本。

④ 《辛亥革命前十年间时论选集》第三卷，267 页，北京，三联书店，1977。

此，文章号召国人"做现在革命的圣贤，不要做那忠君法古的圣贤"。① 一篇署名"帝召"的文章，把中国"历数千年无进取"的罪过，全都归之于孔子一人身上。② 署名"绝圣"的《排孔征言》，不仅直呼孔圣人之大名，而且大胆提出了"孔丘革命"。文章说："孔丘砌专制政府之基，以涂毒吾同胞者，二千余年矣"，"欲世界人进于幸福，必先破迷信；欲支那人之进于幸福，必先以孔丘之革命。"③ 把批判封建文化的矛头直接指向被历代封建统治阶级奉为至圣先师的孔子，公开标榜"圣人革命"、"孔丘革命"，这是革命派较之维新派在文化思想上更为激进的最明显的体现，同时这也是辛亥时期较戊戌时期思想更为解放的重要标志。从革命派"排孔"、"非圣"的言论中，我们已能够隐约听到五四新文化派"打倒孔家店"的声音。

维新派是"天赋人权"、自由平等理论的鼓吹者，他们倡导民权、平等的言论，在社会上产生了巨大反响，引起了守旧者的一片恐慌。但事实上，他们的民权思想是有很大局限性的，用他们自己的话说，叫"欲兴民权，宜先兴绅权"；他们对君权的批判是很不彻底的，是有保留的，他们并不主张彻底废除君主，而提出要"以君主之法，行民权之政"。相比之下，革命派对民权的倡导则要坚决得多，对君权的批判则要彻底得多。他们是要彻底打倒君权，彻底否定君主制，使全体国民真正成为"一国之主人翁"；他们所要建立的是全新的资产阶级民主共和国，而不是维新派所追求的君主立宪。服务于这种政治目标，他们大张旗鼓地宣传、颂扬西方资产阶级的民主精神、自由原理。邹容在《革命军》中热情洋溢地欢呼："吾幸夫吾同胞之得卢梭《民约论》、孟德斯鸠《万法精理》、弥勒约翰《自由之理》、《法国革命史》、《美国独立檄文》等书译而读之也……夫卢梭诸大哲之微言大义，为起死回生之灵药，返魄还魂之宝方……我祖国今日病矣，死矣，岂不欲食灵药投宝方而生乎？苟其欲之，则吾请执卢梭诸大哲之宝幡，以招展于我神州土。"④ 革命派人士特别强调民权的重要性，指出："世界万国，以有民权而兴、无民权而亡者，踵相接，背相望"；

---

① 君衍：《法古》，载《童子世界》第 31 号。
② 帝召：《孔子秋祭之感想》，载《民呼报》1909 年 10 月 10 日。
③ 绝圣：《排孔征言》，载《新世纪》第 52 号。
④ 中国史学会主编：《辛亥革命》第一册，335 页，上海人民出版社，1957。

中国"之所以能脱之、倾之、去之、除之、复之者，在种吾民革命之种子，养吾民独立之精神，而可一言以蔽之曰：民权而已。"① 他们还进一步发展了维新派的女权思想，鼓吹"女权革命"，认为"女权愈振之国，其国愈文明；女权愈衰之国，其国愈衰弱"②。女权革命的实践者秋瑾把封建社会中宣扬的"男尊女卑"、"夫为妻纲"、"女子无才便是德"等道德伦理观念，一概斥为"胡说"，号召妇女起来砸碎封建礼教的锁链。她特别强调：妇女要获得解放，就必须要获得独立的社会经济地位，要做事，不可寄生；还必须同腐朽的旧社会决裂，投入民主革命斗争，和男子并肩作战。她大声疾呼："人权天赋原无别，男女还须一例担"；"男和女同心协力方为美，四万万男女无分彼此焉"。③

革命派在批判旧文化、提倡新思想上发表的种种言论，开展的种种宣传，无疑是 20 世纪初年中国社会中的最强音，对推动由戊戌维新时期开始的资产阶级新文化运动继续向前发展，对促进当时中国整个社会、文化的繁荣、进步，无疑具有积极作用；而且，革命派的文化宣传本身，便是清末新文化运动走向深入、向前发展的重要标志之一。

二、进化论与中国哲学的变革

在中国近代思想文化的发展历程中，在中国近代哲学产生和演进过程中，达尔文进化论的引进和影响是不可忽视的因素，也是谈论戊戌到辛亥时期新文化运动时必然要涉及的内容。

关于达尔文及其著作，在 19 世纪 90 年代以前的一些中文读物中有过零星的介绍，但影响不大。达尔文进化论真正在中国产生影响，是从甲午战争后严复翻译《天演论》开始的。

1895 年，严复在所撰《原强》一文中，便介绍、称赞了达尔文的学说。他写道：

---

① 《二十世纪之中国》，见《辛亥革命前十年间时论选集》第一卷上册，70、69 页，北京，三联书店，1960。

② 《论中国女学不兴之害》，见《辛亥革命前十年时论选集》第一卷下册，924 页，北京，三联书店，1960。

③ 《秋瑾集》，130～131 页，上海古籍出版社，1979。

达尔文者，英之讲动植之学者也……穷精眇虑，垂数十年，而著一书，曰《物种探源》（今译《物种起源》）。自其书出，欧美二洲几于家有其书；而泰西之学术政教，一时斐变……其书之二篇为尤著……其一篇曰物竞，又其一曰天择。物竞者，物争自存也；天择者，存其宜种也。意谓民物于世，樊然并生，同食天地自然之利矣。然与接为构，民民物物，各争有以自存。其始也，种与种争，群与群争，弱者常为强肉，愚者常为智役。及其有以自存而遗种也，则必强忍魁桀，矫捷巧慧，而与其一时之天时地利人事最其相宜者也。此其为争也，不必爪牙用而杀伐行也，习于安者使之为劳，狃于山者使之居泽，以是以与其习于劳、狃于泽者争，将不数传而其种尽矣。物竞之事，如是而已。[1]

这里只讲了物竞天择的一般道理，对进化论的介绍是不全面的，而且强调生存竞争，把人类的发展与生物的进化并提，又是达尔文进化论所没有的。

　　1898年，严复翻译了英国学者赫胥黎的《进化论与伦理学》一书的前半部，取名《天演论》正式出版。达尔文的进化论至此被系统地介绍进中国。

　　赫胥黎是达尔文进化论的忠实信徒，所著《进化论与伦理学》简要介绍了达尔文进化论的基本原理。由于达尔文和赫胥黎所讲的进化论主要局限于生物界、自然界，而不适用于人类社会，因此，严复便援引斯宾塞的普遍进化观以为补救。但斯宾塞又认为人在自然面前无所作为、无能为力，只能"任天为治"；而赫胥黎的理论在这方面却有可取之处，认为人可以依靠理性的力量遏止进化规律对人类社会的作用，"人能胜天"。可以说，斯氏、赫氏理论均有合理之处，可以相互补充。严复将二氏理论加以合理吸收，创造了自己独特的进化哲学观。

　　严译《天演论》并非《进化论与伦理学》的忠实译本，他在译文中加了许多按语和注释，对赫胥黎的观点加以评点，借此阐发自己的观点。对"物竞天择，适者生存"这一自然法则特别加以强调：

　　以天演为体，而其用有二：曰物竞，曰天择。此万物莫不然，而于有生之类为尤著。物竞者，物争自存也。以一物与物物争，或存或亡，而其

①《严复集》第一册，15～16页，北京，中华书局，1986。

效则归于天择。天择者，物争焉而独存，……斯宾塞尔曰："天择者，存其最宜者也。"①

严复认为，此法则不仅适用于自然界，也同样适用于人类社会，"动植如此，民人亦然"②。鉴于当时中国贫弱落后的现状和面临被列强瓜分的深重民族危机，严复在《天演论》自序中表示，"于自强保种之事，反复三致意焉"③。

严复宣传的进化论，运用近代生物学、地质学、天文学等科学知识，描绘出一幅与传统天道观完全不同的物质世界矛盾演化的图景，把一种崭新的世界观展现在中国人面前。他告诉国人，处于列强争雄的时代，落后民族要想摆脱亡国灭种的厄运，必须变革旧俗，改变现状，发愤图强，舍此没有第二种救亡途径。这种观点适应了甲午战后中华民族迫切寻求救亡之路的时代要求，在思想界产生了很大影响。正如胡适所回忆的：

> 几年之中，这种思想像野火一样，延烧着许多少年人的心和血。"天演"、"物竞"、"淘汰"、"天择"等等术语，都渐渐成了报纸文章的熟语，渐渐成了一班爱国志士的口头禅。④

严译《天演论》在晚清中国知识分子成长过程中，产生过重大影响，西方进化论对中国近代思想文化的发展起到过巨大的促进作用，维新派、革命派都接受了这一新的哲学世界观，并形成了各自的哲学思想。19世纪末20世纪初的中国哲学，甚至可径称为"进化哲学"。

不过，具体到维新派的康有为，早在19世纪90年代以前，便对进化论有了接触和了解。当时，严译《天演论》尚未问世。他是通过阅读《谈天》、《地学浅释》、《格致汇编》等译印于甲午战前的西学读物了解到进化论的。1896年，他从梁启超那里读到了严译《天演论》，进而成为进化论的信徒，并提出了"生物始于苔，动物始于介类"，"荒古以前生草木，远古生鸟兽，近古生人"的思想。⑤ 在历史观上，康有为把西方进化论与儒家今文经学的"公羊三世说"结合起来，阐释了从"据乱世"到"升平世"、再到"太平世"的历史

---

① 严复译《天演论》，见《严复集》第五册，1324页，北京，中华书局，1986。
② 严复：《原强》修订稿，见《严复集》第一册，16页，北京，中华书局，1986。
③ 《严复集》第五册，1321页，北京，中华书局，1986。
④ 胡适：《四十自述》（三），"在上海"，合肥，安徽教育出版社，2006。
⑤ 《南海康先生口说》，6、10页，广州，中山大学出版社，1985。

进化观。在近代中国，康有为第一个建构了较为完备的进化思想体系，具有除旧布新的启蒙作用。不过，康有为的进化论"义取渐进"，只承认事物的量变、渐变，否认质变、骤变，属于形而上学的庸俗进化论。

革命派对进化论的解释和运用，与康有为等改良派人物有明显不同，他们把进化论与民主革命主张结合在一起，主张以革命求进化、求进步。邹容在《革命军》中写道："革命者，天演之公例也；……革命者，由野蛮而进文明也。"① 认为革命体现了进化的真谛。《新世纪》所载题为《进化与革命》的文章说："进化者，前进而不止，更化而无穷之谓也。无一事一物不进者，此天演之自然。苟其不进，或进而缓者，于人则谓之病，于事则谓之弊。夫病与弊皆人所欲革去者。革病与弊无他，即所谓革命也。革命即革去阻进化者也。故革命亦即求进化而已。"② 就是说，革命是为了进化，进化离不开革命，二者紧密相联，不可分割。孙中山十分推崇进化论，认为达尔文的《物种起源》是一部划时代的著作，它的出现，"使世界思想为之一变"，"从此各种学术皆依归于进化矣"。③ 孙中山的哲学正是"依归于进化"而建立起来的，是名副其实的"进化哲学"，他坚信进化是"自然之道"，"世界万物皆由进化而成"。④ 他把整个世界的进化划分为"物质进化"、"物种进化"、"人类进化"三个不同的进化时期，⑤把人类社会又划分为"洪荒时代"、"神权时代"、"君权时代"、"民权时代"四个不同的发展时代，并指出：从洪荒时代发展到民权时代，是"世界的潮流"，"无论是怎么样都阻止不住的"⑥。他坚信顺应历史潮流的民主革命必然会取得胜利。孙中山的可贵之处也正是在于把进化同革命联系起来，他不同意改良派所说的历史"断难躐等"，只能"拾级而上"，而认为中国不经过君主立宪，即可实现民主共和；中国不仅能够迎头赶上西方先进国家，甚至可以后来居上。他说，中国有那么优秀的文化，而"近今十年思想之变化，有异常之速度"，这样发展下去，"十年二十年之后，不难举西人之文明而尽有

---

① 中国史学会主编：《辛亥革命》第一册，333 页，上海人民出版社，1957。

②《新世纪》第 20 期。

③④⑤ 孙中山：《孙文学说》，见《孙中山全集》第六卷，194～195 页，北京，中华书局，1985。

⑥ 孙中山：《三民主义·民权主义》第一讲，见《孙中山全集》第九卷，267 页，北京，中华书局，1986。

之，即或胜之焉，亦非不可能之事也"。[1] 孙中山的进化理论中包含着明显的"突驾"、跃进观点。他还强调人应顺应进化的趋势，发挥主观能动性，推动政治革命、社会革命，即所谓"以人事速其进行"。

总之，西方进化论的引进与传播，震动了中国的思想界，不仅对传统儒学是一大冲击，而且也是中国哲学近代化的一个重要里程碑。

当然，中国近代的哲学变革，决不仅仅与进化论的传播与影响有关，事实上，与英国近代的唯物主义经验论和实证主义，与西方逻辑学，与康德、尼采的哲学，与地理环境决定论，以及西方近代各种自然科学知识的传入与影响，都有关系，同时，这种哲学变革也是在对中国传统哲学批判继承的基础上发生、发展的。不过，在影响中国近代哲学变革的各种中外文化因素中，西方进化论却是最重要的一种。

三、文艺变革与"史界革命"

戊戌至辛亥时期，中国资产阶级知识分子，在抨击封建文化的同时，对如何革新旧文化、建设新文化，可以说是进行了反复思考，并身体力行，作了多方面尝试，多有发明，多有建树。他们除了大量引进、介绍西方资产阶级的哲学社会政治学说，从事启蒙、开智工作外，在文学艺术和史学等领域，也作了许多革新尝试，并对当时及以后的思想文化界产生了广泛而深远的影响，成为戊戌至辛亥资产阶级文化革新运动的重要组成部分。

（一）"诗界革命"

1896 至 1897 年间，梁启超、夏曾佑、谭嗣同等开始酝酿"诗界革命"，并试作"新诗"。梁启超《饮冰室诗话》记此事说："盖当时所谓新诗者，颇喜挦扯新名词以自表异。丙申丁酉间，吾党数子，皆好作此体"。此话道出了"诗界革命"初始阶段存在的主要问题，即所作新诗主要追求用词之新，片面认为输入西学、新学中的一些新名词，就是诗歌的革新了。1899 年 12 月，梁

---

① 孙中山：《中国民主革命之重要》，转引自《冯契文集》第七卷，291 页，上海，华东师大出版社，1997。

氏在《清议报》上发表《夏威夷游记》，正式提出"诗界革命"口号。

何为"诗界革命"？梁启超在《饮冰室诗话》中谈了自己的理解，他说："过渡时代，必有革命。然革命者，当革其精神，非革其形式。吾党近好言'诗界革命'，虽然，若以堆积满纸新名词为革命，是又满洲政府变法维新之类也。能以旧风格含新意境，斯可以举革命之实矣。苟能尔尔，则虽间杂一二新名词，亦不为病。"① 可见，梁启超认为，"堆积满纸新名词"，不能算"革命"，不能算真正的"新诗"；真正的"新诗"，是要有"新意境"的，即必须能够反映新事物、新思想的，也就是说，"诗界革命"首先应注重诗歌内容的变革。而要进行内容的变革，要反映新事物、新思想，也就必然要求诗歌形式的变革。

当时，在诗歌理论及创作实践上，成就较大的是黄遵宪。晚清诗坛，笼罩着浓厚的仿古迷雾，江西诗派宗法宋人黄山谷，王闿运标榜魏晋六朝，未能摆脱前人格套。黄遵宪则反对步趋古人，甲午战争前他就作诗批评拟古摹古之风，说：

> 俗儒好尊古，日日故纸研。六经字所无，不敢入诗篇。古人弃糟粕，见之口流涎。沿袭甘剽盗，妄造丛罪愆。黄土同抟人，今古何愚贤。即今忽已古，断自何代前？……我手写我口，古岂能拘牵。即今流俗语，我若登简编。五千年后人，惊为古斓斑。②

"我手写我口，古岂能拘牵"，这样的创作原则，是要求写诗要表达自己的真情实感，反映现实生活。

黄遵宪是晚清诗坛上的大家，生平写诗千余首，且题材广泛，内容丰富，用艺术手段从各个不同方面展现了中国近代社会的历史。由于他多次出使日本及欧美各国，耳目所历，多有异闻异事，因而其诗歌内容多是"古人未有之物，未辟之境"。特别是作为一个具有强烈爱国主义思想的诗人，在晚清，他亲历了帝国主义列强对中国的多次入侵，目睹了中国屡战屡败、割地赔款、国将不国的屈辱场景，从而写出了许多满含忧愤、反映残酷现实的写实之作，如《逐客篇》、《冯将军歌》、《悲平壤》、《哀旅顺》、《哭威海》、《台湾行》等，堪

---

① 梁启超：《饮冰室诗话》六十三，51页，北京，人民文学出版社，1959。
② 黄遵宪：《杂感》，见《人境庐诗草笺注》上册，42～43页，上海古籍出版社，1981。

称一代史诗。

虽然黄遵宪等维新派诗人的新诗大多还是将理想镕铸于旧风格中，还未摆脱古体诗、近体诗的影响，读起来仍感到生硬难解，但却在一定程度上抒发了忧国忧民的激情，反映了时代的心声，具有很强的时代气息。同时，在诗歌的表现形式上，也开始冲破传统诗词格律的束缚，趋向于散文化，这也就推动了传统诗歌形式向现代新诗的过渡。

"诗界革命"一经提出，很快便形成一股颇具声势的新派诗潮流。《新民丛报》从 1902 至 1904 年间开辟了"诗界潮音集"专栏，先后刊登新诗五百余首，作者达四十余人。这些诗初步显示了"诗界革命"的成绩。在这种形势下，那些吟风弄月、无病呻吟、逃避现实、模拟往古的所谓"宋诗派"、"同光体"，便显得大为逊色了。

到辛亥革命时期，革命派的诗人继承维新派诗人的诗歌理论和新诗成就，在以诗歌宣传民主革命方面，在促进诗体解放方面，取得了新的成绩。女革命家秋瑾同时是一位才华横溢的诗人，所写《宝刀歌》、《宝剑歌》、《剑歌》、《红毛刀歌》等诗，借歌咏刀剑来抒发誓与敌人战斗到底的情怀，表现了作者钢铁般的革命意志和英勇的献身精神。她的《同胞苦》、《勉女权歌》等政治鼓动诗，文字通俗，形式大众化，不仅收到良好的革命宣传的效果，而且对推动近代白话诗的发展产生了积极的推动作用。南社诗人的诗歌成就也不可忽视。南社于 1909 年 11 月成立于苏州，发起人有陈去病、高旭、柳亚子等。南社活动中心在上海，辛亥革命前有成员二百多人，民国后增至千余人。除总社外，还设有越社、辽社、淮南社等分社，成为辛亥革命时期诗歌界影响最大的革命团体，是当时革命文艺队伍的重要一翼。南社诗人的诗作，形式上有旧体诗，也有新体诗，内容上总的来说，反映的都是民族民主革命这种现实的社会政治斗争，特别是像高旭的《女子唱歌》、《新杂谣》、《爱祖国歌》，马君武的《华族祖国歌》、《中国公学校歌》等这类文字通俗、形式自由的新体诗，在鼓吹反清革命、宣传民主共和方面，所起积极作用更为显著，影响更为广泛。

（二）"小说界革命"

在传统观念中，小说历来被视为"小道"，封建统治者往往以"诲淫诲盗"、"有伤风化"为由，屡加毁禁。维新派受欧美、日本文学观念的影响和启发，一反传统的鄙视小说的陈旧观念，对小说的文学地位、社会功用给予了充分肯定和足够的重视。以1897年严复、夏曾佑的《〈国闻报〉附印说部缘起》为滥觞，至20世纪初，维新派发表了大量小说理论方面的文章，充分阐述了他们关于更新观念、革新小说的主张。梁启超在《译印政治小说序》中，虽然还对《红楼梦》、《水浒传》等文学名著抱有偏见，认为是诲淫诲盗之作，但他从维新变法的政治需要出发，把小说看成是最有力的宣传工具。他借用康有为《日本书目志》中的话说："六经不能教，当以小说教之；正史不能入，当以小说入之；语录不能渝，当以小说渝之；律例不能治，当以小说治之"，"彼美、英、德、法、奥、意、日本各国政界之日进，则政治小说为功最高焉"，① 把一向被视为不登大雅之堂的小说，看得非常重要，认为它能够起到"六经"、"正史"所起不到的作用，这无疑是一种大胆而新颖的见解。1902年，梁启超创办《新小说》杂志，"专在借小说家言，以发起国民政治思想，激励其爱国精神"②。梁氏在该刊第1号上发表《论小说与群治之关系》一文，把"新小说"与他的"新民说"联系起来，指出："欲新一国之民，不可不先新一国之小说。故欲新道德，必新小说；欲新宗教，必新小说；欲新政治，必新小说；欲新风俗，必新小说；欲新学艺，必新小说；乃至欲新人心，欲新人格，必新小说。"梁启超认为，小说有"熏"、"浸"、"刺"、"提"四种"不可思议"之"神力"，足以"支配人道"，"故今日欲改良群治，必自小说界革命始，欲新民，必自新小说始"，正式提出了"小说界革命"的口号。③

维新派的新小说理论，虽然尚嫌稚嫩，但对于提高小说的社会地位，改变人们的小说观念，促进小说创作的繁荣、发展，具有积极作用。正是在"小说界革命"思潮的影响和推动下，20世纪初年，中国文艺界出现了小说创作和翻译的空前繁荣的局面。据对《中国通俗小说总目提要》正目的粗略统计，1840至1911年的白话通俗小说约有650部，其中550部左右均产生于1900至

---

① 梁启超：《译印政治小说序》，见《饮冰室合集》文集之三，34页，北京，中华书局，1989。

② 陈平原等编：《二十世纪中国小说理论资料》第一卷，41页，北京大学出版社，1989。

③ 梁启超：《论小说与群治之关系》，见《饮冰室合集》文集之十，6～10页，北京，中华书局，1989。

1911 年间。当时，专刊小说的刊物接连问世，据学者统计，1902 至 1911 年间，以"小说"命名的杂志有 21 种，著名的有《新小说》、《绣像小说》、《月月小说》、《小说世界》、《小说林》、《小说时报》、《小说月报》等等。① 阿英的《晚清小说史》认为，"晚清小说，在中国小说史上，是一个最繁荣的时代"。随着小说创作的繁荣，涌现出一批颇有影响的小说作家，如李伯元、吴趼人、曾朴、刘鹗，等等，他们创作的《官场现形记》、《二十年目睹之怪现状》、《孽海花》、《老残游记》等谴责小说，代表着这一时期创作小说的主要成就，打破了狭邪、武侠、公案小说一统天下的局面。这些小说的立意，多在匡世救国，与现实政治接近，具有积极的思想内容。

翻译小说的数量也颇为可观。1899 至 1911 年，共出版翻译小说 615 部②。英、法、俄、德、美、日等国小说陆续被译成中文，介绍给国人；莎士比亚、狄更斯、大仲马、小仲马、托尔斯泰、易卜生、雨果、塞万提斯等世界著名作家开始被中国读者所了解。翻译小说作者主要有林纾、包天笑、周瘦鹃、曾朴、周桂笙等，其中成果最丰的是林纾（字琴南），影响最大的是"林译小说"。林氏从 19 世纪末翻译小仲马的《巴黎茶花女遗事》起，到去世的二十多年中，共翻译外国小说 183 种，约 1200 余万字。《伊索寓言》、《鲁滨逊飘流记》、《茶花女》、《唐·吉诃德》、《莎士比亚故事集》等世界著名作家的代表作，其第一个中文译本均出自林纾的手笔。

总之，20 世纪初年的中国小说界，可以说是创作小说与翻译小说同盛，白话小说与文言小说并行，景象蔚为壮观。

（三）文体革新与白话文运动

晚清时期的散文，几乎全为桐城文派所笼罩。他们讲究所谓"义法"，并提出"神、理、气、味、格、律、声、色"作为写作上探究的原则，不论内容与形式，都设置了许多清规戒律。到了戊戌时期，维新派高度重视散文在舆论宣传中的重要作用，同时鉴于宣传变法维新的政论文章需要冲破桐派古文的束缚，于是在"文界革命"的旗帜下进行散文改革，创出新体散文。梁启超提出

---

① 陈平原：《二十世纪中国小说史》第一卷，68、69 页，北京大学出版社，1989。

② 陈平原：《二十世纪中国小说史》第一卷，42 页表格，北京大学出版社，1989。

"文体革命"，并自创"新文体"，为晚清文体解放开辟了一条道路。这种"新文体"，"务为平易畅达，时杂以俚语、韵语及外国语法，纵笔所至不检束"，"其文条理明晰，笔锋常带感情，对于读者别有一种魔力"。① 梁启超的《变法通议》、《瓜分危言》、《少年中国说》、《呵旁观者文》、《新民说》等大量时论散文，抛弃了桐城派的古文"义法"，感情充沛，清新明快，完全是一种自由式、通俗化的文体，令人"耳目实为之一新"，深受人们喜爱，"一时风靡海内"，"自通都大邑，下至僻壤穷陬，无不知有新会梁氏者"。② 直到辛亥革命后，严复《与熊纯如书》在谈到梁的散文时还说："其笔端又有魔力，足以动人。主暗杀，则人因之而倜然暗杀矣；主破坏，则人又群然争为破坏矣。最为非常可喜之论，而不知其种祸无穷"③。由此足以说明梁启超散文影响之大了。

"新文体"虽然自由、通俗、浅显、明快，但不是白话散文，顶多算是文白参半的通俗散文。而宣传新思想，传播新文化，要开通民智，变革旧风俗，则越来越需要使用语文合一的白话文，逐渐取代艰涩难懂的文言文；同时这也是文学革新运动走向深入、不断发展的内在要求。在这种情况下，戊戌至辛亥时期，中国出现了一场白话文运动。在维新派的文艺理论中，诗歌的"我手写我口"，小说的"与口说之语言相近"，散文的"务求平易畅达"等，都已接近于语文合一的要求。而提倡白话文最力的是裘廷梁。1898 年春，他在上海《苏报》上发表文章，明确提出"白话为维新之本"，主张"崇白话而废文言"，指出："愚天下之具，莫文言若，智天下之具，莫白话若"；"文言兴而后实学废，白话行而后实学兴"。④ 提出要多办白话报刊，以传播新知，开通民智。不久，他在无锡创立了白话学会，并创办了《无锡白话报》。《无锡白话报》在当时是一份影响很大的白话报刊，它在宣传、提倡白话文方面所做的工作，对清末白话文运动的兴起和发展无疑具有积极的推动作用。

在文体革新思潮影响下，在裘廷梁等人的倡导下，戊戌至辛亥时期的白话文运动取得了斐然可观的成绩。据统计，1901 至 1911 年，创办白话报刊 123

---

① 梁启超：《清代学术概论》，62 页，北京，中华书局，1954。
② 胡思敬：《党人列传》，见《戊戌履霜录》卷四，1913 年南昌退庐刻本。
③《严复集》第三册，632 页，北京，中华书局，1986。
④ 裘廷梁：《论白话为维新之本》，见《辛亥革命前十年间时论选集》第一卷上册，42 页，北京，三联书店，1960。

种，几乎遍及全国各地，甚至新疆、西藏、蒙古等边疆地区也都有白话报刊。另外还出现了白话本的教科书和宣传民主革命的小册子。通俗易懂的白话文，为宣传新思想、新文化，特别是为宣传资产阶级民主革命思想，提供了极大方便。秋瑾的《警告姊妹们》、《敬告中国二万万女同胞》等宣传民主革命和妇女解放的白话散文，明白晓畅，感人至深。陈天华的《警世钟》作为一本以白话写成的宣传革命的小册子，深刻揭露了帝国主义侵略给中国人民带来的深重的民族灾难，透彻地阐明了中国必须进行民主革命的道理，深受读者欢迎。邹容的《革命军》虽然不是用白话文写成的，但文字"浅近直接"，通俗易懂，脍炙人口，感情充沛，出版后，风行海内外，销售逾百万册，对民主革命思想的传播，功莫大焉。

（四）戏剧改良

在中国传统社会、传统观念中，戏剧与小说一样，同样受人贱视，也被认为"不登大雅之堂"。但到了 19 世纪末 20 世纪初，受整个文艺变革运动的影响，戏剧的社会作用也日益受到人们的重视。维新派认为，戏剧甚至比小说的作用还要大，"虽聋得见，虽盲可闻"，"欲无老无幼，无上无下，人人能有国家思想，而受其感化力者，舍戏剧末由"[1]。革命派同样很看重戏剧的重要作用，并于 1904 年创办了中国最早的专业戏剧杂志《二十世纪大舞台》。柳亚子、陈去病等纷纷发表戏剧方面的论文，阐述戏剧的社会功能，努力提高戏剧及艺人的社会地位。他们认为，戏剧具有与其他艺术形式不同的特点，它通过演员在舞台上塑造鲜明生动的艺术形象，"词俚"、"情真"、乐人、动人，为广大群众喜闻乐见，具有广泛的群众基础，而且有很强的感染力，潜移默化，移人性情。正因为戏剧具有"入之易而出之神"的"同化力"，进而被革命派认为，用戏剧来宣传反清革命，比起演讲、学堂、书刊及其他文艺形式，收效更快更好，"其奏效之捷"，甚至超过"劳心焦思、孜孜以作《革命军》、《驳康书》、《黄帝魂》、《落花梦》、《自由血》者，殆千万倍"。他们一反封建社会形成的鄙视戏剧的传统观念，给戏剧和戏剧演员以应有的社会地位。陈独秀撰

---

[1] 天僇生：《剧场之教育》，载《月月小说》第 2 卷第 1 期。

《论戏曲》一文指出：演戏不是"贱业"，从中国戏曲的发展来说，"当今的戏曲和古乐是一脉相承的"，不应贵古而贱今；以西洋各国的情况看，演戏和"一国的风俗教化极有关系"，因而"是把戏子和文人学士一样看待的"；演戏和其他职业是平等的，"世上人的贵贱，应当在品行善恶上分别，而不在于执业的高低"。陈独秀强调："演戏之为功大矣"，"戏馆子是众人的大学堂，戏子是众人的大教师"，戏曲是改良社会的"不二法门"。①

为能更好地服务于政治启蒙，特别是服务于反清革命，革命派的文化人士在戏剧改良和革新上做了大量卓有成效的工作。他们创作了大量有利于反清革命的历史剧和时事剧。据阿英先生统计，截至1911年，创作各类戏曲剧本160多种，包括传奇54种，杂剧40种，地方戏51种，话剧16种。② 其中，"引古鉴今，明夷辨夏，激动种族之观念"，以及鼓吹"推翻这专制政府，扫灭那无道昏君"的中外历史剧，占了很大比重；也有一些反映现实生活和歌颂革命党人英勇事迹的作品。在编演时事新剧和历史新剧方面，主要倡导者和实践者，是被称为"剧班第一革命巨子"的汪笑侬。夏月珊、夏月润弟兄和潘月樵等京剧艺人，对新剧的编演也起了推动作用。他们编演的代表性剧目有：《波兰亡国惨》、《缕金箱》、《游侠传》、《博浪椎》、《摘星楼》、《断头台》、《革命军传奇》、《苍鹰击》、《轩亭冤》、《六月霜》、《黑龙江》、《俄占奉天》、《扬州梦》、《爱国魂》、《崖山哀》、《陆沉痛》、《风洞山》、《海国英雄记》等。

在晚清戏剧革新运动中，还诞生了一个新的剧种——话剧，当时称为"新剧"或"文明戏"，以区别于传统戏曲。话剧诞生于1907年。这一年，留日学生曾孝谷、李叔同、欧阳予倩等为骨干的春柳社，在东京演出了话剧《茶花女》（第三幕）和《黑奴吁天录》。《黑奴吁天录》是根据林纾翻译的美国斯托夫人的同名小说改编的一出话剧，有完整的剧本，全部用口语对话，是纯粹的话剧形式。该剧富有强烈的反对民族压迫的思想，很能打动观众，深受留日学生和旅日革命人士的欢迎，演出取得了很好的效果，十分成功。不久，王钟声在上海组织春阳社，将此剧改编后再次搬上舞台。此后，王钟声还组织演出了

---

① 三爱（陈独秀）：《论戏曲》，载《安徽俗话报》1904年第11期。《新小说》第2卷第2期转载，同时将白话改为文言。

② 阿英：《晚清戏曲录》，见《晚清戏曲小说目》，上海古典文学出版社，1957。

《秋瑾》、《徐锡麟》、《官场现形记》等宣传民主革命、揭露官场腐败的新剧。

另外，任天知组织的进化团，对初期话剧运动也有较大贡献。进化团成立于 1910 年，是一个职业的新剧剧团。该剧团除在上海演出外，还到南京、芜湖、汉口、宁波等地演出。所演剧目多半是反映现实的政治问题，宣传反清革命，宣传反帝爱国思想。进化团于 1912 年秋解体，存在时间虽然不长，但在话剧的启蒙方面，在民主革命思想的传播方面，却发挥了很好的作用，产生了积极的影响。

从 20 世纪初年戏剧革新运动方方面面的情况来看，虽然中国资产阶级革命家们还不能正确认识文艺和社会政治的关系，片面夸大了戏剧的社会教育作用，把戏剧作为从属于反清革命这一政治需要的工具对待，忽视了作为文艺的本质特征——具体形象地反映社会生活，剧本中塑造的人物大都比较概念化，缺乏丰满的有血有肉的鲜明性格，从而影响到剧本和演出的整体的艺术质量，但革命家们革新戏剧的理论和实践，对改变传统落后的戏剧观念，对推动中国戏剧的进步和发展，仍有不可否认的积极意义，在中国戏剧发展史上占有重要地位。

（五）"史界革命"

在"史界革命"方面，梁启超具有首功。早在戊戌时期，他就对封建的"君史"提出了批判，指出：历史"有国史、有君史、有民史。民史之著盛于西国，而中土几绝。中土两千年来，若正史，若编年，若载记，若传记，若纪事本末，若诏令奏议，强半皆君史也"；中国许多的旧史书，"不过为一代之主作谱牒"，"至求其内政之张弛，民俗之优绌，所谓寝强寝弱，与何以强弱之故者，几靡得而睹焉"；认为"君史之敝极于今日"。[①] 戊戌以后，梁启超流亡日本，涉猎了许多西方资产阶级哲学、社会科学方面的著作，其史学思想也渐成体系。1901 年和 1902 年，梁先后发表《中国史叙论》和《新史学》两篇文章，以资产阶级观点对封建旧史学展开了全面而猛烈的批判，明确提出了"史界革命"的口号，同时又提出了建立资产阶级"新史学"的主张。

---

① 梁启超：《续译列国岁计政要叙》，见《饮冰室合集》文集之二，59～60 页，北京，中华书局，1989。

严复

《天演论》

伍廷芳

《新小说》杂志创刊号

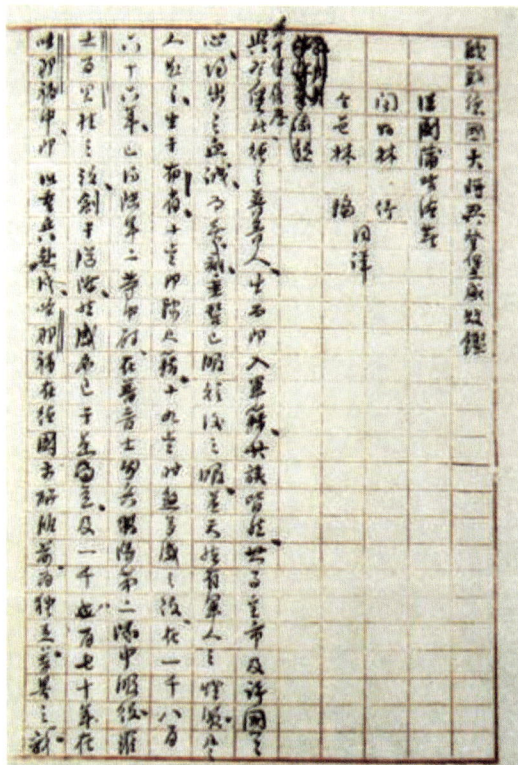

林纾译稿

南社成员

新文化运动时期女子合影

123

位于福州路河南路口的商务印书馆发行所

梁启超首先强调了史学的社会作用，认为"史学者，学问之最博大而最切要者也，国民之明镜也，爱国心之源泉也，今日欧洲民族主义所以发达，列国所以日进文明，史学之功居其半焉"①。接着，他尖锐抨击了中国旧史学的种种弊端，指出：旧史学有"四弊"、"二病"。"四弊"是："知有朝廷而不知有国家"——二十四史不过是"二十四姓之家谱"，封建史家"以为天下者，君主一人之天下，故其为史也，不过叙某朝以何而得之、以何而治之、以何而失之而已，舍此则非所闻也"；"知有个人而不知有群体"——看不到人群进化之轨迹，二十四史不过是无数个人的"墓志铭"而已；"知有陈迹而不知有今务"——不敢面对现实，不能为"经世之用"；"知有事实而不知有理想"——二十四史不过是历史事件的简单罗列，像"蜡人院"的偶像排列，不能揭示历史的因果关系，"读之徒费脑力"，不仅不能起到"益民智"的作用，反而成为"耗民智"的工具，根本不能做到"鉴既往之大例，示将来之风潮"。"二病"是："能铺叙而不能别裁"、"能因袭而不能创作"。因此"四弊"、"二病"而造成的恶果，一是"难读"，二是"难别择"，三是"无感触"。国人"虽尽读全史，而曾无有足以激励其爱国之心，团结其合群之力，以应今日之时势而立于万国者"②。梁启超对封建旧史学从指导思想、内容、实质、编撰方法以至文字组织，都作了揭露和批判，宣告它们是不合新时代需要的废物。对旧史学应是批判继承，梁启超的论断不无偏激之处，但其见识和革新精神对于推动史学的近代化是有重大贡献的。

在批判旧史学的同时，梁启超强调了进行"史界革命"和建立新史学的紧迫性，指出"史界革命不起，则吾国遂不救，悠悠万事，惟此为大"③，把建立新史学作为爱国救国的头等大事提了出来。

当时，提倡新史学的，除了梁启超外，还有夏曾佑、章太炎、刘师培等人。他们的政治立场和政治主张虽然有别，但关于新史学的主张，却大体相同，总的来说，大体包括以下几点：

第一，从"经世致用"的要求出发，提出"新史学"应以进化论为指导，

---

① 梁启超：《新史学》，见《饮冰室合集》文集之九，1页，北京，中华书局，1989。
② 梁启超：《新史学》，见《饮冰室合集》文集之九，3～6页，北京，中华书局，1989。
③ 梁启超：《新史学》，见《饮冰室合集》文集之九，7页，北京，中华书局，1989。

来探讨人群的进化和历史事件的因果关系，以"有益于群治"，为今人提供活动之"资鉴"。梁启超讲："史也者，记述人间过去之事实"，"说明其事实之关系，与其原因结果"，"探察人间全体之运动进步"，及其相互之关系。① 概言之，"历史者，叙述人群进化之现象而求得其公理公例"，"使后人循其理率其例以增幸福于无疆"。"吾中国所以数千年无良史者，以其于进化之现象见之未明也。"② 章太炎也说，旧史的根本缺点就在于不识进化之理，迷恋往古。③ 他们认为，要改变中国旧史满足于侈陈往迹、无所发明，往往陷于历史循环论的现象，就必须改弦更张，以进化论的历史观取代传统的历史循环论。面对深重的民族危机，他们还主张以史学来激发国人的爱国主义、民族主义精神。梁启超说："今日欲提倡民族主义，使我四万万同胞强立于此优胜劣败之世界乎？则本国史学一科，实为无老无少、无男无女、无智无愚、无贤无不肖所皆当从事，视之如渴饮饥食、一刻不容缓者也。"④

第二，打破仅为封建帝王修家谱的旧史学的格局，扩大史学研究的领域，研究"国民全部之经历"。把历史的视野从帝王家谱扩大到人群进化，把争权夺利的"相斫书"扩大到社会的经济、政治、文化、思想，从一国扩大到世界；反对厚古薄今，提倡对当代史事的研究。他们还特别提出要注重"民史"的修撰，"所贵乎民史者何？贵其能叙述一群人所以相接触、相交通、相竞争、相团结之道，一面以发明既往社会政治进化之原理，一面以启导未来人类光华美满之文明，使后之人食群之幸福，享群之公利"⑤。

第三，变革旧的写史方法，创立新的编史体例。他们认为，中国传统的编年、纪传、纪事本末三大编史体例，都存在局限性，不能适应新时代的要求，新史书的编撰应另辟蹊径。他们主张在继承中国传统史书编写体例的基础上，借鉴西方史书编撰体例上的长处，"折衷贵当，创成史例"⑥，即以"上古"、"中古"、"近世"三段来划分时代，将分时与分类结合起来，采用当时在欧美、

---

① 梁启超：《中国史叙论》，见《饮冰室合集》文集之六，1页，北京，中华书局，1989。
② 梁启超：《新史学》，见《饮冰室合集》文集之九，10～11、8页，北京，中华书局，1989。
③ 章太炎：《致梁启超书》，载《新民丛报》第13号。
④ 梁启超：《新史学》，见《饮冰室合集》文集之九，7页，北京，中华书局，1989。
⑤ 邓实：《史学通论》（四），载《政艺通报》1902年第1卷。
⑥ 陈黻宸：《独史》，见《陈黻宸集》上册，569页，北京，中华书局，1995。

日本流行的篇、章、节的新体例。

梁启超等人在宣传新史学理论的同时，还致力于以新的史学观点、修史方法编撰新的史学著作。例如，夏曾佑于 1904 年至 1906 年陆续出版的《最新中学中国历史教科书》（后改名《中国古代史》），便是一部用新史学观点编写的关于中国历史的著作。该书贯彻了历史进化论的观点，把中国历史分为"上古之世"、"中古之世"、"近古之世"三大时期，每个时期又根据不同情况分为不同的阶段。这样的历史分期分段的方法，打破了几千年封建史学不划分历史发展阶段的传统史观，使人耳目一新。另外，在编写体例上，夏曾佑也改变了传统的编史方法，采用西方史学通行的章节体，以时间发展为序，陈述历史的演变递嬗，展示出新的史著风貌。

除夏曾佑外，曾鲲化编撰了《中国历史》上、中卷，刘师培也著有《中国历史教科书》。梁启超于 20 世纪初年发表了《论中国学术思想变迁之大势》，入民国以后，又写出了《清代学术概论》和《中国近三百年学术史》等颇负盛名的学术珍品。王国维利用殷墟甲骨文、敦煌文书、汉晋简牍等方面的新史料，于 1917 年发表了《殷卜辞中所见先公先王考》、《殷周制度论》等"划时代的"中国古史论著。这些都是"史界革命"所产生的新成果，都是中国资产阶级新史学的代表作，尽管它们还未能完全摆脱旧史学的影响，还有许多不成熟的地方，但所起承上启下的历史作用，则应充分肯定。

"史界革命"的提出，新史学理论的张扬和一批新史学论著的问世，标志着封建史学独占史坛局面的结束，资产阶级新史学逐步取代封建主义旧史学，而居于支配地位。

四、新兴报刊和图书出版业的繁荣

（一）新兴报刊业的迅速发展

甲午以前，中国人自办的近代报刊，只有 1858 年伍廷芳在香港创办的《中外新报》、1864 年陈蔼亭在香港创办的《华字日报》，以及王韬主编的《循环日报》等寥寥数家，而且很不景气，影响甚微。当时，在中国报刊业占主导地位的是外国人创办的报刊，据统计，19世纪40至90年代，西人在华先后创办中外文报刊170种，约占我国同期报刊总数的95％，其中绝大部分是以西方教会或传教士个人的名义创办的。这些报刊，"虽然，从文化上之全体以观，外报在我国，关于科学上之贡献，当然为吾人所承认；惜以传教为主要目的，是去一偶像而又主一偶像也。且流弊所及，一部分乃养成许多'Boy'式之人材，舍本逐末，为彼辈之走狗，得不偿失，无过于此。"①。

甲午以后，随着维新运动的兴起，中国人自办报刊活动迅速兴盛起来。1895年8月，康有为、梁启超率先在北京创办了《中外纪闻》(初名《万国公报》)，双日刊，每期印3000份左右，免费赠送达官贵人。1896年1月，他们又在上海刊行了《强学报》。8月，再创《时务报》，获得更大成功。"时务报起，一时风靡海内，数月之间，销行至万余份，为中国有报以来所未有，举国趋之，如饮狂泉。"② 各地竞相效尤，一时兴起了一股不小的办报办刊热潮。据不完全统计，1895年至1898年三年时间里，新办报刊50余种，③ 其著名者，除北京的《中外纪闻》、上海的《强学报》、《时务报》外，天津有《国闻报》(1897年10月创刊，严复、夏曾佑、王修植主编)，长沙有《湘学报》(1897年4月由江标、徐仁铸、唐才常等创办)，澳门有《知新报》(1897年2月由何廷光、康广仁等创办)，广州有《岭学报》(1898年2月由黎国廉等创办)，成都有《蜀学报》(1898年5月由宋育仁、廖平等创办)，重庆有《渝报》(1897年10月由宋育仁、潘清荫等创办)，杭州有《经世报》，桂林有《广仁报》，无锡有《无锡白话报》，上海还有《实学报》、《农学报》、《蒙学报》、《萃报》、《译书公会报》、《算学报》、《新学报》、《集成报》、《格致新报》、《工商学报》、《时务日报》、《中外日报》、《昌言报》、《女学报》，等等。

戊戌时期所以出现新兴报刊的繁荣局面，与维新派对报刊在舆论宣传、开启民智、开通风气方面重要作用的认识和重视是分不开的。他们把报纸比喻为

---

① 戈公振：《中国报学史》，112页，北京，三联书店，1986。

② 梁启超：《中国报馆之沿革及其价值》，见《饮冰室合集》文集之六，52页，北京，中华书局，1989。

③ 参见张九洲等：《戊戌时期的新兴报刊与近代文化》，载《史学月刊》1986年第6期。

一股强烈的电流，"通过这个电流，可以把新的思想传布到全国各地方去"①。康有为说："新报尤足以开拓心思，发越聪明，与铁路开通，实相表里。"② 梁启超说："去塞求通，厥道非一，而报馆其导端也……阅报愈多者，其人愈智；报馆愈多者，其国愈强。"③ 又说："度欲开会，非有报馆不可，报馆之议论，既浸渍于人心，则风气之成不远矣。"④ 谭嗣同也说："新闻报纸，最足增人见识"，"今日切要之图，无过此者"。⑤

可以说，变法维新的政治需要，是新兴报刊勃兴的最直接的社会原因。此期出现的新兴报刊，大多具有浓厚的政治色彩。有人统计，《时务报》刊文399 篇，其中完全谈论政治的文章就达 110 篇；《知新报》刊文 330 篇，政治类的占 90 篇；《湘学新报》刊文 280 篇，政治类的占 104 篇；《渝报》刊文 211 篇，政治类的占 85 篇；《岭学报》刊文 274 篇，政治性的占 147 篇；《蜀学报》刊文 296 篇，政治性的占 145 篇⑥。这一统计未必十分准确，但基本上反映了这些报刊对政治问题关心的程度。此外，一些专门知识性的刊物，如《农学报》、《工商学报》、《新学报》、《格致新报》、《算学报》、《利济学堂报》等，也同样十分关注社会政治问题，凡有关社会变革方面的政治大事，一般都在头版头条的位置刊登出来。

大张旗鼓地宣传西方资产阶级的民权、自由、平等学说，抨击封建的纲常名教，倡导新文化，批判旧文化，具有鲜明的资产阶级特色，这是当时的新兴报刊"新"的本质所在，"新"的集中体现。"若《时务报》、《知新报》、《经世报》、《实学报》、《农学报》、《蒙学报》、《萃报》、《时报》，罔不广译西政，建议变法，哀哀长鸣，血泪盈简。"⑦ 表现出强烈的资产阶级政治要求，这是新兴报刊的一个突出特点。另外，介绍西方国家新的自然科学知识和新的发明、

---

① 《字林西报周刊》引维新派某报语，见《戊戌变法》第三册，497 页，上海，神州国光社，1953。

② 中国史学会主编：《戊戌变法》第二册，149 页，上海，神州国光社，1953。

③ 梁启超：《论报馆有益于国事》，见中国史学会主编《戊戌变法》第四册，521 页，上海，神州国光社，1953。

④ 《梁启超年谱长编》，40 页，上海人民出版社，1983。

⑤ 谭嗣同：《报贝元征》，见《谭嗣同全集》（增订本），221 页，北京，中华书局，1981。

⑥ 张九洲等：《戊戌时期的新兴报刊与近代文化》，载《史学月刊》1986 年第 6 期。

⑦ 中国史学会主编：《戊戌变法》第三册，318 页，上海，神州国光社，1953。

创造，也是新兴报刊的重要内容之一，专门知识性的刊物自不必说，即使以政治性为主的一些刊物，也都介绍过不少西方的科学知识。如《时务报》第1至第10期，刊出介绍科学知识的文章43篇，《知新报》这方面的文章有70篇，《湘学报》有46篇。① 这种情况同样表明戊戌时期的新兴报刊具有鲜明的新文化特征。

新兴报刊在宣传新思想、新文化，宣传变法维新、开通风气方面，所起的积极作用，不可低估。梁启超在谈到《时务报》创刊后的影响时说：经《时务报》"大声疾呼，读者颇为感动，士论一变"②。维新派鼓吹变法维新的政论文章，正是通过报刊的宣传，不胫而走，在社会上引起很大震动。新思想、新文化借助新兴报刊，像电流一样，迅速传播到全国各地。

戊戌政变后，新兴报刊一度被封禁，但戊戌时期开创的近代报刊的新时代，并未中断。随着革命风潮的继起，海内外鼓吹民主革命的报刊陡然激增。日本东京、国内的上海，是当时刊行杂志最多的地方，据有关著录统计，上海有杂志46种，其中鼓吹革命的有14种；东京有杂志34种，鼓吹革命的占24种。③ 第一份鼓吹革命的报纸，是兴中会机关报《中国日报》，1900年1月创办于香港。此后，革命派在东京、香港、澳门、南洋、美洲、国内的上海等地，先后创办报刊120余种，大大超过了维新派戊戌时期创办报刊的数量。《民报》、《国民报》、《游学译编》、《湖北学生界》、《江苏》、《浙江潮》、《大陆》、《童子世界》、《国民日日报》、《警钟日报》、《二十世纪大舞台》、《复报》、《云南》、《四川》、《河南》、《神州日报》、《民呼日报》、《民吁日报》、《民立报》等一大批革命派主办的报刊，在"灌输最新学说"、"传播革命思潮"、"鼓舞国民精神"方面，发挥了极大作用。

另外，20世纪初年，改良派也一直没有放松报纸、刊物的舆论宣传工作。尽管他们创办的报刊，与革命派所办报刊的宗旨不同，尽管他们仍在宣传改良、保皇，宣传君主立宪，但像《清议报》、《新民丛报》等，在介绍新思想、

---

① 参考《中国近代期刊篇目汇录》第一卷，上海人民出版社，1965。
② 中国史学会主编：《戊戌变法》第二册，44页，上海，神州国光社，1953。
③ 戈公振：《中国报学史》，114、118页；冯自由：《开国前海内外革命书报一览》，见《革命逸史》第三集，北京，中华书局，1981。

新学说、新知识方面，在开民智、新民德方面，都发挥了积极作用，特别是在革命思潮尚未成为社会思潮的主流、革命派报刊尚未大量出现的情况下，改良派的舆论宣传在读者中的影响更是不可低估。吴玉章、邹韬奋、朱执信等人都从《新民丛报》那里汲取过营养，包括青年毛泽东，也曾经把早期出版的《新民丛报》"读了又读，直到差不多背得出来"①。

总之，20世纪初年，革命派、改良派都很重视报刊的舆论宣传作用，他们竞相通过报刊宣传自己的政治主张，从不同的角度、不同的方面为推动中国社会、政治、文化的进步而奋力呐喊，创办报纸、杂志之风超过了此前的势头。

（二）图书出版业的繁荣

戊戌以前，西方来华传教士、洋务派曾经组织翻译、出版过相当数量的西学、新学书籍，但到戊戌时期，人们明显感到这些译书无论在数量上还是在内容上，都已不能满足时代的需要。1896年，梁启超曾说，二十余年来，洋务派及传教士所译录西书中，"可读之书略三百余种"，与英伦大书楼所藏书"凡八万种有奇"相比，"直九牛之一毛耳"。② 且因"宗旨刺谬"，致使所译之书，"兵学几居其半"。梁启超提出要"择书而译，当知西人之所强者兵，而所以强者不在兵。不师其所以强，而欲师其所强，是由欲前而却行也"③。中国传统的木版刻书的主体地位，洋务派、传教士包办译印西书的情况，甲午以后发生了明显的变化。维新派在利用报刊宣传变法维新主张的同时，也很重视图书的出版发行。上海强学会在所举"最要四事"中，第一件便是"译印图书"。《时务报》创刊后，申明"一俟存款稍裕即当译印西书，推广译报"。没过多久，即代印梁启超《西学书目表》附《西学书法》，并予以介绍说：此书"所刊书将四百种，区分门类，识别优劣，笔记百余条，专言西学书源流门径，有志经

---

① 斯诺：《二万五千里长征》，1949年启明版中译本，115页；转引自方汉奇：《中国近代报刊史》上册，197页，太原，山西人民出版社，1981。

② 梁启超：《西学书目表序例》，见《饮冰室合集》文集之一，122～123页，北京，中华书局，1989。

③ 梁启超：《变法通议·论译书》，见《饮冰室合集》文集之一，68页，北京，中华书局，1989。

世之学者不可不读也"①。初印二千册，迅即售罄。不久，又印售康有为的《公车上书记》、《四上书记》，各重印数次。此外，还印行过《光绪会计录》、《中国工商丛报》、《日本学校章程三种》、《气象丛谈》、《天文地理数略》等书。② 1897年，梁启超、康广仁创办大同译书局，"首译各国变法之事，及将变未变之际一切情形之书"，还译有各种学堂用书、宪法之书、章程之书、商务之书等各种门类的图书。③ 康有为的《春秋董氏学》、《孔子改制考》、《新学伪经考》、《桂学答问》，梁启超的《中西学门径》，徐勤的《春秋中国夷夏辨》，麦孟华的《经世文新编》等，都曾由大同译书局刊行。此外，农学会专译农书，医学会专译医书，各省官书局仍不时续译兵书，特别是上海的务农会，编译农学书尤为努力，先后刊行百余种。天津国闻报馆、长沙湘报馆也都印行过西学新书；北京的强学会成立不久即改名强学书局，计划出版一批介绍西学知识的图书，只可惜尚未着手编译，即被清廷封闭。

到20世纪初年，中国图书出版业达到空前繁盛。从出书数量上看，仍以翻译出版的西书为例，1899年出版的《东西学书录》收录1840年以后半个多世纪出版的译书书目568种，而1904年问世的《译书经眼录》所收1900至1904年间出版的主要译著书目即达533种。也就是说，辛亥时期前五年的译书出版量几乎相当于以前五十多年的总和。另据熊月之《西学东渐与晚清社会》一书中的统计，1900至1911年十年间，共译印各种西书1599种，超过此前90年中国译书总数的两倍。④ 从图书内容上看，品种更多，门类更加齐全，翻译书籍中，西方的哲学、社会科学方面的图书，所占比重陡然猛增，1902至1904年三年间，共译文学、历史、哲学、经济、法学等社会科学书籍327种，占同期译书总数的61.4%。⑤ 由于民主革命宣传的现实需要，西方资产阶级社会政治学说方面的译著印行尤多，卢梭的《民约论》，孟德斯鸠的《万法

① 《时务报》第10册，光绪二十二年十月初一日。
② 参见汤志钧：《戊戌变法时期上海的出版界》，载《历史教学问题》，1982（4）。
③ 梁启超：《大同译书局叙例》，见《饮冰室合集》文集之二，58页，北京，中华书局，1989。
④ 熊月之：《西学东渐与晚清社会》"绪论"，上海人民出版社，1994。
⑤ 顾锡广：《译书经眼录》。参见钱存训：《近世译书对中国现代化的影响》，载《文献》，1986（2）。

精理》，斯宾塞的《女权篇》、《政治哲学》，伯伦知理的《国家学》，约翰·穆勒的《自由原理》等书，均在 1903 年前后出版发行。译书以自然科学、实用技术为主，"兵学几居其半"的情况已经看不到了。

还应特别提到的是，革命派编印的宣传革命的小册子，在当时社会上产生了极大的轰动效应。据统计，从 1895 年孙中山发动广州起义失败后到 1911 年武昌起义爆发期间，这类小册子多达 130 种左右，其中邹容的《革命军》，陈天华的《警世钟》、《猛回头》，影响最大。《革命军》出版后不到十年，先后印刷二十多版，发行一百一十余万册，居清末革命书刊销量的第一位，在民主革命思想的传播上起到了巨大作用。有人还将《革命军》与章太炎的《驳康有为论革命书》编在一起，题名《章邹合刊》，各地交相翻印，以期进一步扩大革命思想的影响。

（三）新型出版机构

戊戌以前，中国传统的刻书业可以说一直长盛不衰，甚至在晚清的同治、光绪年间还曾盛极一时，金陵书局（后改南京官书局）、浙江书局、湖北官书局、湖南书局、江西书局、山西官书局、福州书局、云南书局、成都存古书局、济南皇华书局、广州广雅书局等十几家官书局，使用传统的雕板印刷方法，刊刻了大量经、史、子、集这些传统的文化典籍。各省的官办书院，如成都书院、江苏南菁书院等，也刊刻了不少古书。在官府的倡引下，私家刻书也蔚成风尚。以湖南为例，据粗略统计，同光年间，私家刻书者达 170 多人，刻书近 2600 种。私家刻书中，丛书较多，有人统计，清代所刻丛书在 200 部以上，[①] 而刻于同光年间的即有 100 多部，著名的有：福州张伯行的《正谊堂全书》68 种，归安陆心源的《十万卷楼丛书》52 种，遵义黎庶昌的《古逸丛书》26 种，长沙王先谦的《皇清经解续编》227 种，定州王氏谦德堂的《畿辅丛书》180 种，江阴缪荃孙的《云自在龛丛书》36 种，等等。

与传统刻书业相比，更值得关注的是采用新式印刷技术，以印行西学书刊为主要业务的新型出版机构的大量涌现。不过，戊戌以前，这些出版机构，大

① 静雨：《清代印刷史小纪》二，见《中国近代出版史料》二编，347～350 页，上海群联出版社，1954。

多由西方来华传教士所创办并把持，如墨海书馆（1843 年）、美华书馆（1844 年）、英华书院印书局（1843 年）、上海土山湾印书馆（1865 年）、格致书院（1874 年）、益智书会（1877 年）、广学会（1884 年），等等，均属此类。其中以广学会存在时间最长，译印西书最多，影响最大。当时，中国人自办的近代出版机构，则主要是洋务派创办的洋务企业和新式学堂所附设的译书馆、印书处，如江南制造局翻译馆，北京同文馆译书处，以及福州船政局、开平矿务局、天津机器局、上海广方言馆、广州同文馆等附设的印书处等。其中，以江南制造局翻译馆成效最著。有人统计，四十余年间，该馆译书达 200 种，内容涉及史志、交涉、学务、国政、格致、物理、化学、算学、天文、地学、医学、农学、矿学、交通、工艺、兵学、兵政、测绘等各个方面，且大多使用铅印。[①]

可以说，到戊戌变法前夕，中国近代的出版发行业已初具规模，但由于大量出版机构为外国教会所控制，中国人自办的近代出版机构数量较少，力量又较分散，因此，尚未真正形成中国自己的出版发行业。这种情况到戊戌以后始得改观：铅印、石印等先进印刷设备和印刷技术在各大城市的推广使用，民营出版业的出现和传统刻书业的改造，加上官府、政党、社团所办出版机构和一些私家刻书的商业化，标志着中国近代出版业正式形成，而且得到迅速壮大和发展。特别是民营的近代出版业的崛起，不仅打破了教会和官书局的垄断局面，而且随着自身发展，迅速壮大，很快取代后者而占据主导地位，从而使中国近代出版事业的面貌为之一新。

中国近代民营出版业，"创始之者，实为商务印书馆"[②]。该馆由夏瑞芳、鲍咸恩、鲍咸昌、高凤池等创办于 1897 年。初创时只有印刷所，承印书刊。1902 年扩建，设编译所，聘南洋公学译书院院长张元济任经理和编译所所长，主持编辑大政。从此，商务印书馆发展为一家拥有编辑、印刷、发行力量的全能出版企业。其资本迅速增加，初创时不过 4000 元，到 1905 年增至 100 万元，到 1920 年更达 300 万元。同时，分馆、分厂、分店遍布全国各大城市，

---

① 张增一：《江南制造局的译书活动》，载《近代史研究》，1996（3）。
② 蔡元培：《夏瑞芳传》，见《蔡元培全集》第三卷，228 页，北京，中华书局，1984。

多达 33 处，① 成为当时全国最大的出版企业。

继商务印书馆创办之后，文明书局、开明书局、广智书局、申昌书局、时中书局、有正书局、鸿文书局、普及书局、点石斋书局、乐群书局、会文学社、昌明公司、群学会、小说林等民营出版机构纷纷建立。据 1906 年上海书业商会出版的《图书月报》第 1 期统计，加入该商会的民营出版机构达 22 家。同年，学部第一次审定初等小学教科书暂用书目，计审定教材 102 册，而由民营出版业发行的有 85 册，占到全部的 80％以上。可见，此时民营出版业的势力和能量已明显超过了教会和官书局。

上海由于经济文化相对发达，因而也成为近代出版业的中心，当时全国绝大多数的印书局均集中于上海。不过，清末民初，其他各省也都相继创办了民营出版机构。如湖南长沙，清末先后有民营新书店 22 家，至辛亥革命时已停业 18 家，仅剩 4 家，但到民国八年（1919 年）又增加到 10 家。贵州贵阳，早在 1898 年就有了由民族资本家华之鸿创办的文通书局，后逐渐发展为拥有编辑、印刷、发行力量的近代出版企业，并在上海、重庆、成都、昆明、长沙、广州等地设有分局。云南昆明，清末办了一家崇正书局，在省内设有四个分支机构。此外，北京、天津、武汉、广州等地也都办有民营出版机构。只是这些出版机构的规模、实力、影响，均远不如商务印书馆。直到 1912 年中华书局创立，商务印书馆始有一个相对强劲的竞争对手。

民营出版机构的大量涌现，近代出版业的迅速发展，对于传播西学新知、整理和保存古代文化典籍，对于推动中国新式教育的发展，做出不可磨灭的贡献。

五、移风易俗与生活方式的变革

在中国漫长的封建社会里，形成了各种风俗习惯，其中有些是健康文明、积极向上的，反映和代表着中华民族的优良传统；有些则是低级庸俗、消极落后的，反映着封建伦理道德观念和宗教迷信等对人们思想行为的支配，带有浓

---

① 庄俞：《三十五年来之商务印书馆》，见《最近三十五年之中国教育》，上海，商务印书馆，1933。

厚的封建性、落后性，严重阻碍着中国社会的进步和发展。晚清时期，许多恶风陋俗仍很盛行。从《清稗类钞》"风俗类"中"全国习惯"条的概括，我们对当时的社会风貌可以得到一个大概的印象："我国上古，男皆束发于顶。世祖入关，乃薙发垂辫。女子多缠足，不轻出外。男子吸鸦片者甚众，亦好赌博，烟管赌具，几视为日用要物……而知书识字者，百人中不可得一也。"除此之外，重男轻女、包办婚姻、纳妾蓄婢、狎妓吃花酒、迷信鬼神风水、跪拜礼仪，等等，也都是影响人们身心健康，阻碍社会进步的封建落后的旧观念、旧风俗。

这些恶风陋俗在晚清社会中虽然仍很盛行，但同时也在受到日益严重的挑战，受到空前猛烈的冲击。当时，随着西方资产阶级"物质文明"和"精神文明"的不断输入，随着社会生活中新因素的不断增多，特别是在变法维新的时代要求面前，许多旧的思想观念、风俗习惯，显得与新的时代精神、社会风尚极不谐调，极不合拍，甚至变得荒谬可笑。有鉴于此，许多有识之士纷纷提出变革旧俗的主张。嘉道年间，地主阶级改革派发出过"正人心、厉风俗、兴教化"的呼声；稍后，太平天国农民政权曾明令禁止男人剃头蓄辫和妇女缠足；到19世纪七八十年代，早期维新派思想家提出了包括兴女学、禁缠足、简礼节、更服制、提倡"重商"等更全面、更系统的变革社会风俗的主张；而到了戊戌时期，移风易俗更成为一场与政治变革运动相辅相成的、声势浩大的文化革新运动；此后的革命志士继续把这一运动向前推进，使之取得更大成效。

维新派、革命派都对恶风陋俗作了无情的揭露，同时反复强调革旧俗、立新风的重要性。1895年，严复撰文指出："中国礼俗，其贻害民力而坐令其种日偷者，由法制学问之大，以至于饮食居处之微，几乎指不胜指，而沿习至深、害效最著者，莫若吸食鸦片、女子缠足二事"，"种以之弱，国以之贫，兵以之窳，胥于此焉，阶之厉也"；"鸦片、缠足二事不早为之所，则变法者，皆空言而已矣"[1]。20世纪初年，改良派继续强调"要开民智，非先将旧习俗剔尽不可"[2]。有人还通过小说作品阐述自己的主张，指出"欲救中国，必自改

① 严复：《原强》，见《严复集》第一册，28～29页，北京，中华书局，1986。
② 清醒居士：《开民智法》，载《大公报》1902年7月21日。

革习俗入手"①。革命派进一步加大了关于移风易俗的宣传力度，在他们创办的报刊上，接连刊登诸如《家庭革命说》、《三纲革命》、《祖宗革命》、《剪辫易服说》、《婚姻改良说》、《说国民》、《恶俗篇》、《奴婢废止议》、《无鬼说》、《风水论》等文章，愤力抨击旧习俗，热情提倡新风尚。《杭州白话报》、《二十世纪大舞台》、《中国女报》等刊物还把改革恶俗、开通风气、开启民智明确列为办刊宗旨，在宣传移风易俗方面，用力颇多。

从戊戌到辛亥时期，维新派、革命派关于移风易俗的主张和实践，主要涉及以下几方面内容：

（一）戒除妇女缠足

缠足是严重戕害妇女身心的一种恶俗，相沿千余年，历久不衰，"虽然也有过不少前辈妇女想反对、抗议，可是没有能够坚持和推广"，到晚清时期，广大妇女"仍旧落在临风长叹、对月吁嗟的愁恨中"②。甲午中日战争以后，以康有为、梁启超为首的资产阶级维新派，出于救亡图存、强国保种的考虑，对这一陋俗展开了猛烈抨击，掀起了不缠足运动。

早在 1882 年底，康有为便与广东南海县同乡区谔良在家乡创办了中国第一个不缠足会，并起草了会章，规定入会者必须确切保证不为家中妇女裹足，已经裹足而自愿放足的，则全体会员同去庆贺，并在会中予以表扬。"此会创立不久，便有许多人来参加。"③ 康有为还坚持从自己的女儿做起，坚决不为长女康同薇裹脚，其后次女康同璧及诸侄女也都不裹脚。1895 年，康有为、康广仁再在广东创立"粤中不缠足会"。随着维新变法运动趋向高潮，不缠足运动的声势也越来越大。1897 年，上海成立不缠足总会，并制定章程，规定凡入会女子皆不得缠足，其所生男子也不得娶缠足之女；已经缠足的，在 8 岁以后者，须一律放足。1898 年 4 月，湖南不缠足总会在长沙成立，省属各地纷纷成立分会。署按察使黄遵宪亲拟告示，明令禁止缠足，痛斥缠足陋俗"废天理"、"伤人伦"、"削人权"、"损生命"、"败风俗"、"戕种族"，使"四万万

---

① 壮者：《扫迷帚》第一回，载《绣像小说》第 42 期。
②③ 康同璧：《清末的不缠足会》，载《中国妇女》1957 年第 5 期。

人半成无用之物"。① 在黄遵宪等开明官员的积极介入和宣传推动下，湖南的不缠足运动搞得最有生气。为配合妇女天足、放足，长沙有的鞋铺还登出广告，专门订做不缠足云头方式鞋。同一时期，天津、北京、潮州、福州等地也都出现了不缠足会这样的组织。

1898 年 7 月，康有为上《请禁妇女裹足折》，希望不缠足运动能够得到最高统治者的认可和支持，希望以朝廷诏令的形式严禁妇女缠足。康有为在奏折中写道："方今万国交通，政俗互校，稍有失败，辄生讥轻，非复一统闭关之时矣。吾中国蓬筚比户，蓝缕相望，加复鸦片熏缠，乞丐接道，外人拍影传笑，讥为野蛮久矣。而最骇笑取辱者，莫如妇女裹足一事，臣窃深耻之。"又说："今当举国征兵之世，与万国竞，而留此弱种，尤可忧危矣。"② 维新派把缠足与天足提高到了关乎国家尊严和民族危亡的高度来看待。他们以西方资产阶级的"天赋人权"理论为武器、为依据，坚决主张妇女解放，使之摆脱缠足之类的迫害。光绪帝采纳了维新派的建议，于同年 8 月 13 日发布上谕，令各省督抚劝禁妇女缠足。

戊戌政变虽然使不缠足运动暂时受挫，但由维新派播下的反对封建陋俗的种子，在 20 世纪初年继续发芽、开花。1903 年，杭州高白叔的夫人以及孙淑仪、顾啸梅等，在西湖开会，提倡放足，演说达三个小时。到会的八十余人中，已放足的十余人，当场表示愿意放足的三十余人，将来不愿女儿缠足的有二三十人。1906 年，上海又成立了全国性的不缠足团体——"中国天足会"，并在山东青州府、浙江衢州府、山东威海、安徽庐江、福建厦门等地设立数十个分会，会员遍及华东各省，不缠足的人数较以前明显增多，如山东潍县"放足者不下千人"，广州"放足者十有八九"，③ "厦门天足会会友 4767 人"④。"有志有识之妇女，颇有自解其缚束，以开风气之先。"⑤

以孙中山为代表的资产阶级革命派，一直把禁止缠足作为妇女解放的目标之一。他们除了在宣传上加大力度、重视教育引导外，更通过行政法令加以严

---

① 黄遵宪：《臬宪告示》，载《湘报》第 55 号。
② 康有为：《请禁妇女裹足折》，见《戊戌变法》第二册，243 页，上海，神州国光社，1953。
③ 江东：《记杭州放足会》，载《浙江潮》第 2 期。
④ 《天足会报》，光绪丁未年第 1 期，38 页。
⑤ 《江宁岁时风俗记》，载《时报》1905 年 2 月 17 日。

禁和取缔。孙中山于 1906 年写的《军政府宣言》，明确提出要扫除各种有害的风俗，其中就包括残忍的缠足。武昌起义后不久，湖北军政府又发布了关于妇女放足的告示。1912 年南京临时政府成立之初发布的一系列社会改革的文告、法令中，同样涉及劝禁缠足方面的专令，这便是 1912 年 3 月发布的《通饬各省劝禁缠足文》。此令指出：缠足之俗，"历千百岁，害家凶国，莫此为甚"，"当此除旧布新之际，此等恶俗，尤宜先事革除，以培国本"，"有故违禁令者，予其家属以相当之罚"。①

缠足作为一种相当顽固的陋俗，虽然并没有在清末的不缠足运动中彻底根除，但维新派、革命派以及其他社会进步人士提倡天足之功，不可磨灭。正是由于他们的大力提倡和身体力行，并采取了一系列有效措施，不缠足才成为颇具规模、颇有声势的一场运动。据载，1897 年，上海不缠足总会成立后，入会者达"三十万余众"②。这一运动在转移整个社会风气方面，其作用不可低估。戊戌以前，如果有人提出不缠足，就会被攻击为更张古制、伤风败俗的乖戾行为，而戊戌以后，放足则逐渐成为大势所趋、人心所向的事情，社会风气已大不相同。以天津为例，1905 年的《大公报》报道："天津妇女不缠足的风气开通多了，或有入天足会的，或有不入天足会也不缠足的，约略着算计，天津一处，总有三四百家。有这三四百家文明种子，渐渐发生，不愁将来不都改过来，这也算是一件最可喜的事。"③ 辛亥革命以后，革新与守旧，放足与缠足，大约只经过十多年的斗争，缠足陋习便基本根除，广大妇女扔掉裹脚布，朝着通向解放的道路，迈出了艰难的第一步。

（二）力戒吸食鸦片

如前所述，1895 年，严复在《原强》一文中，把吸食鸦片与女子缠足并列一起，作为对国家、民族危害最大的两种恶习陋俗，进行了猛烈批判，"种以之弱，国以之贫，兵以之窳"，不尽早铲除，变法将成为空言。他建议，禁吸鸦片，应先从天子近臣大吏做起，对吸食者一律不用；然后再层层推行，及

---

① 《孙中山全集》第二卷，232 页，北京，中华书局，1982。
② 《缠足的妇女请听》，载《大公报》1905 年 3 月 31 日。
③ 《缠足的妇女请听》，载《大公报》1905 年 3 月 31 日。

之官民，劝令相辅，旧染渐去，新染不增，这样坚持30年，鸦片之害便可消除。20世纪初年，革命派人士继续申述吸食鸦片之害，力主戒烟。褚辅成还在浙江嘉兴组织"不吸烟会"，提倡不吸鸦片，"众皆改吸旱烟，盛极一时"。①有人为了帮助吸烟者戒烟，还设法制作戒烟药，因而也就出现了吃药戒烟者。到1910年前后，甚至形成一股禁烟热潮，有的地方"往戒烟者，日胜一日"②，销毁烟具者，日见繁多。民国成立伊始，孙中山领导的南京临时政府先后于1912年3月2日、3月6日连续发布《严禁鸦片通令》、《令内务部通饬禁烟文》，以法令的形式坚决铲除吸食鸦片的恶习。这些法令和文告指出："鸦片流毒中国，垂及百年，沉溺通于贵贱，流衍遍于全国"，"其为祸之烈，小足以破业殒身，大足以亡国灭种"，必须"申告天下，明示禁止"，"务使百年病根，一旦拔除"，从而达到强国保种的目的；同时，还要求"各团体讲演诸会，随分劝导，不惮勤劳，务使利害大明，趋就知向，屏绝恶习，共作新民，永雪亚东病夫之耻，长保中夏清明之风"。③ 在民国初年新的选举法中，更具体规定：吸食鸦片者，不得享有选举权和被选举权。④ 这些措施对铲除吸食鸦片这一恶习，无疑具有直接的推动作用。

（三）剪辫易服

早在1892年，早期维新思想家宋恕便提出了"易西服"的主张："欲更官制、设议院、改试令，必自易西服始"。⑤ "易西服"即用西服来取代长袍马褂。宋恕把"易西服"视为"更官制、设议院、改试令"的前提，显然别有深意，他是想借此以扫除"千年积重"，造成一种向西方学习的人文环境，推进政治的革新。"百日维新"期间，康有为上奏光绪帝，请求断发易服改元，指出：

> 今则万国交通，一切趋于尚同，而吾以一国衣服独异，则情意不亲，

---

① 庄一拂：《褚辅成先生年谱初稿》，见《浙江辛亥革命回忆录》，128页，杭州，浙江人民出版社，1981。

② 《戒烟渐广》，载《盛京时报》1906年12月12日。

③ 《孙中山全集》第二卷，154～155、183页，北京，中华书局，1985。

④ 《省议会议员选举法》，载《东方杂志》第9卷第4号"中国大事记"栏。

⑤ 宋恕：《上合肥傅相书》，载《万国公报》第101册。

邦交不结矣。且今物质修明，尤尚机器，辫发长垂，行动摇舞，误缠机器，可以立死……辫发与机器，不相容者也。且兵争之世，执戈跨马，辫尤不便，其势不能不去之……且垂辫既易污衣，而蓄发尤增多垢，衣污则观瞻不美，沐难则卫生非宜，梳刮则费时甚多，若在外国，为外人指笑，儿童牵弄，既缘国弱，尤遭戏侮，斥为豚尾，出入不便，去之无损，留之反劳……①

康有为强调旧的发式、服式与"万国竞争之世"的时代要求不合，吁请朝廷率先断发易服，并诏告天下，与民更始，并借此"发尚武之风"，与欧美同俗。

20世纪初年，有识之士继续宣传剪辫易服的必要性、重要性。1901 年 3月，《湖北学生界》第 3 期刊载《剪辫易服说》一文，强调"今日之中国，诚欲变法自强，其必自剪辫易服始矣"。文章指出：

夫法无论古今，以宜时不宜时为断；制无问中外，以便民不便民为断。今之辫、服，牵掣行动，妨碍操作，游历他邦，则都市腾笑，申中骂予；于时为不宜，于民为不便，稍窥世变者，已熟察而稔知之矣。……及今剪而易之，于国家无毫发之损，而有丘山之益。……若令剪辫易服，革故鼎新，薄海臣庶，听睹一倾，咸晓然于朝廷锐意变法，坚确不移，凡百新政，自无不实力奉行……

文章详细列举了剪辫易服有利于推动变法、有利于养廉、可以强兵、可以强种等八大益处。②

经维新派、革命派的宣传、提倡，至民国成立前后，"通都大邑剪辫者已多"，西式服装也日渐流行起来。民国初建，南京临时政府鉴于"偏乡僻壤留辫者尚复不少"，进一步颁发剪辫令，"凡未去辫者，于令到之日，限二十日，一律剪除净尽，有不遵者，以违法论"，号召国民"涤旧染之污，作新国之民"。③ 此后，留辫子越来越为时尚所不容，"不剪发不算革命，并且也不算时

---

① 康有为：《请断发易服改元折》，见《康有为政论集》上册，368～369 页，北京，中华书局，1981。

②《辛亥革命前十年间时论选集》第一卷上册，472～474 页，北京，三联书店，1977。

③《孙中山全集》第二卷，177～178 页，北京，中华书局，1985。

髦，走不进大衙门去说话，走不进学堂读书"①。

中国封建时代，迷信以五行生克为帝王嬗代的依据，每朝所用服色的高下也以五行为断，如以火德王者，色尚赤，以土德王者，色尚黄。故改朝换代要易服色，这不仅表示此一姓取代彼一姓拥有了神器，而且还表示一种新的统治秩序取代了一种旧的统治秩序。清朝在入关之初，即下剃发令，"顶戴翎枝，端罩马褂"，即是一种易服色，表示清朝统治秩序的建立；反对这种易服色，就是否定这种统治秩序，对清朝统治者来说，是绝对不允许的。发式的变更同样不是一个简单的问题，清初的"留头不留发，留发不留头"的血腥政策，一开始便使发式问题带上了浓重的民族斗争、政治斗争的色彩。由此看来，清末的剪辫易服，决不仅仅是人们生活习俗的变革问题，而是有着更为深刻的制度变革、政治变革的寓意。

（四）"延年会"与树新风

在戊戌变法时期出现的各种维新团体中，延年会是一个很有新意、很有特色的团体。1898 年 4 月，由熊希龄、谭嗣同等发起成立于湖南长沙。所谓延年，不是要人们"以有尽之年，而欲延之使无尽"，而是要人们"延于所得之年之中"，"延年于所办之事"，就是要改变无谓耗费时间的不良习俗，注重时效，崇尚质简，使"一日可程数日之功，一年可办数年之事"②。可见，它不是一个讲求延年益寿的老年团体和卫生保健团体，而是以树新风、破旧俗，讲求办事效率、反对无谓耗费光阴为宗旨的群众组织。它独树一帜，把移风易俗的触角伸到了人们不太注意的领域——节约时间。它提倡学习西人简捷的礼俗和科学、合理的生活方式，戒除国人把时间消耗于不必要的请客、拜客等各种虚文应酬和无谓游戏上的不良习惯，通过节省时间、多干事业，达到"延年"的目的。谭嗣同撰《延年会叙》，指出："地球公理，其文明愈进者，其所事必愈简捷"。"文明愈进，其事必愈繁"，若不简不捷，就会误时误事，空耗人们的时间和生命。他称赞西人办事讲效率、求实效，憎恶中国士人及官场中"宾

---

① 忍虚：《辛亥革命在贵阳》，载《越风半月刊》第 20 期（1936 年 10 月 10 日）。

② 谭嗣同：《延年会叙》，见《谭嗣同全集》（增订本）下册，409～410 页，北京，中华书局，1981。

客之不时，起居之无节，酒食之征逐，博弈之纷哗，声妓戏剧之流连忘返"，"以肩舆为居室，以泥首为美观"，以及"玩人丧德"、"倡优杂进"等种种陋习。为使人们切实养成好的生活习惯和工作作风，延年会还特意制定了作息时间表：每天早上6点半钟起床，学习体操一次，7点钟用早餐，8点至11点办理各种事务，12点用午餐，下午1点至2点见客拜客，3点至6点读书，7点钟用晚餐，晚上8点至9点办杂事，10点钟睡觉。该会《章程》要求会员严格遵守作息时间，每天坚持做体操；不搞无谓的社交应酬、送往迎来；婚丧嫁娶也要从简办理，反对奢侈浪费，提倡清洁卫生，增强身心健康。

延年会的办会宗旨和活动内容充分说明，西方文化对中国人思想观念、社会生活的影响，已经延展和深入到各个方面、各个领域，也反映了中国先进分子积极适应社会进步、文化变革的时代要求，为改革封建社会长期形成的不良生活方式，提倡适合现代社会、现代生活要求的文明、健康的生活方式，做了大量富有成效的开创性工作。

在清末社会风俗的变革中，还涉及反对繁文缛节的虚礼、反对鬼神迷信、提倡从简办丧事、提倡自由结婚和文明结婚等，它们共同构成了晚清移风易俗的重要内容，成为戊戌至辛亥时期新文化的重要组成部分。到民国初年，中国社会、文化几乎在各个方面都呈现出一种新的气象，《时报》上一篇题为《新陈代谢》的文章，对此作了相当全面的概述：

> 共和政体成，专制政体灭；中华民国成，清朝灭；总统成，皇帝灭；新内阁成，旧内阁灭；新官制成，旧官制灭；新教育兴，旧教育灭；枪炮兴，弓矢灭；新礼服兴，翎顶补服灭；剪发兴，辫子灭；盘云髻兴，堕马髻灭；爱国帽兴，瓜皮帽灭；爱华兜兴，女兜灭；天足兴，纤足灭；放足鞋兴，菱鞋灭；阳历兴，阴历灭；鞠躬礼兴，拜跪礼灭；卡片兴，大名刺灭；马路兴，城垣卷栅灭；律师兴，讼师灭；枪毙兴，斩绞灭；舞台名词兴，茶园名词灭；旅馆名词兴，客栈名词灭。[①]

由上所述，戊戌至辛亥的新文化运动，内容相当丰富，几乎涉及到文化的各个领域、各个方面，并且具有相当大的规模和声势，在社会上产生了广泛而

---

① 《时报》1912年3月5日。

深远的影响。以往提到新文化运动，人们往往只想到五四新文化运动，而事实上，在此之前，在戊戌至辛亥时期，中国便出现过一场颇有声势的新文化运动，五四新文化运动所包括的提倡科学、反对迷信，提倡民主、反对专制，提倡新道德、反对旧伦理，提倡新文学、反对旧文学，提倡白话文、反对文言文等内容，都是戊戌至辛亥时期业已触及的问题，在所有这些方面，维新派和革命派的思想家们，以及其他有识之士，均已做过大量的宣传、论证工作，并身体力行，取得了大量成绩，他们的努力和取得的成绩，为五四新文化运动打下了良好的思想基础和社会基础，五四新文化运动是戊戌至辛亥时期新文化运动的直接延续和发展，是它的深化和提高。

更应强调的是，由于中国文化内在结构的明显变化，正是在戊戌至辛亥时期，近代中国的资产阶级新文化基本形成。

不可否认，戊戌至辛亥时期的新文化运动还存在着种种不足，此期形成的中国资产阶级新文化还有着种种缺陷，但这一切都不能成为我们怀疑戊戌至辛亥时期新文化运动具有承上启下、承前启后的历史地位、甚至怀疑这一时期是否存在一个新文化运动的理由。

第四章
清末伦理观念的变迁

一、传统社会的伦理功能

中国传统社会的"三纲五伦"、"三纲六纪"等伦理规范，均积淀并依托于一定的观念，如忠、孝、贞节、礼、义利之辨，等等。这些观念的变化、发展反映了传统伦理演变的基本轨迹。忠、孝、贞节观念是传统伦理的核心"三纲"的集中体现。按后世的说法，"忠"偏重于"政治伦理"，"孝"属于"家庭伦理"，而"贞节"是"性伦理"。三者从根本上统摄着传统道德体系和价值取向。从清末到五四，先进思想家改造传统伦理的重心恰好也在于此。因此，本章将主要通过梳理忠、孝、贞节观念来考察清末伦理的变迁。

（一）旌表制度与伦理风尚

汉代以后，历代统治者都十分重视提倡忠、孝、贞节道德，逐渐建立了一套奖惩社会机制。如关于孝道，汉初皇帝号称以孝治天下，《孝经》被列为七经之一。自惠帝始，高后专权，倡行孝道被纳入国家的政治轨道。汉武帝元光元年（公元前 134 年）冬，"初令郡国举孝廉各一人"。于是，举孝廉成为察举制度的重要项目。此后汉武帝还进一步规定，官员"不举孝不奉诏当以不敬论，不察廉不胜任也当免"。武帝乃至历代皇帝，奖励孝子的事例屡见不鲜。自隋代始，孝道得到进一步强化。隋朝开国皇帝杨坚爱读《孝经》，想"以孝治天下"。《孝经》在唐代倍受推崇，学者们注疏《孝经》，甚至给皇帝讲解《孝经》。直到清朝，康熙皇帝的"圣谕十六条"以及雍正朝颁布的"圣谕广训"，首条都是"敦孝弟以重人伦"。

为了倡导忠孝节义，封建政府建立了一套旌表制度。这种制度盛于明清，一直沿袭至民国初年，一定程度上主导着社会伦理风尚。

明清时期，祠、庙、牌坊遍布全国各府州县。其中祭祀、尊崇的人物多为忠臣义士、孝子和贞节烈女。明清以降，封建王朝把一些著名的"忠义"人物列入祀典。遍布全国各地的"忠烈祠"（如祭祀关羽、岳飞、文天祥、诸葛亮等人的祠庙）很大程度上是宣传忠义道德的工具。对于忠义道德象征的关公庙，明朝万历皇帝题为"英烈庙"，清朝顺治初年则封关羽为"忠义神武关圣大帝"。道光初年进一步加封为"忠义神武灵佑仁勇威显关圣大帝"。关公地位的提升逐步拔高和彰显了忠义道德。总的看来，忠、孝、贞节道德都得到封建政府的大力提倡，纳入旌表成例。但是，朝廷往往把"忠君"的规范直接纳入考核政绩、加官晋爵的政治机制，而对孝道、贞节的提倡更依赖于旌表制度。

宋代以前不乏朝廷、地方官褒扬节烈妇女的事例，但并未成为制度。明朝推重理学，张扬"存理节欲"的行为，也建立了旌表贞节的制度。明太祖诏令："民间寡妇，三十以前夫亡守制，五十以后不改节者，旌表门闾，除免本家差役。"① 这种包含怜恤因素的规定实际上进一步强化了贞节观念。明朝节

---

① 《明会典》卷七八"旌表门"。

妇烈女之多为历代之最，可谓良以有因。

明清更替之际，道德体系出现过短暂的松弛。但清朝统治者很快接受了中原的伦理传统。自顺治初年开始，朝廷规定：

> 凡有孝行节义，为族党所信服者，在直省由地方官申报，风宪官核实奏闻。在八旗由该佐领申报，该都统核实送部，俱由礼部分别题请旌表，给银建坊，凡以表正乡间而激励风化也。①

顺治、康熙以后，旌表成为定制，"节"、"孝"事迹倍受重视。清朝由少数民族入主中原，但继承了宋明以来的伦理传统。顺治十三年，清朝颁布御制《内则衍义》，进一步发挥《礼记·内则》的道德规范。全书共十六卷，分孝、敬、教、礼、让、慈、勤、学八纲目，又有三十二子目，对妇女德、言、容、工的规范论列极为详尽。顺治十八年，"谕满汉节妇，俱准一体给米"。康熙初年议准"民妇三十岁以前夫亡守节，至五十岁以后完全节操者，查明题请照例旌表。"后来，康熙又谕"兴起教化，鼓舞品行，必以孝道为先，孝子尤宜褒扬"②。尽管顺治、康熙帝曾表示不旌表"割股"、"卧冰"式的"孝行"和妇女殉夫，然而一旦此类事情发生了，仍照例进行旌表。雍正元年，上谕强调建祠、建坊的旌表不能视为具文，为此礼部议定了设立祠宇办法：

> 应行顺天府、奉天府、直省府、州、县、卫分男女每处各建二祠。一为忠义孝弟祠，建于学宫之内。祠门内立石碑一通，将前后忠义孝弟之人，刊刻姓名于其上，已故者设牌位于祠中。一为节孝之祠，另择地营建。祠门外建大坊一座，将前后节孝妇女标题姓名于其上，已故者设牌位于祠中。……每年春秋二次致祭。直省交与各府、州、县、卫守土官，两翼交与宛、大两。其建立祠宇、碑、坊银两，各省府、州、县、卫动用正项钱粮修造，仍报工部奏销。③

这个办法得到雍正帝的批准并得到实行。到晚清，由于地方经济拮据等因素，一些地方的褒扬措施似不如前代积极。例如山东，晚清同治以后新建的忠烈祠、节孝祠以及牌坊的数量已不如明、清（前期）多。因此，有的学者认为

---

① 《大清会典》（雍正朝）卷六六"礼部十二"，4257 页，影印本，台湾，文海出版社。
② 《大清会典》（雍正朝）卷六六"礼部十二"，4260～4261 页，影印本，台湾，文海出版社。
③ 《大清会典》（雍正朝）卷六六"礼部十二"，4265～4266 页，影印本，台湾，文海出版社。

崇祀"忠烈"、"节孝"之风在 1860 年以后已经衰落。① 就某一地区来看，这可能有所根据，但就一般情形来看，民间祭祀与官绅的倡导并不完全一致。一方面，综考全国的记载，清末民初的民间迷信风气仍然很盛，鬼神祭祀不减前代。据修成于晚清、民国时期的地方志，山东一般"家庭所供之神，有天地、灶君、观音、地母，而商铺则供财神与关圣帝君，亦有不忘义之意。"② 供奉诸神主要反映了民间迷信，而其中供奉关帝也含有对忠义人物的崇敬心理。一些地方，"诸神之中，惟祭关帝惟甚虔，除立庙之外，家家悬像奉事。"何以如此？时人认为："古之立祀，或其人生前有大功大德于人，故立庙祀之，此报恩之意也；或其人有大孝大忠之节，故立庙祀之，此景仰之心也，非为求福免祸也。"③ 可见，民间祭祀虽不如官绅立意明确，却也包含一定的伦理取向。

另一方面，就官绅阶层而言，旌表、祭祀忠、孝、节、义人物的风气并未衰落。明清两代积累下来的庙、祠、牌坊在晚清多未毁坏，一些甚至保存至民国一二十年。加之，晚清几十年社会危机加深，农村经济凋敝。因此，晚清 50 年新建的祠宇牌坊确实不多。但在相当长一段时间内，前代的遗存仍对民间信仰发挥了作用。1860 年以后的旌表办法多是在原有的祠宇中增加灵位或名录。这种情形即使在康乾盛世也是存在的。因而，一个相对短的时期（如晚清 50 年）内，一个地区新建祠宇的多少似不足以反映全国崇祀风气的变化。清末民初政府仍十分重视提倡祭祀孔子和关岳。据有关记载：

> 民元以来，清末所有浮滥祀典悉皆废止，然目标不去，俗尚难移。自十七年以后，以革命手段销毁各种神像，驱逐游方僧道，迷信积习去其

---

① 张玉法研究晚清山东省"宗教信仰和人物崇拜"时指出：许多州县的关帝庙不止一个，据 1937 年的调查，潍县有关帝庙 29 个，其中兴建、重修的年代多在 1860 年以前。他还根据山东各县地方志记载详加统计，认为各地表扬，"表扬妇女节孝、节烈者约占百分之七七。"贞节坊大多一人一座，故每州县常有数个至数十个贞节坊，但大多建于 1860 年以前。"此外，起源于清代的对名宦的崇祀，通常是每州县设一"名宦祠"。"惟此等风气，兴于 1860 年以前，至 1860 年以后已有衰落之象。"总之，约 1860 年以后，山东对忠、孝、贞节人物的崇祀之风已进入衰落时期。张玉法：《清末民初的山东社会：宗教信仰与人物崇拜的变迁》，台湾，"中央研究院"《近代史研究所集刊》第 7 期，1978。

② 《滕州续志稿》（清宣统三年铅印本），见《中国地方志民俗资料汇编·华东卷》上，109 页，北京，书目文献出版社，1995。

③ 《商河县志》（光绪十六年刻本），见《中国地方志民俗资料汇编·华东卷》上，134 页，北京，书目文献出版社，1995。

半。今之不变者，如祭孔孟，祭关岳，祭革命诸先生，此为崇德报功，而属于公祭者。①

可见，即使在民国初年，传统祀典仍很流行。诚然，祭祀鬼神与旌表忠孝节义的风气不完全是一回事。民间祭祀关岳也与官绅提倡忠义道德有所不同，民间的祭祀多出于消灾祈福的因素。但是，"祭祀"与"旌表"风气又不能绝然分开。即使是民国时期的山东地方志，还记录下了旌表贞烈的遗风："百年缔缘……其或女死，谓之'望门坊'。男死，女得别字；间有殉者，则男家备棺，彩舆以迎，循例请旌，谓之烈女；或矢志靡他，往奉翁姑，则里党敬重，谓之'贞女'，斯则俗之美也。"② 民初乡民还没有清除传统伦理的心理积淀。

与此同时，1860年以后，全国各地也不乏新建、重修庙、祠、牌坊的事迹。如僧格林沁在山东因镇压捻军而死，1860年以后朝廷下诏在山东建立多处"僧王祠"。清王朝摇摇欲坠之际，全国各地，尤其是太平天国活动的地区不乏为清王朝而死的"忠臣"、"义士"，也出现不少节妇、烈女。晚清的上海竹枝词记录了咸同以后的"忠义"风气：

> 秦公古墓重修葺，忠义新祠更创观。
>
> 一片贤侯维世意，甘棠留荫颂声欢。③

> 忠义祠兼孝悌祠，前人事迹著当时。
>
> 连篇累牍惟名姓，可备征文考献资。④

凡祀忠义孝悌者，道光前皆有事实可述，咸同间但列姓名，事实可考者仅见。

在江南一些地方，纪念抵抗太平军而死的"忠义"官绅成为固定的祀典。农历二月二十三日，杭州府"禁止屠宰，地方官勒石永著为令，盖因咸丰庚申

---

① 《青城县志》（民国二十四年铅印本），见《中国地方志民俗资料汇编·华东卷》上，108页，北京，书目文献出版社，1995。同时期的《茌平县志》也有类似记载："民国以来，竭力破除迷信，驱逐僧道，或提其庙产以充学校经费，或将其地址改作乡学，以至民俗积习已去其半。"

② 《莱阳县志》（民国二十四年刻本），见《中国地方志民俗资料汇编·华东卷》上，232页，北京，书目文献出版社，1995。

③ 袁翔甫：《海上竹枝词》，见《中华竹枝词》（二），794页，北京古籍出版社，1997。

④ 秦荣光：《上海县竹枝词》，见《中华竹枝词》（二），943页，北京古籍出版社，1997。

粤寇之乱，以是日城陷也。是日，杭州府率仁和、钱塘二县就吴山崇义祠祀殉难官绅，岁以为常。"十一月"二十八日为咸丰辛酉杭州再陷之期，事平后至光绪五年，大吏议于是日禁屠宰，县官诣吴山崇义祠祀殉难官绅。岁以为常，如二月二十三日故事。"① 这种风气不限于杭州一隅。

由于事迹太多或雷同，一些地方的"忠义孝悌者"但存姓名。不过，这类事迹也非全不可考。同治年间印行的《忠孝录》（冯桂芬题签）记载，抵抗太平天国的知县李福培、王恩绶等人死后，各地督抚、地方官绅纷纷援例奏请建立专祠，"以彰忠节"。此事不仅得到皇帝诏准，且给死者加赠知府衔。《忠孝录》还附有冯桂芬、左宗棠、孙家鼐等数十人赞颂忠臣的诗文，成为晚清统治者提倡忠君道德的一个缩影。

镇压太平天国起义以后，"忠臣义士"不再大量涌现。然而，清政府及士大夫重振纲常的努力并未减少，旌表忠孝节义的风气较前也无衰落之象。据《光绪朝东华录》载，仅光绪元年（1875 年）经朝廷旌表之例就有十数起：

二月，予四川巴县贞女温氏旌表。

三月，予台湾阵亡游击王开俊、守备周占魁、杨举秀及勇丁九十三名附祀。予江苏娄县贞女姚氏旌表。予甘肃阵亡通判承顺建祠。

贵州提督周达武所部楚军"削平发匪"，于贵州省城及湖南宁乡原籍建立忠义祠，入祀其中，由地方官春秋致祭，以昭忠节而慰幽魂。

予湖北崇阳县烈妇刘何氏旌表。

四月，予广西阵亡总兵张树珊列入安徽合肥县祀典。

六月，予安徽旌德县孝子吕国梁旌表。予山西交城县烈妇武张氏旌表。予援黔楚军伤亡将士于苗疆施洞口建忠义祠。

九月，予湖北监利县贞女胡陈氏旌表。

十一月，予贵州都匀府贞女周二姑、周三姑，务川县烈妇王李氏旌表。

十二月，予福建阵亡提督张光亮等人入祀昭忠祠。②

---

① 《杭州府志》（民国十一年铅印本），见《中国地方志民俗资料汇编·华东卷》中，574、588 页，北京，书目文献出版社，1995。

② 《光绪朝东华录》第一册，总 43～183 页，北京，中华书局，1958。

一年之中经朝廷旌表的主要事例实际上远不止此。这较之"康乾盛世"的旌表情况似无逊色之处。这种风气各地不同程度地存在。据史籍记载：清末，安徽桐城人方元衡是著名的孝子，曾任职于光禄寺。在他的促成下设立采访局。采访安徽全省"节孝贞烈，历二十年，汇请得旌者凡十余万人。建总祠总坊于省会，有司春秋祭祠。"①"十余万人"的事迹并非都出现在1860年以后，但这从一个侧面反映了清末士大夫对忠孝贞节的重视，也折射出社会风气之一斑。晚清民初，这类事迹还在竹枝词中多有反映，如贞节方面：

天津：环城三岔水潆洄，旌节花繁不断开。

谁信贞魂卫兹土，屡经浩劫未成灰。

津邑女子节烈者多。②

荒亭别薜读碑文，凭吊城西尚有坟。

四烈妇同双烈女，后光辉映水流芬。

烈女墓在城西，为陈、诸、裘、丁四烈妇之墓，俗呼烈女坟。又前数年南皮张氏二女，因人赖婚，讼又不直，均仰药死，河北公园有双烈女碑亭。③

河北胜芳：邻舟女伴约春嬉，斗草寻芳到晚时。

漫说浮花逐流水，此中多少女贞枝。

吾乡舒苏桥观察之妾王氏殉夫死。石兰泉通判之妻王氏，夫死年尚少，卒苦节以终。皆胜芳人也。④

江苏瓜洲：重建江洲节孝祠，为求俗易与风移。

春秋崇祀传遐迹，七十三洲坤道维。

洪扬杨乱后各洲风俗变易，妇道凌夷，有心人忧之乃呈请官厅汇案旌表，募款建祠于瓜洲虹桥镇，题名江洲节孝祠。春秋由地方官主祭，各洲男妇赴祠瞻礼。

深闺正气系坤维，幽静贞娴德不亏。

---

① 《方元衡》，见《清史稿·孝义三》45 册，13811 页，北京，中华书局，1977。
② 梅宝璐：《天津竹枝词》，见《中华竹枝词》（一），454 页，北京古籍出版社，1997。
③ 冯文洵：《丙寅天津竹枝词》，见《中华竹枝词》（一），468 页，北京古籍出版社，1997。
④ 周寿昌：《胜芳女儿词》，见《中华竹枝词》（一），556 页，北京古籍出版社，1997。

　　　　自宋至今数百载，孝贤节烈永昭垂。

　　　　自宋至清，妇女以孝贞节烈载诸志乘者，指不胜屈。迨明季海寇、咸丰粤乱，城乡妇女殉节惨死者固多，若卞氏则尤众，皆详瓜洲续志。

　　　　历遭浩劫惨何如，视死如归反太虚。

　　　　吾族捐躯殉难者，忠贞节烈不胜书。①

浙江嘉湖：救亲刲股虽愚孝，幼童孙程天性纯。

　　　　苦节穷檐旌未到，曾加延访若干人。

　　　　割股救亲恐有伤生之患，故例不与旌，然如孙仁发、孙志发、程凤诏出于天性，致足重矣。又如里中妇人夫亡守节，足维风教，余加之延访，得黄氏一门三代四节等十六人。详著《清源杂志》中。② ……

　　　封建政府也采取经济措施褒扬贞节道德。同治年间，清政府建立了"全节堂"，收养年30以上的节妇贞女，由政府拨给生活费用。节妇贞女入堂后，不能无故出堂。"全节堂"最初出现在保定府及天津县，后来发展到其他地区，名称不一，或称"保节堂"、"清节堂"、"立贞堂"、"贞节堂"等，有的州府多达十数个。这种制度一直延续到民国初年，到1931年，仅江苏一省仍有以贞节命名的救济所19处，每处数十人、百余人不等③。进入贞节堂者只是守节妇女的极少数，而且多出于生计的需要。但是，也不能忽视其中包含的思想教化和价值取向。这种制度维护、加强了传统道德体系，一定程度上使晚清节烈之风不减。

（二）书籍的伦理教化

　　　如果说旌表制度直接作用于社会风尚，那么书籍教化则更深层地影响着伦理观念的积淀。政府的旌表制度强化了儒家的伦理规范，艺术、戏剧、民俗、民间传说等文化载体也渗透了传统伦理观念，而传统教育则是强化儒家伦理的主要途径。儒家教育的主题首先是人伦道德，而非知识技能。在孔儒看来，

---

　　　① 于树滋：《瓜洲伊娄河棹歌》，见《中华竹枝词》（二），1256、1271页，北京古籍出版社，1997。

　　　② 然圃：《西效竹枝词》，见《中华竹枝词》（三），2056～2057页，北京古籍出版社，1997。

　　　③ 高迈：《我国贞节堂制度的演变》，《东方杂志》第32卷第5号，1935。

"弟子入则孝，出则弟，谨而信，泛爱众，而亲仁。行有余力，则以学文。"
"事父母能竭其力；事君能致其身；与朋友交，言而有信。虽曰未学，吾必谓
之学矣。"① 这种价值取向深深地影响着传统教育。秦汉以后，政府的太学、
官学以及多由官方资助的书院，其教育指针首先是"尊德性"，然后才是"道
问学"。熏陶于理学之中的宋明书院尤其如此。朱熹的《白鹿洞书院揭示》，把
"父子有亲，君臣有义，夫妇有别，长幼有序，朋友有信"列为"教条"之首。
他强调："古昔圣贤所以教人为学之意，莫非使之讲明义理，以修其身，然后
推己及人，非徒欲其务记览为词章，以钓名取利禄而已。"② 后来，朱熹任职
长沙，白鹿洞书院的"揭示"又成为岳麓书院的"教条"。后世的书院多继承
这一传统。王阳明说："古圣贤之学，明伦而已……人伦明于上，小民亲于下，
家齐国治而后天下平矣。是故明伦之外无学矣。"③ 这比较典型地反映了历代
士大夫的教育主旨。

"三代而下，教详于家"，道德主题也深深地植根于家教及私塾教育中。中
国历代家教、家训之发达在文明古国中首屈一指。据有关统计，仅收入《中国
丛书综录》的家训就有 117 部之多。其中影响最大的《颜氏家训》，具有纠正
魏晋南北朝以来的世风，彰显伦理主题的意味。它成为士大夫的主流思想，是
由道家自然主义返归儒家道德主义的标志之一。像许多"家训"一样，它重视
子弟的学习，然而学习是为了"修身"，因而不能"忠孝无闻，仁义不足"，而
强调"礼义教本，敬者身基"。④ 一些家训、家教的伦理主题更为突出。司马
光的《温公家范》完全以伦理规范为教育内容，明代高攀龙的《高氏家训》训
诫以"孝悌为本，以忠信为主，以廉洁为先，以诚实为要"。总之，伦理教化
遍及传统教育的各种途径。

伦理教化当然不限于一般的教育，事实上，古代各种文化渠道都渗透着
忠、孝、贞节的道德内涵。

忠义道德得到统治者的提倡，历代正史传记无不寓含褒贬，高扬道德主

---

① 《论语·学而》，见《四书五经》上册，2 页，北京，中国书店，1985。
② 朱熹：《白鹿洞书院揭示·跋语》，见《朱子文集》，台湾，商务印书馆，1980。
③ 王阳明：《万松书院记》，见《王阳明全集》卷七，253 页，上海古籍出版社，1992。
④ 《颜氏家训集解·勉学第八》，166 页，北京，中华书局，1993。

题。《晋书》以后，许多正史如《旧唐书》、《新唐书》、《宋史》、《金史》、《元史》、《明史》、《清史稿》等都有篇幅不小的"忠义传"，记录次于正传人物的"忠节"之士。

如果分析"忠义传"的人物类型，就不难发现士大夫核心观念之所在。一般说来，改朝换代之时，总有一些官绅以忠君作为价值理念，在镇压农民起义或战乱中"尽忠"。这时，基本不存在价值观比较、倾斜的问题。但是，外族入侵与农民起义并生的朝代则比较复杂，也最能折射出士大夫的价值重心。这里，比较典型的时期是两晋、两宋和明朝。最早列有"忠义"一类的《晋书》，所载忠义之士共25人，均为朝廷大臣、将领。其中只有嵇绍等个别人在与外族交战中护驾而死，绝大多数则是诸王之乱、地方叛乱中为朝廷尽忠。《明史》"忠义传"所载一百四十多主要人物，只有八人为抗倭牺牲、二十余人为辽东战事和抵抗清军而死，其余都是在平息"流贼"、"流寇"及李自成、张献忠等部的战争中为君主"尽忠"。两相比较，"保国"与"尽忠"的死节人数存在明显的差异。换言之，在历代"正史"中，死于为国（抵抗外敌）与死于为君（平息叛军）处于不同的价值层面，"忠君"比"爱国"更为重要。

"忠义传"反映出忠君观念的主导地位。中国古代不乏爱国传统，然而，就绝大多数士大夫来看，"君"仍处于最高的价值层面，爱国思想往往被忠君观念淹没了。民族英雄岳飞就是明显的例证。岳飞集"爱国"与"忠君"的思想于一身，"报国"却又谨遵君命，未能"收拾旧山河"而为奸臣所害。这一悲剧显示：岳飞不能区分"忠君"与"爱国"，而且"忠君"是他最重要的价值理念。当"尽忠"（忠君）与"报国"发生矛盾之时，他最终选择"尽忠"。这种价值取向在士大夫中很有代表性。岳飞在后世受到的尊崇及其故事的广泛传衍也折射出这种倾向。

历代史书重视"忠义"事迹。其实，在秦汉以后，忠、义也不能相提并论。民间社会不乏崇尚侠义的风气，但在封建主流意识中，"义"从属于"忠"，"忠君"便是大"义"。历史上，以"忠"代"义"者屡见不鲜。例如，流传很广的《水浒传》之道德主线是"义"，被起义者推为领袖的"呼保义"宋江，以"忠义"道德为旗帜。然而，水浒义军多有忠君思想，只反贪官、劣绅，不反皇帝。出身于下层官吏的宋江尤其突出。他始终不忘招安，最后归顺朝廷，率义军攻打辽国、镇压方腊，又被朝廷以毒酒赐死。死前，为了维护"忠义"名誉，他蒙骗易反朝廷的李逵一起饮酒，大谈"宁可朝廷负我，我忠心不负朝廷"。二人最后中毒而亡。宋江舍"义"取"忠"，体现了文人阶层的伦理意识，也反映了下层官吏、士绅、读书人的思想主流。这是传统忠德教化的一个缩影。

清末兴办近代学堂，传统教育制度发生巨变。清末教育宗旨是"忠君、尊孔、尚公、尚武、尚实"。虽然增加了一些近代内容，而"忠君"、"尊孔"主旨与历代无异。因而，一般青年学生所受伦理熏染也变化不大。清末比较开化的地区，学生在传统的经、史、子、集之外，也能读到早期维新派思想家的著作，甚至还有严译《天演论》、梁启超的《新民丛报》等维新派著作。一些学生开始接受声光化电等近代科学知识及进化论等人文科学。然而，这些新知识与忠君信仰并不矛盾。如清末康梁党人在澳门创办的学塾，声誉很高，学生达数百人。他们编印了《三字书》、《四字书》、《五字书》等国文课本代替旧的《三字经》，传播维新思想，但其中又有诸如"光绪皇，好皇帝"、"愿我皇，万万岁"等内容。[1] 在封建政治秩序中，即使比较开化的地区，学生仍受传统忠君观念的束缚。有关清末教育的竹枝词写道：

> 书院纷纷改学堂，学堂形式仿东洋。
>
> 要从幼稚园培起，忠爱心肠基自强。
>
> 案：年来书院多改学堂，大抵徒有形式耳！其精神全在使民皆知爱国，以进入自强，要自幼稚园、女学校始，恐未可躐等求也。[2]

可见，一般青年学生难以将"忠君"与"爱国"区分开来。清末舆论揭露、批判了封建专制主义，但不乏肯定忠君或混淆忠君、爱国的言论。这类现象不限于清末立宪派，一些倾向革命的青年知识分子也是如此。如傅君剑（钝安）、张丹斧、胡适等人编辑的《竞业旬报》，在宣传反满革命的同时，又号召

---

① 赵连城：《同盟会在港澳的活动和广东妇女界参加革命的回忆》，见《辛亥革命回忆录》第二册，304 页，北京，中华书局，1962。

② （清）秦荣光：《上海县竹枝词》，见《中华竹枝词》（二），943～944 页，北京古籍出版社，1997。

人民要"从此忠君爱国,一心一意扶助国家",把"忠义"看作鼓舞民气的途径。① 在君主政体之下,一般士大夫也不可能有更高的思想境界。

"忠君"教化受到民国初年民主思潮的冲击,却未成为绝响。1915年,复古思潮达到极点,小学读经得以实行。"教育部为提倡忠孝节义,特拟具施行方法呈请总统鉴阅。1月6日,奉总统批令云:呈悉,所拟施方法尚属妥协,拟定教科书关系尤重","惟初等小学应将《孟子》列入该科目,高等小学应将《论语》列入该科目,俾资诵习,用端趋向。至于编译西书,并应择其阐明道德,有益身心者,广为搜集,分别译行。"② 不久,袁氏颁布的《特定教育纲要》明确规定:初小读《孟子》,高小读《论语》,中学读《礼记》、《左氏春秋》,大学应设立经学院。恢复读经后,"齐鲁诸儒,闻风兴起","湘中诸老,闻风而悦之"。叶德辉等人称赞此举为"为保存国家固有之精神主张,人民心中所诚服以孝悌忠信,树百世之仪型"③。与此同时,袁世凯还颁布了一个《教育要旨》,以"爱国、尚武、崇实、法孔孟、重自治、戒贪争、戒躁进"为主要内容。④ 这与清末教育宗旨并无大异。较明显的差异则在"爱国"与"忠君"。这一方面反映了民初政治伦理的变化痕迹,但袁氏强调的"爱国"是"诚心爱国勿破坏",即诚心做政府的顺民,与基于权利、义务思想为核心的爱国主义明显不同。所以,《教育要旨》徒具"爱国"形式,而贯穿着"忠君"的道德本质。

孝道的情形也很类似。东汉以后,宣传孝道的读物层出不穷。东汉刘向编的《孝子传》,晋陶潜的《孝传》、刘宋王韶之的《孝子传》、隋萧广济的《孝子传》等都广为流传。从《晋书》开始列"孝友传",表彰孝子事迹。此后绝大多数正史都有"孝友传"或"孝义传"、"孝行传"。除了士子们必读的《四书五经》外,历代儿童读物如《三字经》、《千字文》、《弟子规》、《老学究语》等充斥着孝道内容。为了提倡、宣传孝道,历代士大夫从史书、传说中总结出

① 参见耿云志:《竞业旬报》,载丁守和主编《辛亥革命时期期刊介绍》第三集,282～284页,北京,人民出版社,1983。
② 《教育与官制之因革》,载《申报》1915年1月20日。
③ 《学校中之读经问题》,载上海《时报》1915年12月10日。
④ 《大总统颁定教育要旨》,见《中国近代教育史资料》上册,244～253页,北京,人民教育出版社,1961。

安徽西递现存的牌坊

157

私塾

学堂学生

158

杂货店门口的缠足女人们

婚礼上的新郎新娘

老北京出殡

典型孝行。据研究，唐代孝子故事已形成类似"二十四孝"的系统。敦煌卷子中也发现了五卷《孝子传》残卷，内容包括"二十四孝"的主要人物。到宋代，定型的"二十四孝"故事已经广为流传，后人又逐渐增加，编成"百孝图"。这些故事在民间影响很大。事实上，与忠君观念在民主共和制度下发生根本动摇不同，传统的孝道因囿于家族伦理而少受政治变革的冲击。直到五四时期，传统孝道基本沿袭下来。

晚清士子的学习内容充斥着孝道说教，新式学堂的考试也打上了这一烙印。例如，向西方寻找真理的代表人物严复，曾在早年的诗作中云："尚忆垂髫十五时，一篇大孝论奇能。"此诗的注释说："同治丙寅（1866年）侯官文肃公，开船厂招子弟肄业，试题大孝终身慕父母，不肖适丁外艰，成论数百言以进，公见之，置冠其曹。"① 洋务企业的招生考试如此凸显伦理主题，虽与洋务派的"以中国之伦常名教为原本，辅以诸国富强之术"的指导思想相关，却又反映了传统伦理对广大士子的深层影响。

私塾是接受传统教育的主要场所。民国初年这些私塾多改办为"国民学校"。名称虽改，教育内容则多沿袭过去。五四时期，有人描绘北京丰台的一所"国民学校"："教室就是厨房，书案就是菜床，气味醒齷，鼠洞一般的黑暗。每个学生都有一本《千字文》、《三字经》、上下《论语》。"② 可见清末民初一般儿童教育的情形。因此，一般青少年仍深受传统孝道的熏染。鲁迅回忆儿时的读物说：

> 我所看的那些阴间的图画，都是家藏的老书，并非我所专有。我所收得的最先的画图本子，是一位长辈的赠品：《二十四孝图》。这虽然不过薄薄的一本书，但是下图上说，鬼少人多，又为我一人独有，使我高兴极了。那里面的故事，似乎是谁都知道的；便是不识字的人，例如阿长，也只要一看图画便能够滔滔地讲出这一段的故事。③

这既反映出儿童读物的贫乏，也可见"二十四孝"影响之深广。少年鲁迅

---

① 黄濬：《花随人圣庵摭忆》，169页，中国社会科学院近代史所藏本。
② 《平民教育讲演团农村讲演的报告》，见《五四时期的社团》（一），165页，北京，三联书店，1978。
③ 鲁迅：《二十四孝图》，见《鲁迅全集》第二卷，253页，北京，人民文学出版社，1981。

感觉"'孝'有如此之难",于是对"做孝子的计划,完全绝望了",转而投身于新文化运动。不过,许多青少年仍然在"二十四孝"的感召下,不同程度、自觉或不自觉地实行"做孝子的计划"。

历代女学、女教更典型地体现出强化传统伦理的功能。到明清时期,培养女德的各种训诫读物多达数十种,著名的《女四书》①已经相当流行。它们影响着广大读书女性,也主导着社会各阶层的女性伦理观念。近代以来,随着民族危机的加深,一些人开始认识到国民素质的重要性。到19世纪末,维新志士提倡废缠足、兴女学,培养"良妻贤母",重塑"国民之母"。提倡、兴办女学的有识之士既宣传女学的重要性,又自觉或不自觉地肯定传统伦理。因而,女性教育无不特别重视灌输传统伦理规范。他们接过近代早期启蒙思想家通过兴女学造就"贤女、贤妇、贤母"②的主张,明确提出"贤妻良母"主义,强调兴女学的目的是使女子成为"上可相夫,下可教子,近可宜家,远可善种"的贤妻良母③。从清末到民初,官方的女子教育主旨是灌输女德,培养良妻贤母。事实上,不论西式学堂的近代色彩多么明显,清末女学都以儒家伦理教育为重心。

1898年初,经元善、严信厚、郑观应、梁启超等人在上海筹办"中国女学堂章程"第一款规定:"学堂之设,悉遵吾儒圣教,堂中亦供奉至圣先师神位。办理宗旨,欲复三代妇学宏规,为大开民智张本,必使妇人各得其自有之权,然后风气可开,名实相副。"④在多方促成下,这所女学堂于是年6月在上海开学。这所规模不大的学堂,教师"皆闺阁中之不栉进士",课程兼有中、西两类。《万国公报》记上海中国女学堂的课程:

> 考其华文功课,如《女孝经》、《女四书》、《幼学须知句解》、《内则衍义》、十三经义、唐诗、古文之类,皆有用之书也。此外则女红、绘事、医学、间日习之、每旬逢三、八日,则由教习试课论说。西学功课,于读书写字之暇,兼及体操、针黹、琴学之类。以资质之高下,定课程之多

① 清代王相把班昭的《女诫》、唐代宋若莘的《女论语》、明代仁孝文皇后的《内训》及王相母亲的《女范捷录》合称为《女四书》刊行,并为之笺注,以广传播。

② 郑观应:《盛世危言》,见《郑观应集》上册,288页,上海人民出版社,1982。

③ 梁启超:《倡设女学堂启》,见《饮冰室合集》文集之二,19页,北京,中华书局,1989。

④ 《上海新设中国女学堂章程》,载《时务报》第47册,1897年12月。

寡。规模既定，风气大开，一时闻风而起者，如苏州、松江、广东及南洋、新加坡等处，皆陆续设立女学堂。①

上海中国女学堂仅存在一年多，却不失为19世纪末中国女学的缩影。它的教学内容显然是以传统的儒经及女训为中心。为了贯彻这一宗旨，上海女学堂创办之初，还一再禀请南洋大臣布告访求御定《内则衍义》，"庶生徒知女学宗旨之所在"。他们还希望以此书影响教会经办的女学堂，从而"维风化，激薄俗"②。时人认为戊戌时期的女学堂是"良妻贤母"的工场。以传统女训为核心的女学教育在清末得以推广。继1902年上海初办"爱国女学校"之后，上海、江苏、浙江、广东、北京等地相继出现各类女学校一百多所。这些学校的德育教育基本上沿袭传统。1907年，清末学部奏定全国"女子小学堂章程"，仍然以传统"女训"为核心内容。光绪末年，清朝学部奏定的女学堂章程规定：

> 中国女德历代崇重，凡为女为妇为母之道，征诸经典史册、先儒著述，历历可据。今教女子师范生，首宜注重于此，务时勉以贞静、顺良、慈淑、端俭诸美德，总期不背中国向来之礼教与懿口之风俗，其一切放纵自由之僻说（如不谨男女之辨，及自由择配或为政治上之集会演说等事）务须严切屏除以维风化。③

这就是要求严守传统的伦理规范和礼教。这种教育主旨影响了整个清末女子教育。清末的女学"修身学"教材与传统规范没有多大区别。例如，印行于1908年的《女子师范讲义》"修身学"，编写框架及部分内容取自日本明治时期的教材，而绝大多数内容仍来源于中国传统女教④。所以，这种"修身学"除了在衣、食、住、行等方面汲取近代知识之外，基本保留了传统的忠、孝、

---

① 《上海创设中国女学堂记》，载《万国公报》第125册，1899。
② 《女学堂禀南洋大臣刘稿》，载《女学报》第8期，1898。
③ 《奏定女学堂章程折》，见学部总务司编《学部奏咨辑要》（宣统元年春刊），225页，台湾，文海出版社影印本。
④ 这方面主要取材于汉代刘向的《列女传》、班昭的《女诫》、蔡邕的《女训》，宋代司马光的《家范》、朱熹的《朱子小学》、吕与中的《童学训》，明代孝文皇后的《内训》、吕坤的《闺范》、温璜录其母陆氏训语《温氏母训》、刘宗周的《人谱类记》，清代任启运的《女教经传通纂》、陈宏谋的《养正图说》《教女遗规》、蓝鼎元的《女学》、章学诚的《妇学》、张英的《笃素堂家训》、胡达源的《弟子箴规》、罗泽南的《小学韵语》等。

贞节道德。"修身学"没有否认儒学的伦理教条，主张报父母之恩，认为"大凡爱国的人，无论男女莫不爱其父母。圣人说'亲亲而仁民'，这句话是万世不易的。"[1]"修身学"认为"节操"的根本是"信义"，男子也应有"节操"，妇女守节更是"天地重之，鬼神钦之，人心安得不尊敬而优异之。"[2] 书中肯定"父母之命"、"媒妁之言"包含"自由之道"，而且国民教育程度不高，婚姻不能"贸然倡自由之风"，否则"反启淫奔之习而失礼教之美"。[3]"修身学"虽然没有明确宣扬"忠君"，却强调个人对于国家、社会的义务、责任，认为"自由权者，为能各相担负此国家之责任也……自由也，责任也，一而二，二而一者也。人其爱自由乎，请自负担责任始。"[4] 与这种价值取向相伴随的是，"修身学"对平等观念的曲解："夫平等之义，犹吾国所谓各得其所也。各有各所，即各有各等，各得其所则平，各失其所则不平。"[5] 这反映了清末教育的普遍价值取向，而非局限于"女子师范"。

民国初年，女子教育有所发展，但自 1913 年开始，袁世凯政府一面提倡尊孔读经，一面强化旧的伦理观念，两者本质上非二而一。自 1914 年以后，提倡忠孝节义成为袁世凯政府的"立国精神"，也确定以培养"良妻贤母"为女学宗旨。

传统"女教"也以民歌、娱乐的方式深入到很少识字的广大下层妇女。如在广东一带，"凡有吉庆必唱歌为乐，词不必全雅，平仄不必全叶，以俚言土音衬贴之。故尝有歌试以第高下，高者受上赏，号为'歌伯'。妇女岁时聚会，则使瞽师唱之，如元人弹词，曰某记。某记者，皆小说也，其事或有或无，大抵皆孝义贞节之事为多。"[6]

与灌输"女德"相适应的是一整套严格的礼防规范。戊戌时期的上海"中国女学堂"，"凡堂中执事，上自教习提调，下至仆役人等，一切皆用妇女，严

① 孙清如编：《女子师范讲义》"第一种修身学"，121 页，东京，江川活版印刷部，1908。
② 孙清如编：《女子师范讲义》"第一种修身学"，125 页，东京，江川活版印刷部，1908。
③ 孙清如编：《女子师范讲义》"第一种修身学"，130～132 页，东京，江川活版印刷部，1908。
④ 孙清如编：《女子师范讲义》"第一种修身学"，194 页，东京，江川活版印刷部，1908。
⑤ 孙清如编：《女子师范讲义》"第一种修身学"，196 页，东京，江川活版印刷部，1908。
⑥《东莞县志》（民国十六年铅印本），见《中国地方志民俗资料汇编·中南卷》下，744 页，北京，书目文献出版社，1991。

别内外，自门堂以内，永远不准男人闯入。其司事人所居，在门外别辟一院，不得与堂内毗连。其外董事等，或有商榷，亦只得在外院集议。"① 清末女学堂的男女大防普遍严格，比较开明的学堂也不例外。上海的宗孟女学堂"经理、教习、司帐、司事等，俱系女士，规模整肃"。"学校课堂及寄宿舍等处，非妇人不得入，与本学校无涉之妇人亦不得入。"爱国女学校既禁止学生缠足、涂脂抹粉，又规定"不得以闻女权自由之说"。并且，学生亲属来访，须经女仆告知监督，"男子不得至寄宿舍，虽校长及教习亦不得破此例"②。

民国元年学制规定，初等小学可以男女同校，高等小学以上均男女分校。袁世凯政府规定：国民学校（初小）三、四年级"男女各编学级"，不准同班。（一、二年级男女可以同班）"高等小学或其分校，应分别男女各编学校。"③ 中学、大学实行男女分校。1916 年 9 月，教育当局颁布女学生戒规五条："（一）不准剪发，违者斥退；（二）不准缠足，违者斥退；（三）不准无故请假结伴游行，违者记过二次；（四）通校女生不得过 14 岁，如有隐匿冒混者记过；（五）不准自由结婚，违者斥退罪及校长。"④ 这种戒规仍然是要培养标准的贤妻良母。

这些规范和教化对维护传统道德发挥了很大作用。旌表制度的实行者主要是官绅阶层，而书籍教化则面向更广泛的社会群体，更深入、持久地影响着人们的观念。

二、从"忠君"到"爱国"

晚清之世，封建统治者遇到的挑战不仅是农民起义或外敌入侵，在西学冲击下，传统文化结构和价值体系陷入了前所未有的危机，忠君观念随专制政治的解体而发生动摇。

然而，廓清"忠君"迷雾并非一蹴而就。洋务人才在使西见闻中谈到西方

---

① 《上海新设中国女学堂章程》，载《时务报》第 47 册，1897 年 12 月。
② 《宗孟女学校章程》、《爱国女学校章程》，见徐辉琪、刘巨才、徐玉珍编《中国妇女运动历史资料》（1840～1918），324、322 页，北京，中国妇女出版社，1991。
③ 《中华民国史档案资料汇编》第三辑，481、475 页，南京，江苏古籍出版社，1991。
④ 《南京快信》，载《申报》1916 年 9 月 27 日。

议会制度，委婉地表现了对君臣纲常的怀疑或不满，但他们主要是从正面完善君臣关系。从戊戌到辛亥，中国社会制度，尤其是政治制度发生了深刻变局，自然成为忠君观念发生变革的关键时期。

激进的维新志士谭嗣同揭露了"三纲五伦之惨祸烈毒"，较早地冲击了忠君观念。他认为，"古之所谓忠，中心之谓忠也。抚我则后，虐我则仇，应物平施，心无偏袒，可谓中矣，亦可谓忠矣。"作为德性表现，"古之所谓忠，以实之谓忠也。"他关于忠的释义，可谓恢复了孔儒的德性之学。在他看来，"忠"并非对臣子的片面要求，而是一种相互对待的德性。下之事上当忠实，上之对下也应如此。"忠者，共辞也，交尽之道也，岂可专责之臣下乎？""忠"既为相互道德，也就不必为君而死，"止有死事的道理，决无死君的道理"。他进而指出，如果"君为独夫民贼，而犹以忠事之，是辅桀也，是助纣也"。他把君主与信仰区分开来，驱散了长期笼罩于君主之上的神圣光环，最终归宿于否定君臣纲常：

> 彼君之不善，人人得而戮之，初无所谓叛逆也。叛逆者，君主创之以恫喝天下之名。不然，彼君主未有不自叛逆来者也。不为君主，即詈以叛逆；偶为君主，又谄以帝天。中国人犹以忠义相夸示，真不知世间有羞耻事矣。

同时，他提出了建立近代民主机制。一方面，他从君主制的渊源上指出："生民之初，本无所谓君臣，则皆民也。民不能相治，亦不暇治，于是共举一民为君。"因此，君民本来平等，有民而后有君，"非君择民，而民择君也"，对于不满意的君主，人民"必可共废之"。这已具有民主共和的思想基础。另一方面，他阐发古代民本学说，把人民作为国家兴衰的根本和象征。他说："国与民已分为二，吾不知除民之外，国果何有？……民既摈斥于国外，又安得少有爱国之忧。何也？于我无与也。"① 这里虽未阐明"爱国之忧"，却使爱国思想从忠君观念分梳出来，依托于民主制度之上。这是清末忠君观念的重要突破。

梁启超的言辞比较温和，西方观念则更为鲜明。他指出：中国以"忠"、

---

① 以上引文均见谭嗣同《仁学》，见《谭嗣同全集》下册，334、339～341 页，北京，中华书局，1981。

"孝"二德为"天经地义"。然而，"言忠国则其利完，言忠君则其义偏"。何也？国家与朝廷不能混同。国家如一公司，朝廷则公司之事务所。国家不能没有朝廷，所以人们常以爱国之心爱及朝廷，犹如爱屋及乌。但是，"朝廷由正式而成立者，则朝廷为国家之代表，爱朝廷即所以爱国也"。否则，朝廷便为国家之蟊贼，"正朝廷乃所以爱国也"。其次，从修身成圣的儒学传统看，他认为如果"忠"仅施诸君，则君主又如何"尽忠"，完备其"人格"？而美、法等国之民主国家，无君可忠者，"岂不永见屏于此德之外"，不算人类？所以，"孝于亲，忠于国，皆报恩之大义，而非为一姓之家奴走狗者所能冒也"①。"忠"应该是对国家而言，而非限于"君"。他既肯定"忠"德的普世价值，又否定对于一家一姓的"忠君"，从而对忠君与爱国观念进行了清晰的梳理。他试图以"社会契约"、"人民主权"为内涵的"家国思想"来改造传统的"忠"德，从而使"忠君"向"爱国"转变。梁启超大规模地输入西方启蒙思想，也在诸如"公德"与"私德"、"权利"与"义务"、"自由"与"服从"、"独立"与"合群"等论述中，传播了近代西方伦理观念。

谭嗣同、梁启超等维新派知识分子的伦理观念，显示出从传统向现代过渡的思想倾向。他们的思想不比革命派知识分子逊色，但终究没有转向反清革命营垒，行动上拘束于传统的忠君观念。相反，20世纪初年的革命知识分子则在理论上、行动上统一起来，增强了思想的震撼力和影响面。

20世纪初年，革命志士在租界及海外出版了数十种革命刊物。他们在宣传反清革命的同时，也传播着新的伦理观念。他们否定尊君，阐发古代民本思想，认为"忠者，君与臣对待之名词也。臣当忠君，君亦当忠臣。故曰：君使臣以礼，臣事君以忠。可知君而无道虐民，则臣不当效忠于君"②；他们揭露清朝统治者以"忠字示标本于国民，曰尔宜忠，尔宜忠，以束缚国民之言论，箝制国民之举动"，"支那君主愚民弱民之罪，诚所谓罄南山之竹而笔不能书者矣"③；他们甚至也区分了忠君与爱国的差异。但革命派政治伦理的主题是抨

---

① 梁启超：《新民说》，见《饮冰室合集》专集之四，16～18页，北京，中华书局，1989。
② 吴魂：《中国尊君之谬想》，见《辛亥革命前十年间时论选集》第二卷上册，544页，北京，三联书店，1963。
③《痛黑暗世界》，载《湖北学生界》第4期，1903。

击专制制度，并以近代西学改造传统的政治伦理。邹容说："吾幸夫吾同胞之得卢梭《民约论》、孟德斯鸠《万法精理》、弥勒约翰《自由之理》、《法国革命史》、《美国独立檄文》等书译而读之也。是非吾同胞之大幸也夫!"① 邹容本人便是如此。他指出"人人当知平等自由之大义。有生之初，无人不自由，即无人不平等，初无所谓君也，所谓臣也。若尧、舜，若禹、稷，其能尽义务于同胞，开莫大之利益，以孝敬于同胞，故吾同胞视之为代表，尊之为君，实不过一团体之头领耳，而平等自由也自若。"既然君主不过是团体之头领，既然君民关系以平等自由为基础，"忠君"就没有存在的理由。他以欧美为参照，指出：中国数千年的教义"曰忠"、"曰孝"，"更释之曰，忠于君，孝于亲"。他尖锐地指出：

> 夫忠也，孝也，是固人生重大之美德也，以言夫忠于国也则可，以言夫忠于君也则不可。何也？人非父母无以自生，非国无以自存，故对于父母、国家，自有应尽之义务焉，而非为一姓一家之家奴走狗者，所得冒其名以相传习也。

在他看来，中国的二十四史，实为"一部大奴隶史"，"忠君忠君，此张宏范、洪承畴之所以前后辉映也，此中国人之所以为奴隶也"。而"同治中兴"的忠臣曾国藩、李鸿章、左宗棠等人，也不过"中国人为奴隶之代表也"②。邹容既肯定忠孝美德，又坚决摒弃忠君观念，并深入揭露忠君观念的奴性。在弘扬忠德，又以近代观念改造传统伦理规范，从而重建道德社会方面，维新派、革命派并无本质不同，只是实践途径有所差异。

否定君臣纲常之后，革命志士以民主主义重建政治伦理。他们认为：国家并不属君主所有，而应属于全体国民。"故国者民之国，天下之国即为天下之民之国。诚如是，则上可以绝独夫民贼之迹，下可以杜篡逆反叛之说。以一国之民而治一国之事，则事无不治；以一国之民而享一国之权，则权无越限。"人民如何才能治一国之事？享一国之权？这就要求建立民主共和制度，国民脱

---

① 邹容：《革命军》，见《辛亥革命前十年间时论选集》第一卷下册，652～653 页，北京，三联书店，1960。

② 以上引文均见邹容：《革命军》，见《辛亥革命前十年间时论选集》第一卷下册，667、672～673 页，北京，三联书店，1960。

离奴隶性，参与国家政治，肩负社会责任，具有自由、平等、独立的权利和人格。显然，这些思想较之维新派有所前进。

革命志士否定君臣纲常，并落实于反清革命行动，对封建政治产生了巨大冲击。但是，他们的见解主要体现于反清宣传而非学理讨论。另一方面，民族主义情结限制了他们的爱国意识。他们的民族主义针对于西方列强，也指向清政府。在他们看来，"合同种异异种，以建立一民族的国家，是曰民族主义"。"一国之内而容二族，则舍奴隶以外，无以容其一，否则灭之，否则融之化之而已"①，一旦披上民族主义的外衣，反封建的思想主题就相对淡化了。革命派有时抨击君主，有时则以辨"种族异同"代替之。邹容强调"中国为中国人之中国"时，不免把驱逐满洲人、"或杀以报仇"作为"革命独立之大义"。不能对"民族主义"与"爱国"进行思想上的区分、清理，势必产生一些理论歧义和认识误区。

在维新派、革命派的宣传、推动下，忠君观念开始在社会层面发生变化。高一涵回忆清末安徽学生的思想转变时说：1908 年，西太后和光绪帝死时，"军队里革命党人很多，声势浩大，谣言更多，人心为之激动。这些消息传到学堂中去，多少青年学生都摩拳擦掌以待新军起义"。安徽高等学堂为"两宫晏驾"举哀，"大礼堂的前排是与祭的官吏，后排是学生。司仪人叫'跪'时，官吏一一跪下，学生则弯腰而不屈膝；司仪人叫'举哀'时，官吏号啕大哭，学生中有许多人则哈哈大笑"②。鉴于这种思想基础，也就不难理解许多青年学生投身革命的现象了。

不过，清末这种变化仅限于极少数先进知识分子及受其影响的青年学生。直到辛亥革命以后，"忠君"观念才在各社会层面发生动摇。政治变局对君权观念产生了震动，借用孔教会的说法便是"教化衰息，纪纲扫荡"。废除帝制，创建共和，必然要改变与此不相适应的道德教化。临时政府通过各种文告向全国传播民主观念。1912 年 2 月 22 日，南京临时政府陆军部就通令各省将清朝

---

① 余一：《民族主义论》，见《辛亥革命前十年间时论选集》第一卷下册，486～487 页，北京，三联书店，1960。
② 高一涵：《辛亥革命前后安徽青年学生思想转变的概况》，见《辛亥革命回忆录》第四册，432～433 页，北京，中华书局，1962。

湘、楚、淮军昭忠各祠改建为大汉忠烈祠，以历代为汉族尽忠而死，反抗民族压迫的志士仁人入祀。这实际上是以崇祀民族义士代替清朝祭祀忠臣的做法，成为官方道德取向转变的标志之一。

政局变化使旧的君臣纲常失去依靠。在清末进步思想和政治变革的合力冲击下，忠君观念逐渐崩溃了，代之凸显的是历来晦暗不明的爱国观念。

对于广大农村地区来说，民主思潮的扩散、深入无疑是一个缓慢的过程，有的民俗资料记载：一般平民之家，常在堂屋中设龛，上书"天地君亲师位"，岁时祭祀，而"民国以来，有易'君'字为'国'字者"①。显然，这是纲纪变革在人们信仰中的反映。应该说，民国初年这种变化还主要体现在城市平民阶层。

青年学生是城市平民中思想最为敏感、活泼的群体。台胞陈文彬回忆八岁时（1912年）的认识：

> 有一天，在我父亲卧室的墙壁上，发现一张彩色的肖像图，图中上方有两面交叉的五色旗子，中间有一个较大的肖像，四角上有四个较小的肖像。当时，我还不认识图上的字，就问我母亲说："这些是谁？"母亲是个不识字的乡村家庭妇女，但是，大概是从父亲那里听来的，她一一告诉我说："中间那一位穿西装剪头发的是孙逸仙，右边的那一位叫黄兴，左边的那一位叫宋教仁。……去年'唐山'（即大陆）起革命了，清朝已经倒了，咱祖国没皇帝了，是个共和国，国旗也不是龙旗了，图上交叉的那两面国旗叫五色旗，就是'五族共和'的意思。孙逸仙就是大总统，那四角上的四个人就是他的部下。"我又问她说："甚么叫'五族共和'？"她说："没有皇帝了，五个民族共同来和平地管国家的意思。"②

尽管当时一般民众还不能准确地理解资产阶级民主革命，却不能忽视民主革命对人们思想观念的影响。"民选"总统取代帝制所造成的思想震动更是不言而喻的。

---

① 《万源县志》（民国二十一年铅印本），见《中国地方志民俗资料汇编·西南卷》上，320页，北京，书目文献出版社，1991。

② 陈文彬：《记台湾余清芳的反日武装起义》，见《辛亥革命回忆录》第四集，501～502页，北京，中华书局，1962。

清末曾以"忠君、尊孔、尚公、尚武、尚实"五项为教育宗旨。世变风移，中华民国临时政府确定了新的教育方针。1912年2月，教育总长蔡元培在《民立报》发表《对于新教育之意见》，指出："忠君与共和政体不合，尊孔与信教自由相违"，提出以军国民主义教育、实利主义教育、公民道德教育、世界观教育和美感教育为今后教育方针①。这个意见摒弃忠君、尊孔的内容，表现出现代教育理论形态。这里，军国民主义教育针对"强邻交逼、亟图自卫"的国情，注入新的爱国主义内涵。蔡的主张在一段时间内基本实行了。南京临时政府规定："凡各种教科书，务合乎共和民国宗旨。清学部颁行之教科书，一律禁用。""凡民间通行之教科书，其中如有尊崇满清朝廷，及旧时官制、军制等课，并避讳、抬头等字样应由各该书局自行修改，呈送样本于本部及本省民政司、教育总会存查。"② 于是，各地中小学生的教材逐渐改革，忠君内容迅速减少或消失。有人回忆："辛亥革命后，台湾城市一些中文私塾的小学生们，很喜欢念上海新出版的《新三字经》。这书开头四句是：'我中华，民主国；黄龙旗，变五色'。"③

民国元年，在上海、南京、武昌、广州等城市出现了少年组织——童子军，主要是在校学生接受军事训练的组织。训练内容有纪律、礼节、操法、结绳、旗语、侦察、救护、炊事、露营等。童子军在20世纪初发源于西方国家，在中国则是清末军国民主义思潮和尚武教育推动下的产物。清末民间有识之士提倡军国民教育重在强调"爱国"而非"忠君"。在此潮流中，民国初年童子军的出现，标志着爱国思潮更广泛地弥漫于青少年学生之中。然而，童子军随着反清起义而生，也被看作革命军队的支持者和后备军。也就是说，童子军主要接续于清末民间的军国民主义思潮，而不是清政府的军事教育，其思想主流不是"忠君"，而是具有共和烙印的"爱国"。有一首童子军军歌云：

二十世纪地行星，皇皇童子军……哥哥华盛顿，弟弟拿破仑。心肝虽

---

① 蔡元培：《对于新教育之意见》，见高平叔编《蔡元培全集》第二卷，北京，中华书局，1984。

②《普通教育暂行办法》，见陈学恂主编《中国近代教育史教学参考资料》中册，166～167页，北京，人民教育出版社，1987。

③ 王文德：《辛亥革命前后台湾的一鳞半爪》，见《辛亥革命回忆录》第四集，512页，北京，中华书局，1962。

小血自热，头颅虽小胆不惊。进行，进行！小人小马武装神，二十世纪天演争，安能存？脚踏五大洲，气吞两半球。将军飞将军，谁云孺子不知兵？爱吾国兮如身，爱吾群兮如亲。万岁万万岁，伟此吾军人。①

唯其爱国，童子军重视军事训练。同时，童子军学习的榜样不是秦皇、汉武或关羽、岳飞，而是华盛顿、拿破仑。这种思想熏陶对中小学生不能不产生影响。

在民主思想影响较大的地区，青年学生的思想观念显然发生了一定变化。1913年"二次革命"失败以前，民主革命的中心地区——江苏的一份考试答卷有所反映：

> 江苏第一师范学校招考生徒，应考者三百余人，皆中小学生也。校长杨月如先生嘱各举崇拜人物，以表其景仰之诚……计开崇拜孔子者一百五十七人，孟子六十一人，孙文十七人，颜渊十一人，诸葛亮、范文正八人，岳飞七人，王守仁、黎元洪六人，大禹、陶侃、朱熹、华盛顿四人，程德全三人，苏轼、康有为、袁世凯、屠元博二人，伯夷、周公、仲由、苏秦、张仪、秦始皇、张良、萧何、韩信、司马迁、马援、班超、陆九渊、韩愈、司马光、程颐、徐光启、顾宪成、史可法、曾纪泽、梭格拉底、亚里斯多德、马丁·路德、培根、卢梭、梁启超、武训、杨斯盛、安重根、蔡普成……各一人，此外二十三人则无所崇拜也。②

这份答卷统计当时作为笑料登载于报刊，却真实地反映了中小学生的思想状况。《近代中国社会文化变迁录》第三卷首次引用此条材料后，曾引起一些论者注意。人们的看法可能不尽一致，但不可否认的事实是：崇拜皇帝者如此之少，崇拜孙中山者仅次于孔孟。这不能不说明民主革命确实产生了一定影响，至少在1913年的江苏地区是这样。③ 中下层读书人并非全无忠君观念，但显然，皇帝的神圣光环已经黯然失色了。中国人的"皇权心理"是一个复杂

---

① 转引自陈景磐：《中国近代教育史》，285页，北京，人民教育出版社，1979。

② 《考师范者之笑话》，载上海《时报》1913年7月1日。

③ 儒学与"忠君"观念的影响似乎有所不同。清末民初，王权衰落，而尊孔势头并未减弱。1906年，光绪帝谕令祭孔升为"大祀"。民国初年政府放弃尊孔教育，而康有为等人的孔教运动绵延不绝。袁世凯当政后，尊孔更是有加无已，盛况过于晚清。反映儒学社会影响的事例甚多，参见罗检秋：《近代社会文化变迁录》第三卷，杭州，浙江人民出版社，1998。

的问题。多年来，人们注意了封建制度对于思想观念的束缚，而忽视了社会心理的巨大约束力。事实上，古代根深蒂固的"忠君"观念与崇拜皇权的心理很难分开。按之常理，对于中小学生，崇拜孙文与忠于清朝事实上不可能集于一身。可见，政治变革对忠君观念的冲击是不能否认的。当然，由于受"冲击"的力度不同，政治伦理观念出现南北差异也是自然的。

在封建时代，诸如皇帝的登基典礼、大赦天下，或举行寿辰庆典，都具有明显的政治色彩。民国建立以后，礼制更改，带有政治色彩的"国庆节"、"国旗"填补了这一空间。当时较有政治常识的青年学生已经理解国旗的含义。例如，1912年初，19岁的宋庆龄正在美国威斯里安女子学院学习。她从父亲那里获悉中华民国临时政府成立，孙中山被推举为临时大总统后，心情非常激动。为表示拥护共和，她们扯下学校中的龙旗，踩在脚下，挂上了新国旗——五色旗，高呼"打倒专制！高举共和的旗帜！"① 这里，国旗成为表明青年学生政治态度的标志。就此而言，人们对政治标志的心理反应也能折射出一定的政治取向。

国庆节源自西方，非中国传统节日。1912年初，有人提议以10月10日武昌起义日为中华民国国庆节。9月24日，参议院通过大总统转咨国务院所拟国庆日及纪念案，定武昌起义日即10月10日为中华民国国庆日。国庆节作为一个最重要的政治性节日，蕴含了拥护共和的意义。

1912年，民主力量尚未消退，全国政府机关和市民在热烈隆重的气氛中度过了第一个国庆节。北京大清门改为中华门，"国庆日早六点行开幕礼，各界均往参观"。大总统举行了阅兵典礼，琉璃厂等地的"共和纪念会"参加者达三十余万人，当晚举行提灯会，由中华门大街直往天坛，"观者约五六万人，革命万岁，共和万岁，各烈士万岁之声、欢呼声震天"②。在其他城市，上海各商团、政府机关、军队、学校均悬灯结彩，举行集会、提灯会隆重庆祝。广东教育界召开纪念会，"优界改良研究会扮演纪念话剧，游行街道"。"长堤一

---

① 〔美〕项美丽（E. Hahn）：《宋氏姐妹》（英文版），82页；转引自尚明轩等编著：《宋庆龄年谱》，28页，北京，中国社会科学出版社，1986。
② 《国庆日纪事种种》，载《申报》1912年10月17、18日。

带各商店多悬旗张灯，点缀花草并经电灯结成种种庆祝字样。"① 其他如武昌、济南等地均有类似活动。但有的地方如云南、镇江、安徽等地仍以阴历八月十九日（阳历 9 月 29 日）为武昌起义纪念日。无论阴历还是阳历，也无论受传统习俗的影响有多大差异，但拥护共和标志的国庆节已受到政、学、商各界及广大城市人民的重视。国庆节情形成为体现人们政治伦理的表征之一。

辛亥革命以后，虽然还有不少人，尤其是守旧士绅固守忠君观念，但自清末以来，在知识精英和广大市民之中，"忠君"意识在逐渐淡化，而"爱国"的观念在日益凸显，并渐渐成为政治伦理的主题。

在清朝末年，忠君仍作为最高政治伦理教条之时，一些知识精英开始凸显爱国主题。一些学会、团体以"爱国"命名，如 1902 年蔡元培等人在上海组织的"爱国女学"、"爱国学社"，后来陈独秀组织的"皖城爱国会"。这些团体都多从事反清政治活动，与笼罩于清政府"忠君"主旨下的"爱国"有所不同。

在社会中，"爱国"已经成为清末以来学生群体的流行语言。20 世纪初年以后，新式学堂（包括女学堂）开始增多，学生群体不断壮大。学生群体与传统士子阶层的生活方式和观念都有较大区别。有人不无讽刺地指出：科举士子以官服、旗杆、顶子为目的，口头禅是"孔子曰、圣天子之乎哉也"等，新式学堂的学生则以毕业文凭为目的，口头禅是"爱国、热心、牺牲、呜呼、同胞"等②。这种批评不能反映学生的精神全貌，却反映了某些生活侧面。学生的生活方式不同于旧式士子，其政治意识也随之发生变化，并主导了 20 世纪早期的思想潮流。

在此潮流中，一些进步读物凸显了爱国主题。如鼓吹妇女解放的名作《女界钟》，否定了传统的女德规范和女教读物，却没有张扬个性解放或个人主义，而是凸显"公德"的意义和内涵。"公德者，爱国与救世也……爱国与救世，乃女子之本分也。"③ 总的来看，清末到民国初年的妇女解放思潮，基本上都

①《广东国庆纪念会纪盛》，载《申报》1912 年 10 月 19 日。
②《今昔学生比较观》，载上海《时报》1917 年 3 月 30 日。
③ 金一：《女界钟》，见《中国妇女运动历史资料》（1840～1918），160 页，北京，中国妇女出版社，1991。

是以"爱国"为立足点和价值坐标。许多先进人士认为，在物竞天择的世界中，必须人人具有爱国思想才能救国。一些人认为："男女平权，乃救国之良策，兴国之根本。"① 他们主张男女平等，与其说是对女性人格的肯定，毋宁说是从社会、国家现实需要出发而做出的选择。

近代意义上的群众爱国运动始自清末。1903 年留日学生的"拒俄运动"是近代爱国运动兴起的标志。此后，列强侵华、辱华事件不断，爱国浪潮随之高涨。1905 年的抵制美货，其后的抵制英货、日货、德货等风潮在全国各地此伏彼起。这些事件既有御侮图强的因素，也有经济利益关系；既受外国列强侵略的刺激，也包含民众的自觉自醒。这是一个历史现象，又是一个文化现象。

民国初年，"共和"取代"帝制"，直接为建立新的政治伦理开辟了道路。"爱国"取代"忠君"而成为政治伦理的主流。在帝制时代，君与国存在利益上的一致性，君主成为代表国家的一种政治符号，忠君成为政治伦理的主要体现。废除帝制，国家的表层符号不复存在，作为政治实体的国家必然成为政治伦理的价值坐标。

"爱国"具有特定的政治内涵，从而表现出一定的时代性、民族性。就这方面来看，先进知识分子在清末民初爱国意识的发生、发展过程中功不可没。

"爱国"是清末进步思想家、开明报刊的言论重心。近代著名的爱国者梁启超注重解剖和改造国民性，认为中国人不是没有爱国之性质，而是缺乏"国家思想"。在数千年宗法制度、专制主义的统治下，国民只知"家"、"天下"，而无国家观念。人们对国家的性质、功能缺乏必要认识，自然也不会形成强烈的爱国心。因此，梁氏的许多论著都注重阐述国家观念，体现了国家主义倾向。爱国观念的源泉是群体意识。梁氏《新民说》凸显"合群"思想的重要性，强调开民智、萃民力，即加强民众凝聚力，发展教育、培养人才。他把改造国民性和兴民权纳入爱国主义范畴，并且不懈地向国民传播爱国观念。把爱国宣传与思想启蒙结合起来几乎成为他的毕生使命。直到 1916 年初，梁启超在反袁途中为民众撰写的普及读物《国民浅训》，其第一章就是"何故爱国"。

---

① 杜有秋：《男女平权足以救国论》，载《民立报》1912 年 6 月 10 日。

他指出：爱国并不是一种美名，而是因为国家为我等身家托命之所，生当今日"而无完全之国家为我等保护，决不能以自存"。所以他告诫国民，"当知爱国之理，与爱我同，与爱人异"①。他把具有时代色彩的个人主义与国家主义思想调融起来，成为清末先进爱国思想的缩影。

在他们的影响下，一些青年学生自觉或不自觉地萌发了爱国信念，并投身于爱国活动。1908年，少年胡适曾在名为《爱国》的文章中，以通俗易通的文字阐述了爱国的道理和途径：

> 我想天下的人，大概总是没有知道自己和国家的关系，所以不晓得爱国，其实国和家原是一般的。第一，我们生长在这家，便爱这一家，难道我们生长这一国，不晓得爱这一国么？第二，我们的父母，生我育我，我们的兄弟，爱我助我，我所以爱他们。难道我们的祖国，保护我，教育我，我们倒可以忘记了他吗？倒可以不爱他吗？所以我第一句话就说：国是人人都要爱的，爱国是人人本分的事。

胡适还不能从近代权利、义务思想来阐明爱国道理。然而，这种爱国与传统的忠君观念有所不同。针对近代中国外侮不断的现实，胡适说："一国之中，人人都晓得爱国，这一国自然强大，一国的人，人人不受人欺，人人都受人恭敬。"他还认识到："第一件，要保存祖国的光荣历史，不可忘记。""第二着，便要竭力加添祖国的名誉"，光大祖国的道德、文学。② 这种认识在当时是难能可贵的。

民国初年，君臣纲常问题成为新文化运动的导火线。清理忠君观念也成为五四新文化的主题之一。陈独秀认为："我们中国多数国民口里虽然是不反对共和，脑子里实在装满了帝制时代的旧思想，欧美社会国家的文明制度，连影儿也没有……所以我们要诚心巩固共和，非将这班反对共和的伦理文学等等旧思想，完全洗刷得干干净净不可。"③ 这揭示了新文化运动的政治根源。孔教

① 梁启超：《国民浅训》，见《饮冰室合集》专集之三十三，1～3页，北京，中华书局，1989。

② 胡适：《白话（一）·爱国》，见欧阳哲生编《胡适文集》第9册，552～554页，北京大学出版社，1998。

③ 陈独秀：《旧思想与国体问题》，见《独秀文存》卷一，102～104页，合肥，安徽人民出版社，1987。

运动适应了帝制复辟和文化专制的需要，客观上为君臣纲常招魂。五四知识分子的批孔实质在于否定儒学笼罩下的封建纲常，及其被守旧势力利用的政治现实。它具有抑制复古思潮的作用，并有助于政治伦理的更新。

从清末到五四，"爱国"成为主要思潮之一。知识精英的论题在变化、更新，各阶层、各行业的国民不同程度地受此思潮的感染，尤其是一些中下层知识分子、市民思想上潜移默化地受其影响。

随着市民阶层的扩大，商人的注意力不限于经济领域，政治意识也有所增强。他们常常把经济利益与政治关怀结合起来，在诸如禁烟、抵制外货等社会运动中发挥了领导作用。五四时期，爱国运动及思想都有新的发展。民众斗争的矛头逐渐由对付外敌转变为内外并重。五四运动波及数十个城市，参加者包括青年学生、知识分子、商民、工人、农民等各阶层。爱国运动的高涨，激发了民众的爱国情感，并通过报刊、传闻等形式向不同地域扩散了爱国观念。一方面，全国大量的报刊大多报道、宣传学生和民众的爱国言行，造成了一种以爱国为价值准绳的社会氛围；另一方面，爱国运动与言论使人民群众，尤其是青年学生在心理深层积淀了深厚的爱国情结。这是 20 世纪广大民众前仆后继地外御强敌、内争民权的精神支柱，从而"爱国"取代了"忠君"而成为政治伦理的主题。

三、孝道的遗风与变迁

清末，传统孝道遗风犹在，价值取向亦无根本改变。这在新闻及文学作品中有明显反映，如民初《申报》报道：上海北四川路广东小学创办多年，成效卓著。校董伍廷芳等筹议维持办法，有赵灼臣慷慨捐资。各校董均请以赵君之名名其校。赵君以其父赵歧丰"生前常以设立学塾造就贫寒子弟为心，不幸天不假年，赍志已殁，鄙人向欲继承先志……故稍尽责任，不敢居名"。校董们因赵君"孝思不匮"，于是将该校命名为"歧丰学校"。此事颇受舆论推重，广东省长还亲送赵君肖像一座，对联一副，以志敬佩。[①] 捐资兴学一直是社会崇

---

① 《尽孝兴学之可风》，载《申报》1917 年 11 月 1 日。

敬的行为，受人赞扬习以为常。而把"兴学"提升到"尽孝"层次则又反映了社会意识及心理的期望。

当时的许多文学作品，包括被人贬斥的"鸳鸯蝴蝶派"小说也有这种倾向。在一些文人学士看来，"人生第一件好事，就是孝顺；第一件欢喜，就是得着个孝顺的儿子。人生第一件悲伤的事，就是被人杀害，没人伸雪，没有报仇；第一件喜慰的事，就是有儿子能报父仇，能昭雪父子沉冤，能释父在泉下的遗恨"。于是，子报父仇被看作是"万古千秋、惊天动地的大事"，[1] 频频出现在报刊杂志之中。

这些故事大多是纪实报道。剑山曾写了范氏兄弟二人经历磨难、为父报仇的故事。兄为报仇而死，弟承兄志，终于报仇雪恨。作者在篇末注云："余生平最喜作忠孝节义之传记，故每至一处，必多方搜访轶事。此范孝子报仇一事，为一老年舟人所口述者……皆纪实也。"[2] 这些作品除了消遣之外，也包含明显的劝世意蕴。有一篇名为《孝子慈孙》的小说，讲述一位14岁的乡村少年，如何孝敬祖父，如何宽容、侍候不孝的父亲，最终使恶父良心发现，三代团聚，父慈子孝，并被一乡奉为榜样。[3] 同样，清末民初也不乏表彰孝女的作品。如《孝女复仇记》记一位弱女子经历千辛万苦，报杀父之仇的经历，[4] 既是要求身膺民社的官吏们自责，也是倡导孝道。

遗风所及，一些文人学士不以愚忠愚孝为非。在天津，有一种为亲人许愿叫佛的孝行，孝子在三九寒夜身著单衣，站在十字街头，口叫千佛、万佛、无量寿佛等语，三年为满，四年为愿。此即竹枝词所谓"愚孝堪钦亦可怜，单衣寒夜拜街前。四年为愿三年满，佛号哀呼有万千"[5]。而最常见的愚孝行为则是"割股疗亲"。光绪年间的竹枝词不乏此类记载：

> 孤寒百事尽艰难，割股和羹向夜阑。
>
> 儿是阿娘身上肉，何须大药觅还丹。

---

① 石遗山民：《双报父仇》，载《游戏杂志》第2期，1914年。

② 剑山：《孝子复仇》，载《小说新报》第9期，1917年2月。

③ 璧魂女士：《孝子慈孙》，载《礼拜六》第86期，1916年。

④ 小草：《孝女复仇记》，载《礼拜六》第62期，1915年。

⑤ 冯文洵：《丙寅天津竹枝词》，见《中华竹枝词》（一），509页，北京古籍出版社，1997。

里人刘孝子德馨家贫，鬻饼饵奉母。母剧病，刘割股以进，遂得瘳。①

"割股疗亲"的记载在民国初年并未绝迹，传颂最广者大概是上海时化学校学生蒋长庚的事迹。最初有人想撰文宣传此事，而"蒋生以为不可"。于是人们更尊重其品德，事迹广为传播。"割股疗亲"式的愚孝行为古已有之，而且受到一些士大夫的批评。有时，封建政府名义上也不鼓励此类现象。此类事迹之所以仍受民国初年舆论推重，显然包含了挽救世风的意图。报刊时评说："年来欧风东渐，日进文明，自由平等之思想普及人心，几不知孝悌二字为何物，而上海一埠为得风气之先，尤属造恶之渊薮……有以割股疗亲者，其愚诚不足取，其孝自是可嘉。故表而出之，籍以针砭人心。"② 把孝道崩坏归咎于"欧风东渐"当然是错误认识。但此类报道频频见于报端，则不仅说明作者们认识糊涂，而且反映愚孝遗风犹在。

与孝道误区相伴随的是父权制思想根深蒂固。当时报刊上父亲杀子、甚至活埋逆子的现象并没有绝迹③。有的父亲因儿子数年外出不归，逼迫儿媳出嫁以获厚利。于是，父子积怨，导致父亲杀死儿子的惨剧。这种极端事例也反映出父权制的野蛮性。

民国初年舆论关注的主要地域是城市。城市舆论对孝道的宣传与历代正史的"孝友传"异曲同工。历史上，一方面是包括统治者在内极端违反孝道的行为不绝如缕，诸如宫廷斗争中的逼父、弑父及兄弟相残等；另一方面是统治者、文人学士大力提倡、弘扬孝道。这主要体现了官方和士大夫阶层的社会导向，而不能代表其实际伦理状况。相反，能体现儒家孝道传统的往往是下层社会之人，俗语所谓"家贫出孝子"。

到清末民初，下层社会的孝道遗风也比统治阶层更为浓厚。这从一些地区的民俗中可窥见一斑。

按照儒家的规定，子孙对父母必须"生，事之以礼；死，葬之以礼"。因而，在历代风俗积淀中，无论贫富贵贱，都把父母之丧当作极重要的事情。当

---

① 余茂：《新溪棹歌》，见《中华竹枝词》（三），1958 页，北京古籍出版社，1997。
②《割股疗亲》，载上海《时报》1917 年 9 月 24 日。
③ 如上海《时报》1914 年 1 月 9 日消息：《议员杀子之骇闻》，《活埋子又得复生》。

然，丧礼之繁简，又因家境和地方习俗而有差异。不过，即使是贫困的乡民，也有办法举丧尽孝。江苏有的地区，丧礼中"延请僧道唪经礼忏，斋醮荐亡，民国以前大都牢不可破。惟一二士君子遵古变俗，不设道场，而流俗反訾议之，殆亦积重难返"。于是，清末一些人开始组织"仁孝会"①。晚清许多地区都有"孝友会"。据清道光年间的四川地方志载：遇丧"其贫者，亲邻助薪米、钱帛，谓之'孝友会'"②。同治年间，湖南巴陵县贫户治丧也有"孝义会"，"先约家有老亲者十人，定醵钱若干，遇丧则开之，故变起仓猝，亦稍克成礼"③。实际上，"孝友会"在南方、北方均普遍存在，民国年间仍然如此。据1934年撰成的《淮阳乡村风俗记》载：在河南淮阳一带农村，曾有一种十分普遍的"行孝会"。其唯一目的，"在防父母去世时无力收殓埋葬，而结合数人在经济上互相援助。盖因丧事为国家大典之一。一般人认为吾人一生最大之事莫过于丧葬，因此乡民对之极为重视"。"孝行会"的具体办法是：

> 往往当丧事未到之前期，约合若干情投意合的亲友（但入此会者，除须各家之财产相当外，其父或母之年岁并须至少在五六十岁以上）结为行孝会，以防不测。其组织，先有会员若干人（人数多少不一定），然后就中年长者二人或三人推出作为会首，管理会务。……遇有会员遭丧事，只须直接通知会首，会首即可通知其余会员准备送给面粉、木材、现金等物（数量不定），以供应用。信义坚定，绝无爽约。此时，会员得此种物款，丧事自易顺利进行。④

这类组织在有的地方名为"天伦会"，"系有父母年老者十人以上组织。会中设正副会长各一人，公直四人（均系公推），值年公直一人，系轮换……有遭父母丧者，先报知会长，由会长通知各会员齐往吊唁。葬之前数日，由丧家择期出帖齐会，会员各送面粉几十斤，钱几千文，过午不到有罚，并请公直及

---

①《阜宁县新志》（民国二十三年铅印本），见《中国地方志民俗资料汇编·华东卷》上，543页，北京，书目文献出版社，1995。

②《隆昌县志》，见《中国地方志民俗资料汇编·西南卷》上，143页，北京，书目文献出版社，1991。

③《巴陵县志》（同治十一年刻本），见《中国地方志民俗资料汇编·中南卷》上，483页，北京，书目文献出版社，1991。

④《淮阳乡村风土记》（民国二十三年铅印本），见《中国地方志民俗资料汇编·中南卷》上，168页，北京，书目文献出版社，1989。

值年经收。葬之日，又齐往设祭送葬。其香资、面、钱数目及酒席罚款，均经全体会员规定，列载会章。"① "孝友会"、"天伦会"虽然只是贫户治丧的互助组织，却从侧面折射出人们的重孝意识。

这种意识也在民歌中得到印证。晚清农村民歌很多都不离劝孝主题，如甘肃文县流传的"劝民歌"，其第一、二首便是：

> 劝吾民，孝顺好，孝顺传家为至宝；试看乌鸦能反哺，何以人而不如乌。
>
> 语云：在家敬父母，强似远烧香。
>
> 劝吾民，敬哥好，手足同胞同到老；骨肉不和邻里欺，切休争竞惹烦恼。
>
> 语云："打虎还是兄弟亲。"②

有些劝孝歌还充斥着"二十四孝"的内容：

> 世有不孝子，浮生空碌碌，不知父母恩，何殊生枯木。
>
> 不念二亲恩，惟言我之福，嗟哉若此辈，何异兽与畜。
>
> 慈乌尚反哺，羊羔犹跪足，劝汝为人子，经书勤诵读。
>
> 王祥卧寒冰，孟宗泣枯竹，郭巨事虽过，只为母减粟。
>
> 熏黯不入市，为受母叮嘱，伯鱼常泣杖，丁兰曾刻木。
>
> 如何今世人，不效古风俗，为你作长歌，分明为世告。③

传统孝道源于血缘关系而产生的亲亲之情，并不完全是人伦规范。乡村社会的劝孝习俗体现了浓郁的亲亲之情，更深刻地反映出孝道的本质。近代西南地区广泛流行着一种"孝歌"，据载：

> 家有丧事，请亲友到家所唱之歌曲，谓之孝歌。照榕江所流行之孝歌，计有千百首之多，大概为：一，开场；二，哀吊（哀吊中插有子女哭父母、妻哭丈夫的歌曲）；三，咏歌，即咏诵古人事迹；四，劝慰，乃劝

① 《孟县志》（民国二十一年刻本），见《中国地方志民俗资料汇编·中南卷》上，94页，北京，书目文献出版社，1989。

② 《文县志》，见《中国地方志民俗资料汇编·西北卷》，207页，北京，书目文献出版社，1989。

③ 《夏津县志续编》（民国二十三年铅印本），见《中国地方志民俗资料汇编·华东卷》上，142页，北京，书目文献出版社，1995。

慰中类多消极语气，劝人不必多重名重利，重在精神修养，重在仁义道德。①

"孝歌"的内容很丰富，多在丧事时演唱，饱含了悲悼、怀念的情感。对于传统丧礼，士大夫更看重念经超度，僧人、道士、礼生三教合一，铺张法事。这种道场多流于形式，缺少情感内涵，与孝道的本质没有必然的统一性。另一方面，"孝歌"看似平淡无奇，内容与各家实际情形不免出入，却能反映下层社会的民间意识，反映一时一地的人伦意识的积淀、流传。

上述记载多见于偏僻的农村地区，而沿海地区，尤其是近代城市的类似记载则罕见。这表明，孝道遗风仍存在一定的地域性。因而，虽然清末民初孝道古风犹在，但在一些地区发生渐变也不奇怪。关于孝道的变迁，应该注意的问题是：其一，对近代新观念的接受；其二，关于商品经济的影响。

就前者来看，鲁迅曾讥讽"王祥卧冰"、"子路负米"、"郭巨埋儿"之类的孝行，并在谈民国初年的道德状况时说："整饬伦纪的文电是常有的，却很少见绅士赤赤条条地躺在冰上面，将军跳下汽车去负米。"鲁迅自己"现在早长大了，看过几部古书，买过几本新书，什么《太平御览》咧，《古孝子传》咧，《人口问题》咧，《节制生育》咧，《二十世纪是儿童的世界》咧，可以抵抗被埋的理由多得很"②。知识结构的更新和多元化必然导致观念转变。因而，在少数接受新知识较多的社会群体中，传统的孝道，尤其是愚孝行为已经没有说服力了。

在一般下层社会，思想观念的变化更明显地根源于商品经济的冲击。在鸦片泛滥的云南一带，因吸毒、贩毒而导致的家庭悲剧屡见不鲜。而这种悲剧发展到"子弑母"的程度则又骇人听闻。1915 年，云南某子贩卖鸦片，向母借资未得允许，儿子竟然杀死母亲。③ 这种极端事件或许只有贩毒者家庭才会发生。在商品经济较为发达的沿海地区，家庭悲剧频繁出现，也一定程度反映了金钱对道德规范的摧折。如在广东，气死母亲者有之，向父母行劫者有之：

①《榕江乡土教材》（民国间抄本），见《中国地方志民俗资料汇编·西南卷》下，646 页，北京，书目文献出版社，1991。

②鲁迅：《二十四孝图》，见《鲁迅全集》第二卷，256 页，北京，人民文学出版社，1981。

③《滇南逆伦案一束·子弑母》，载上海《时报》1915 年 7 月 15 日。

麦某尽情挥霍，欲将其家中田产变卖。有老仆刘某在麦府多年经理财产，凡田房契据皆在其手中，麦某欲变卖家业而苦于老仆人之牵制，不能如愿，乃诬告刘某为乱党重要人物。……麦母闻之，责以不应，麦竟反唇相讥，遂与母绝，母病并不省视。昨日母病少寥，麦适回家，母方用膳，乍见逆子，积愤难平，向其督责。麦复忤逆。母大怒，致被所食之物哽咽喉中，气闭而死。

逆伦劫匪梁阿南……十五岁时行窃本村陈碧田家衣物，因将其逐往香港，又在港窃伊舅陈日通金戒指、衣服。民国二年九月初七夜，阿南包头涂面，纠党五人持枪来家，用铁笔撬门，抢去谷及衣服，临行开言'此次始行劫得，而奈我何'。认得系阿南声音。旧年十月二十三日由港回家手持短枪，声明约人到来行劫伊母，向伊母跪求勒迫银十元始去，阿南仍限三天续足三十元，后又回家恐吓伊母，云要放火烧屋，又勒银五元。①

这些逆子仍然受到了法律的严惩。历史上从下层社会中滋生的匪盗往往不乏忠孝观念，而抢劫父母的现象史所罕见。那么，为何此时的道德败坏到如此天良丧尽的地步？当时，有的论者认为：

自欧化输入群趋向于文明之外表，而此道德之根本已稍变动，未几而内乱起，未几而外患来，社会生活日趋困难，国人常惕然有朝不保暮之虑，而此道德亦遂因之日就澌灭焉……我国所与立国之旧道德益复扫地以尽，寡廉鲜耻之行为随地发现……广东逆伦控案所披露者是道德破坏之结果。②

传统道德观念的丧失似不能归咎于西方文化。当时教忠教孝的文学作品中，也不乏西方实例。如名为《儿兮归来》的小说，讲述一位英国母亲思念在外当兵的儿子归来，后发疯而死。儿子逃归后，自责不已，因"既不忠，复又不孝"，一旦为官中知道，必处重刑，于是自杀于母亲坟前。③ 又如，《弱女救亲记》讲述的故事是：一位俄国武官的女儿，为救流放到西伯利亚的父亲而历尽千辛万苦，终于感动沙皇，使父亲获赦生还。女则因瘰疲积疾，溘然病逝。

① 《粤东迭演家庭悲剧》，载《申报》1915 年 7 月 10 日。
② 《杂评二·广东之家庭悲剧》，载《申报》1915 年 7 月 10 日。
③ 《儿兮归来》，载《中华学生界》第 1 卷第 3 期，1915。

作者指出：一个弱女子，濒于死者屡矣，卒能殉父死，死亦可以偿志矣。故译之以风我国之人心。文人学士向人们展示的西方并不是一个抛弃伦理的社会，而是力图在中西伦理观念上寻找契合之处。所以，西方观念虽然对传统道德造成冲击，但其价值取向并不是鼓动人们摒弃人伦德性，也未必导致道德沦丧。从主流上看，近代西方的自由、平等思想和科学知识冲击了传统的愚孝观念，却没有摧毁全部孝道。

但是，所谓"社会生活日趋困难"的后果则是值得重视的。商品经济的发展，冲垮了原有的社会结构，贫富分化更加剧烈，价值观念发生畸变。在金钱的刺激下，一些人无视道德规范，贪图享乐，唯利是图的风气有增无已；另一方面，经济破产和生活逼迫，也使一些人不顾道德约束。

清末民初，旧伦理逐渐失去往日的约束力，却没有建立完整的新道德体系。于是，社会伦理总体上陷入茫然、混乱的状况之中。当然，变迁之中也出现了新伦理的雏形。当时社会中出现的"奇闻异事"反映出变化的迹象。如有陆某因出言不慎而被警方诬指为"党人"，被捕入狱，后营救得出。"父母因恐被牵连，竟集亲族，声言父子均愿脱离关系，"并订立证书：

> 立父子脱离关系书。父□□、子□□，兹因长子□□深信自由，要求自立。鄙人欲成其志，准其另立门户，享彼自由幸福，所有财产债务，均与其无涉，从此永远脱离关系。立此存照。①

这种现象反映了父子伦理的变化，体现了法律关系的凸显和血缘关系的退隐。另一则母子纠纷案则从侧面折射出子女权利意识的增长：

> 郭张氏前投公堂，控长子嘉和私取银洋，判令管押赎罪出外。现嘉和以父遗产甚巨，伊母听从某甲唆使，将家产花费，自己反被逐出，心不甘服，故延巴和律师代表投法公廨。控称：郭张氏夫故时嘉和只有三岁，伊母不敢出资教育，以致难以自立。嘉和系张氏亲生之子，因张氏另外螟蛉三子，故嘉和有失伊母之欢。儿子控母虽有不是，惟内中特别原因，无奈具控，请堂上着张氏将嘉和应得之遗产交出，另请第三保护人监护以免遗产无存。②

---

① 《父子脱离关系》，载上海《时报》1919 年 1 月 12 日。
② 《子控生母之异闻》，载《申报》1917 年 12 月 20 日。

此案并未迅速了结。母亲声称儿子自幼不肯读书，后又不愿到自己所开的土行习业。儿子则辩驳，父故后直到9岁才有机会进学堂，11岁即被母阻止再读。15岁时，母亲令他去土行向堂叔取钱回老家潮州，并非送往土行习业。此案结果不得而知。按照传统法律及伦理规范，"天下无不是的父母"，子女更没有控告父母的权利。母子对簿公堂，显然背离了传统伦理规范。这种背离也反映出自我保护意识的增长。

可见，在近代都市，传统孝道的变化是斑斓多彩的。既有真正的"逆伦案"，也有合乎情理的伦理变迁。大致说来，"逆伦案"更直接地受金钱、人欲的作用，而正常的变迁则直接或间接地受近代法律及思想观念的影响。

清末民初，自觉地对传统孝道进行改造者是戊戌到五四的先进知识分子。谭嗣同认为："五伦中于人生最无弊而有益，无纤毫之苦，有淡水之乐，其惟朋友乎。"因而，他主张以朋友之道为其余四伦之圭臬①。这种见解否定了三纲五伦，体现了平等精神，但以朋友之道代替五伦的想法不切中国的实际，与康有为的"大同"世界一样，带有浓厚的空想色彩。维新派敢于否定旧的纲常伦理，却没有找到有效的改造途径。

辛亥知识分子一面进行政治革命，又揭橥"家庭革命"的旗帜，最有代表性的文章是1904年初《江苏》杂志刊载的《家庭革命说》，提出："革命，革命，中国今日不可以不革命！中国今日家庭不可以不革命！"作者明确否定、鞭鞑父、母、兄、妻四伦。②"家庭革命"留下了较深的西学烙印。风行世纪之初的自由、平等、博爱学说为其主要理论根据：

> 有天然之道德，有人为之道德。天然之道德，根于心理，自由、平等、博爱是也；人为之道德，原于习惯，纲常名教是也。……中国数千年相传之道德，皆人为之道德，非天然之道德也；皆原于习惯、纲常名教矫糅造作之道德，非根于心理，自由、平等、博爱真实无妄之道德也；皆伪

---

① 谭嗣同：《仁学》，见《谭嗣同全集》下册，349～350页，北京，中华书局，1981。

② 家庭立宪者：《家庭革命说》，见《辛亥革命前十年间时论选集》第一卷下册，833～835页，北京，三联书店，1960。

道德，非真道德也。①

道德变革的方向是去伪存真，复归自然的人性，体现自由、平等、博爱的精神。这与反清民主革命在思想上是完全一致的。所谓"政治之革命，由国民之不自由而起；家庭之革命，由个人之不自由而发；其事同其目的同"②。"家庭革命"既是争取自由，又是为了获得做人的基本权利。自西徂东的自由、天赋人权学说成为"家庭革命"的思想理念。但是，革命志士提倡"家庭革命"终究服务于反清"政治革命"。换言之，"家庭革命"的价值坐标不是个人主义，而是民族主义或国家主义。他们把个人、家庭当作国家的基础，"国家者，个人之堆垛积也；而家族者，其立体也"。列强入侵，民族必须自强，"是故欲革政治命，先革家庭命"③。"家庭革命"仍然被"政治革命"所掩盖，所以理论上不可能深入、彻底。

"家庭革命"得到清末无政府主义者的响应。刘师培、何震等人曾参加革命阵营，主张无政府主义，并把革命人士的"家庭革命"发展到"毁家论"。他们反对一切强权和压迫，诸如国家、政府、家庭，等等，主张进行彻底的"社会革命"。他们"毁家"的主要思想根据是西方的自由、平等："人生天地间，独往独来，无畏无惧，本极自由也……家之为累，固人人能知之，人人能言之。则欲得自由，必自毁家始"；"人类本极平等，无所谓富贵贫贱也。自有家而传其世职，受其遗产，于是阶级分矣……毁家而后平等可期"④。无政府主义者的西学素养并没有超出辛亥知识分子的水准。看起来，他们的"社会革命"超越了国家主义或民族主义的局限。然而，所谓"社会革命"不过是无政府主义的乌托邦，除了偏激之外，并无实际意义。

自由、平等、博爱的口号风行于清末民初，成为反清民主革命、建设共和

---

① 愤民：《论道德》，见《辛亥革命前十年间时论选集》第三卷，847 页，北京，三联书店，1977。

② 家庭立宪者：《家庭革命说》，见《辛亥革命前十年间时论选集》第一卷下册，833～835 页，北京，三联书店，1960。

③ 家庭立宪者：《家庭革命说》，见《辛亥革命前十年间时论选集》第一卷下册，833～835 页，北京，三联书店，1960。

④ 鞠普：《毁家谭》，见《辛亥革命前十年间十论选集》第三卷，193～194 页，北京，三联书店，1977。

制度的思想基础。在民主革命思潮的推动下，人们反对旧家庭制度。然而，此时的"家庭革命"仍然是政治革命的附属品，在理论上缺少建树。[①] 他们主要是拆散旧道德殿堂的思想先驱，对孝道及父权制的改造，真正从理论上有所深入并汇集为社会思潮，还在五四时期。

四、贞节观念的变化

传统的贞节伦理是束缚、摧残妇女的枷锁。明清以来，少数士大夫对旧的贞节观也产生过怀疑。明代归有光的《贞女论》指出未嫁女子守志的不合理性。清代乾隆年间的汪中对《荀子》和儒家礼制有深入研究。袁枚的妹妹和郑文虎的婢女"守志"后，一个被卖，一个被迫服毒。有感于此，汪中认为"贞女"一说不合古礼"许嫁而婿死，适婚之家，事其父母，为之立后而不嫁者，非礼也"。"生不同室，而死则同穴，存为贞女，没称先姒，其非礼孰甚焉！"[②] 这样，汪中对"贞女"的道德内涵进行了比较委婉的否定。嘉道年间俞正燮提出了类似看法。他说：

> 后世女子，不肯再受聘者，谓之贞女。其义实有难安。未同衾而穴，谓之无害，则又何必亲迎，何必庙见，何必为酒食以召乡党僚友，世又何必有男女之别乎？此盖贤者未思之过……呜呼，男儿以忠义自责则可耳，妇女贞烈，岂是男子荣耀也。[③]

俞氏没有明确否定妇女节守，但其贞操观念蕴含男女平等的思想。所以，他关于妇女德行的看法也不乏精辟之处。他认为："妒者，妇人常情。"根据明代律例，庶民年四十以上无子者，方听娶妾，违者笞四十。如果男子不娶妾，

---

① 1915年，吴贯因在梁启超主编的《大中华杂志》第1卷第3期至第6期发表连载长文《改良家族制度论》，此文对中国传统家庭中"同居问题"、"共产问题"、"主婚问题"、"守节问题"、"居丧问题"、"祭葬问题"发表了改良主张。这些见解较之辛亥前的类似言论更显全面而平实，可谓开五四伦理革命之先河。但是，吴贯因的见解主要针对传统习俗的弊端，缺少思想层面的深入挖掘。他的主要思想立足点是社会进化论和救亡图存，易言之是国家主义而非个性解放。因此，从思想脉络上，他的《改良家族制度论》应该主要是清末思想的继续和发展，而与五四时期的思想重心有所不同。

② 汪中：《女子许嫁而婿死从死及守志议》，见《述学》内篇一，江都汪氏丛书本。

③ 俞正燮：《贞女说》，见《癸巳类稿》卷一三，北京，求日益斋刊本。

"此则妇女无可妒，礼法之最善者也"。他指出："夫妇之道，言致一也。夫买妾而妻不妒，是恕也，恕则家道坏矣。"① 与其说俞氏是为妇女的妒心辩护，毋宁说是主张平等的贞节规范。这些思想在当时确是难能可贵的。

怀疑或否定旧贞节观的思想在文学作品中也有明显反映。李汝珍的《镜花缘》借两面国的押寨夫人之口，鞭笞讨妾的"强盗"："假如我要讨个男妾，日日把你冷淡，你可喜欢？……我不打你别的，我只打你只知有己不知有人……若要讨妾，必须替我先讨男妾，我才依哩。"② 这种思想倾向在《红楼梦》等名著中也有体现。蔡元培指出："我国小说，强半多涉男女之情，其故由于我国男女之防素严，作小说者往往多借文字以发泄其怀抱，其他则不外乎鬼怪神仙之谈。"③ 不过，这种意识在"鬼怪神仙之谈"中同样流露出来，如蒲松龄的《聊斋志异》往往以荒诞的形式表现出对传统贞节观念的否定。

但是，当整个封建文化体制强大之时，先进思想和言论必然遭到主流意识的压制、打击。传统伦理意识的倡导者是统治阶级和士大夫，履践则主要在广大民众。正是后者形成了社会生活和民间伦理的基本面貌。由于文化的多层性，各社会群体受主流意识的影响也不一致。也就是说，主流意识与社会现象之间有所差异。产生差异的根源，既有王朝秩序的因素，也不能忽视文化环境。就后者来看，既要注重文化本身的内部调整，又应注意中外文化的融合问题。正是由于这些因素的合力作用，历代寡妇再嫁的现象也不少见。即使在王朝稳定时期也会出现逾越"常轨"的现象。民间常有男子与寡妇交往无忌，甚至为此争斗的现象。在封建社会，各地多少都有寡妇再嫁的习俗。老北京人俗称"往前走一步"。这大多是娘家或婆家的主张。不过，从清代北京寡妇再嫁的礼俗，仍然可见浓厚的贞节观念：

> 寡妇坐轿子不能脸朝外，必须脸朝里，谓之"倒轿正脸"。为的是把世俗所谓"寡妇改嫁不要脸"说法正过来。（续弦的）寡妇走出原来的婆家与进入新夫家均不得走正门（一般无旁门者自当免俗）。同时，也不用花红大

---

① 俞正燮：《妒非女人恶德论》，见《癸巳类稿》卷一三，北京，求日益斋刊本。
② 李汝珍：《镜花缘》第51回，183页，上海，世界书局，1935。
③ 《蔡鹤卿在通俗教育会上演说词》（1916年12月27日），见《中华民国史档案资料汇编》第三辑，556页，南京，江苏古籍出版社，1991。

轿迎娶。而是由男的用车来接。而且临时雇个看街的"大闲等儿"挑一桶水，放置门前约二十米远的地方，将扁担立于墙根。等车到此处，寡妇即下车，用脚将水桶踢倒，任水倾洒于路，说是"洗洗身世上的污垢"即丧夫改嫁的耻辱。（结后婚的）寡妇骑马（驴）或坐车而来，新夫门前临时立一扁担。寡妇下了马或车，即将扁担抱起，表示"嫁鸡随鸡飞，嫁狗跟狗走，嫁了根扁担也得搂一搂"。仍是为了正改嫁不贞不节的名。①

在一些比较偏僻落后的农村，贞节遗风更浓一些。如福建的政和县，直到民国初年，"孀妇之励志守贞者，所在皆有，以西里之前洋村为尤著。村皆吴姓，聚族而居，其妇人或青年失偶，皆孀守终身，从未闻有再醮事"②。这种状况也见于安徽、湖南等受理学影响较深的地区。

清末到民国初年，贞节遗风不限于传统家庭，一些革命志士之家也存在。1912年初，同盟会会员彭家珍因谋炸宗社党首领而牺牲。他的未婚妻子"王氏请过门守节"，备受社会各界称赞。过门那天，"王氏坐八抬大轿……军乐铿锵，车马络绎，街道为之拥塞，严、张两都督均亲往庆贺，观者咸啧啧称羡。"③ 这种现象除了崇敬先烈的因素之外，也不能忽视传统贞节观念的作用。

作为片面贞节观的典型体现，纳妾仍然是社会的常见现象。民国初年，纳妾在法律上已遭禁止，而事实上遗风犹在。如浙江的兰溪，"纳妾的风气，是很盛行的"④。风气所及，有些地方则以变相的形式合法存在，即使教民中也不乏这类现象。南京教务联合会关于纳妾问题的决定是"纳妾者仅许留第二妻"。实际上是向传统的纳妾制妥协。因而时论认为："中国人之最难通过者第一妾，第一妾者何，即耶教之所谓第二妻也。一妾既纳而二妾三妾四妾五妾其势遂如破竹，而西方之教徒，为东方所同化，其何以堪。"⑤

纳妾现象当然有一定的经济根源。经济的贫困导致了女婢的盛行，为妾提供了丰富的来源。"无后为大"的观念又成为男子纳妾的伦理根据。然而，值

---

① 常人春：《红白喜事——旧京婚丧礼俗》，162页，北京，燕山出版社，1996。

②《政和县志》（民国八年铅印本），见《中国地方志民俗资料汇编·华东卷》下，1259页，北京，书目文献出版社，1995。

③《王烈女过门守节之志盛》，载《申报》1912年6月5日。

④《兰溪的女子》，载上海《民国日报》1919年9月30日。

⑤《第二妻》，载上海《时报·小时报》1916年11月25日。

得注意的是，这种现象与根深蒂固的片面贞节观分不开。

清末民初，传统的贞节观念仍发挥着作用。清末北京"男家选女首在'贞操'上的名声，要求确系闺中深处的处女"[1]。"旧时，男家要求娶过来的新媳妇，必须是处女。此为新婚娶妇之当然条件和先决条件，议婚中勿须明讲，自然在论。所谓'处女'，必须处女膜完整……假如，经男家验证，不是贞节女子，便不去报喜，或不再继续悬彩，甚至当时将新妇休回。最轻者也得将娘家人找来，由男家提出条件，什么'从此不准归宁'啦，'如若不贤惠，我们打死白打啦'，等等。这位新娘日后的处境就不问可知了。"[2]其实，处女迷信在清末淫风最盛之域——上海妓院中同样存在。当时竹枝词云：

> 小姊何如大姊优，街头巷口卖风流。
>
> 双跌争说天然好，翻笑金莲不似钩。
>
> 大姊者未出嫁之女童也，各妓家皆有之，近时尤盛。[3]

近代中国是一个参差不齐、复杂多变的社会。在五四"伦理革命"之前，尽管传统的贞节观念左右着社会风尚和价值取向，但在一些通都大邑，传统的贞节观念已多少遭受冲击，发生着量变。这些变化当然与清末新思潮分不开。大致说来，自戊戌思潮以后，20世纪初年的先进知识分子已较为深入地冲击旧的贞节观念。

第一，他们对传统"女德"进行了广泛批判。班昭《女诫》曰："清闲贞静，守节整齐，行己有耻，动静有法，是谓妇德。"历代宣讲"妇德"的作品不断翻新，"德、言、容、工"的烦琐规范成为束缚妇女的枷锁。戊戌之际，梁启超等人提倡女学时，就抨击"女子无才便是德"的陈旧观念，认为女学"内之以拓其心胸，外之以助其生计，一举而获数善，未见其于妇德之能为害也"[4]。到20世纪初年，有的人士指出："德无分男女也"。男尊女卑的观念出于《周易》的天尊地卑、乾坤定位。然而，"今者地球为一行星之说既明，天地既不成对待，男女之道岂有异同哉？"因而，传统的"女德"已无立足根据。

---

①② 常人春：《红白喜事——旧京婚丧礼俗》，1076～1077页，北京，燕山出版社，1996。

③ 袁翔甫：《再续沪上竹枝词》，见《中华竹枝词》（二），925页，北京古籍出版社，1997。

④ 梁启超：《变法通议·论女学》，见《饮冰室合集》文集之一，39页，北京，中华书局，1989。

并且，"女德"之坏，罪在男子。"男之于女始则痼之，使趋于不德，继则因其不德而深疾之，皆男子之罪也，于子女何有？"① 对"妇德"的否定动摇了男尊女卑观念的思想根基。

他们批判"女子无才便是德"的陈旧说教：这种说法"其意有才之女子，不受夫男之压制，即失其顺从之德。呜呼！中国人多天然仁爱之性质，独于待妇女竟显其忍心害理如此，亦大可异矣！世俗又以妇女读书识字，易观淫词小说，而改变其德性。夫中国淫词小说之流传，乃社会之耻，风俗之忧，岂惟妇女之易观耶？彼男子亦尤乃尔。"② 还有人撰写专文驳斥"女子无才便是德"，以历史事实论证有才的女子同样可以有"德"，"才"不坏"德"。而且，处于20世纪学问竞争、优胜劣败的时代，"不论男子无才不能独立，就是女子无才也不能成立的了"③。这些言论是对传统女性观念的否定。另一方面，从戊戌到辛亥，兴女学成为时代的进步潮流。有识之士不仅阐明女学对于个人、国家、社会的重要性，也必须排除阻碍女学的伦理障碍。上述言论显然适应了清末兴女学的现实需要。柳亚子指出："况如'无才是德'所云，且明禁女子之求学乎！"④ 可谓击中要害。

第二，批判传统的"女教"。针对清末女学中的传统"女德"教育，他们认为班昭的《女诫》不过是"乃以卑弱下人为宗旨，养成柔懦根性为目的，是使群女子相率而为自暴自弃也"。他们批评一些人"始焉尚抱守《女诫》、《女孝经》主义，甘为古人之奴隶，终焉遂拘守习俗所读《闺门女训》主义，甘为世俗之奴隶"⑤。1907年，清政府学部的女学章程颁布后，有人一一批驳其荒谬之处，其中就"女子德育"指出："今该章谓仍宜用女训等旧书，是闭塞女子之知

① 申侠：《女德论》，见《中国妇女运动历史资料》（1840～1918），270～272页，北京，中国妇女出版社，1991。

② 东吴范伟：《论中国薄待妇女之制度》，见《中国妇女运动历史资料》（1840～1918），200页，北京，中国妇女出版社，1991。

③《女子无才便是德驳》，见《中国妇女运动历史资料》（1840～1918），278页，北京，中国妇女出版社，1991。

④ 亚卢：《哀女界》，见《辛亥革命前十年间时论选集》第一卷下册，935页，北京，三联书店，1960。

⑤ 张昭汉：《班昭论》；宋大华：《读〈女孝经〉〈女诫〉》，见《中国妇女运动历史资料》（1840～1918），273～274页，北京，中国妇女出版社，1991。

识，养成女子之奴性，直接废德育，间接废智育，更间接废体育（旧书有女子当静居等主义），亦即禁女学之变相也。"① 他们根据男女平等的思想，否定清末女子教育的"良妻贤母"方针："贤母良妻之主义，非与男尊女卑之主义谬说二而一、一而二者乎！""夫贤母良妻也者，具普通之智慧，有普通之能力，而襄夫教子之谓也。若是则女子之性质，岂仅能襄教而不能独立者乎？彼男子之教育，授种种之专门学问，今女子则仅授普通之学识而止，非重男轻女耶？非与男尊女卑之谬说相等耶？所谓平等者何在？所谓平权者何在？"② 这种言论针对清末女学的弊端和保守性，对教育界具有振聋发聩的意义。

第三，否定旧的贞节观。19 世纪末，有人就传统伦理的哲学基础指出："天地之生也，一阴而一阳，一男而一女。一男而娶数女者男淫也，一女而嫁数男者妇淫也，男合有夫之女，女合有妇之男者乱淫也。处女寡女，童男鳏男，鼓于天机，荡于人欲，阴阳阖辟，互为匹偶者，公理也，人道也，无关于贞淫廉耻也……是杀尽天下妇人而不见血者，惟此三从四德、贞孝节烈之名害之也。"③ 从而坚决否定了片面的贞节观念。直到清末，批判旧的贞节观仍然是激进知识分子的思想论题。主张"毁家"的无政府主义者鞠普指出："贞节之说，不足为妇德重，则好淫之说，不足为女德累可知矣！何世之言者尚欲以贞淫二字，为女德之界线耶！"④

这些新观念对于新式学堂的青年学生有所影响。不过，对于广大识字不多的市民阶层而言，传统观念的冲击主要来自商品经济和社会生活。在一些商品经济比较发达的地区，婚姻已逐渐受到金钱的支配。"男女婚嫁，全凭父母之命、媒妁之言，以门第财产相当者为合格。"⑤ 这类现象古已有之，而清末社会则更重财产，门第观念开始淡薄。福建永春县，"百数十年前，聘礼无过百金者，生女过多者辄溺之，虽经慈善家之劝戒，育婴堂之救济，然不能免。近则聘礼动至数百金，无在百金之下者，而妆奁之厚薄转未过问，虽穷乡僻壤，

① 如瑾（陈以益）：《论学部严定女学章程》，载《神州女报》第 1 卷第 1 号，1907。

② 陈以益：《男尊女卑与贤母良妻》，见《辛亥革命前十年间时论选集》第三卷，482～483 页，北京，三联书店，1977。

③《男女平等之原理》，见《清议报全编》第 25 卷，附录一。

④ 鞠普：《女德篇》，见《中国妇女运动历史资料》（1840～1918），282 页，北京，中国妇女出版社，1991。

⑤《台安县志》（民国十九年铅印本），见《中国地方志民俗资料汇编·东北卷》，84 页，北京，书目文献出版社，1989。

女孩均得保全矣。"① 经济因素促使人们对女性的态度发生变化。在商品经济较发达的地区，观念的变化尤为明显。如浙江海宁，到清末"婚姻不论门第"，彩礼则颇为讲究。又如上海：

媒妁纷纷说对亲，只论财礼不论人。

尺头要做衣裳去，件件还挑花色新。

纳币向用绸缎，俗谓尺头。近来，女家图省，要男家做成衣服行送，而颜色花样稍不合意尚要退换，此等陋习亦昔所无，故近来寒士娶妻尤不易云。

若说妆奁难比前，两橱那有八箱全。

做朝做节多虚礼，犹是挑人去赚钱。

旧俗富家嫁女，多用四橱、八箱为全副嫁妆；今则上等之家亦仅能两橱四箱为半副矣，而奴仆往来虚文礼数不能稍减。

贫女攀亲不易成，豪门作婿共求营。

兴家立业全无志，只望妻财过一生。②

买卖婚姻是一柄双刃剑。一方面，它可能剥夺了女性的爱情，而且也腐蚀着男性的性爱。另一方面，唯利是图的风气不可避免地冲击旧的门第观念和贞节观念，侵蚀传统的贞节伦理。在号称九省通衢的汉口，买卖婚姻中便出现了骗钱行为，有竹枝词写道：

楚人嫁女利为罗，不管新郎鬏发皤。

要戴金珠穿锦绣，更无妯娌与公婆。

习俗如此，内政所以不修。

一树梨花傍海棠，百般趋奉不相当。

开笼放雀囊空后，拖舥年年有几场。

老夫少妇，受累不一，此特举其一端耳。其求去之辞曰"开笼放雀"。

暗地卷财，乘间私逃。兴讼索人，俗语总括之曰拖。③

这种"开笼放雀"，卷财而逃的不良现象虽然是社会弊病，但它既是妇女

① 《永春县志》（民国十九年中华书局铅印本），见《中国地方志民俗资料汇编·华东卷》下，1300 页，北京，书目文献出版社，1995。

② （清）瞿中溶：《续练川竹枝词廿十八首》，见《中华竹枝词》（二），747 页，北京古籍出版社，1997。

③ （清）叶调元：《汉口竹枝词·闺阁》，见《中华竹枝词》（四），2613 页，北京古籍出版社，1997。

对传统婚姻制度的反抗，又冲击了旧的贞节观念。

社会经济环境和生活环境的变迁必然要反映到思想意识领域。到晚清，一些商品经济比较发达的地区，如上海等商埠，女性职业也出现了变化的迹象。这在事实上也冲击了传统伦理规范。有竹枝词写上海：

> 小东门外最繁华，妇女跑堂处处夸。
>
> 选入清膏房里住，居然美丽胜名花。
>
>
> 一班大脚尽浓妆，惹得游人个个狂。
>
> 小帐掷来多大帐，何妨携手摸倾囊。
>
>
> 半因过瘾半陶情，那怕娘姨叫小名。
>
> 提得枪来烟已到，一壶开水叫连声。
>
>
> 问道娘姨有用不，共传闺阁替梳头。
>
> 而今竟作烟灯伙，半逗风情半卖羞。
>
>
> 呼朋唤友一齐好，乍靠烟盘已动情。
>
> 最是关心须暗约，今朝欢叙待三更。①

从这首作于光绪初年的上海竹枝词不难发现，妇女的职业由原来的梳头女到烟馆的招待，自然而然地导致男女大防的崩溃。同时，娱乐方式的变化也会刺激伦理大防的变化，以上海的妇女看戏为例：

> 演戏刚逢十月朝，家家妇女讲深宵。
>
> 看台宜与戏台近，吩咐奚奴预作标。
>
> ……
>
> 扇痕折叠手频探，隙里红颜分外酣。
>
> 可笑轻狂年少子，腹饥眼饱两难堪。

---

① （清）袁翔甫：《沪上竹枝词》，见《中华竹枝词》（二），820页，北京古籍出版社，1997。

狂生遍体已麻酥，适有人来偶一呼。

故问此番第几出？只优到是好规模。

京式烟筒京式鞋，墨晶眼镜手还揩。

两行红粉齐回首，第一消魂是坠钗。

……

归来曲曲路曾经，蜂蝶犹思影逐形。

替尔担惊挥不少，沿桥小路最零丁。

欲言又止漫评论，月影朦胧最断魂。

姊笑郎痴郎笑姊，各猜心事过黄昏。

更深独坐剔银缸，悄悄凭空六幅窗。

玉漏惊魂孤枕冷，犹疑人影一双双。①

  这里，外出看戏对于晚清上海妇女还是颇为新鲜、激动人心的事。然而，看戏中出现的男女交往又使她们真情流露，滋生着突破男女大防的冲力。

  晚清以来的西学东渐和思想变革给贞节观念的更新注入了思想活力。戊戌以后，贞节观念的改造成为有识之士的思想主题之一。而商品经济的发展和社会生活的变化又使一些地区的传统伦理规范出现松动。在多种因素的推动下，旧的贞节观念开始发生渐变，为五四时期的伦理变革奠定了基础。

---

  ① （清）佚名：《续刊沪上竹枝词》，见《中华竹枝词》（二），1020～1023 页，北京古籍出版社，1997。

第五章

清末传统学术的流变

晚清以来，传统学术发生了深刻变化。19 世纪中期，社会变局冲击着原有的文化体系，今文经学的兴起、儒学的调整、诸子学渐趋复兴及史学重心的变化，等等，都是传统学术自身的衍变。就学术结构而言，此时西学微弱，新学未成，传统学术仍占绝对优势。19 世纪晚期，尤其是戊戌维新运动兴起以后，社会变革的重心由器物层面而进入制度层面，也更广泛地涉及思想文化领域。八股科举逐步被淘汰，儒学经典渐受新一代士人冷落。社会的危机和需要促使士大夫更加关注社会现实，进一步发展和履践经世致用学风。西学输入的范围也由科技一隅而扩展到人文社会科学。西方哲学、社会学、政治学、伦理学、经济学、逻辑学逐渐传播开来。它们在中国播种、生长时，传统学术和文化格局开始转变。随着中西融合和创新的发展，传统学术亦不同程度地向现代学术转变。

一、经学衰落及儒学的变化

（一）经学相对衰微

乾嘉经学偏重于东汉流传下来的古文经，尤其是汉代学者的注解、训诂，经历近一个世纪，形成盛极一时的汉学。但到嘉道之际，汉学本身烦琐、无用的弊端更加明显。于是，作为汉学内部的调整，一些人转治今文经，并倡导通经致用，开创了清代学术的新风气。与此同时，一些学者也开始注重儒经之外的学术资源。魏源、姚莹、路德等人注重先秦非儒学派的社会价值和经世思想，诸子学逐渐进入士大夫的学术领地。

但是，无论是今文经学，还是诸子学，都不可能挽救 19 世纪的社会危机。清王朝面临更严重的"内忧外患"。西方的坚船利炮给"天朝上国"造成了空前的统治危机，西方文化也对传统文化提出了严峻挑战。儒经不能继续充当"治国安邦"的理论工具，日益捉襟见肘。即使在士大夫内部，对儒学及经学的怀疑和不满也有增无已。在此潮流中，儒学和经学的地位已渐渐跌落。

在清王朝内部，席卷东南的太平天国起义不仅把清王朝逼到崩溃的边缘，而且给正统学术造成物质和精神上的打击。汉学的大本营苏、浙、皖地区多年处在起义军的控制之下，大批士人被迫逃亡，无数典籍毁于战火。曾国藩所谓"举中国数千年礼仪人伦诗书典则，一旦扫地荡尽。此岂独我大清之变，乃开辟以来名教之奇变，我孔子、孟子之所痛哭于九泉"①。这并非纯属收揽人心的攻击之词，而反映了战争对儒学的沉重打击。战争环境使传统士人丧失了原有的治学条件，阻遏了经学的发展势头。

于是，在学术脉络上，晚清经学较之乾嘉时期有日薄西山之势。晚清名士李慈铭说："嘉庆以后之为学者，知经之注疏不能遍观也，于是讲《尔雅》、讲《说文》。知史之正杂不能遍观也，于是讲金石、讲目录，志已渝矣！道光以后，其风愈下，《尔雅》、《说文》不能读而讲宋版矣，金石、目录不能考而讲

---

① 曾国藩：《讨粤匪檄》，见《曾文正公文集》卷三，光绪二年刊本。

古器矣!"① 这反映了经学衰微气象之一斑。当然,由于学术的传承性和深厚的社会基础,晚清经学仍有一定成就。道光年间,汉学家阮元辑成《皇清经解》(于1829年刻成),收录清代经学著作178种,1408卷,反映了清代前中期的汉学成绩。光绪年间,古文经学家王先谦又辑成《皇清经解续编》,计收录经学著作207种,1430卷(南菁书院1888年刊本)。此书除了补录阮元遗漏的清前、中期经学著作外,也辑入道光以后的作品,总结了晚清经学的基本成绩。

晚清古文经学及小学基本上传承、延续了乾嘉汉学,其主要成就体现在:

经学著述。此时多数经学考据都是补充乾嘉经学,有补苴罅漏之功,而无突破创新之势。刘毓崧的《周易旧疏考证》、黄式三的《易释》、成蓉的《尚书历谱》都属此类,影响较小。此外,研究《毛诗》的学者有丁晏、陈奂。丁氏有《毛郑诗释》四卷,陈奂尤精于诗学,著《毛诗传疏》30卷。

较为热门的研究在于《三礼》。如丁晏的《仪礼释注》、郑珍的《仪礼私笺》、郭嵩焘《礼记质疑》、陈乔枞《礼记郑读考》、胡培翚的《仪礼正义》等有一定创见,而体现了今文学重心。这方面的总结性著作是黄以周的《礼书通故》和孙诒让的《周礼正义》。孙诒让自幼接受汉学熏陶,精于群经、诸子、小学。他的《周礼正义序》说:"诒让自胜衣就傅,先太仆君即授以此经"。后人对《周礼正义》的学术价值尤为推崇:"博采汉唐以来迄乾嘉诸经儒旧说,参互谇证,以发郑注之渊奥,裨贾疏之遗阙。其于古制疏通证明,较之旧疏实为淹贯。"② 事实上,正是《周礼正义》奠定了孙氏在晚清汉学领域中的突出地位。章太炎认为,晚清浙江学人中,孙氏学术成就胜过俞樾和黄以周。

就《春秋》三传来看,除公羊学借政治机缘而较为炽盛外,关于《左传》的考据也不乏人。江苏仪征人刘文淇年轻时随舅父凌曙研习儒经,凌氏为今文经学家,而刘则肆力于《左传》,并有所成。自此,刘氏以治《左传》闻名士林,刘文淇积40年之力撰著《左传旧注疏证》,取贾逵、服虔、郑玄之注疏通证明,纠正杜预的"集注",指出其沿袭前人之处。其书未成而死,其子刘毓崧、孙刘寿曾相继编著,仍只编至"襄公五年",书稿却已达八十余卷。刘氏

---

① 李慈铭:《札记》第一,见《越缦堂札记》一二。

② 孙诒让:《籀庼学案》,见徐世昌编《清儒学案》卷一九二,影印本,538页,北京,中国书店,1990。

注疏《左传》、整理经史之学传及后人刘师培（刘文淇曾孙）。

小学成绩：小学即后世所谓语言文字学，包括文字学、训诂学、音韵学等，是一门相当古老的学问，早在经学兴起之前就有了。小学是研究儒经的重要途径，故乾嘉经学鼎盛之时，小学也较为发达。王念孙的《广雅疏证》、段玉裁的《说文解字注》都是清代小学的重要著作。

晚清研究《说文解字》的著述有王筠的《说文释例》20卷，阐明《说文解字》的条例、体制，见识不在段玉裁之下。而他所著《说文句读》30卷则总结段玉裁等前人成果，删繁举要，随文顺释，便于初学。朱骏声的《说文通训定声》18卷也是清代研究《说文解字》的名作，可媲美于王筠的著作。此外，贵州经学家郑珍也撰有《说文遗字》、《说文新附考》等书。晚清一些汉学家不乏精深的文字学造诣。

音韵学方面，江有诰的《音学十书》是该领域的总结性著作，影响较大。曾国藩的幕僚学者莫友芝的《韵学源流》，也具有学术价值。汉学大师俞樾著有《群经音义》、《广雅释诂疏证拾遗》各一卷，章太炎等人也在音韵学方面不无心得，这些反映出清代小学繁荣的余波。

但是，晚清汉学成就仍不能与乾嘉学派比肩。首先，晚清汉学的研究方法主要沿袭乾嘉学派，如训诂、校勘、音韵诸学都经乾嘉学者反复实践，并进行了初步归纳总结。晚清汉学家继承这些方法，却没有在理论上继续提升、发展。其次，尽管晚清出现了孙诒让《周礼正义》等少数经学名著，但较之乾嘉时期名著迭出的局面逊色多了。王先谦的《皇清经解续编》，虽然与阮元的著作篇幅相埒，却主要是拾遗补漏，两者的重要性难以并论。再则，就学者群体来看，晚清虽然出现了俞樾、孙诒让、王先谦、章太炎等经学名家，却不如乾嘉时期群星灿烂。总之，就清代经学的演变脉络来看，晚清已经进入了相对衰落时期。

（二）今文经学的发展

与古文经考据相对衰落的局面不同，今文经学则在晚清崛起，尤其是思想上空前发展。乾隆年间，庄存与在古文经学笼罩之下开创常州学派，当时已属难能可贵，却未能在汉学之外独树一帜。其后，庄氏外孙刘逢禄、宋翔凤对今文经的"微言大义"心得较多，将今文经学推进一步，却仍局限于学术领域。直到龚自珍、魏源则把"言学"与"言政"贯通于一，提倡通经致用，开掘微言大义，今文经学从此面貌一新。不过，今文经学在实践上与政治变革结合起来，融入社会潮流还在光绪时期。

晚清今文经学多少与常州学派有关。如著名学者戴望（浙江德清人，1837—1873）曾从宋翔凤游，受常州学派的影响，著《论语注》，阐发"三统"、"三世"说。龚自珍的同乡邵懿辰也是道咸时期较重要的今文家。他著《礼经通论》，认为《逸礼》为刘歆伪作，继龚、魏之后，进一步排斥古文经。其学术思想与常州学派有一定的关联。不过，总的来看，晚清今文经学是在汉学的中心苏、皖之外的湘、粤地区发展起来的。除了社会环境之外，这种局面也源于当地独特的学术传统。

湖南是晚清今文经学的中心地区之一。湘学向来有讲求义理、注重经世致用的传统，故今文经学也容易生长。继魏源之后，湘潭王闿运治今文经颇有时名。王氏号湘绮，曾当过曾国藩的幕僚，先后在成都尊经书院、衡阳船山书院、两湖书院等处讲学。他广涉经史子集，经学成就不高，却倾向于调和今、古文，尤其重视今文经。曾以今文经遍注群经，成《经子笺注》等书。

湖南善化（今长沙县）的今文家皮锡瑞（1850—1908）学术造诣较深、成就较大。皮氏字鹿门，因敬仰汉初今文经学大师伏生，名其居为"师伏堂"。他支持湖南的维新变法，曾任南学会会长，但主要从事讲学授徒，参与政治活动不多。他著有《经学通论》5卷、《经学历史》、《今文尚书考证》30卷等书。与王闿运类似，皮氏治经不排斥古文，却推重今文。他重视"六经"为谁所作、作于何时的问题，曾提出治学"六旨"：

> 一、当知经为孔子所定，孔子以前不得有经；二、当知汉初去古未远，以为孔子作经说必有据；三、当知后汉古文说出，乃尊周公以抑孔子；四、当知晋宋以下专信《古文尚书》、《毛诗》、《周官》、《左传》、而大义微言不彰；五、当知宋元经学虽衰，而不信古文诸书，亦有特见；六、当知国朝经学复盛，乾嘉以后，治今文者尤能窥见圣经微旨。执此六义以治诸经，乃知孔子以万世师表之尊，正以有其万世不易之经，经之大义微言

亦甚易明。①

皮锡瑞坚持"六经"为孔子所作的观点，当然不能完全成立。但在晚清今文家中，他主要从学术上尊崇今文经学，持论较为平和，也不绝对排斥古文经。因而，他加固了今文经学的学术基石，对清末今文经学的发展产生了推动作用。

在晚清学术调和的趋势中，有些学者偏重今文经学或兼治今、古文经，也撰写了一些今文经学著作，如陈立的《公羊义疏》，冯登府的《三家诗异文疏证》，迮鹤寿的《齐诗翼氏学》，陈寿祺的《三家诗遗说考》、《今文尚书经说考》，陈乔枞的《诗经四家异文考》、《齐诗翼氏学疏证》，柳兴恩的《春秋穀梁大义述》，钟文丞的《穀梁补注》，侯康的《春秋古今说》，刘宝楠的《论语正义》，刘恭冕的《何休论语注训述》等。这些著作多撰于嘉庆、道光或同治年间，主要从学术上立论，目的不是建立经学壁垒，但客观上有利于形成推重、研究今文经的学术风气。

稍后，王闿运的四川弟子廖平（1852—1932）在建造经学壁垒、宣传今文经方面青胜于蓝。廖平治学诡怪多变，没有一贯的学术主张，却是推动晚清今文经学复兴的关键一环。廖氏晚年将一生论著辑为《六译馆丛书》刊行，反映了经学思想的变化过程。他自称经学主张凡"六变"：一变是从"混合古今"到"平分古今"，认为古文为周公所作，今文为孔子所作；二变是"尊今抑古"，认为今文为孔学真传，古文为刘歆所伪造；三变为区分大统、小统，主张"古大今小"；四变分别人学、天学；五变是融合天、人、大、小为一体；六变则以《内经》、《灵枢》的五运六气来解释《诗经》和《易经》。范文澜认为，廖平的经学思想"愈变愈离奇，牵强附会，不知所云"②。

然而，廖氏的一些想法直接启发和影响了康有为。康有为（1858—1927）原名祖诒，字广厦，号长素。他生长于广东南海县的一个儒学家庭，自幼受儒学熏陶，但没有经受正统汉学的严格训练。他19岁时曾从广东学者朱次琦治学，形成了较牢固的心学基础。1879年以后，康有为开始接触、阅读西书，并游历香港、上海等地。早年的康有为没有明确的经学营垒，但较重视今文

① 皮锡瑞：《经学通论序》，见《经学通论》，1～2页，北京，中华书局，1954。
② 范文澜：《中国经学史的演变》，见《中国哲学》第一辑，76页，北京，三联书店，1976。

经。1886 年，他在《教学通义》一书中，既尊崇周公，又认为孔子的经典"变乱于汉歆"，并认为"《春秋》独为孔子之作，欲窥孔子之学者，必于《春秋》……所谓微言大义于是乎在"①。1889 年春，在思想和科举道路上陷入彷徨和苦闷的康有为在广州遇见廖平。此前，康有为读过廖氏的《今古学考》，对今、古文两家的学术界线有所了解。这次会晤，廖氏赠以《知圣篇》、《辟刘篇》，传播其"二变"时期的学术观点。廖平的文章对康氏的经学倾向产生了深刻影响，直接催生了康氏的《新学伪经考》和《孔子改制考》。

《新学伪经考》于 1891 年刊行。书中认为：秦汉"焚书坑儒"并没有烧毁所有的儒经，西汉初年流行的儒经（即今文经）正是先秦经典。古文家所谓西汉河间献王、鲁王发现古籍之事纯属子虚乌有。后世汉学家研治的古文经出自西汉末年刘歆伪造，而完成于东汉的郑玄。刘歆助王莽篡汉，建立新朝，出自他的"学术"当然不是孔儒之学，而是"新学"。故康氏认为："凡后世所目为'汉学'者，指贾、马、许、郑之学，乃'新学'，非'汉学'也；即宋人所尊述之经，乃多伪经，非孔子之经也。"② 这不仅沿袭从龚自珍、魏源到王闿运、廖平等人尊崇今文经的观点，而且更全面、激烈地否定了东汉的古文经，把刘歆争立于学官的《周礼》、《逸礼》、《毛诗》、《左氏春秋》、《易经》、《尚书》等都打入"伪经"之列，从而根本否定了清代盛行二百余年的正统学术。其作用非限于巩固今文经学壁垒，而是为经学创新和思想解放扫清道路。

《新学伪经考》冲破了正统学术藩篱，《孔子改制考》则重释儒学道统。从1892 年起，康有为在弟子陈千秋、梁启超、曹泰等人协助下编撰《孔子改制考》，1898 年春该书由上海大同译书局刊出，共 21 卷。康有为发挥公羊家的"三世说"，又融合西方进化论，把孔子塑造为一个改革者的形象。他认为，孔子是一位虽不在王位却主张改革的"素王"，是"托古改制"的"教主"。孔子的"微言大义"寓于他所作的《春秋》之中，而"孔子之圣意，改制之大义，《公羊》所传微言之第一义"③。这就是所谓经过太史公、董仲舒嫡传下来的"通三统"、"张三世"学说。在他们看来，历史都是遵循"据乱世"、"升平

---

① 《康有为全集》第一集，124 页，上海古籍出版社，1987。
② 康有为：《新学伪经考》"序目"，2 页，北京，中华书局，1956。
③ 康有为：《孔子改制考》，285 页，北京，中华书局，1958。

世"、"太平世"三阶段循环以进。

康有为将"三统"、"三世"说与西学知识融合起来,认为:"据乱世"就是西方君主专制时代,"升平世"即君主立宪时代,"太平世"即民主共和时代。孔子在《春秋》之中述尧、舜之事,都是要"托古改制"。康氏认为:"尧、舜为民主,为太平,为人道之至,儒者举以为极者也……孔子拨乱升平,托文王以行君主之仁政,尤注意太平,托尧、舜以行民主之太平。"① 于是,在他的笔下,孔子成为一位主张君主立宪最后达到民主太平之世的改革家。这个孔子偶像当然与传统经学所塑造的大不相同,也不是龚、魏到廖平等前辈今文家心中的孔子。这个偶像直接服务于变法需要,诚如梁启超所谓"借经术以纹饰其政治"而已。戊戌变法失败以后,康有为流亡海外,继续宣传公羊三世说,为立宪运动寻找理论根据。

无论是《新学伪经考》还是《孔子改制考》,学术上都不乏武断、牵强之处。相对于古文经学注重"文本"考据,今文经学重在追求和诠释"意义",学术严谨性稍逊一筹。在经世致用思潮的推动下,清末一些古文家也不像乾嘉学派那样沉迷故纸,而是关怀社会现实,融会传统义理学或近代西学。但晚清今文经学讲求"微言大义"的传统留下了更为广阔的思想空间,因而对社会的关怀和反应更为灵活,对现实"意义"的追求更为大胆而丰富。

因此,在 19 世纪中晚期,今文经学独占鳌头,兴盛一时。尤其是戊戌时期,康门弟子奔走宣传,今文经学流播于岭南,也对湖南今文经学的更新、发展有所推动。在湘、粤学术的互动、影响之中,晚清学术出现了另一番景象。

(三) 儒学的变化

儒学是一个外延广泛而内涵丰富的概念,所有关于儒家典籍、思想、人物、学派等文本、话语、历史方面的研究均可看作儒学。经学本来也是儒学的一个分支,只是偏重于五经的校刊、注释,独具特色,故别称为"经学"。一般所谓儒学,并非包罗万象,而是从狭义而言,指与汉学相对、以阐释儒学思想见长的理学(宋学)。自清一代,经学盛行,儒学没有明显的发展。然而,

---

① 康有为:《孔子改制考》,284 页,北京,中华书局,1958。

儒学对清代政治、社会的影响仍然相当显著。理学仍然高踞堂庙，清初李光地等人虽无理学创见，却号称"理学名臣"，显赫一时。即使经学盛炽之时，如姚鼐、唐鉴等人仍大谈孔门有"义理"、"辞章"、"考据"三科，为理学争取一席之地，各地也不乏推重、研究理学的士大夫。

道光年间，在内忧外患的刺激下，程朱理学呈现复兴之势。一些宋学家指陈汉学积弊，倡导宋儒德性修养，以此来挽救世道人心。有的汉学家主张兼采宋学，尤其是以程朱理学来矫正汉学的弊端。当然，这些士大夫的思想差异甚大。有名的守旧大臣倭仁也是一位理学家。他是蒙古旗人，曾师从唐鉴。与曾国藩、何桂珍等人一同研习理学，推崇程朱，并建议咸丰皇帝延请"老成贤儒，讲论道义"。对于洋务活动，倭仁总是站在反对、批评的立场。他的"名言"是"立国之道，尚礼义不尚权谋；根本之图，在人心不在技艺"[1]。在晚清理学家中，他没有思想创新，学术不能随时代的需要而调整。比较而言，晚清理学的变化主要来自一些实务的人物。从地域分布来看，较有代表性的是关中学者、湖南学者及安徽桐城派。

关中地区是理学四大流派之一关学的发源地。嘉道时期，关中学者李元春、路德等人倡导理学，名重一时。李氏恪守程朱之学，讲求诚敬，鄙薄八股辞章。路德更是大胆地倡导儒门吸取、实行墨学，代表了理学家吸取、融合诸子的趋势。此外，究心于阳明之学的咸阳学者刘光蕡提倡王守仁的"致良知"，试图以此扭转浇漓的世风。有感于中外强弱之势，他主张注重实业、兴办书院、讲授西方科技。他指出：为政者"宜于古今治乱兴衰之迹，深求其故，了然于心；而于外洋各国立国之本末，亦兼综条贯，则遇事自分晓，不难立断，而措置从容，无不中节矣"[2]。尽管他汲取西学、寻求自强主张没有超出洋务派的思想范畴，但反映了传统学者的爱国热情和内地学者难能可贵的学术调整。

---

① 《同治六年二月十五日大学士倭仁折》，见中国史学会主编《洋务运动》第二册，30页，上海人民出版社，1961。

② 刘光蕡：《古愚学案》，见徐世昌编《清儒学案》卷一九一，影印本，北京，中国书店，1990。

安徽的桐城派虽为文学派别，却有一定的学术特色。从康熙朝的方苞到乾隆时的姚鼐，他们都强调"文以载道"，尊崇程朱理学。姚鼐认为，学问之事有三，即义理，考据，文章。"是三者，苟善用之，则皆足以相济。苟不善用之，则或至于相害。"① 他所谓"善用之"，就是以程朱理学为宗，而又肯定汉学方法的价值。姚鼐并无多少思想创见，但对异己学派比较宽容。他中年以后，长期在苏、皖两省讲学，门生弟子遍及大江南北。姚氏"四大弟子"方东树、姚莹、梅曾亮、管同均倡导理学而有一定影响，其学术范围有时也超出传统的儒学领域。

以岳麓书院为中心的湖湘学派，理学传统千年不绝，一贯注重士子接受理学和经世的学术遗传。道咸以后的许多理学名家、名臣多与湖湘学派存在关联，从唐鉴、贺长龄到曾国藩、罗泽南都是如此。

曾国藩（1811—1872），字伯涵，号涤生，湖南湘乡人。年轻时曾入岳麓书院，又从唐鉴、姚鼐问学。曾氏学宗程朱，但并不像唐鉴那样偏重修身养性之道。他认为，修身之道关键在于一个"诚"字，重在"力行"，见于外王功业。因此，后世视之为理学经世派的代表人物。曾氏率湘军打败太平军后，所到之处设立官书局，刻印儒学书籍。由于讲求事功的需要，曾国藩较之一般理学家更能容纳、汲取其他学术资源。他说：

> 有义理之学，有辞章之学，有经济之学，有考据之学。义理之学，即《宋史》所谓道学也，在孔门为德行之科；辞章之学，在孔门为言语之科；经济之学，在孔门为政事之科；考据之学，即今世所谓汉学也，在孔门为文学之科。此四者缺一不可。②

这种分类并不完全准确，但把"义理之学"、"考据之学"都纳入孔学范畴，化解了汉宋冲突。他在姚鼐的基础上列出"经济之学"，试图"以经世之学济义理之穷"，实际上提升了经世致用的重要性，也为理学发展提供了条件。曾氏这段名言凸显了"调和"与"经世"两大主题，反映了晚清学术潮流。"孔门四科"的说法，代表了汉宋调和的趋势。他对于经学考据、乃至非儒学派和西学都是如此。故曾氏虽然缺少理论创造，而在扩展儒学领地方面则超越

---

① 姚鼐：《述庵文钞序》，见《惜抱轩全集》，46 页，北京，中国书店，1991。
② 曾国藩：《求阙斋日记类钞》卷上，见《曾文正公全集》，光绪二年刊本。

一般境界。正如钱穆所说：曾氏理学虽受唐鉴影响，"而能兼采当时汉学家、古文家之长处，以补理学枯槁狭隘之病。其气象之阔大，包蕴之宏丰，更非镜海（唐鉴）诸人断断徒为传道、翼道之辩者所及"①。

曾国藩的同乡罗泽南、刘蓉也是晚清湖湘理学的重镇。罗泽南幼年家贫，没有获得科举功名，长期在乡间授徒讲学，许多湘军名将都是他的学生，自己也死于镇压太平天国的战争中。他是湖南名士，与贺长龄、唐鉴、郭嵩焘等人交往密切，治学主于性理，而求经世。罗氏看重德性修养，认为"功名出于道德，其功名乃大"。他主张士大夫应舍弃名利，勇于任事，如果"舍日用事物之端而求道于荒茫微渺之域，无怪其不知道也"②。这与一般空谈性理的理学家有所不同。曾、罗二人的至交刘蓉也是理学经世派的干将。刘氏认为，朱熹才是孔孟之学的传人，王阳明则不是。他主张士人应重视事功，并与胡林翼、左宗棠一样讲求经世之务。罗、刘等人没有系统的理论建树，却在"同治中兴"中"建功立业"，扩大了湖湘理学的声势。湖湘学派对近代以后的中国政治及社会发展产生了深巨影响。

总的来看，尽管晚清理学仍有一定的地域特征，但其主流都没有背离"调和"与"经世致用"两大学术潮流。这两种潮流又互相推动、相得益彰。一方面是学术调和的趋势扩大了经世致用的理论范畴；另一方面是经世致用的需要增强了儒学内部（如汉学与宋学、程朱与陆王）及儒学外部（经学与子学、中学与西学）的调和趋势。理学重兴也在一定程度上与经世思潮结合起来。理学家主张"守道救时"，犹如唐鉴所谓"救时者人也，而所以救时者道也"③。则在社会危机中，既保守传统"内圣之道"，又试图扩展"外王"内容。大体说来，19世纪中期，理学家形成一股倾向于"经世"的思潮。崇信程朱的贺长龄、贺熙龄、唐鉴、倭仁、曾国藩、罗泽南、吴廷栋、何桂珍等人均不同程度地谈论救时济世。

调和趋势疏通了汲取新知新学的渠道，经世致用则使挖掘、重释儒学资源成为迫切的时代课题。在此潮流中，儒学更新的步伐明显加速了。

---

① 钱穆：《中国近三百年学术史》下册，591页，北京，中华书局，1986。
② 徐世昌编：《罗山学案》，见《清儒学案》卷一七〇，影印本，北京，中国书店，1990。
③ 唐鉴：《学案提要》，见《学案小识》卷前，3页，道光二十六年刊本。

晚清数十年中，对儒学的改造主要来自两个方面，一是从内部对学术进行调整，代表者主要是早期维新派知识分子以及洋务派官僚，其总结性人物是张之洞。另一些较为激进的知识分子主要从外部批评儒学，也立足于现实社会需要而汲取儒学资源，从而改造儒学、构建新理论。代表人物包括谭嗣同等维新派和章太炎等革命志士。

晚清士人并未自觉地认识到儒学的出路是汲取西学。但是，也有一些比较开明者渐渐地重视、乃至汲纳西学。林则徐、魏源等人开眼看世界时，最早提出了"师夷长技以制夷"。这在当时不失为远见卓识。

19 世纪中晚期，传统士大夫多少感受到儒学面临的挑战和危机。早期维新派思想家一定程度上继承了传统儒学，又站在汲取西学的时代前列。他们的许多观点实际上已重释、发展了传统儒学。冯桂芬提出的"以中国之伦常名教为原本，辅以诸国富强之术"一语，被人们看作"中体西用"思想的滥觞。王韬也提出"器则取诸西国，道则备自当躬，盖万世而不变者，孔子之道也，儒道也，亦人道也"①。薛福成也说"取西人器数之学，以卫吾尧、舜、禹、汤、文、武、周、孔之道"②。郑观应广泛地谈论中西学的关系，认为"合而言之，则中学其本也，西学其末也。主以中学，辅以西学"③。他们利用"道""器"、"本""末"、"主""辅"等传统语言，构建了中西融合的思想主张。他们既维护儒学的"主"、"道"地位，又以西学改造和重释儒学。

曾国藩既然讲"汉宋兼容"，也就能以较开放的心态认识儒家传统。他看到："国朝大儒，于天文历数之学，讲求精熟，度越前古。自梅定九、王寅旭、以至江、戴诸老，皆称绝学。"④ 由于镇压农民起义、"御侮图强"的需要，曾国藩重视"师夷智以造炮制船"，学习洋人的技艺。1860 年（咸丰十年），他提出："购买外洋船炮，为今日救时之第一要务"，"购成之后，访募覃思之士、智巧之匠，始而演习，继而试造"⑤。这实际上成为洋务运动的肇始。曾氏还

---

① 王韬：《杞忧生易言跋》，见《弢园文录外编》卷一一，323 页，北京，中华书局，1959。
② 薛福成：《筹洋刍议·变法》，见《庸庵全集》，光绪二十三年上海醉六堂石印本。
③ 郑观应：《盛世危言·西学》，见《郑观应集》上册，276 页，上海人民出版社，1982。
④ 曾国藩：《曾文正公家书·谕纪泽》（咸丰八年十二月二十九日），见《曾文正公全集》，光绪二年刊本。
⑤ 曾国藩：《曾文正公奏稿》卷十四，10～11 页；《曾文正公全集》，光绪二年刊本。

只是在器物层面接纳西学，没有从理论上融会儒学与西学，却是晚清儒学变化的步骤之一。

在总结早期维新思想的基础上，1895 年沈毓桂在《万国公报》第 75 期发表的《匡时策》中提出"夫中西学问，本自互有得失，为华人计，宜以中学为体，西学为用"。这是"中学为体，西学为用"思想定型的标志。"中体西用"是对西学冲击的回应，也是 19 世纪士大夫调整、改造儒学的指针，戊戌时期的康、梁等维新派思想家也长期受此影响。"中体"与"西用"虽有主次、本末之分，但两者的内涵却是因时而异，因人不同。从其衍变过程来看，"中体"的内容是从整个封建政治、文化体系而逐渐缩小至清末的纲常伦理，而"西用"的范围也从最初的坚船利炮或科技，逐渐扩大到政治制度和某些人文学科。当然，在同一时期，"中体西用"的内涵也会因人不同。19 世纪 70 年代，早期维新派思想家的"西用"还包括西方议会制度，不像李鸿章等人那样局限于器物层面。

晚清重臣张之洞学宗古文经，又受理学的影响，较重视讲求义理。他对康有为今文经学的攻击，本质上属于思想对立而非学派门户之争。张之洞的经学成就不大，但作为洋务派的后起之秀，其儒学思想值得注意。这主要是对洋务派的"中体西用"进行了较全面的总结和阐述。他撰于 1898 年春且很快流传一时的《劝学篇》说："中学为内学，西学为外学，中学治心身，西学应世事……以孝悌忠信为德，以尊主庇民为政，虽朝运汽机，夕驰铁路，无害为圣人之徒也。"① 这里，肯定了"圣人之徒"接纳和享受西方文明的合理性，又指出"中学"的根本所在，即"以孝弟忠信为德，以尊主庇民为政"。实际上，他维护的"中学"主要是三纲五伦，所谓"五伦之要，百行之原，相传数千年更无异议。圣人所以为圣人，中国所以为中国，实在于此"②。张之洞不像维新派主张实行西方政治制度，但对于无损于君权（即所谓能"尊主"）和"圣教"的"西政"仍然表示赞同。所以，他说"学校地理、度支赋税、武备律

① 张之洞：《劝学篇·外篇·会通十三》，见《张之洞全集》第十二，9767 页，石家庄，河北人民出版社，1998。

② 张之洞：《劝学篇·内篇·明纲第三》，见《张之洞全集》第十二，9715 页，石家庄，河北人民出版社，1998。

例、劝工通商，西政也；算绘矿医、声光化电，西艺也"①。这些都可以为中国所"用"。他的"中体西用"论虽没有"开议院"等政治改革主张，但内涵并非一成不变，事实上为改造儒学开辟了道路。

洋务派士大夫调整儒学的同时，维新派知识分子对传统儒学进行了更具现代性的诠释。康有为的思想比较庞杂，而孔儒的"仁"、"元"观念是理论基点。他自述1884年"因显微镜之万数千倍，视虱如轮，见蚁如象，而悟大小齐同之理。因电机光线一秒数十万里，而悟久速齐同之理……其道以元为体，以阴阳为用"②。他认为，"元"是"道"的"本体"，即宇宙万物的本源。这汲取了传统儒家哲学，而他对"以阴阳为用"的阐释则包含了一些近代科技知识。"元"落实于社会伦理学说上则是"仁"。正如梁启超所说："先生之论理，以'仁'字为唯一宗旨。以为世界之所以立，众生之所以生，家国之所以存，礼义之所以起，无一不本于仁。"③ 故康氏哲学已较传统儒学有所发展。作为"仁"在社会思想方面的体现，康氏继承思孟学派，发掘《孟子》民贵君轻的思想，并使之与西方近代民主观念融合起来。从而，他把君民关系解释为一种契约关系，强调民可举君，亦可废君（见《孟子微》）。康氏成熟于戊戌时期的大同思想（体现于后来成书的《大同书》）则是发展儒家仁爱思想并糅合近代社会主义理想的产物。与此同时，他注重发掘传统儒学的变易观念，强调"变者天道也"，"故孔子系《易》，以变易为义"。④ 他又从今文经学讲"三统"、"三世"说，为变法改革服务。这些思想把"言学"与"言政"融为一体，是对传统儒学的发展。

康氏弟子梁启超自30岁以后不再谈今文经，而较注重非儒学派。但他对儒学有所继承和发展，尤其是儒家道德学说方面。他在20世纪初年创立的"新民说"，首先源自《大学》的"苟日新，日日新，又日新。康诰曰：作新民。"梁氏说："《大学》曰：'作新民'，能去其旧染之污者谓之自新，能去社

① 张之洞：《劝学篇·外篇·设学第三》，见《张之洞全集》第十二册，9740页，石家庄，河北人民出版社，1998。
② 康有为：《康南海自编年谱》，见《戊戌变法》第四册，117页，上海人民出版社，1957。
③ 梁启超：《南海康先生传》，见《饮冰室合集》文集之六，71页，北京，中华书局，1989。
④ 康有为：《进呈俄罗斯大彼得变政记序》，见《戊戌变法》第三册，1页，上海人民出版社，1957。

会旧染之污者谓之新民。"① 这种说法与朱熹的注解大致相同。道德修身是传统儒学的主题，历代士大夫对此不断地进行阐释。梁启超既阐发传统儒学，又大量汲取近代的自由、平等、独立人格等西方观念，塑造具有新的伦理意识的国民形象，事实上以近代西学重建了儒家的道德学说。

维新志士谭嗣同对儒学进行了激烈的改造。他将佛学、西学、先秦诸子冶诸一炉，统摄之以儒家的"仁"。他的重要著作《仁学》一书包括了从哲学、宗教到政治、社会、科技等方面的广泛见解。他用西方科技中的"以太"来解释"仁"，认为"以太"是天地万物的本原，"夫仁，以太之用，而天地万物由之以生，由之以通……。可以通学，可以通政，可以通教，又况于通商之常常者乎!"② 他强调"仁"的普遍性，以"通"来统摄"仁"的社会价值和思想意义，因而主张中外通、上下通、男女内外通和人我通。在"仁"、"通"的基础上，谭嗣同引入了近代自由、平等、博爱观念。他认为儒学的本质在于"仁"，"仁"是人与人之间的道德原则。宋明以来儒家维护的纲常伦理则与"仁"背道而驰。他猛烈地批判"三纲"，揭露其残害人性的本质，主张以"朋友"之道取代君臣、父子、夫妇、兄弟伦常。他的"仁学"显得庞杂不纯，对传统儒学的冲击则是非常巨大的。

晚清儒家人物虽然没有建立一个完整的新儒学体系，但他们对儒学进行调整或改造，从而为中西融合和学术多元化创造了条件，也为传统儒学的发展开辟了广阔的前景。

二、经世致用学风的发展

清末经学考据已相对衰落了，1905 年清政府废除科举以后，儒经的地位也失去了社会制度的保证。但是，由于学术的传承性，不少学者仍在经学领域取得了成就。一段时间内，一般学堂、甚至许多新式学校都沿袭读经、治经的传统，而且继续发展了道咸以来的经世致用学风。古文经学是清代学术的主流，后世一些人称之为"正统派"，因此，古文家学术风尚的变化，对于从根

---

① 梁启超：《自由书》，见《饮冰室合集》专集之二，74 页，北京，中华书局，1989。
② 谭嗣同：《仁学》，见《谭嗣同全集》下册，297 页，北京，中华书局，1981。

本上转变经学具有重要意义。清末国粹派学者或者如章太炎、孙诒让、刘师培、马叙伦等人本来根柢于古文经学，或者如邓实、黄节那样支持、宣传古文家的观点，故他们一定程度代表了晚清古文家学术风尚的转变。

（一）重释经学传统

清代经世学风兴起于嘉道年间的今文经学领域。龚自珍、魏源之后，治今文经者，"喜以经术作政论"，有龚、魏遗风。康有为明确把"经世"作为孔学信条，万木草堂便把"立志"、"养心"、"读书"、"穷理"、"经世"、"传教"并列为教学宗旨。① "经世"也成为梁启超主持时务学堂的"学约"。② 强调和阐发孔学的"经世"传统成为康梁一派的重要学术特征。

一段时间内，晚清今文经学家推重经世致用，古文家却标榜"求真"而非"致用"。章太炎、刘师培、邓实等人也曾批评晚清今文家的致用学风。但事实上，除了激烈的政治对垒之外，清末今、古家的学术风格并非泾渭分明。关于儒家经学传统的认识，两者就具有明显的一致性。

章炳麟（1869—1936），又名绛，字枚叔，号太炎，成长于浙江余杭的一个书香世家。21岁时，太炎入杭州诂经精舍，师从著名汉学家俞樾，治古文经学。他作于此时的《膏兰室札记》和《春秋左传读》体现了古文家的学术立场。他没有重走俞樾的经师道路，而是关注社会改革，探索以古文经学致用的途径。他批评康有为的今文经学，反对把孔子塑造为"托古改制"的教主，但也未否认儒家的"经世致用"传统。他认为史以资治，而在先秦时期，"其惟姬周旧典见于六籍者。故虽言通经致用，未害也。迁、固承流，而继事者相次十余家，法契之变，善败之数，则多矣。犹言通经致用，则不与知六籍本意。"③ 他没有否认先秦儒家的通经致用。但觉得自迁、固以后，史籍丰富，事世变化，仍拘泥于六经而讲通经致用，则可能失其本意。这些议论针对了今文家肆意发挥"微言大义"的风气，反对神化、曲解六经。因此，随着政治因

---

① 梁启超：《万木草堂小学学记》，见《饮冰室合集》文集之二，33～35 页，北京，中华书局，1989。

② 梁启超：《湖南时务学堂学约》，见《饮冰室合集》文集之二，28 页，北京，中华书局，1989。

③ 章太炎：《订孔·上》，见《章太炎政论选集》上册，183 页，北京，中华书局，1977。

素的减弱，他并不否定学术上的经世致用。他在民国初年指出：

> 学术无大小，所贵在成条贯，割制大理不过二涂：一日求是，再日致用。下验动物植物，上至求证真如，皆求是耳。人心好真，制器在理，此则求是致用，更互相为矣。生有涯而知无涯，是以不求遍物，立其大者，立其小者，皆可也。此如四民分业，不必兼务，而亦不可相非……精力过人，自可兼业。①

可见，他并未把"求是"与"致用"之学对立起来。他虽批评后世儒家、尤其是清末今文家"通经致用"的某些做法，却没有否定"致用"的必要性。针对民国初年的军阀统治，他对青年说："求学之道有二：一是求是，一是应用。前者如西洋哲学家康德等是，后者如我国之圣贤孔子、王阳明等是。"他认为"求是"与"应用"二学各有所长，"然以今日中国之时势言之，则应用之学，先于求是"。因而鼓励青年研究社会、改造社会。② 可见，章氏不仅重视"应用之学"，且"应用"的领域不限于"制器"之类，而是包含了儒家的入世取向和经世之学。

刘师培（1884—1919），字申叔，号左盦，江苏仪征人。他生长于经学世家，自其曾祖父刘文淇以来，刘氏以研究《左传》而闻名士林。刘师培18岁中举，次年会试不售后，转向反清革命阵营，改名"光汉"，成为与章太炎等齐名的国粹派学者。刘师培治古文经学，学术有功底，又超出祖父辈的训诂考据学藩篱，注重发挥儒家经世致用传统。他认为：《六经》的"嘉言懿行，有助于修身；考其政治典章，有资于读史；治文学者，可以审文体之变迁；治地理者，可以识方舆之沿革"③。故他一再强调："盖孔子既崇实践，故其书皆经世之书。"④ 这为古文家融入时代潮流提供了学理依据。

岭南学者邓实没有明确的经学门户，但其思想见解对国粹派影响很大。他主张讲求有用之学，并且像康有为等人一样重释孔学，重塑孔子形象：

> 圣门之学，经学也。圣门之经学，通大义也，圣门之经学，通大义以

---

① 章太炎：《菿汉微言》，见《章氏丛书》，45页，浙江图书馆1919年刊本。

② 章太炎：《说求学》，参见姚奠中、董国炎《章太炎学术年谱》，310页，太原，山西古籍出版社，1996。

③ 刘师培：《经学教科书·序例》，见《刘申叔先生遗书》，1页，1936年宁武南氏校印本。

④ 刘师培：《孔学真论》，载《国粹学报》第2年第17期，1906。

中国文化发展史
晚清卷 /212

致用也……列子引孔子曰：曩吾修诗书，正礼乐，将以治天下，贻来世，非但修一身治鲁国而已。呼呼！孔子之学，曷尝一日不思用世哉！①

因而，关于今、古文之争，他认为："古文虽晚出于东京，而前圣之微言大义亦往往有存者，且其发明古训，亦大有功于经籍"。他不同意西汉之学有用，东汉之学无用的说法。"东汉学者以独立名节相高，是以桓灵朝局能倾而未颓，决而未溃，此东汉经学之用也，其视西汉利禄之途何如哉！"② 对经世学风的肯定成为邓实重释"汉学"的主旨。他在《国学讲习记》的"经学"部分标列"致用"一目，并认为两汉经儒，通经皆以致用，如西汉经儒"以《禹贡》行水，以《洪范》验五行，以《齐诗》测性情，以《春秋》决疑狱，以《礼》定郊禘大典，以三百五篇当谏书"。东汉经学也相类似。因而"以声音训诂名物考据而号之曰汉学，此近百年学风之所以弊也，非汉学之真也"③。邓实关于经学实用性的评论不无夸大因素，但改变了清代古文家割裂"求真"与"致用"的思维定式。因此，如同梁启超等人一样，古文家对清初经世之学及学风推崇备至。

顾炎武曾谓："君子之为学，以明道也，以救世也。徒以诗文而已，所谓雕虫篆刻，亦何益哉！某自五十以后，笃志经世。"④ 所谓"明道"、"救世"，两者紧密相联。领悟孔儒之"道"深浅不同，落实于"救世"则无区别。可惜这种主张除了引起个别学者如汪中、章学诚的注意外，并未在乾嘉时期产生回响。晚清世变风移，人们才开始重识前人的学术面貌。于是，顾炎武等人的经世之学重新受到重视。章太炎推崇顾炎武，认为清代经学源于顾氏，并因崇拜顾氏而改名为"绛"，号"太炎"。师从俞樾时，他便留心时务，究心于夷夏之辨，效法顾炎武。直到晚年，他仍仿顾炎武的读经会制，在苏州创立国学会，推崇顾氏"行己有耻"之志行。

繁忙的革命生涯中，章太炎不乏评论清初学术的文字。章氏《自述学术次第》表示要整理明朝遗老书，又撰《明清之际略论》（国学讲习会未刊稿）、

---

① 邓实：《论治经当通大义乃为有用之学》（集录），载《国粹学报》第 1 年第 10 期，1905。
② 邓实：《国学今论》，载《国粹学报》第 1 年第 5 期，1905。
③ 邓实：《国学讲习记》，载《国粹学报》第 2 年第 19 期，1906。
④ 顾炎武：《与人书二十五》，见《亭林文集》卷四，116 页，上海，商务印书馆，缩印初刻本。

《衡三老》等文专论遗民学者。他认为"季明之遗老，惟王而农为最清。王之与顾，未有以相轩辄也。黄太冲以明夷待访为名，陈义虽高，将俟虏之下问。"① 因而，他对黄宗羲评价较低，认为："黄宗羲学术计会，出顾炎武下远甚。守节不逊，以言亢宗，又弗如王夫之。"② 这种贬黄言论在清末实属罕见。他推崇顾炎武多出于经世学风，重视王夫之则主要因"王而农著书，壹意以攘胡为本"③。可见，经世致用和民族气节成为章氏论学的价值坐标。

章氏周围的国粹派学者多有类似倾向。邓实曾撰《明末四先生传》，诠释顾炎武、黄宗羲、王夫之、颜元的学术。在邓实看来，顾炎武力矫明儒空疏学风之弊，根本在于以"经世实用为宗"，遂开有清一代实事求是之学。"近人论学之书，有以汉学专门经学家首列先生，皆未知先生之学者也。夫先生之学，以实用为归，故其说经，迫汉采宋，不名一家，务通其大义而施之今日所可行者，不为丛脞烦碎之学，而于制度名物，有关世故者，则考核引据不厌其详。"④ 邓实推崇顾氏"通经"与"致用"的结合，而重心在于"致用"。他一再强调："有通儒之学，有俗儒之学。通儒之学，有用之学也；俗儒之学，无用之学也。顾亭林，明之通儒也，其读书以通大义经世致用为主。"⑤ 这种认识代表清末学者的看法："亭林先生之学，有体有用"，"洞悉时务，盖通经足用之才也"。⑥

刘师培广泛地论述了清初学术。他发表《清儒得失论》等检讨清代学术的文章，又写了一些个人传赞如《梁于涘传》、《孙兰传》、《徐石麒传》、《蔡廷治传》、《王玉藻传》、《广陵三奇士传》、《颜李二先生传》等。他们均为明季遗民，具有一定的学识，又保持坚贞的民族志节。一些人如孙兰，学识渊博，从泰西人士游，治格致之学，有"学术之界可以泯，种族之界不可亡"的学品。有的人如颜、李则是"于道德尚力行，于学术则崇实用，而分科讲习之立法尤精"，从而改变了儒家"以道为本，以艺为末"，"用非所学，学非所用"的传

① 章太炎：《衡三老》，见《章太炎政论选集》上册，325 页，北京，中华书局，1977。
② 章太炎：《非黄》，见《章太炎全集》（四），124 页，上海人民出版社，1985。
③ 章太炎：《书曾刻王船山书后》，见《章太炎全集》（五），123 页，上海人民出版社，1985。
④ 邓实：《明末四先生学说》（续），载《国粹学报》第 2 年第 16 期，1906。
⑤ 邓实：《论治经当通大义乃为有用之学》（集录），见《国粹学报》第 1 年第 50 期，1905。
⑥ 邓实编录：《国学保存会藏书志》，载《国粹学报》第 4 年第 38 期，1908。

统。颜李学派对学术致用性的开掘得到刘师培等人的赞同。

认同于清初经世学风也包含对学术见解的推崇。邓实曾谓："夫使数君子之学得以见施于时，则亭林乡治之说行而神州早成地方自治之制。梨洲原君原臣之说昌则专制之局早破。船山爱类辨族之说著，则民族独立之国久已建立于东方矣。是故数君子之学说而用则其中国非如今日之中国可知也。"[①] 这既是为清初学术的湮没而惋惜，又反映出国粹派汲取、发展其学术思想的愿望。清末学者之所以推崇清初学术，除了重在张扬其高尚的民族气节之外，也包括汲取其思想营养。章太炎说，顾炎武的学术，"其用在兴起幽情，感怀前德，吾辈言民族主义者犹食其赐"[②]。钱玄同后来说："自庚子（1900 年）以后，爱国志士愤清廷之辱国，汉族之无权，而南明钜儒黄黎洲先生排君主之论，王船山先生攘斥异族之文，蕴蘗已二百余年者，至是复活，爱国之士读之，大受激刺，故颠覆清廷以建民国之运动，实为彼时最重要之时代思潮。"[③] 这概括了清末学者汲取、转化清初思想的实际情形。

由看重经师地位到推崇经世学风，这反映了清代古文家价值取向的变化，也折射出学术风气之转变。到 20 世纪初年，这种氛围已经弥漫于士林，反映在朝廷礼制之中。1908 年，光绪上谕规定："江苏昆山顾炎武、湖南衡阳王夫之、浙江余姚黄宗羲从祀先师孔子庙廷。"[④] 这与清前期贬抑三大家的情形迥然不同，也比道光年间从祀乡贤祠或民间的"顾祠修禊"有了进一步提升。清政府之所以崇祀三大家，除了人们常说的"缓和民族矛盾，消弭革命潮流"之外，也包含学术思想上的认同。这种出自朝廷的"认同"又显然以士大夫的学术取向为基础。

另一方面，清末一些正统汉学家如王闿运、王先谦、俞樾、叶德辉、张之洞、苏舆等人思想虽然保守，却也受经世学风濡染，讲求经世之学。俞樾认

---

① 邓实：《国学无用辨》，载《国粹学报》第 3 年第 30 期，1907。

② 章太炎：《答梦庵》（1908 年 6 月 10 日），见《章太炎政论选集》上册，389 页，北京，中华书局，1977。

③ 钱玄同：《刘申叔先生遗书序》，见《刘申叔先生遗书》第 1 册，2 页，1936 年宁武南氏校印本。

④《德宗实录》卷三九六，见《清实录》第 59 册，873 页，北京，中华书局，1987 年影印本。

为，"夫士不通经不足以致用，而非先通小学无以通经"①。故 19 世纪 80 年代以后，俞樾逐渐关注"洋务"，撰有《自强论》、《三大忧论》、《海军议》、《御火器议》、《战说》等文。王先谦、叶德辉也不同程度地讲求经世致用。王先谦认同曾国藩"孔门四科"的说法，肯定经济之学的重要性，对道咸以来的经世思想显然非常重视。甲午之后，他更强调读书治学应经世致用，曾谕岳麓书院诸生："士人读书，期于致用。近日文人，往往拘牵帖括，罕能留意时务，为太平无事时之臣民犹之可也，今则强邻逼处，列国纷乘，朘我脂膏，环顾几无所凭恃。……为士子者，若不争自振奋，多读有用之书，相与讲明切磋，储为国器，出则疏庸贻笑，无以励相国家；处则迂腐不堪，无以教告子弟。"他购《时务报》以供诸生传阅，期望士子讲求时务，以"备国家栋梁之用"。②他曾支持维新派讲求实学、开通风气的举措，在主持岳麓书院期间，也改革课程，除经史外，兼设算学、译学课程，由考据经史而渐重实用之学。叶德辉少谈经世实务，但肯定儒家的经世传统："孔子曰：入其国，其教可知也。温柔敦厚，《诗》教也；疏通知远，《书》教也；广博易良，《乐》教也；洁静精微，《易》教也；恭俭庄敬，《礼》教也；属辞比事，《春秋》教也。此六经有用之效也。"③这种态度与晚清今文家并无不同。张之洞倡导经世致用的领域更为广泛。他指出："读书期于明理，明理归于致用。……近人往往以读书明理判为两事，通经致用视为迂谈。浅者为科举，博洽者著述取名耳。于己无与也，于世无与也，亦犹之获而弗食，食而弗肥也。"④他批评清学流弊，也注重为士子指明治学途径。他强调"经学通大义"，而其具体内容则"《易》之大义，阴阳消长。《书》之大义，知人安民。《诗》之大义，将顺其美，匡救其恶。《春秋》大义，明王道，诛乱贼。《礼》之大义，亲亲、尊尊、贤贤。《周礼》之大

①俞樾：《春在堂杂文四编》卷七，见《春在堂全书》，13 页，光绪二十八年本。
②王先谦：《购〈时务报〉发给诸生公阅手谕》（光绪二十二年），《时务报》第十八册，光绪二十三年正月二十一日刊。
③叶德辉：《经学通诰》，25 页，民国四年湖南教育会刊。
④张之洞：《輶轩语·语学第二》，见《张之洞全集》第十二册，9797 页，石家庄，河北人民出版社，1998。

义，治国、治官、治民，三事相维"。① 这显然与治国安邦相关，使"大义"落实于"致用"层面。20 世纪初年，张之洞积极推行新政，开掘外王功业。在学术上，他主张保存古学，并创办存古学堂。他所谓"存古"，与国粹派一样蕴含深厚的现实关怀。可见，清末汉学家思想虽有差异，学术风尚则出现了一些共同特征。这就是肯定学术致用的意义，未把它与求真理念对立起来。他们虽批评后世儒家、尤其是清末今文家经世致用的某些做法，却基本上没有否定其必要性。

一般认为"经世之学"包含"经世之术"与"经世之理"两方面。在晚清的社会剧变中，"经世之术"的重点内容因时不同，从道咸年间的河工、漕粮、盐政、夷防到清末的政治制度、商务、路矿、练兵，等等，均可纳入"经世之学"。不过，这些实用门类扩展、泛化之后，反而不能体现清末"经世之学"的思想实质。从思潮的发展脉络来看，清末"经世之学"的实质仍在于"经世之理"，即研究、阐发经史子集的思想意义和社会价值，使之适应国家、民族的需要。

（二）古文家的"通经致用"

儒经历来是中国士大夫"修齐治平"的根本理论。在清末，儒经的思想价值已不如道咸时期那么凸显。但由于一些传统学者深受经学熏陶，他们并未在学术上很快弃旧从新。另一方面，半个世纪以来经世致用思潮的濡染，又使他们治学也多少关怀现实，注重发扬通经致用的传统。古文家也不例外。

古文家不仅肯定儒家的经世传统、认同于清初经世之学，而且关怀社会现实，像今文家一样不同程度地"通经致用"。晚清汉学大家孙诒让幼承家学，服膺乾嘉，精于《周礼》研究，亦在诸子学领域卓然有成。然而，孙氏并不像乾嘉学者那样沉迷故纸，不问世事。在甲午战争的刺激下，他开始关注、参与维新事业，曾在家乡浙江瑞安兴办学会、学校，开通风气，培养民智。这种思想渗透于学术研究之中。《周礼正义》以考据见长，带有浓厚的乾嘉遗风，但他认为：

---

① 张之洞：《劝学篇内篇·守约第八》，见《张之洞全集》第十二册，9727 页，石家庄，河北人民出版社，1998。

（周礼）非徒周一代之典也，盖自黄帝、颛顼以来，纪于民事以命官，更历八代斟酌损益，因袭积累以集于文武，其经世大法，咸粹于是。……至于周公致太平之迹，宋元诸儒所论多阔侈，而骈拇枝指，未尽楬其精要。顾惟秉资疏暗，素乏经世之用，岂能有所发明，而亦非笺诂所能钩稽而扬榷也。①

与此相比，孙著《周礼政要》更明显地染上了经世色彩。撰于1901年的《周礼政要》适应了《辛丑条约》之后清王朝"变法自强"的需要，以《周礼》为纲，西政为目，提出了"征辟名士"、设立议院、裁减冗员、奖励工商、兴办学校、整顿兵务等一系列改革措施。孙氏认为，"《周礼》一经政法之精详，与今泰东西诸国所以致富强者，若合符契"②，从而把变法维新的"新酒"装入《周礼》的"旧瓶"之中。这种"古已有之"的思维定式在学理上未免缺陷，而忧时救世的情怀和改革思想值得珍视。章太炎、马叙伦、刘师培等人的经学与此相似。

章太炎严厉否定今文家的学术观点，批评其"致用"学风。然而，这主要是反对今文家的附会臆说，贬斥其利禄之心。综观章氏治学，自始至终都具有明显的现实关怀，发扬了经世致用的传统。他汲取传统资源的思想营养，以适应救世济民的现实需要。他早年读《左传》已注意"微言大义"，不同于一般古文家的文字训释。戊戌之际，章氏政治上拥护变法，学术上推崇荀、韩。由于反感康梁的孔教言论，章太炎于1897年退出《时务报》馆，回到杭州，与宋恕、陈虬等人创立兴浙会。其章程规定学术上"大抵经以《周礼》、两戴《记》为最要，由训诂通大义，足以致用。史以三史、《隋书》、《新唐书》为最要"。"子以管、墨为最要。至荀子则入圣域，固仲尼后一人。"③基于"经世"需要，他们于是年8月在杭州出版《经世报》。该报除报道国内外时事之外，也登载具有现实关怀的学术文章。章氏发表于《经世报》的文章已注意到儒经的现代意义，认为"今夫民主，至公也，《尚书》始《尧典》，序以禅让；《春

① 孙诒让：《周礼正义序》，见《籀庼述林》卷四，13、17页，民国五年刊本。
② 孙诒让：《周礼政要序》，见《籀庼述林》卷五，7页，民国五年刊本。
③ 章太炎：《兴浙会章程》，参见姚奠中、董国炎《章太炎学术年谱》，49页，太原，山西古籍出版社，1996。

秋》崇五始，而隐元不书即位，圣人之情见乎辞矣"①。同时，他注重儒经以外的传统资源，如阐述《管子》"侈靡"的思想，肯定"天地之运，愈久而愈文明，则亦不得不愈久而愈侈靡"②。正如后来自述云："遭世衰微，不忘经国，寻求政术，历览前史，独于荀卿、韩非所说，谓不可易。"③ 这里，尊荀、重视法家都明显适应了维新变法的需要，故章氏早年学术已有经世色彩。《经世报》的言论可谓开《国粹学报》之先河。到晚年，章太炎更看重儒经的社会价值和经世致用传统，认为"儒家之学，不外修己、治人，而经籍所载，无一非修己、治人之事"。因此，他提倡读经，认为"夫如是，则可以处社会，可以理国家，民族于以立，风气于以正"。④ 于是，章氏非但没有摒弃通经致用，而且将此传统推进到偏颇的境地。

经世色彩在年轻学者那里更为明显。马叙伦认为，"先王经世之志不见于载籍者又多矣。故学术之盛衰，君子所以观察世变者也"，而"学术要归于六艺，不越乎九流"。⑤ 马叙伦留意学术盛衰之迹，尤注重其经世内涵。他从《春秋》发掘孔子政治学的"微言大义"，认为《春秋》的主旨不在"刺讥"，而在于"改制"以"补敝起废"，"刺讥"是为了"改制"。"是故知《春秋》之所以为刺讥，则知《春秋》之所为贤贤恶不肖。知《春秋》之所为贤贤恶不肖，则知《春秋》之所为更张治法而真旨在均天下者胥得矣"。⑥ 因而，在他看来，独取《春秋》的"刺讥"之术，将其等于刑书，当然湮没了孔子的微言大义。师承古文经学的马叙伦，如此重视《春秋》的"改制"之旨，也是对康有为《孔子改制考》的回应，似乎受康氏学术的影响。然而，马氏重视的"改制"是孔子因时而变，补弊起废的思想。他把孔子看作政治学者，而不像康氏执迷于"三统"、"三世"，奉孔子为教主。

总的来看，古文家与今文家的通经致用取向并无大异。但是，由于两者学

---

① 章太炎：《变法箴言》，见《章太炎政论选集》上册，21 页，北京，中华书局，1977。
② 章太炎：《读管子书后》，见《章太炎政论选集》上册，32 页，北京，中华书局，1977。
③ 章太炎：《菿汉微言》，见《章氏丛书》，72 页，浙江图书馆 1919 年刊本。
④ 章太炎：《论读经有利而无弊》，见《章太炎政论选集》下册，862～868 页，北京，中华书局，1977。
⑤ 马叙伦：《啸天庐古政通志·学术志序》，载《国粹学报》第 1 年第 3 期，1905。
⑥ 马叙伦：《孔子政治学拾微》，载《国粹学报》第 2 年第 13 期，1906。

术基础和政治主张不同，因而通经致用的表现形式各具特色。古文家多受乾嘉考据学风的影响，不像康有为那样构建一套"新学"、"伪经"式的思想体系，发掘儒经显得较为零散。他们阐发儒经虽有一以贯之的思想重心，但内容与今文家不大一样。与今文家从"三统"、"三世"而倡改制、变法不同，古文家偏重《春秋》学为代表的民族主义。

清朝由少数民族入主中原，满汉关系一直是十分敏感而尖锐的社会问题。汉族士大夫的民族主义情绪或隐或现，延绵不绝。以古文家为主的国粹派十分重视激发民族主义。章太炎少时读史，便"觉异种乱华，是我们心里第一恨事"。后来读郑所南、王船山的书，"民族思想渐渐发达"。① 章氏《訄书》初刻本还对清廷抱有幻想，出狱东渡后的《訄书》重订本则已注重夷夏之辨，表现出浓厚的种族意识。之所以发生转变，章氏自认为是领悟《春秋》大义的结果。章氏论《春秋》云："综观《春秋》，乐道五伯，多其攘夷狄，扞族姓。"② 这是其反清民族革命的思想基础。仅从个人的学术演变来看，章氏投身反清民主革命一定程度上是履践《春秋》的攘夷大义。

刘师培也有类似言行。他改名"光汉"，一度成为反清意识的象征。又如黄节，据说"名取'节'字，其意义深长，盖不满逊清之所为。（闻马叙伦言）常苦读六朝、宋、明故事，深刻明了中国缩影。满腹抑郁，常寄托于字里行间"。直到晚年，黄节有感于外患日深，在北大讲顾炎武诗，"欲踵仿亭林先生之志事，于人心学术深植根柢，以为日后恢复之计"③。期望学子如亭林一样自策。因此，章太炎、刘师培、马叙伦、黄节等人阐述"春秋大义"时，无不重视"内诸夏外夷狄"的主题。马叙伦指出：

> 《春秋》之义大复仇，何也？曰：昔者圣人命名百物，示百姓以有辨，辨也者，辨其类也。必辨其族类，所以使百姓昭然于异同之识而澈其荣辱之情也。……《春秋》经世，先王之志，其治术分三世矣，于据乱世，张荣辱之义，故大复仇。张荣辱之义者，所以厉拔乱立国之神，以为天下乱

---

① 章太炎：《东京留学生欢迎会演说辞》，见《章太炎政论选集》上册，269 页，北京，1977。
② 章太炎：《检论》卷二，见《章太炎全集》（三），421 页，上海人民出版社，1985。
③ 王森然：《黄节先生评传》，见《近代名家评传》第二集，262、267 页，北京，三联书店，1998。

民不知荣辱始。今辱莫大于国家为人灭，君父为人弑，于是焉而雪之耻、复之仇，是反大辱而为大荣也。号民以荣辱之所在，则国本自然固。①

注重《春秋》"辨族类"、"张荣辱"的倾向，显然与"反满"民族革命和抵抗列强侵略的社会背景紧密相联。这种见解不限于个别论者，而是国粹派学者的共同特征。康有为立足于满汉合一的角度，强调《春秋》"进吴楚"，因而主张"进夷狄"、"天下大同"。黄节不拘经学门户，却注重阐发《春秋》三传中的攘夷大义。他就此指出："《春秋》进吴楚则有之，未闻有进夷狄也"。因为吴楚的"临制者"是黄帝子孙，进吴楚是用夏变夷。至于化外之地、不以吾种为主人的夷狄，则"宜皆在屏绝之例"。② 这与顾炎武、王船山的见解很相类，反映了现实社会中的政治对垒。

与康有为否定古文经，重定汉学正统一样，刘师培也重新阐述汉学。不过，他的学术重心不是固守经学壁垒，而是适应反清革命需要，彰显汉学的攘夷大义：

> 试即两汉之学术考之，虞翻注《易》，世守孟氏家法，以高宗为乾象，以鬼方为坤象。夫天尊地卑之说既见于羲经，虞氏此义，非即贵华夏贱殊族之义乎？……郑君注《易》，既以阴阳区华夏，复以一君二民系中邦之制，二君一民乃夷狄之风，故有君子小人之别，其立说之旨略与虞同。……郑君注《书》，以蛮夷猾夏，即为侵乱中国之阶（《尧典注》），无滋他族，实逼处此，郑君忧世之心何其深与……又马融注《书》，以为荒服之疆，政教荒忽，"蛮"意同于"怠慢"，而"流"字顺为"流行"，以证游牧之民殊于土著，此即贱视夷狄之词也……试再征之于《诗》，申公释《采薇》之旨，愤戎狄之侵华，刘向引《六月》之章，美宣王之征虏。夫申公、刘向皆治《鲁诗》，则种族之学，《鲁诗》非不言之矣。

刘师培还一一论列，《齐诗》、《韩诗》均含"种族之学"，"春秋三传"更是包含"攘夷大义"，"三礼"也"明种族之殊"。③ 总之，整个儒经都贯穿着尊华夏、攘夷狄的思想。这些看法反映了刘氏立足于现实而解"经"释"汉"。

---

① 马叙伦：《孔子政治学拾微》，载《国粹学报》第 2 年第 18 期，1906。
② 黄节：《春秋攘夷大义发微》，载《国粹学报》第 2 年第 20 期，1906。
③ 刘光汉：《两汉学术发微论·两汉种族学发微论》，载《国粹学报》第 1 年第 11 期，1905。

作为通经致用的另一思想主题，清末古文经学也留下了民主思潮的烙印。刘师培阐发"汉学"的民主思想，他认为"汉儒说经往往假经义以言政治。试推其立说大纲，大约以人民为国家主体。故毛公有言：'国有民得其力。'刘向有言：'无民则无国。'而郑君《周礼》注亦曰：'古今未有遗民而可以为治者。'"因此，他认为，刘向等人是"以君位为主，以君为客"，"则世袭制度固为汉儒所排斥矣。"并且，汉儒何氏《公羊解诂》，郑君《诗笺》、《易经注》，刘向《说苑》等书包含了劝君主"勤民事"、"达民情"、"宽民力"的内容。又郑君注《礼》云"圣人制事必有法度"等语包含以法治国之意，主张"君臣上下同受制于法律之中"。① 刘氏受卢梭《民约论》启发而作《中国民约精义》，阐述中国"民为邦本"的民主思想。马叙伦也注重阐发《春秋》关于君民关系的论述："《春秋》之言曰：君者，为民者也"，"民非为王也，而天之立王，以为民也"。因此，《春秋》对于非民所立的君主，"去之可也，执之可也，弑之可也。"②

古代的民本思想或重民思想当然与近代民主有所不同，这种学术阐发反映了一些人对传统思想资源的重视，适应了清末民主革命潮流。这是他们使传统学术致用于社会的实践。清末古文家将传统的夷夏之辨发展为民族主义，将古代的民本思想阐释为近代民主主义，使之适应社会变革的需要。这改变了乾嘉学派将"求真"与"致用"判为两橛的观念，是传统学术适应时代潮流而发生的重要变化。

可见，清末一些古文家并未将学术的"求真"与"致用"割裂开来。像今文家一样，他们受经世致用学风的濡染，讲求经世之学。因为经世层面的凸显，传统学术格局开始发生深刻变化。那些能够适应经世致用需要的传统学术日益兴盛起来，反之则衰落下去。这种转变推动了传统学术重心的多元化和汲取西学的潮流，从而推动清末学术的转变和发展。

---

① 刘光汉：《两汉学术发微论·两汉种族学发微论》，载《国粹学报》第 1 年第 10 期，1905。
② 马叙伦：《孔氏政治学拾微》，载《国粹学报》第 2 年第 15 期，1906。

三、学术重心的多元化

1900 年以后，国学思潮澎湃一时。当时所谓"国学"，主要是"中国传统的学术"，基本内容则是关于经、史、子、集的研究和诠释。儒学和经学长期居于传统学术的主导地位，但晚清古文经学的相对衰落、今文经学的复兴和儒学的调整都是正统学术的重要变化。另一方面，经学、儒学之外的传统学术发生了较大变化，一定程度上改变了学术结构，导致学术重心趋于多元化。

（一）诸子学的兴起

先秦道、墨、法等诸子是与儒家并称的重要学派。汉代"独尊儒术"之后，先秦非儒学派则被排斥、吸收或改造，或消或长，基本处于异端地位。研究诸子者也相对较少。在乾嘉考据学盛行之时，一些学者在研究儒经之余，为证经、解经的需要而校勘子书。道咸以后，研究诸子著作，阐释、乃至汲取诸子学说的士大夫逐渐增多，可谓诸子学的复兴。①

道光年间，姚莹主张采老庄之学而用之，甚至认为"管子之言即孔子之言也"②。理学家路德认为：在唯利是图、人心浇漓的社会风气中，应该以墨学挽救社会危机。魏源在治经之外，潜心研究了《老子》、《墨子》、《孙子》等书，《老子本义》尤其重视开掘道家的社会价值和经世意义。有识之士的看法并非空谷足音，随时推移，诸子学的社会基础也逐渐壮大。

19 世纪下半期，无论是从魏源、路德到曾国藩等讲求经世致用的传统士大夫，还是从薛福成、黄遵宪到谭嗣同等接受西学、主张改革的先进知识分子，他们对先秦诸子的认识、评价都已超越前人。他们不再固守正统儒学、排斥诸子，而是从救世济民的需要或者西学发展趋势来肯定诸子学说。

晚清风行半个多世纪的"皇朝经世文编"是最有代表性的文化事件。当魏源、贺长龄在道光年间首编《皇朝经世文编》时，"学术类"还没有诸子的位置，更没有收录有关非儒学派的文章。其后，"皇朝经世文"续编、三编、四

---

① 参见罗检秋《近代诸子学与文化思潮》，北京，中国社会科学出版社，1998。
② 姚莹：《康輶纪行》卷一二，见《中复堂全集》，同治六年刊本。

编、新编等相继问世，其中诸子学的位置也随时而增。至光绪辛丑年（1901年）出版的《皇朝经世文统编》，开始在"文教部"单独开辟"诸子"一目，收录阐扬诸子学说的文章。如关于墨学，《述墨子为算法所出》一文肯定墨学的科技价值，《昭墨学》一文则褐橥为墨学昭雪的旗帜，把孟子斥墨的言论影响形容为"一犬吠影，百犬吠声"之类，几乎全盘肯定其思想学说①。这种言论在流传广泛的"皇朝经世文编"中出现，实际上反映了社会思潮的转变。

评价诸子发生巨大转变的同时，阅读子书也成为一时风气。19世纪末有人指出："呜呼！世道之变也！……窃以为数十年之后子书之学当有大兴"，"子书者，格致之全书也"。"今果崇尚西学，则诸子之书将来必家置一编，较之经史尤首先推重。"② 清末子书虽未达到"家置一编"的程度，但显然已成为一般士子的学习内容。尤其是戊戌以后，士大夫的学术重心逐渐从经学向诸子学倾斜。例如，康有为的弟子中，一些人对今文经学没有兴趣，而喜好先秦诸子，梁启超治墨学，陈千秋、麦孟华治商、韩之学，曹泰治老庄之学。其中最有成就的梁启超也是提倡诸子学复兴的健将。他在《湖南时务学堂学约》的第四条规定："每日一课，经学、子学、史学与译出西书四者间日为课焉。"③影响所及，洋务派重臣张之洞也赞同书院的学生阅读子书，只是强调要"求训诂"，而不是"空论其文"，"臆度其理"④。这成为晚清学术转变的重要信息。

光绪年间，社会危机进一步加深，人们对学术实用价值的期待更为强烈。一些人有感于西方科技的实用性，认为"先秦诸子"，求其言切实有用而文反覆详明者"，莫如《墨子》。此书包含西方声光化电之学，因而"读是书者探索而发明之，其裨于实用岂有既哉！"⑤ 社会现实的迫切需要凸显了老、墨等非儒学派的社会价值，从而把人们的研究兴趣导向经学之外的领域。到清末，在较开明的学堂、书院，子书已被列为学习重点。1902年，清政府颁布的《钦

① 《昭墨篇》，见邵之棠辑《皇朝经世文统编》卷四，"文教部四·诸子"，光绪辛丑年上海宝善斋石印本。

② 《论中国学者将尚子书》，见邵之棠辑《皇朝经世文统编》卷四，光绪二十七年上海宝善斋石印本。

③ 梁启超：《湖南时务学堂学约》，见《饮冰室合集》文集之二，26页，北京，中华书局，1989。

④ 张之洞：《辅轩语》，见《张之洞全集》第十二册，9786页，石家庄，河北人民出版社，1998。

⑤ 丁国钧：《读墨子》，见黄以周选刊《南菁讲舍文集》卷五，1889年刊本。

姚鼐

孙诒让

马叙伦

刘师培

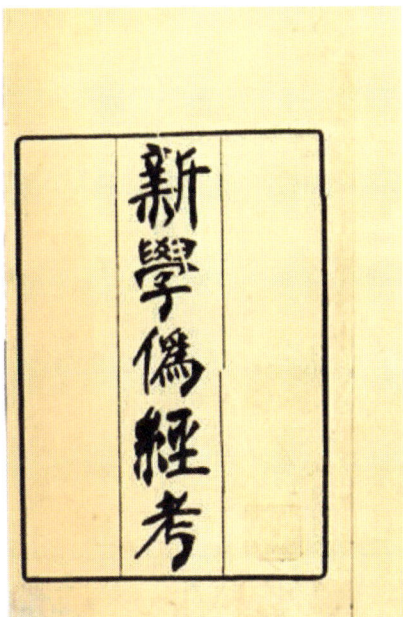

《新学伪经考》

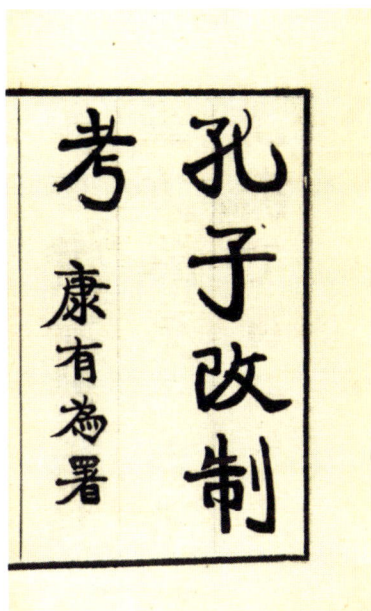

孔子改制考 康有为署

《孔子改制考》

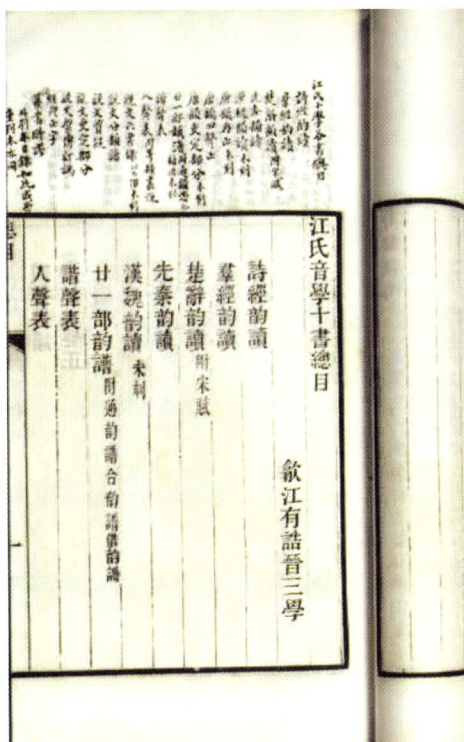

江氏音学十书总目

歙江有诰晋三学

詩經韻讀
羣經韻讀
楚辭韻讀 附宋賦
先秦韻讀
漢魏韻讀 宋制
廿一部韻譜 附通韻譜合韻譜借韻譜
諧聲表
入聲表

《音学十书》

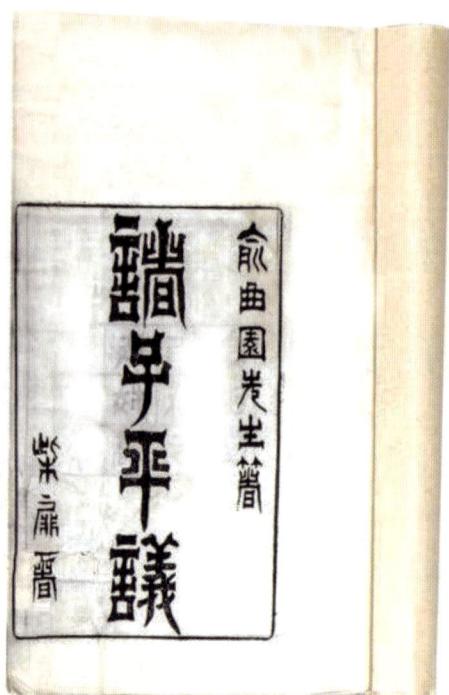

《诸子平议》

王国维

《海宁王静安先生遗书》

228

定京师大学堂章程》，也正式把"诸子学"列入"文学科"课程。

在此变化中，清末诸子学成就蔚为大观。魏源的《老子本义》注重发掘《老子》经世致用的社会意义，成为乾嘉汉学转向经世致用的重要标尺。其后，研究老庄的著作如易顺鼎的《读老札记》、刘鸿典的《庄子约解》、王闿运的《庄子注》、马其昶的《庄子故》《老子故》，等等都不乏学术价值。

同时，有关《墨子》、《管子》的研究都产生了重要成果。道咸年间，广东学者陈澧、邹伯奇究心于《墨子》，以西方科技解《墨经》。其后，湖南学者曹耀湘撰《墨子笺》，将考据学与义理学融为一体，除文字训释之外，每篇均有主旨简评，能得墨学要领。今文家王闿运也作过《墨子注》。而晚清这方面最重要的成果是孙诒让于1894年撰成的《墨子间诂》。章太炎认为"诒让集众说，下以己意，神旨迥明，文可讽诵。自《墨子》废二千岁，儒术孤行，至是较著。"① 梁启超更认为："盖自此书出，然后《墨子》人人可读，现代墨学复活，全由此书导之。古今著《墨子》者，固莫能过此书。"② 这并非溢美之词。

关于《管子》，乾嘉学者王念孙、洪颐煊都有著述。晚清学者俞樾的《诸子平议》中有《管子平议》六卷。同治年间，戴望在此基础上著《管子校正》二十四卷，成为这方面的集大成之作。

清末一些经学家研究诸子，而且成就胜过经学。俞樾的《诸子评议》、孙诒让的《墨子间诂》、郭庆藩的《庄子集释》、王先谦的《荀子集解》《庄子集解》、王先慎的《韩非子集解》等，不失为清代诸子学的总结性著作。这些研究成果改变了偏重经学的局面。俞樾仿王引之的《经义述闻》而著《群经平议》，又仿王念孙的《读书杂志》而撰《诸子平议》。俞氏弟子章太炎认为："治《群经》，不如《述闻》，谛《诸子》乃与《杂志》抗衡。"③ 这反映出晚清经学停滞、子学兴起的一斑。晚清考证诸子的俞樾、孙诒让、王先谦等人，大多是有成就的经学家。但就学术地位来看，他们在诸子学中的重要性，较之经学领域更为突出。

---

① 章太炎：《孙诒让传》，见《章太炎全集》（四），213页，上海人民出版社，1985。

② 梁启超：《中国近三百年学术史》，见《饮冰室合集》专集之七十五，230页，北京，中华书局，1989。

③ 章太炎：《俞先生传》，见《章太炎全集》（四），211页，上海人民出版社，1985。

就思想意义来看，梁启超曾于 1904 年在《新民丛报》发表《子墨子学说》，阐述墨家思想，呼吁墨学复兴。这对改变独尊儒学的格局，在学术领域产生了较大影响。谭嗣同融会佛学、西学和以墨子、老庄为代表的先秦诸子而著《仁学》，并在人格精神上履践墨家学说，"私怀墨子摩顶放踵之志"①。另一位湘籍维新志士唐才常肯定诸子与孔学同源，而且认为："故欲救今日民穷财尽、公私窳敝之病，则必治之以管学；欲救今日士农工商各怀私心之病，则必治之以墨学；欲救今日吏治废驰、弄文猌法之病，则必治之以申韩之学；欲画五大洲大同之轨，进一千五百兆仁寿之民，则必治之以孟子、公羊之学。"②这些学者比较注重寻求古学的现代意见，讲求经世致用，故推重并阐述诸子学说。

清末有的传统学者仍局限于古文经学，而章太炎、刘师培、孙诒让等一批人则将学术重心转移到诸子学，与梁启超等思想家殊途同归。乾嘉经学家往往以文字训诂见长，而忽略社会价值和思想内涵。但到 20 世纪初年，这种状况已有所改变。辛亥革命前十年，章太炎的主要学术成就不在考证儒经，而在阐发诸子学说。1906 年章太炎发表于《国粹学报》的《诸子学略说》，可以看作国粹派阐扬诸子的纲领。不久，他撰成《庄子解诂》和《齐物论释》，既承乾嘉考据学风，又融会佛学和西方哲理，颇多思想创见。章氏解释子书多有经世关怀，对"消极无为"的道家也是如此。当他批评"儒家之病，在以富贵利禄为心"，赞扬庄子"其气独高"之时，并非没有针对立宪党人的意味。他晚年还肯定《老子》的社会价值："余尝谓老子如大医，遍列方齐，寒热攻守杂陈而不相害，用之者则因其材性，与其时之所宜，终不能尽取也。"③

研究《庄子·齐物论》时，他认同于庄子万物齐一、不齐而齐的思想，以此抨击西方列强的文化侵略。他认为"齐物之论，以齐文野为究极"，故释《齐物论》"尧问"一段时说：本节为全篇主旨，"宜在最后，所以越在第三者，精入单微，还以致用，大人利见之致，其在于斯"。据此，他抨击西方列强的

① 谭嗣同：《仁学·自序》，见《谭嗣同全集》下册，289～290 页，北京，中华书局，1981。
② 唐才常：《治新学先读古子书说》，见《唐才常集》，31 页，北京，中华书局，1982。
③ 章太炎：《老子政治思想概论序》，见《章太炎全集》（五），146 页，上海人民出版社，1985。

文化侵略："志存兼并者，外辞蚕食之名而方寄言高义。若云使彼野人获与文化，斯则文野不齐之见，为桀跖之嚆矢明矣!"① 他试图取资于《庄子》，摧毁侵略者的理论根基。他后来又说："文明野蛮的话，本来从心上幻想出来，只就事实看，什么唤做文明，什么唤做野蛮，也没有一定的界限，而且彼此所见，还有相反之处。""所以，第一要造成舆论，打破文明野蛮的见，使那些怀挟兽心的人，不能借口。"② 这种言论虽然对文化的时代性认识不足，却代表了被压迫民族的正义之声。这是章氏以庄学致用的思想结晶。

后来胡适说："到了章太炎方才于校勘训诂的诸子学之外，别出一种有条理系统的诸子学。太炎的《原道》、《原名》、《明见》、《原墨》、《订孔》、《原法》、《齐物论释》都属于贯通的一类。"③ 确实，章太炎对"寻求"诸子"义理"的倡导和实践，体现了研究者的自觉，也反映了20世纪初年诸子学的趋势。在此趋势中，诸子学本身的重心从19世纪的"考据学"，发展为20世纪初年的"义理学"。19世纪的俞樾、孙诒让等人还主要校勘、训释子书，而20世纪初年的章太炎、梁启超、严复、王国维等人则重在阐发其思想学说，发掘其社会价值。

清末一些汉学传人由偏重经学、儒学而转重道、墨、法等非儒学派，这是史所罕见的变局，也是清末学术的新气象。

（二）史学的更新

相对于经学，清代史学居于次要地位。然而，乾嘉学派也在史籍考据方面取得了成就，如王鸣盛、赵翼、钱大昕等都留下了考校"正史"的鸿篇巨制。而章学诚倡导的"六经皆史"说则不仅揭示经学的"真实性"意义，而且暗含泯灭经、史界限的倾向，为经学走下文化神坛铺设了道路。不过，在乾嘉时期，经学独盛而占据学术正统的格局终究没有大变。史学也只能在经学的笼罩下，拘泥于校勘、辨伪而已。

---

① 章太炎：《齐物论释定本》，见《章太炎全集》（六），100页，上海人民出版社，1985。
② 章太炎：《论佛法与宗教、哲学以及现实之关系》，载《中国哲学》第6期，309～310页，北京，三联书店，1982。
③ 胡适：《中国哲学史大纲》卷上"导言"，见《胡适学术文集·中国哲学史》上册，27页，北京，中华书局，1991。

道咸以后，在经世致用思潮的推动下，传统史学已有所发展。应时而兴的边疆史地成为人们讲求经世之学的重要内容（见前文），体现了传统史学的生机。但至20世纪初年，随着西学深入，素称发达的中国史学发生了深刻变化。史学的主流不是王先谦、曾廉等人的"正史"研究，而是梁启超为代表的"新史学"。后者既继承、发展了传统史学的某些因素，又融入近代西学，具有明显的新学特征。

梁启超、章太炎、严复、夏曾佑、邓实等人是在批评、改造传统史学的基础上建设新史学。就其理论的完备和影响而言，梁启超始终是最重要的旗帜。1901年，他发表《中国史叙论》，为撰写"中国通史"作理论准备。1902年，在此基础上写出《新史学》长文，在《新民丛报》连载，形成了"新史学"的系统理论。不破"旧"则不能创"新"，梁启超系统地批判了传统史学的弊端："一曰知有朝廷而不知有国家"，"二曰知有个人而不知有群体"，"三曰知有陈迹而不知有今务"，"四曰知有事实而不知有理想"。有此"四弊"，又生"二病"，"其一能铺叙而不能别裁。往往有读尽一卷，而无一语有入脑之价值者；其二能因袭而不能创作。数千年来，稍有创作之才者，只有司马迁、杜佑、郑樵、司马光、袁枢、黄宗羲六人，此外则皆所谓公等碌碌，因人成事"。

梁启超集中批判了旧史学以帝王将相为主体，而排斥民间史事的"正史"标准。因而，他批判以君主为核心的"正统论"，这种思想确定各朝代的"正统"标准大不相同，但都以国君，而不是国民为转移，因而其是非褒贬也以国君为核心，没有真正的正义。关于史学的灵魂，他认为，凡学问都是主观与客观的统一，史学也是如此。客观是过去的历史事实，主观则是史家的哲理。有客观而无主观，则史学有魄而无魂，不能称之为史。传统史书只是罗列史实，史书浩繁而毫无生气，不能揭示历史的内在规律。旧史观的理论多是一治一乱的循环论，不能启迪民智。

梁启超对旧史学的批判可谓振聋发聩。那么，他要建设的"新史学"是什么？他定义为"叙述人群进化之现象而求得其公理公例者也"。这里，"新史学"是以"人群"而不是帝王将相作为历史的主体；其次，述历史的进化现象；最后应求得人群进化的"公理公例"，让后人遵循已经揭示的"公理公例"

以增进幸福。① 为了建造"新史学"，梁启超曾在清末发表了大量历史论著，范围之广，见解之富，为他人不及。如中国学术史方面有《论中国学术思想变迁之大势》，全文在中西比较中，把中国学术分为胚胎时代、全盛时代、儒学统一时代、老学时代、佛学时代、近世学术等几个部分。他还写了一些人物传记，如《南海康先生传》、《中国四十年来大事记》（即李鸿章传）、《张博望班定远合传》、《赵武灵王传》、《袁崇焕传》、《中国殖民八大伟人传》、《王荆公》、《管子传》等。属于专史则有《中国之武士道》、《中国国债史》、《中国历史上革命之研究》、《中国古代币材考》、《中国民族之观察》等。这些作品高扬爱国主义主题，颂扬刻苦耐劳、自强不息的民族精神，发掘古代有价值的思想学说。为了以邻国的亡国惨祸为鉴，他还发表了《朝鲜亡国史略》、《越南小志》、《越南亡国史》、《日本并吞朝鲜记》等著作。

这些史著不再是封建统治者的"资治"材料，而是适应近代救亡图存、思想启蒙需要的国民读本。史学的主体当然也不是帝王家谱，而是以社会群体为中心。其次，这些史著汲取了西方进化论以及社会学、经济学、民族学理论，也融入了近代自由、民主观念。于是，传统史家的是非观念、道德准绳发生了转化，旧的忠孝节义已被近代爱国主义、民族主义所改造。因而，"新史学"具有融合中西的新学特征。第三，梁启超的史著立足于世界潮流，思维视野广阔。他注重从中外比较中求得国家、民族兴衰的"公理公例"，条分缕析，因果分明，给人以思想启迪。最后，梁著写作形式灵活多样，近代流行的章节体取代了传统的纪传体、编年体。章、节都有提纲挈领的标题，一目了然。正文中有时配以年表、大事记，行文生动活泼，增强了史书的感染力。总之，梁启超的"新史学"观点虽非完全正确，如过分强调地理环境、英雄人物的作用，但不失为一场真正的"史界革命"，推动了中国史学的更新和发展。

梁启超的好友夏曾佑也是"新史学"的重要实践者。他撰著的《最新中学历史教科书》于1904至1906年由商务印书馆分三册出版。1933年出版时，此书更名为《中国古代史》。全书只完成前二编，写至南北朝而止。但此书明显地以近代进化论观点来认识历史，如把东周以前的历史称为"传疑时代"，春

---

① 梁启超：《新史学》，见《饮冰室合集》文集之九，1～10页，北京，中华书局，1989。以上未注引均见此。

秋战国称为"化成时代"，从而把中华文明看作逐渐成熟的过程。作者也多次表明进化史观。例如，论先秦学术时认为"古今人群进化之大例，必学说先开，而政治乃从其后。春秋之季，老子、孔子、墨子兴，新理大明，天下始晓然于旧俗之未善。至战国时，社会之一切情状，无不与古相离，而进入于今日世局焉"①。论三国社会之变迁又说："循夫优胜劣败之理，服从强权，遂为世界公例，威力所及，举世风靡，弱肉强食，视为公义。"② 这些看法虽不完全准确，包含的近代观念则清晰可见。同时，此书在注重历代政治变迁之外，也多述历代民族、边疆问题，这也呈现出近代内忧外患的时代烙印。从体例来看，夏著按章节体写成，汲取了近代史学方法。故此书虽属初创未完之作，却是中国近代一部有影响的新式通史。

"新史学"的建设不限于今文经学者或维新派人士。一些古文经学者或革命志士也是重要力量。章太炎是国粹派的思想领袖，也是古文经学家转重史学、更新史学的代表人物。他早年的《訄书》是政论、史论的结集，对历史人物、民族史迹发表了丰富见解。章太炎曾准备编纂一部"中国通史"，还致书梁启超说，"所贵乎通史者，固有二方面：一方以发明社会政治进化衰微之原理为主，则于典志见之；一方以鼓舞民气、启导方来为主，则亦必于纪传记之"③。他虽不像梁启超那样激烈地否定历代正史体例，却同样接受了近代进化论史学。

后来，章太炎投身革命，他作"中国通史"的计划没有实现。但他的史学观点广为传播，成为国粹派史学的重要组成部分。在他看来，提倡"国粹"，"只是要人爱惜我们汉种的历史"。这里的"历史"包括："一是语言文字，二是典章制度，三是人物事迹。"④ 章太炎扩展"历史"的内涵也是为了适应思想构建的需要。他说："故仆以为民族主义，如稼穑然，要以史籍所载人物制度地理风俗之类，为之灌溉，则蔚然以兴矣。不然，徒知主义之可贵，而不知

---

① 夏曾佑：《中国古代史》，1934 页，石家庄，河北教育出版社，2000。
② 夏曾佑：《中国古代史》，404 页，石家庄，河北教育出版社，2000。
③ 章太炎：《致梁启超书》（1902 年 7 月），见《章太炎政论选集》上册，167 页，北京，中华书局，1977。
④ 章太炎：《东京留学生欢迎会演说辞》，见《章太炎政论选集》上册，276 页，北京，中华书局，1977。

民族之可爱，吾恐其渐就萎黄也。"① 章氏收集明季事状，准备作"后明史"，认为"三帝当著纪，而鲁监国、郑成功宜作世家。将相如何腾蛟、瞿式耜、堵胤锡、刘文秀、李定国辈，功施赫然，著于招摇旗常"。而明朝遗民，三老而外，应该录入的耆老尚众。章氏"后明史"书虽未成，却重视《春秋》大义，称赞前人的《南疆逸史》"贻之后生，以继《春秋》攘夷之义，庶几足以立懦夫、起废矣！仲尼有言：吾犹及史之阙文也"②。这种史学主张显然立足于反清民主革命的现实需要。

清末许多革命志士都重视史学的社会功能。《国粹学报》刊载、表彰的人物事迹除遗民学者如顾炎武、王船山、黄宗羲、颜元、吕留良等人外，还刊载大量遗民事迹，如陈去病撰写的《明遗民录》涉及直隶、山东、山西、江苏等各省，每省达数十人之多。此外，该刊还撰录包括岳飞、文天祥、东林党等大批忠臣义士的志行。他们以此表彰民族气节，激发国人的民族主义。

世纪初年，一些学者在繁忙的社会活动之外，尝试撰写新史著。黄节的《黄史》、刘师培的《中国历史教科书》都不失为新史学的重要实践。这些史著不仅述中国历史的进化、变迁，而且凸显民族的兴衰之迹，发掘民族主义和民主思想。《黄史》的首章便是"种族书"，彰显汉族的种族源流，又为汉族节烈人士立传，现实思想意义远胜于学术价值。刘师培标明其《中国历史教科书》的特点是注意"历代政体之异同"、"种族分合之始末"、"制度改革之大纲"、"社会进化之阶级"、"学术进退之大势"③。这都具有明显的时代烙印。

20 世纪初年，在梁启超、章太炎等一批人的倡导和实践中，传统史学观念、史学方法都出现前所未有的更新，史学的现实价值和社会功能也得到充分的彰显。在此契机中，新史学论著接踵出现，形成了真正的"史界革命"。在此背景下，许多自幼浸淫于经学的士人，将学术的兴趣转向史学。这不仅创造了史学的繁荣气象，也使经学相形之下黯然失色了。

---

① 章太炎：《答铁铮》，见《章太炎全集》（四），371 页，上海人民出版社，1985。
② 章太炎：《南疆逸史序》，见《章太炎全集》（四），201～202 页，上海人民出版社，1985。
③ 刘师培：《中国历史教科书·凡例》，见《刘申叔先生遗书》，1 页，1936 年宁武南氏校印本。

（三）佛学的生机

清代佛学本已衰微，民间信仰佛教者虽然不少，但与思想、学术关系不大。至晚清，佛学在社会需要的呼唤及西学东渐的滋润下，又显露出一定的生机。

一方面，佛教典籍的刻印、流播有所起色。佛学大师杨文会（1837—1911）年轻时开始学佛，一生致力于振兴佛教事业。他于1897年在南京设立"金陵刻经处"，出版、发行佛教书籍。他还创设佛学研究会，开办研习班。这些工作都开晚清风气之先。梁启超说："晚有杨文会者，得力于'华严'，而教人以'净土'，流通经典，孜孜不倦。今代治佛学者，十九皆闻文会之风而兴也。"[①] 杨文会对近代佛学的发展影响巨大，后来的太虚法师、欧阳渐居士等都出自杨氏门下，章太炎、谭嗣同等思想家治佛学也深受其影响。

晚清佛学的生机主要体现在思想层面。有的论者认为："晚清好佛学的人，几乎都是趋新之士大夫，他们从日本迅速崛起的背后，似乎读到一个消息，获得一个启示，即佛教也不是那么保守，信仰佛教也可以近代化，佛教原来与西学颇有相通之处。"[②] 确实，晚清一些士大夫受国外学术趋势的刺激，认识到佛教的可塑性。但另一方面，他们又受本土经世致用思潮的推动，在思想理论的饥渴中发现了佛教的社会价值。因此，梁启超说，龚自珍、魏源等今文经学家多兼治佛学，谭嗣同从杨文会学佛以后，"本其所得以著《仁学》，尤常鞭策其友梁启超。启超不能深造，顾亦好焉，其所论著，往往推挹佛教。康有为本好言宗教，往往以己意进退佛说，章炳麟亦好法相宗，有著述，故晚清所谓新学家者，殆无一不与佛学有关系"[③]。事实上，戊戌时期"与佛学有关系"的维新人士还有文廷式、宋恕、汪康年、夏曾佑、沈曾植等一批人。

这些人并非没有学理创新，如谭嗣同的《仁学》深深地融入了佛学，提出

---

① 梁启超：《中国佛法兴衰沿革说略》，见《饮冰室合集》专集之五十一，14页，北京，中华书局，1989。

② 葛兆光：《七世纪至十九世纪中国的知识、思想与信仰》，见《中国思想史》第二卷，653页，上海，复旦大学出版社，2000。

③ 梁启超：《清代学术概论》，见《饮冰室合集》专集之三十四，73页，北京，中华书局，1989。

了丰富的思想见解。他认为，作为万物本体的"以太"，"其显于用也，孔谓之'仁'，谓之'元'，谓之'性'；墨谓之'兼爱'；佛谓之'性海'，谓之'慈悲'"①。谭嗣同汲取佛家"三界惟心"、"万法唯识"的思想，以充实其哲学思想。在人生哲学方面，谭嗣同受佛家影响也很大。他说，"盖心力之实体，莫大于慈悲。慈悲则我视人平等，而我以无畏；人视我平等，而人亦以无畏。无畏则无所用机矣。"② 谭氏的一生言行充分体现了这种人生态度。

章太炎一生也与佛家结下不解之缘。1903 年他在上海系狱西牢时，专修"慈氏、世亲"之书。此后的一些论著明显打上了佛学烙印。他一生写有佛学文章十多篇，思想也经历了"转俗成真"而最终"回真向俗"的过程。在佛家各宗中，章太炎尊崇法相宗。在他看来，法相宗缜密的逻辑思维符合近代学术趋势包含的科学精神。章氏肯定佛学的学理价值，在学术运思中汲取了佛学营养。清末，章太炎重视诸子学说，融佛、道于一。他自诩为"一字千金"的《齐物论释》主要是以佛解庄的产物。他不同意视庄子为"纯任自然，他无所晓"的看法，而认为"齐物大旨，多契佛经"③。在他看来，庄子的"真我"即是佛家（唯识宗）的"阿赖耶识"，是永恒存在的"种子"，万事万物的根源。而庄周"梦蝶"则是以梦为喻，实即佛家所说的"轮回"④。章太炎不仅哲学上以佛解庄，有时也以佛学诠释近代观念。他说："齐物者，一往平等之谈。详其实义，非独等视有情，无所优劣，盖离言说相，离名字相，离心缘相，毕竟平等，乃合齐物之义。"⑤ 他以佛学为根据，阐释平等思想，提出了不同于近代西学的看法。至民国年间，章太炎又会通儒佛，以佛学诠释《易经》和《论语》。

与谭嗣同一样，章氏的佛学理论并不圆满，而主要是在社会现实层面开掘佛学的经世致用意义。章太炎说："至所以提倡佛学者，则自有说。民德衰颓，于今为甚，姬、孔遗言，无复挽回之力，即理学亦不足以持世……自非法相之

① 谭嗣同：《仁学》，见《谭嗣同全集》下册，293 页，北京，中华书局，1981。
② 谭嗣同：《仁学》，见《谭嗣同全集》下册，357 页，北京，中华书局，1981。
③ 章太炎：《齐物论释定本》，见《章太炎全集》（六），83 页，上海人民出版社，1985。
④《齐物论释定本》，见《章太炎全集》（六），117 页，上海人民出版社，1985。
⑤《齐物论释定本》，见《章太炎全集》（六），61 页，上海人民出版社，1985。

理，《华严》之行，必不能制恶见清污俗……拳拳之心，独在此耳。"① 除了从道德建设的需要肯定佛家价值外，他也援引佛教作为反清革命的思想工具。他说，佛教最重平等，"所以妨碍平等的东西，必要除去。满州（洲）政府待我汉人种种不平，岂不应该攘逐？""又佛教最恨君权，大乘戒律，都说'国王暴虐，菩萨有权，应当废黜。'……所以佛是王子，出家为僧，他看做王就与做贼一样，这更与恢复民权的话相合。"② 这里，佛学成为章氏进行民族、民主革命的理论工具。这些因素反映了晚清佛学兴盛的主要底蕴。

这种底蕴在梁启超那里体现得尤其鲜明。戊戌到辛亥前，梁启超发表有关佛学论著十余篇，主要是从思想上推重、阐述佛学，以适应救亡、启蒙的需要。戊戌时期，梁启超认为佛教的"精意所在"是"威力"、"奋迅"、"勇猛"、"大无畏"和"大雄"，号召人们发扬佛家精神，投身救亡图存。流亡日本后，他对佛教的重视有加无已。看到日本明治维新人物笃信佛教，他深感宗教力量的强大。他比较哲学家与宗教家的长短，深感宗教对于社会的影响力，进一步发现了佛教的社会价值。

中国人口众多，缺乏有效的凝聚力，整个社会如同散沙。在西方的冲击下，不少人在"专制"或"无政府主义"的两极中陷入困境。如何在保有自由、平等精神的前提下组织广大民众？1902 年，梁启超发表《论佛教与群治之关系》一文，肯定佛教信仰对社会、国家的积极意义，并以近代思想阐述佛理。他认为，佛教并不是迷信，佛教提倡"悲智双修"，与他教迷信教主的智慧不同，佛教认为教徒的智慧必可以与教主平等，因而以起信为法门。因而，佛教信仰与思想启蒙并行不悖。

梁启超重点发掘佛家的救世精神。他指出："佛教之信仰乃兼善而非独善"，即佛门所谓"有一众生不成佛者，我誓不成佛"。这种无私的牺牲精神是值得提倡的。儒家排斥佛老时，常指责佛家为"清净寂灭"，悲观厌世。梁启超认为，佛家常存下地狱之心，而且以此为乐，庄严地狱，因而佛教信仰乃入世而非厌世。他指出："欧美数百年前，犹是一地狱世界。而今日已骤进化若

---

① 章太炎：《人无我论》，见《章太炎全集》（四），429 页，上海人民出版社，1985。
② 章太炎：《东京留学生欢迎会演说辞》，见《章太炎政论选集》上册，273 页，北京，中华书局，1977。

彼者，皆赖百数十仁人君子住之、乐之、而庄严之也。知此义者，小之可以救一国，大之可以度世界矣。"这显然是针对近代中国有感而发。

平等是近代启蒙思想的主题之一。西方的宗教改革和文艺复兴发展了基督教的平等精神，"上帝面前人人平等"曾风行一时。梁启超认为，这种平等仍"受治于一尊之下"，而佛教的平等更为彻底。故曰："一切众生，皆有佛性"，"一切众生，本来成佛"。他指出：佛家立教之目的"在使人人皆与佛平等而已。夫专制政体固使人服从，立宪政体亦使人服从也"。所以，别的宗教，"不免为据乱世、小康世之教"，而佛教则兼据乱、小康，以至于大同世界无不适用，不会产生流弊。[1]

梁启超不像谭嗣同、章太炎那样以佛学充实哲学思想。他更倾向于在中西会通的层面肯定佛学，发掘佛学的社会价值。长期以来，佛学代代流转，思想偏重于哲理、修身，而梁氏凸显其社会关怀，代表了近代佛学的潮流。

清末学者的学术重心并不一致。他们有的精研诸子学，有的邃于经学，有的在史学或佛学领域卓有成就。由于传统学者没有迅速在学术上弃旧从新，一些人不仅眷恋着儒经，而且注重发扬通经致用的传统；另一方面，除了史学之外，诸子学、佛学都呈复兴之象，于是出现了学术重心的多元化趋势。士大夫治学由独尊儒经到多元并存，这是史所罕见的大变局，从而整个学术格局亦随之发生转变和更新。

四、西学与清末学术的衍变

晚清士人的治学领域已不限于传统，而已扩展至西学。由于现实关怀的程度不同，不同学术流派在融合中西的时间或层次上会有差异。偏重考据的汉学家如张文虎、冯桂芬等人发扬乾嘉学派兼治西方天文算学的传统，有的学者如邹伯奇、李善兰则将学术重心由传统经史转移到近代算学、历法等科技领域。注重经世致用的今文家对西学比较敏感，注重从实用层面汲取西学，近代西学西理也成为他们讲求经世之学的基本内容。这在道咸年间以魏源为代表的思想

---

① 梁启超：《论佛教与群治之关系》，见《饮冰室合集》文集之十，45～52页，北京，中华书局，1989。

家那里已经开端。早期维新派思想家如王韬、马建忠、薛福诚、郑观应等人对采西学的主张进行了广泛的阐述和实践，此后，这种趋势更为显著。梁启超曾在 1896 年说，"舍西学而言中学者，其中学必为无用。舍中学而言西学者，其西学必为无本。无本无用，皆不足以治天下。"① 这句"名言"不仅体现了中西文化交融的哲学构思，且说明"西学"已成为"治天下"的必要方面。

晚清学术如经学、诸子学、史学都是从前代学术衍变、发展而来，而且在西学进入之前，传统学术的格局已发生了内在嬗变。但它又受近代西学的滋润，而且越到后来，西学的渗透和作用也愈益明显。可以说，清末学术的发展本质上是中西融合的结果。

（一）西学东渐与学术格局的变化

大致说来，19 世纪中期，西学仍主要作为一种外力，成为推动士大夫调整价值坐标和学术重心的杠杆。嘉道年间，经世致用学风已经弥漫于士林，增强了学术的现实关怀并且滋润了学术多元化的苗头，有利于士人逾越儒学教条。这是西学得以在中国生长的文化基础。当时，对西学比较敏感者往往是较关切时政、讲求实际的士大夫，他们最先把西学纳入实用之学的范畴。

然而，西学一旦入华，又必然对传统学术产生冲击，最明显的首先是士大夫的价值观念逐渐变化。他们开始突破经学独尊、儒学万能的观念，不同程度地认同于西学，从而对西学的态度由"师夷长技以制夷"而"中体西用"，由中西对立而调和融合；同时，他们也反思、重识传统学术，发掘与西学相同或相似的思想学说。一些有识之士震惊于西方的强大和学术文化的繁荣，开始重视从前尘埋的学术思想。西学和传统学术在晚清便经历了这样一个相得益彰的过程。

先秦非儒学派在封建时代基本上处于被排斥或异端地位。故晚清诸子学的兴起和发展最典型地反映了传统学术格局的变化。19 世纪 60 至 70 年代，一批最早走向世界或开眼看世界的士大夫认识到西方学术的多元性。出使英法的

---

① 梁启超：《西学书目表后序》，见《饮冰室合集》文集之一，129 页，北京，中华书局，1989。

郭嵩焘认为不能以"夷狄"的观念看西方，欧洲各国政教"独擅其胜"①。日本作为中西文化交汇之地，它学习西方的优长引起了一些人的重视。亲见日本开国的罗森注意到日本士子"读孔孟之书，而诸子百家亦复不少"的情形②。黄庆澄也注意到日本创设哲学会，"观凡儒学、佛学、老庄之学、基督之学以及各教中有关天地人之理者，无不肆加研讨，各标新义"③。国外学术多元性的对照增加了士大夫对中国儒学一统天下的不满。较有代表性的洋务人才薛福成在对西方商学有所了解之后，感慨商学为"六经之内所未讲"，"不能执中国崇本抑末之旧说以难之"。又如"地球之圆，岂非今之夫妇所知，而古之圣人所不知乎？"④ 因而，在一批较早接触西方文化的士大夫心目中，儒学的地位在渐渐失落，对独尊儒学的怀疑在潜滋暗长。这种心理震荡增强了突破传统儒学及学术多元化的趋势。

诸子学派与近代西学西理的相通性也引起了一些人的重视。道光年间得风气之先的广东学者邹伯奇通西方历算科技。他认为西方历法、算学、重学、视学、乃至宗教、文字格式都源出《墨子》。这种看法得到陈澧的赞同。其后，曾游历欧洲的钱培德、薛福成、张自牧、王之春等人不仅肯定"西学源出诸子"的言论，且勾勒得更为细致，谈论的范围也由科技知识扩大到政教方面。关心政教改革的薛福成说："余观泰西各邦治国之法，或暗合《管子》之旨，则其擅强盛之势亦较多。"⑤ 遂于日本学术的黄遵宪则说："余考泰西之学，其源盖出于《墨子》。其谓人有自主权利，则墨子之尚同也；其谓爱汝邻如己，则墨子之兼爱也；其谓独尊上帝，保汝灵魂，则墨子之尊天、明鬼也。"他又认为：西方"用法类乎申韩，其设官类乎《周礼》，其行政类乎《管子》者十盖七八"⑥。这种言论产生了一定的社会反响，在 19 世纪中晚期的一些书刊、报章，流播较广。

"西学中源"论在学理上不能成立。其成因则比较复杂：一些主张学习西

---

① 郭嵩焘：《伦敦民巴黎日记》，491 页，长沙，岳麓书社，1984。
② 罗森：《日本日记》，37 页，长沙，岳麓书社，1985。
③《甲午以前日本游记五种》，342 页，长沙，岳麓书社，1985。
④ 薛福成：《出使英法义比四国日记》，82、499 页，长沙，岳麓书社，1985。
⑤ 薛福成：《出使英法义比四国日记》，253 页，长沙，岳麓书社，1985。
⑥ 黄遵宪：《日本国志》卷三二"学术志一"，光绪二十四年上海图书集成印书局本。

方的人士为了引进西方科技、乃至政教，有意凸显中西文化的相同性，按照"物归原主"的思维推动援西入中趋势；一些保守分子则在"古已有之"的思维定式下制造无需效法西方的声势；此外也不乏人云亦云、随声附和的言论。

姑且不论这股思潮的得失，但在西学的参照下，传统学术的价值坐标无形之中发生了变化。独尊儒学的传统思维开始受到冲击。非儒学派的思想价值和社会价值则得到彰显，尤其是古代的科技知识、政教见解，在西学的辉映下重现光彩。几乎所有主张汲取西学而谈论"西学源于诸子"的士大夫都对独尊儒学不满。黎庶昌说：西方以墨学"立国且数千年不败，以此见天地之道之大非执儒之一途所能尽。昌黎韩愈谓孔墨相为用，孔必用墨，墨必用孔，亦岂虚语哉！"① 他在调和儒墨的委婉言辞中，表现了对儒学的失望。这种认识在当时并非个别现象。张自牧更明确地提出："士大夫于读书明理、通经致用行有余力，取周秦诸子之书博考而深思之，知西学之本原而采用其所长，于制器利用皆有所益，正足以见中国之大。乃或者恶其异类而摒弃之，直以能通其艺者为大辱，何其隘也。"②

在此氛围中，传统士大夫以西学为参照，以社会实用性为取向而研究先秦诸子。与西学具有相似性的先秦非儒学派蓬勃兴起。人们评论孙诒让的《墨子间诂》时说：《墨子》"经上以下四篇，兼及几何算学光学重学，则又今泰西之所以利民用而致富强也……今西书，官私润译，研览日重，况于中国二千年绝学，强本节用，百家不能废之书，知言君子，其恶可过而废之乎？"③ 这反映了19世纪一些传统学者由经学转趋诸子学的心理。在清末民初，因西学而凸显传统学术的价值并非罕见现象。仅就诸子学而言，梁启超、章太炎因西方逻辑学的传入而研究《墨经》，梁启超研究《管子》的"法治学说"，章太炎研究《庄子》的"平等"思想，章太炎、刘师培等人发掘儒经的"攘夷大义"、民本思想，等等，都受西学入华的推动。此外，如马建忠研究汉语方法，魏源、徐继畬等人研究边疆史地，都是如此。诚如后来胡朴安所说："一种学术，必有

① 黎庶昌：《读墨子》，见《拙尊园丛稿》卷四，光绪十四年石印本。
② 张自牧：《蠡测卮言》，见《小方壶舆地从钞》十一帙（八），500页，清光绪十七年上海着易堂钻印本。
③ 黄绍箕：《墨子间诂·跋》，见《诸子集成》第四册，75页，上海书店，1986年影印本。

他种学术与之接触，始能发生新学术之途径。因欧洲哲学之影响，研究诸子学者日多；因欧洲语言学之影响，研究六书者日多；因欧洲美术之影响，研究群经古史者日多。"①

西学折射出中学的学术价值，也逐渐提升其文化意义。到 20 世纪初年，有识之士更是鉴于欧洲文艺复兴的学术繁荣，或者立足于中西学术的相通性而倡导中国文化的全面复兴。正如提倡诸子的邓实所说：

> 15 世纪，为欧洲古学复兴之世，而 20 世纪，则为亚洲古学复兴之世。……呜呼！西学入华，宿儒瞠目，而考其实际，多与诸子相符。于是而周秦学派遂兴，吹秦灰之已死，扬祖国之耿光，亚洲古学复兴，非其时邪。……诸子之书，其所含之义理，于西人心理、伦理、名学、社会、历史、政法、一切声化电之学，无所不包，任举其一端，而皆有冥合之处，互观参考，而所得良多。故治西学者，无不兼治诸子之学。②

邓实等人对中国古学研究不多，却大力彰显其价值，创造了"古学复兴"的社会氛围。以西学为价值参照，事实上把传统学术纳入近代文化潮流。在此潮流中，传统学术结构开始发生转变，经学或儒学之外的传统学术呈现少有的繁荣和空前发展。

（二）西学观念与知识的渗透

随着近代西学西理逐步深入，西学对传统学术的影响也体现在观念和方法层面。所谓"古学复兴"，并非简单再现，而是引进近代西学方法和思想，研究、整理古学，会通基本精神。在西学渗入之前，传统的义理学主要源于儒学或佛学。乾嘉时期，传统义理之学陷入困境，呼唤着新的学术思想源泉，今文经学，经世派理学在晚清应运而兴，适应了儒学寻求义理资源的需要。同时，传统义理之学的困境也为西学西理的引入创造了条件。

西方思想观念已逐渐渗透到传统学术研究中。以老庄研究为例，以往学者

---

① 胡朴安：《民国十二年国学之趋势》，载《民国日报》"国学周刊"国庆日增刊，1923 年 10 月 10 日。

② 邓实：《古学复兴论》，见《辛亥革命前十年间时论选集》第二卷上册，57、59 页，北京，三联书店，1963。

多局限于求其"本义"，或以儒、佛思想解老庄。戊戌思想家严复是近代引进西学的杰出代表，他又嗜好老庄。他是清末以西方观念诠释老庄的重要学者。1904年，严复批注《老子》，1916年又批注《庄子》。他的老庄评语典型地反映了会通中西的特色，而其重心是启蒙思想而非形而上学。他认为《老子》第五章"天地不仁，以万物为刍狗"等语包含达尔文的进化论原理，从而其老子评点打上了进化论、乃至社会达尔文主义的思想烙印。严复尤其重视阐发老庄中的自由、民主观念。如把《老子》"往而不害，安、平、太"一句解释为："安，自由也；平，平等也；太，合群也"。他甚至也认为，《老子》无为而治、小国寡民的思想包含了对民主制度的追求。① 从而，老庄的旧瓶之中装入了近代西方思想的新酒。

王国维是比较纯粹的学者，但他研究康德、叔本华、尼采哲学的优长，使其援西入中独具特色。他较早地注重先秦诸子的哲学价值，批评研究者"但玩其文辞"的偏向。他在1906年前后发表了一系列关于先秦诸子学说的文章，注重阐述其哲学形而上学。他认为，诸子之中只有老子形而上学最发达。《老子》"有物混成，先天地生"和"道冲而用之或不盈，渊兮似万物之宗"两章，"此于现在之宇宙外进而求宇宙之根本，而谓之曰道。是乃孔墨二家所无，而我中国真正之哲学不可不始于老子也"。他认为老子的"道"，"非但宇宙万物之根本，又一切道德政治之根本也"②。这些看法是很有见地的。王国维阐述诸子的篇幅不多，但开创了以西方哲学研究诸子的途径。这种路向对民国年间的胡适、冯友兰等人产生了深远影响。

清代古文经学对现实关怀和义理色彩较为淡薄。但至清末，随着西学东渐的深入和社会变革的需要，清末古文家的经世之学也包括了西学。章太炎拟定的《兴浙会章程》便认为："经世之学，曰法后王。虽当代掌故，稍远者亦刍狗也。格致诸艺，专门名家。声、光、电、化，为用无限。"③ 现实需要凸显了学术的实用性，士大夫趋重关系国计民生的实用学科及专门知识。一些古文

---

① 严复：《老子评语》，见王栻主编《严复集》第四册，1082～1092页，北京，中华书局，1986。
② 王国维：《老子之学说》，见《教育世界》1906年第6期。
③ 参见姚奠中、董国炎：《章太炎学术年谱》，49页，太原，山西古籍出版社，1996。

家已立足于社会需要而接纳、依重西学。孙诒让、章太炎、刘师培等人接受的西学知识已相当广泛。

孙诒让博采近代化学、电学、动植物学知识，又将西学与古代典籍的相关记载互相诠释。他研究《周礼》时，总体上将古代典制与西学会通起来，认为"今泰西之强国，其为治，非尝稽核于周公、成王之典法也，而其所为政教者，务博议而广学，以暨通道路，严追胥，化土物卝之属，咸与此经冥符而遥契"[①]。而且他认为《周礼》一书，"政法之精详，与今泰东西诸国所以致富强者若合符契。然则华盛顿、拿破仑、卢梭、斯密亚丹之伦所经营而讲贯、今人所指为西政之最新者，吾二千年前之旧政已发其端"[②]。他注意到西方政教与《周礼》的相通性，较之局限于器物层面讲中西会通已有所进步。不过，孙诒让校释《周礼》文本时，也很少直接援引西学阐述古代政教。他主要以算学天文知识阐释先秦诸子，认为先秦诸子承《周礼》余绪，蕴含科技知识："今西人所治天算、地形、光、重、化、电诸学，盖已略眩于其中。故周衰，学校废缺，而诸子家犹能有综述之者：若曾子、单居离之论天，管夷吾、邹衍之论地，列御冦、墨翟之论景鉴均重，多奇伟精眇之说，而其技巧家言，则墨氏之书尤详。"[③] 孙诒让的《墨子间诂》尤其是《墨经》诸篇发扬乾嘉学风，偏重于文字、音韵考据，但他在博采前人校勘、训释的基础上，汲取西方声光化电等科技知识，考释更显畅达、明了。孙诒让以光学知识校释《墨经》的见解多为后人采纳。

章太炎也重视援引西学知识来考释子书。他曾作《视天论》，阐述对天文学的认识；作《菌说》将近代生物学与诸子、佛学知识相互印证。章氏《齐物论释》就是以西学、佛学诠释《庄子》的代表作。该书重视融会西方哲学，尤其是康德哲学，也以近代算学、化学知识解释《庄子》。在墨学方面，章太炎运用了西方逻辑学知识，将先秦墨家、希腊及印度逻辑学加以比较，互相诠释。这在其《诸子学略说》和《国故论衡》中有集中体现。

---

① 孙诒让：《周礼正义序》，见《籀廎述林》卷四，16 页，民国五年刊本。
② 孙诒让：《周礼政要序》，见《籀廎述林》卷五，7 页，民国五年刊本。
③ 孙诒让：《张广雅尚书六秩寿序》（光绪二十三年），见《孙诒让遗文辑存》315 页，杭州，浙江人民出版社，1990。

章太炎谙悉西方社会学、民族学及哲学原理，也较广泛地以之诠释古学。进化论是风靡近代的西学，对士人解释传统学术影响深巨。章太炎早年的《訄书》和《膏兰室札记》均引用了西方进化论、宗教学、哲学和社会学著作的论述，如他论述历史变迁时强调生产工具的作用："物苟有志，强力以与天地竞，此古今万物之所以变。变至于人，遂止不变乎？人之相竞也，以器。……石也、铜也、铁也，则瞻地者以其辨古今之期者也。"① 这里显然汲取了社会进化论理论。《訄书》中的《原人》、《序种姓》等篇也明显打上了进化论、民族学的烙印。世纪初年，章太炎的历史学也体现了进化史观，而且汲取的西理新说更为广泛，犹如他所谓西方"心理、社会、宗教诸学"都将"熔铸入之"。西学基础促使章太炎重新阐释一些儒学主题，如他对"夷夏之辨"的认识。章太炎等古文家虽重视《春秋》"攘夷"大义，但意在辨明满汉区别，为反清革命服务。在中西的对比与融合中，章太炎的种族观不免有西方色彩。章太炎、刘师培曾相信，黄帝率领的部族名"巴克"是由西方迁来，"巴克"即《尚书》中的"百姓"，"黎民"则是中国原有的土著。后来，章太炎对此观点有所修改，他说："法国人有句话，说中国人种，原是从巴比伦来"。"以前我也颇信这句话，近来细细考证，晓得实在不然"。"到底中国人种的来源，远不过印度、新疆，近就是西藏、青海，未必到巴比伦地方"。② 他并不认同于"中国文化西来"说，但在西学渗透下，他对种族的起源和融合已有新的认识，其"夷夏之辨"已不看重血缘因素，而较注重文化差异。

刘师培更广泛地汲取西方人文社会科学知识，他认为"周末诸子之学派，多与西儒学术相符"。他也汲取"西学以证明中学"，其《中国民族志》、《攘书》、《周末学术史序》等文有明显反映。在刘师培看来："东周以降，儒家者流，虽侈言格物，然即物穷理之实功茫乎未之闻也。墨家则不然，求实用于名、数、力之学咸略引其端。《墨子》而外若《庄子》之明化学、数学，关尹子之明电学，亢仓子之明气学，孙子之明数学，或片语仅存，或粹言湮没，然

---

① 章太炎：《訄书重订本·原变》，见《章太炎全集》（三），191 页，上海人民出版社，1984。
② 章太炎：《论教育的根本要从自国自心发出来》（1910 年），见《章太炎政论选集》上册，514～515 页，北京，中华书局，1977。

足证百家诸子，咸重实科。"① 刘师培把诸子的哲理分为三派，即天演学派、大同学派和乐利学派，前二派的代表是孔子及儒家，后一派主要指杨朱。他说："儒家立说，虽斥强权，然天择物竞之理，窥之甚明。"在他看来，《论语》"岁寒然后之松柏之后凋也"一语，即"天择物竞之精理"。唯其语焉未详，不能像达尔文那样自成一家。② 此类阐幽发微的说法不一而足。他认为"戴氏《孟子字义疏证》论'理'字最精，其以孟子'条理'二字解'理'字，与西儒以'秩序'二字解'理'字者同一妙解"③。这与传统儒学的性理之谈有所不同，而呈现西方社会学说的痕迹。刘师培认为，中国社会学见于《大易》、《春秋》。"象训为材，即事物也。象训为像，即现象也。爻训为效，即条理也。今西儒社会学，必搜集人世之现象，发见人群之秩序，以求事物之总归。""今西儒斯宾塞尔作《社会学原理》，以心理为主。考察万物，由静观而得其真，谓人类举止悉在因果律之范围。引其端于至真之原，究其极于不遁之效，旁列国种盛衰之故，民心醇驳之原，莫不挥斥旁推，精深微眇。而道家之说，适与相符。"④ 刘师培重视以小学来印证西方社会学理论，撰有《论小学与社会学之关系》等文，他还从文字学特征考证古代社会情形，如他指出，人类经历母系氏族"此社会学家所公认之说也"，而"今观中土文字，女生为姓，得姓之字，均从女形，姚、姬、姜、嬴，斯其最著，则古为女统，益以有征"。⑤ 这体现了汉学与西学的融合会通。

会通中西当然不免有附会之弊，但融入西学观念和知识不仅丰富了传统的义理之学，也使中学的价值得到重新发现，推动传统学术思想的更新。

---

① 刘师培：《周末学术史序·理科学史序》，见《刘申叔先生遗书》第 14 册，21～22 页，1936 年宁武南氏校印本。

② 刘师培：《周末学术史序·哲理学史序》，见《刘申叔先生遗书》第 14 册，24 页，1936 年宁武南氏校印本。

③ 刘光汉：《读书随笔·孟子字义疏证解理字》，载《国粹学报》1905 年第 2 期。

④ 刘师培：《周末学术史序·社会学史序》，见《刘申叔先生遗书》第 14 册，8 页，1936 年宁武南氏校印本。

⑤ 刘师培：《论中土文字有益于世界》，见《刘申叔先生遗书》第 46 册，1 页，1936 年宁武南氏校印本。

（三）研究方法援西入中

传统学术的转型是一个较长的历史过程。它伴随着近代西学东渐和文化变革而由浅入深、由点到面，不同时期变革的重心并不一致。19 世纪中晚期，传统学术变革的中心在于思想观念，在于应否引入近代西方观念和治学精神。20 世纪初年以后，章太炎、王国维、严复、梁启超、刘师培等一批学术大家在提倡和履践中西融合，开创一代风气之后，观念的变革已不再是难题。于是学术更新的焦点逐渐转移到"方法"之上。

现代学术直承清学而来，清末民初的学者，即使是趋新的学者也一定程度继承了传统学术方法，其中清代考据学的影响尤其大。那么，清代朴学的基本精神是什么？章太炎总结汉学家的基本方法说：

> 昔吴莱有言：今之学者，非特可以经义治狱，乃亦可以狱法治经。莱，一金华之末师耳，心知其意，发言特卓。近世经师，皆取是为法。审名实，一也；重佐证，二也；戒妄牵，三也；守凡例，四也；断情感，五也；汰华辞，六也。六者不具，而能经师者，天下无有。①

清代汉学的实证精神和考证方法受到晚近学者的重视。民初最有代表性的胡适在其《清代学者的治学方法》、《论国故学》、《发起〈读书杂志〉的缘起》、《治学的方法与材料》等一系列文章中，反复强调继承和发扬清学方法。他又身体力行，从事有关《红楼梦》、《水浒传》、《水经注》的考证研究。

但胡适不像乾嘉学者那样局限于考据，而已注重分析、比较、归纳。换言之，他除了继承前人考证方法外，又融入了近代学术方法，即他所谓"历史的方法"、"实验的方法"，注重一个制度或学说的来龙去脉，又把一切学理都看作待证的假设。② 这多直接来源于杜威的"实验主义"。这类现象说明，清末民初新派学者往往在学术方法上融合中西。

事实上，西学不仅推动传统义理学的发展，与考据学也不矛盾。19 世纪实证主义在西方兴起之际，正是乾嘉学风日薄西山之时。然而，"实证主义"注重实验科学和证据，讲求逻辑和方法论，与乾嘉学风不无相同。在融合中西

---

① 章太炎：《说林下》，见《章太炎全集》（四），119 页，上海人民出版社，1985。
② 胡适：《杜威先生与中国》，见《胡适文存》卷二，上海，亚东图书馆，1921。

的潮流中，两种学术传统逐渐会通起来。中国的形上学不发达，成为中国学者重视西方实证主义的基础和制约因素。他们主要从学术方法而非哲学层面来理解、接受西方的实证主义。实证主义最先受到戊戌思想家的重视。严复译介西学注重穆勒、斯宾塞等人的科学方法，即所谓"实测内籀"之学。梁启超在《新民丛报》发表的《墨子之论理学》一文，最先将中西逻辑学说比较研究。稍后，章太炎也对此进行了深入研究。他们开始将《墨经》与古希腊的三段论、印度因明学进行比较分析，指出其不同的逻辑形式，也发现其基本精神的相同之处，从而认识中国古代逻辑学的优长与不足。

至于王国维，则较早地将西方实证方法与考据学结合起来，并在甲骨文、金文的研究中取得了重要成就。陈寅恪曾概括王国维的"学术内容及治学方法"为："一曰取地下之实物与纸上之遗文互相释证"，"二曰取异族之故书与吾国之旧籍互相补正"，"三曰取外来之观念，与固有之材料互相参证"。王氏此三类之著作，"要皆足以转移一时之风气，而示来者以轨则"。① 清末运用"二重证据法"的学者不限于王国维一人，这可看作清末以后新一代考据家及其学术方法的总结。

中西学术方法结合的本质在于两者在科学精神方面达至统一。考据学注重证据、运用归纳逻辑方法，胡适等人正是在这一点上肯定其科学精神。也就是说，清末民初的学者是以西学精神来剪裁传统学术方法。而近代西学的引进恰恰是从科技层面开始的。因此，近代科技的精神实质对清末民初的学术产生了深远影响。随着学术方法和思想观念方面中西融合的深入，人们重新认识古学的价值，解决一些长期迷惑不解的难题。正如胡适谈到长期尘埋的《墨经》时所说："到了近几十年之中，有些人懂得几何算学了，方才知道那几篇里有几何算学的道理。后来有些人懂得光学力学了，方才知道那几篇里有光学力学的道理。后来有些人懂得印度的名学心理学了，方才知道这几篇里又有不少知识论的道理。"② 西方科技的映照使古学的科技内涵得以发现和丰富。

另一方面，西方科技的方法也逐渐被人们援之以治人文科学。王国维主张

---

① 陈寅恪：《王静安先生遗书序》，见《金明馆丛稿二编》，219 页，上海古籍出版社，1980。
② 胡适：《中国哲学史大纲》卷上，见《胡适学术文集·中国哲学史》上册，28 页，北京，中华书局，1991。

"学无中西"，汲取西学。其重心不在于工艺创造的实用技术，而是科学思维与方法。他曾经说："所谓西学，非今日学校所授之西学而已。治《毛诗》、《尔雅》者，不能不通天文博物学；而治博物学者，苟质以《诗》、《骚》草木之名状而不知焉，则于此学固未为善。"① 王国维倡导以科技方法研究人文科学，这是远见卓识，也反映了近代科技向人文科学领域的渗透。不过，清末学者这类情况还不普遍。而至民国初年以后则比较常见了。因为民初学者大多在新式学堂接受早期教育，即使终身从事人文科学研究，也具备一定的科技知识，受其学术方法的熏陶。朱希祖说："我们现在讲学问，把古今书籍平等看待，也不是古非今，也不尊今薄古：用治生物学、社会学的方法来治学问。换一句话讲，就是用科学的方法来治学问。"② 验诸事实，顾颉刚等人的古史考辨蕴含清末以来的科学知识和思维方法。顾氏说：

> 十二三岁时，我曾买了几部动物植物的表解，觉得它们分别种类的清楚，举出特征和形象的细密，都是很可爱的。进了小学，读物理化学混合编纂的教科书，转嫌它的凌乱。……进了中学，在化学堂上，知道要辨别一种东西的原质，须用它种原质去试验它的反应，然后从各种不同的反应上去判定它。后来进了大学，读名学教科书，知道惟有归纳的方法可以增进新知；又知道科学的基础完全建设于假设上，只要从假设去寻求证据，更从证据去修改假设，日益演进，自可日益近真。③

这段回忆反映出传统学术研究中援引科技方法的情形。当然，西学方法对传统学术的渗透并非个别方面，而是涉及整个体系。随时推移，科技方法的重要性在逐渐退隐，而西方人文科学方法渐渐凸显。如比较传统的文字学领域也不例外，马叙伦20世纪20年代论"小学"转变时说：继章太炎、罗振玉、王国维等人之后，沈兼士、唐兰等人"都受过相当的科学训练，晓得研究我们的文字不能再袭老法子，非用科学方法不可了。而且他们晓得不但须用科学方

---

① 王国维：《国学丛刊序》，见《海宁王静安先生遗书》。
② 朱希祖：《整理中国最古书籍之方法论》，见蒋大椿主编：《史学探渊——中国近代史学理论论文编》，671页，长春，吉林教育出版社，1991。
③ 顾颉刚：《自序》，见《古史辨》第一册，94～95页，上海古籍出版社，1982。

法，更非靠别种科学如社会学、人类学等等的帮助不可"①。这反映了小学对近代西学观念和方法的汲取、依赖情形。

中国素称发达的史学也不免引进西学方法。世纪之初，一些学者尝试以西学体系、框架来撰写史学著作。梁启超、章太炎都曾打算写作章节体的"中国通史"。他们的计划没有实现，却由夏曾佑、刘师培进行了实践。

诸子学方面也是如此。梁启超的《子墨子学说》除了呼吁复兴墨学之外，也最先采用西方社会科学方法。全书分五章，从政治学、经济学、宗教学等方面将墨学纳入近代学术体系，也间或引入西方思想来阐释墨学。尽管梁氏的研究还是初步尝试，而其研究方法具有开创性意义。刘师培治诸子的范围比较广，曾对老、庄、墨、管、荀、韩、晏子等书作过不少考释文字。刘氏较为重要的著作是 1905 年发表于《国粹学报》的《周末学术史序》。他计划以西方研究方法作一部"周末学术史"的愿望未能实现，而留下的各篇"序"论已经构建了该书的基本框架。他将先秦学术分为心理学、伦理学、论理学、社会学、宗教学、政法学、计学、兵学、教育学、理科学、哲理学、术数学、文字学、工艺学、法律学、文章学等 16 个门类来加以概述，从而把各家各派的主张纳入近代科学体系。这些论述以近代西学为参照，而且西学也成为他剖析先秦诸子的思想武器。

进而言之，梁启超的《子墨子学说》、刘师培的《周末学术史序》和胡适的《中国哲学史大纲》（卷上）在汲取西学方面体现了多重特征。其中既有科技方法，又有人文观念，还有学术框架的西学模式。可以看作是传统诸子学向现代哲学史转变的三个阶段。20 世纪初年，梁启超初步采取西方社会科学框架，从"宗教思想"、"实利主义"、"兼爱主义"诸方面阐述墨家学说，已经不同于传统义理学。然而，此时梁启超对西方思想的汲取还比较肤浅、零散，运用西学方法也相当有限。刘师培研究先秦诸子时，则将其广泛纳入现代学术框架，从而将诸子学说转入现代学术体系。同时，刘氏也运用现代学术原理阐释古学。以现代学术语言和观念来认识、清理古学，不无附会之处，却促进了中西融合，并推动年轻一代关注和履践中西学术的融合潮流。胡适读了梁启超发

① 马叙伦：《中国文字之原流与研究方法之新倾向》，见《马叙伦学术论文集》，174 页，北京，科学出版社，1958。

表在《新民丛报》的墨学文章，对墨家及诸子产生了浓厚兴趣①。其后，他以"先秦名学史"作为博士论文，并运用现代学术方法和哲学理论写出了轰动一时的《中国哲学史大纲》（卷上）。传统学派平等地纳入现代哲学史框架，成为五四时期学术转型的代表作之一。

综上可见，西学对于推动晚清学术更新和发展，已经不限于个别层面，而是较为广泛而深入了。当然，传统学术向现代转化的完成，或者说现代学术的建立还主要在五四时期。

---

① 胡适：《梁任公墨经校释序》，见《胡适学术文集·中国哲学史》下册，703页，北京，中华书局，1991。

第六章
新学堂、新学制与
晚清教育的变革

  清代的教育制度，最初基本上是从明朝沿袭下来，中央设有国子监、旗学、宗学，地方设有府、州、县学，此外还有书院和私塾。书院虽承袭宋明时代的规制，但清政府把它们官学化，使之成为官学的重要补充形式和辅助手段。由于清代十分重视科举，因此，官学也好，书院也好，其中心任务都是为了应对科举考试，培养科举后备军，学校完全成了科举的附庸。科举制虽然对完善考试制度起过积极作用，但到后来，其弊端越来越明显，越来越严重，逐渐成为封建统治者笼络士人、禁锢人心的精神枷锁。鸦片战争以后，随着西方殖民主义对华侵略的加深，随着西方文化的渐次东来，与西方先进的文化教育制度相比，中国传统教育的保守性、落后性日益明显地暴露出来。在"数千年未有之大变局"面前，那种读书做官的官吏教育，束缚思想的八股文教育，脱离生活实际的读经、解经教育，再也不能适应新时代、新形势的要求了。新时势需要新人才，新人才的培养则需要新教育。因而，晚清教育的变革势在必行。新式学堂的兴办、新学制的确立、科举制度的废除、留学教育的开展，是晚清教育变革中最具代表性的内容。

一、新式学堂与新学

（一）洋务运动与洋务学堂

从 19 世纪 60 年代开始，清朝统治阶级中的所谓洋务派，以"自强"相标榜，掀起了一场"师夷长技"的洋务运动。兴办洋务需要通晓洋务的人才，而传统的旧式教育体制和教育内容，显然无法满足洋务事业的需要，因而，兴办新的教育事业，培养急需的洋务人才，事实上也就成为洋务运动的一项重要内容和重要措施。而兴办新式学堂又是洋务时期清政府教育改革的一个重要方面。

洋务时期兴办的新式学堂，大致可以分为三类，即外语学堂、军事学堂、专业技术学堂。外语学堂中，著名的有：1862 年创办的京师同文馆，1863 年创办的上海广方言馆，1864 年开馆的广州同文馆，1887 年设立的新疆俄文馆，1888 年设立的台湾西学馆，1889 年创设的珲春俄文书院，1893 年创设的湖北自强学堂等。军事学堂主要有：1866 年创设的福州船政学堂，1881 年落成的天津水师学堂，1885 年设立的天津武备学堂，1886 年设立的广东黄埔鱼雷学堂，1887 年设立的广东水陆师学堂，1888 年开办的北京昆明湖水师学堂，1889 年开办的山东威海卫水师学堂，1890 年开办的江南水师学堂，1894 年开办的山东烟台海军学堂，1895 年开办的江南陆师学堂等。甲午以后，仿天津武备学堂规制，各省相继设立武备学堂，知名的有浙江武备学堂（1896 年）、直隶武备学堂（1896 年）、湖北武备学堂（1896 年）、贵州武备学堂（1898 年）、陕西武备学堂（1898 年）、安徽武备学堂（1898 年）、山西武备学堂（1898 年）、江苏武备学堂（1901 年）、四川武备学堂（1902 年）、福建武备学堂（1902 年）、江西武备学堂（1902 年）、广东武备学堂（1902 年）、甘肃武备学堂（1902 年）、湖南武备学堂（1903 年）、江南武备学堂（1903 年）、河南武备学堂（1904 年）等。专业技术学堂主要有：1867 年成立的上海机器学堂，1876 年开办的福州电气学堂，1880 年开办的天津电报学堂，1882 年开办的上海电报学堂，1889 年开办的广东西艺学堂，1892 年开办的湖北矿业学堂，1894 年开办的天津医学堂，1895 年开办的山海关铁路学堂等。据统计，从 1862 年到 1895 年的三十多年间，共创办新式学堂 25 所，其中，培养各种外语人才的 7 所，培养工程、兵器制造、轮船驾驶等人才的 11 所，培养电报、通讯人才的 3 所，培养陆军、矿务、军医、铁路人才的各 1 所。[1]

应当如何看待这些洋务学堂？先看一看几所著名学堂的课程设置情况。

京师同文馆 1876 年公布了一个"八年课程计划"，按年次设置如下：

第一年：认字写字、浅解辞句、讲解浅书。

第二年：讲解浅书、练习文法、翻译条子。

第三年：讲各国地图、读各国史略、翻译选编。

第四年：数理启蒙、代数学、翻译公文。

第五年：讲求格物、几何原本、平三角、弧三角、练习译书。

第六年：讲求机器、微分积分、航海测算、练习译书。

第七年：讲求化学、天文测算、万国公法、练习译书。

第八年：天文测算、地理金石、富国策、练习译书。

同时，对年龄稍长，"无暇肄及洋文"，仅藉译本而求诸学者，另有一个五年课程计划，即：

第一年：数理启蒙、九章算法、代数学。

第二年：学四元解、几何原本、平三角、弧三角。

第三年：格物入门、兼讲化学、重学测算。

第四年：微分积分、航海测算、天文测算、讲求机器。

第五年：万国公法、富国策、天文测算、地理金石。

上海广方言馆的学生分下班、上班。下班的课程包括：算学、代数学、对数学、几何学、重学、天文、地理、绘图、外语。上班的课程分为：（一）辨察地产，分炼各金，以备制造之材料；（二）选用各金材料，或铸或打，以成

---

① 《中国近代学制史料》第一辑上册，上海，华东师范大学出版社，1983。

机器；（三）制造木或铁各种；（四）拟定各汽机图样或司机各事；（五）行海理之法；（六）水陆攻战；（七）外国语言文字、风俗国政。

福州船政学堂的课程包括：英文、算术、代数、几何、解析几何、割锥、平三角、弧三角、代积微、动静重学、水重学、电磁学、光学、音学、热学、化学、地质学、天文学、航海术等。

天津水师学堂的课程包括：英语、几何、代数、平弧三角、重学、化学、格致、天文、地舆图说、驾驶诸法等。

天津电报学堂的课程包括：电报实习、基础电信问题、仪器规章、国际电报规约、电磁学、电测试、各种电报制度与仪器、铁路电报设备、陆上电线与水下电线的建筑、电报线路测量、材料学、电报地理学、数学、制图、电力照明、英文、中文。

洋务派虽然也强调入新式学堂者，对中国固有文化要"学有根柢"，汉文经学，"原当始终不已"，有的学堂还明确规定每日都要拿出一定时间诵读四书五经、《圣谕广训》等，"以端其本"，但从洋务学堂的课程设置来看，这些学堂主要是在传授"西文"、"西艺"，侧重西方自然科学的知识和技术，也兼及西史、国际公法之类的西方人文科学。这些新的学科大多是封建旧学体系中所没有或不被重视的，而它们又正是近代社会发展所需要的，因此，新式学堂的开办，西学知识的传授，反映了晚清中国新的时代要求。无论洋务派的真实目的和动机是什么，洋务学堂的教学内容无疑是打破了传统的重视伦理说教、脱离社会实际的封建教育格局，从而在事实上为中国近代资产阶级新文化的产生和发展开辟了道路。此外，京师同文馆等还效法西方，采取班级授课制，这是对中国传统学堂中个别施教方法的革新和突破。这一点也是洋务学堂具有新式学堂性质的一个重要标志。

洋务学堂固然有多方面的局限性，比如规制尚不完善，管理上带有浓厚的封建性，教学内容还主要局限于"西文"、"西艺"，对外国人的依赖性很强，等等，但从整个中国教育的发展进程来说，它无疑开了近代新教育的先河。它通过教育内容、教学方式的变革，有效地传播了西学知识，培养了中国早期的外语人才、军事人才和科技人才。

（二）戊戌时期新式学堂的发展

甲午战败以后，中国对西学的引进和学习出现一个新的高潮，达到一个新的层次。与此同时，新式学堂的发展也进入到一个新的阶段。而新式学堂的发展，对西学知识的进一步传播，对中国近代资产阶级新文化运动的开展，对新的文化教育体系的形成，都在起着不可替代的、特殊重要的作用。

当时，推广新式学堂，几乎成为朝野上下所有有识之士共同的呼声。有人统计，1895 年 5 月"公车上书"事件后一年半左右的时间里，主张兴办学堂的奏折至少有 20 份左右。上奏人中，除康有为外，还有刘坤一、张之洞、胡燏棻、谭继洵、胡聘之、张汝梅、盛宣怀、孙家鼐、李端棻等人。① 既有地方督抚，又有朝中大员，多为当时有名望的人物。他们对推动新式学堂的发展，直接或间接都起到一定作用。不过，比较起来，对此期新式学堂的创办和发展，为功最著者，要数康梁维新派。

早在 1895 年 5 月，康有为在《公车上书》中即指出："才智之民多则国强，才智之民少则国弱"，"今日之教，宜先开其智"②。1896 年，梁启超在《变法通议·学校总论》中也提出"今日以开民智为第一义"③。如何开民智？梁启超提出两个办法："一曰朝廷大变科举，一曰州县遍设学堂。斯二者行，顷刻全变。"④

关于变科举，戊戌之前，洋务派和早期维新思想家均提出过有关建议。如李鸿章鉴于"小楷试帖，太蹈虚饰，甚非作养人才之道"，主张"于考试功令稍加变通，另开洋务进取一格，以资造就"⑤。即通过开设"洋务"一科，把西学引入科举考试的内容。张之洞也曾声称"废八股为变法第一事"，但因顾虑太重，"恐触数百翰林、数千进士、数万举人、数十万秀才、数百万童生之

① 参见乐正：《从学堂看清末新学的兴起》，见《中国近代文化问题》，168 页，北京，中华书局，1989。

②《康有为政论选集》上册，131 页，北京，中华书局，1981。

③《饮冰室合集》文集之一，14 页，北京，中华书局，1989。

④《论湖南应办之事》，见《饮冰室合集》文集之三，42 页，北京，中华书局，1989。

⑤《李文忠公全书》奏稿，卷五三。

怒"，而始终未敢上折请求予以废之。① 早期维新派的薛福成、王韬、郑观应等，他们对科举制度的批判，观点更鲜明，态度更坚决，明确提出要废除八股取士制度。郑观应认为，"不废时文帖括，则学校虽立亦徒有虚名而无实效"②。清醒地意识到科举制度与新学堂、新教育的严重对立。戊戌维新派继洋务派、早期维新派之后，继续对科举制度进行抨击。严复将八股取士的危害精辟地概括为"锢智慧"、"坏心术"、"滋游手"，"使天下消磨岁月于无用之地，堕坏志节于冥昧之中，长人虚骄，昏人神智"，大声疾呼要"痛废八股，大讲西学"。③ 1898 年 6 月 11 日，康有为在接受召见时，对光绪皇帝面陈八股为害之深："今日之患，在吾民智不开"，"而民智不开之故，皆由八股试士为之"④，他甚至把甲午战败也归咎于八股取士。6 月 17 日，上奏指出："中国之割地败兵也，非他为之，而八股致之也。"他认为，要变法维新，必须先改科举，"今变法之道万千，而莫急于得人才；得才之道多端，而莫先于改科举"⑤。梁启超在《变法通议》中也说："变法之本，在育人才；人才之兴，在开学校；学校之立，在变科举。"他认为，要兴学育才以强国，"惟变科举为第一义"。值得重视的是，康梁维新派对科举制的批判直接触及到了它的要害和实质，认为封建统治者推行科举制、八股取士，是为了施行愚民政策，束缚思想，以便维持专制统治。用梁启超批评的话说，科举考试的用意与秦始皇焚烧诗书的用心是一样的，"皆所以愚黔首，重君权"⑥。这种从本质上对封建主义旧文化、旧教育的大胆否定，为废八股作了舆论上的准备。

鉴于当时"学校未成"，因此，维新派认为科举之法还不能骤然全废，只能先废八股；待八股废，学校兴，然后再逐步达到全废科举，即用策论代替八

① 参见梁启超：《戊戌政变记》第三篇第三章，见《饮冰室合集》专集之一，84 页，北京，中华书局，1989。

② 《郑观应集》，251 页，上海人民出版社，1982。

③ 严复：《救亡决论》，见《严复集》第一册，43 页，北京，中华书局，1986。

④ 《戊戌变法》第四册，140 页，上海，神州国光社，1953。

⑤ 康有为：《清废八股试帖楷法试士改用策论折》（1898 年 6 月 17 日），见《中国近代学制史料》第一辑下册，上海，华东师范大学出版社，1983。

⑥ 《饮冰室合集》文集之一，10 页、27 页，北京，中华书局，1989。

股后，"宏开校舍，教以科学，俟学校尽开，徐废科举"①。

在维新派的反复建议和极力促动下，光绪帝遂于1898年6月23日明令废除八股考试："自下科始，乡会试及生童岁科各试，向用四书文者，一律改试策论"②。

维新派在主张改科举的同时，极力提倡兴办学校，学习西学、新学，广开民智。如果说变科举旨在摧毁封建旧文化的堡垒，那么兴办学校、学堂则是要建立近代新文化的教育阵地，二者是相辅相成、互为因果的，只有废八股、变科举，才能逐步推广学堂；只有普遍兴办学堂，培养新型人才，才能最后取消科举。

早在1896年，李端棻鉴于学堂发展过于缓慢，"十八行省只有数馆，每馆生徒只有数人"，便曾上奏请求推广学校。③ 1898年5月，康有为奏上《请开学校折》，主张效法欧美、日本，广开学校，实施普及教育。他指出："欧美之作其国民为人才也"，自7岁以上必入学，其不入学者，"罚其父母"；县设立中学，14岁入学；"凡中学专门学卒业者皆可入大学"。他认为，"近者日本胜我"，并非其将相兵士能胜我，而是由于"其国遍设各学"，才艺足用，所以才能胜我。他建议光绪帝远法德国，近采日本学制，建立小学、中学、大学三级制学校教育："下明诏，遍令省府县乡兴学，乡立小学，令民七岁以上皆入学，县立中学，其省府能立专门高等学大学，各量其力皆立图书仪器馆。京师议立大学数年矣，宜督促早成之，以速首善而观万国。"④ "百日维新"期间，康有为又奏上《请饬各省改书院淫祠为学堂折》，重申了建立三级制学校，实施强迫的普及教育的思想，主张省会的大书院改为高等学堂，府州县的书院改为中学堂，义学、社学改为小学堂。同时提出，"责令民人子弟，年至六岁者，皆必入小学读书。而教之以图算、器艺、语言文字，其不入学者，罚其父母"⑤。梁启超在《变法通议》之《学校总论》中，也极力强调兴办学校的重要性，指出：

---

① 康有为：《清废八股试帖楷法试士改用策论折》，见《中国近代学制史料》第一辑下册，上海，华东师范大学出版社，1983。
② 《戊戌变法》第二册，24页，上海，神州国光社，1953。
③ 李端棻：《请推广学校折》，见陈学恂编《中国近代教育文选》，63页，北京，人民教育出版社，1983。
④ 《中国近代学制史料》第一辑下册，691页，上海，华东师范大学出版社，1983。
⑤ 《中国近代学制史料》第一辑下册，440页，上海，华东师范大学出版社，1983。

"亡而存之，废而举之，愚而智之，弱而强之，条理万端，皆归本于学校。"

康有为、梁启超等人的意见和建议得到了光绪皇帝的赞成和支持。1898年7月10日，光绪帝下诏，令"将各省府厅州县现有之大小书院，一律改为兼习中学西学之学校"，以省会之大书院改为高等学堂，郡城之书院改为中学堂，州县之书院改为小学堂，皆颁发京师大学堂章程，令其仿照办理。其地方自行捐办之义学、社学等，亦令一律中西兼习，以广造就。民间祠庙，其有不在祀典者，由地方官晓谕民间，一律改为学堂，以节糜费而隆教育。① 维新派的兴学主张通过清廷最高当局的力量逐步得以推行。兴学诏下，各省多有响应。以湖北为例，根据张之洞的奏报，省城的两湖书院、经心书院、江汉书院，先后"改章"；省城外十府一直隶州，"拟先设十一学堂"；通省67州县，"已饬一律就所有书院改为学堂"；同时还制定了通省学堂公共简要章程。② 后因"百日维新"的失败，兴学令的推行暂时受挫。

当时，由政府设立的最著名、体制最完备的新式高等学堂是京师大学堂。该学堂正式成立于1898年7月。根据梁启超代拟的《京师大学堂章程》，学科设置分普通学、专门学两大类，普通学有经学、理学、中外掌故学、诸子学、初级算学、格致学、地理学、文学及体操学；专门学有各国语言文字学、高等算学、格致学、政治学、地理学、农学、矿学、工程学、商学、兵学、卫生学等，体现了中西兼习、中体西用的宗旨和方针。京师大学堂既是最高学府，又是全国最高教育行政机关，兼管全国各地学堂。

由维新派自己牵头的兴学育才活动可上推至1891年康有为创建的"万木草堂"。草堂创办伊始，康有为即主张"脱前人之窠臼"，开独得之新理。据梁启超《康南海传》，当时，万木草堂开设四种课程：义理之学、经世之学、考据之学、词章之学。义理之学包括孔学、佛学、周秦诸子之学、宋明学、泰西哲学等；经世之学包括政治原理学、中国政治沿革得失、万国政治沿革得失、政治应用学、群学等；考据之学包括中国经学、史学、万国史学、地理学、数学、格致学等；辞章之学（文字之学）包括中国辞章学、万国语言文字学等。从表面上看，万木草堂还有明显的旧式书院的痕迹，但康有为并不要求学生潜

---

① 《中国近代学制史料》第一辑下册，442 页，上海，华东师范大学出版社，1983。
② 《中国近代学制史料》第一辑下册，443 页，上海，华东师范大范出版社，1983。

京师大学堂匾额

京师大学堂足球队合影

山西大学堂农学系教授与职员合影

1907年 广州府中学堂第一期甲、乙毕业生留影

京師大學堂章程

第一章　全學綱領

第一節　京師大學堂之設所以激發

振興實業謹遵此次

諭旨端正趨向造就通才為全學之綱領

第二節　中國聖經垂訓以倫常道德

於知育體育之外尤重德育中外

理今無論京外大小學堂於修身倫

科更宜主意為培植人材之始基

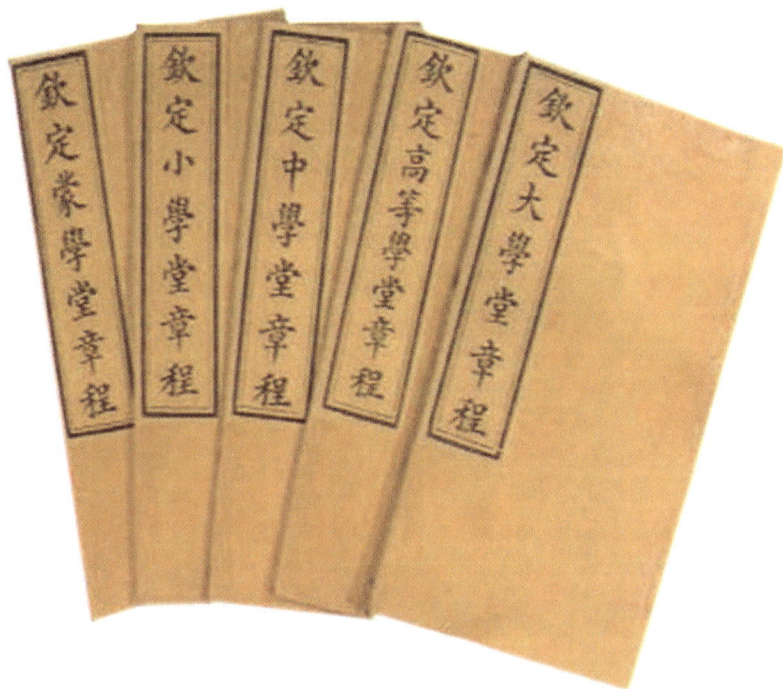

《京师大学堂章程》

欽定蒙學堂章程　欽定小學堂章程　欽定中學堂章程　欽定高等學堂章程　欽定大學堂章程

《钦定学堂章程》

张焕纶

盛宣怀

第一批留美幼童合影

1874年 唐绍仪（右）与梁如浩（左）赴美留学前合影

教会学校女教师和女学童

女学童做体操

1900年 浙江温州女子学校的学童

女子学堂

圣约翰大学

之江大学学生

心训诂辞章，而是引导他们关心天下大事，学以致用。他主张中西兼学，中西并重。由于新思想的影响，"万木草堂学徒，每轻视八股，于考据训诂，亦不甚措意。惟喜谈时务，多留意政治"①。因此，事实上，万木草堂的教学内容，是以学习政治之学为重，当时所能接触到的西方政治、伦理学说，都在学习之列。在课堂上，康有为以生动形象的语言，纵论天下大事，每论一学、讲一事，总是古今中外比较论证，究其沿革得失，极富感染力和启发性。学生除听课外，还要自学，作读书笔记，并定期开展讨论，交流心得。新颖的教学内容，独特的教学方法，培养了梁启超、陈千秋、徐勤、麦孟华等一批才华横溢的变法维新人才。

甲午战争以后，维新派的办学活动出现过一个小的高潮。据梁启超《戊戌政变记》的统计，1895 至 1898 年三年内，各省设立的学堂有 19 所。这些学堂主要有长沙的时务学堂（熊希龄、黄遵宪等创办）、浏阳的算学堂（谭嗣同创办）、广州的时敏学堂（陈芝昌等创办）、绍兴的中西学堂（徐树兰创办）、北京的通艺学堂（张元济等创办）等。其中以时务学堂最为著名。该学堂由熊希龄、黄遵宪等人创办于 1897 年，招收 12 至 16 岁学生入学，学制 5 年。聘梁启超、李维格分任中西学总教习。梁启超为该学堂拟订《学约》10 条，作为教育方针，包括：立志、养心、治身、读书、穷理、学文、乐群、摄生、经世、传教。其功课分为两大类，一为普通学，包括经学、诸子学、公理学、中外史志及粗浅的自然科学知识；一为专门学，包括公法学、掌故学、格致算学。学生入学后，前 6 个月学习普通学，6 个月后可自选专门学。梁启超执教期间，宣传民权思想，提倡变法维新，引起守旧势力的不安，深遭忌恨，被攻击为"惑世诬民"、"离经叛道"。1898 年 9 月，随着戊戌变法的失败，时务学堂被迫解散。该学堂虽仅存数月，但影响很大。它不仅宣传了维新思想，培养了维新人才，而且它的章程为湖南全省各地仿效，讲时务、学西学之风因之更盛。

经维新派等多方面力量的推动，戊戌时期，新式学堂的数量显著增多，大有成为中国教育主体之势。据学者统计，1895 至 1899 年的五年间，新创办的学堂达到 107 所，比甲午战前成倍增长。从办学速度看，战前 33 年办学 25

---

① 虚湘文：《万木草堂忆旧》，77 页；转引自《中国近代文化问题》，167 页，北京，中华书局，1989。

所，平均每年增加不到 1 所，战后则平均每年增加 21 所。从学堂分布地区看，战前设在少数沿海港口城市的学堂有 19 所，占总数的 76％；战后这类地区的学堂有 29 所，只占总数的不足 27％。战前只有 7 个省份有学堂，战后学堂已分布到包括云、贵、川、陕在内的 17 个省份。从学堂的种类来看，战前的学堂中，军事学堂 9 所，占 36％；工艺学堂 6 所，占 24％；其他普通学堂 10 所，占 40％。战后，普通学堂发展最快，有 87 所，占 87％强。所有这些都说明：学堂作为洋务机构附属物的现象已完全改变，学堂由少数洋务派人士唱主角的时期已经过去。此期的学堂有官办的、公办的、私办的，可以说是学出多门，这也是此期学堂发展中一个新的特点。

（三）20 世纪初年的办学热潮

八国联军侵华战争后，清廷迫于内外形势，宣布实行"新政"。教育改革是其重要内容之一。1901 年 9 月 14 日，清廷颁兴学诏，谓："除京师已设大学堂应切实整顿外，着各省所有书院，于省城均改设大学堂，各府及直隶州均改设中学堂，各州县均改设小学堂，并多设蒙养学堂。"① 自此，兴办近代学堂成为清朝统治者的既定国策在全国推行。不过，由于科举尚未废除，加上各地教育经费难筹等原因，"新政"颁行初期，实际开办学堂尚不算很多，而且大多数小学堂、中学堂是由旧书院改章而成。尽管如此，与此前相比，学堂数量的增长速度还是相当惊人的。据统计，1902 年在校学生数为 6912 人，1903 年有学堂 769 所，在校生达到 31428 人，1904 年有学堂 4476 所，在校学生 99475 人，1905 年学堂发展到 8277 所，在校学生 258873 人。②

1905 年 9 月，清廷接受袁世凯等人的奏请，谕令"自丙午（1906 年）科为始，所有乡会试一律停止，各省岁科考试亦即停止"③。在中国实行了一千三百余年的科举取士制度就此彻底废除，新式学堂的兴办也就此除掉了一大障碍，其发展速度于是乎空前提高。1906 年，学堂数量猛增到 23862 所，学生数量达到 545338 人，分别比 1905 年增多 15585 所、286465 人。1907 年有学

---

① 《中国近代学制史料》第一辑下册，776 页，上海，华东师范大学出版社，1983。
② 参见王笛：《清末新政与近代学堂的兴起》，载《近代史研究》，1987 年（3）。
③ 《光绪朝东华录》第五册，5390～5392 页，北京，中华书局，1958。

堂 37888 所，在校学生 1024988 人；1908 年有学堂 47995 所，在校学生 1300739 人；1909 年有学堂 59117 所，在校学生 1639641 人；1910 年有学堂 42696 所，在校学生 1284965 人。①

不难看出，1902 至 1910 年间，新式学堂由七百余所猛增至五万余所，在校学生由数千人增加到一百多万人，其发展之速是相当惊人的。从地区上看，且不说首善之区直隶的学堂数量 1909 年时已超过万所，就连偏远的西部地区，学堂数量也增加很快，四川 1909 年的学堂数量也在万所以上，云南有一千九百余所，贵州有一千八百余所，甘肃一千二百余所，最西北的新疆 1909 年达四百六十余所，最东北的黑龙江有近二百所。另外，按照清末全国有 1700 个州道府县计算，1908 年，平均每一州道府县约有 28 所学堂，许多偏远的山村都建了学堂。新式学堂的普及程度于此可以想见。尽管不排除上述数字有虚报不实的情况，但也足以表明，封建教育一统天下的局面已被彻底打破，新式学堂已完全成为中国教育的主体。

由于封建统治阶级在兴办学堂中也扮演着一个角色，因此，学堂间的差异还很明显。据时人记述："各处地方团体，私立公立之小学校，日增月盛，其规模完善，远出于官立学校以上者亦颇不少。然乡隅僻壤，未明教育之意，名曰学堂，反不及当时私塾者亦常有之。甚至劣绅莠士，借兴学为名，鱼肉乡里，侵吞公款，致教育之声价日堕，教育之信用全失，毁学之风因此而滋。"②一般来说，私立学堂办得会好一些，而官立学堂却较多地体现出封建统治阶级的腐朽。

尽管学堂的情况十分复杂，但学堂的蓬勃发展无论如何是中国教育事业的重大进步；尽管封建统治阶级为学堂规定了"中学为体、西学为用"的教育方针和忠君、尊孔的教育宗旨，但新思想、新文化、新知识借学堂得以广泛传播，则是封建统治者无论如何也阻挡不了的。那时的许多青年学生，正是通过这些新式学堂了解和掌握了新的自然科学、社会科学知识，开阔了眼界，丰富了思想。鲁迅先生曾说：正是"在这学堂里，我才知道世上还有所谓格致、算

---

① 参见王笛：《清末新政与近代学堂的兴起》，载《近代史研究》，1987 年（3）。
② 凡将：《十年以来中国政治通览·教育篇》，载《东方杂志》第 9 卷第 7 号。

学、地理、历史、绘图和体操"①。当时，诸如赫胥黎、达尔文、斯宾塞等人的名字，不仅海外留学生已熟知之，国内学堂的学生亦"皆熟闻之"；此外，"卢梭与马克思之学说，法国与美国革命之理想，1848 年德国青年暴动之动机，爱尔兰自由运动之斗争，欧洲文艺复兴的精神，基督教中之新教运动"等等，"俱为中国学生探讨辩论之资料"；"所谓民族主义的思潮，德谟克拉西的理想，天赋人权的学说"这些"欧西人士所屡冒危难而始底于实现者，至此又憧憬于中国青年之心目中"。② 新思想、新文化的广泛传播，对旧思想、旧文化无疑是巨大的冲击。此外，随着 1905 年前后新式学堂的普及，一些进步学生"以学堂为鼓吹之地"，在学堂里一面讲新学，一面进行秘密的、有组织的革命活动，部分学堂逐步成为革命据点。因此可以说，当时的不少学堂，无论在思想发动还是组织发动方面，都对辛亥革命具有直接的积极影响。

还有一点值得注意，即废科举前后的兴办学堂，与洋务时期的兴办学堂相比，更加重视普通教育。特别是不少私立学堂，多以救国为目的，以振兴中华为己任，所订宗旨多为"爱国自立"、"实业救亡"、"自治合群"，等等。很多人认为，只有"遍设蒙学，开通穷乡僻壤之民智，则一切惑风水、阻路矿、崇僧道、设邪教之风可戢"③。1905 年设立的学部也认为，"今中国振兴学务，宜注重普通教育"④。学部侍郎严修到日本考察教育时，所注重者首为幼稚园、小学，次则师范，再则职业，最后为大学。众所周知，封建专制统治是建立在愚民政策基础上的，重视和发展普通教育，事实上有助于从根本上动摇封建专制统治的根基。

二、新学制的酝酿与确立

（一）新学制的酝酿

早在 1856 年（咸丰六年），最早受过美国高等教育的容闳，就曾经向太平

---

① 鲁迅：《呐喊·自序》，见《鲁迅全集》第一卷，416 页，北京，人民文学出版社，1981。
②《中国对于西方文明态度之转变》，载《东方杂志》第 24 卷第 14 号。
③ 孟晋：《论改良政俗自上自下之难易》，载《东方杂志》1905 年第 1 期。
④《清史稿》第 12 册，3143 页，北京，中华书局，1976。

天国干王洪仁玕建议"颁定各级学校教育制度"，但因太平天国运动失败，其理想未能实现。其后，清政府的一些出访国外的官员，如斌椿、黄遵宪、王之春等，在他们的作品中分别介绍过西方教育制度。1884 年，早期维新思想家郑观应撰成《考试》一文，建议"仿照泰西程式"，分学校为大中小三等，"设于各州县者为小学，设于各府省会者为中学，设于京师者为大学"，小学三年，考试合格升入中学；中学三年，考试合格升入大学。[①] 1892 年，郑观应又撰成《学校》一文，详细介绍了西方的学校规制。维新运动前后，一些维新派人士和清政府的一些官员都提出过建立新学制的构想。1896 年，侍郎李端棻在《请推广学校折》中，建议在全国范围内开设三级学校，即府州县学、省学、京师大学，每级三年。1898 年，康有为在《请开学校折》中，建议清廷"远法德国，近采日本，以定学制"，分别设立小学、中学、专门高等学和大学。同年，张之洞撰《劝学篇》，也主张"京师、省会为大学堂，道府为中学堂，州县为小学堂"。进入 20 世纪后，一些留日学生陆续翻译了大量介绍日本教育制度的书籍，如《日本新学制》、《日本学制大纲》等，对中国仿效日本教育模式制定学制起到了促进作用。一些到日本参观考察的人士也留心收集了不少有关日本教育制度的一手资料。1901 年，罗振玉等在上海创办《教育世界》杂志，重点介绍日本新教育的章程、法令、规章制度等，对中国制定近代学制有重要参考价值。1902 年，在"壬寅学制"颁布前夕，"国家学制未定"之时，梁启超撰成《教育政策私议》一文，主张仿照日本教育制度，根据儿童身心发育情况，来建立中国的教育制度，并提出了从幼稚园到大学院完整的教育体系，在当时十分可贵，很有价值。特别是关于实行小学义务教育的主张，很有见地。

在具体实践上，1878 年，张焕纶创办上海正蒙书院，将学生分为大、中、小三个班级。1882 年，改名为梅溪书院。这是中国近代小学堂之始。到 1895 年，盛宣怀创办天津中西学堂，分头等学堂（相当于大专）和二等学堂（相当于中学），修业年限分别为 4 年。这是中国近代两级制普通学堂之始。1898 年"百日维新"期间，清廷谕令"以省会大书院为高等学，郡城之书院为中等学，

---

① 《中国近代学制史料》第一辑下册，12 页，上海，华东师范大学出版社，1983。

州县之书院为小学"①。这样，学校即由两级制演变为三级制，成为近代新学制的雏形。

（二）从"壬寅学制"到"癸卯学制"

经过近40年的酝酿和摸索，在旧学制正式废除以前，新学制的基本模式已初步确定。1902年8月（光绪二十八年七月），清廷正式公布由张百熙制订的《钦定学堂章程》，因是年为阴历壬寅年，故称为"壬寅学制"。

《钦定学堂章程》包括《钦定京师大学堂章程》、《钦定考选入学章程》、《钦定高等学堂章程》、《钦定中学堂章程》、《钦定小学堂章程》、《钦定蒙学堂章程》共6件。根据该学制的规定，整个学校教育系统，从蒙学堂到大学院共分三段七级，教育年限共20年（大学院未算在内）。第一段为初等教育，分设三级，即蒙学堂学生从5岁（虚龄6岁）入学，修业4年，然后入寻常小学堂，修业3年，再入高等小学堂，修业3年。与高等小学堂平行的有简易实业学堂。第二段为中等教育，只有一级，即中学堂4年。与中学堂平行的有中等实业学堂和师范学堂。第三段为高等教育，分为三级，即高等学堂或大学预科3年，大学堂3年，另有不定年限的大学院。高等学堂分政、艺两科，政科为预备入政治、文学、商务三科者治之，艺科为预备入格致、农业、工艺、医术四科者治之。大学堂为各省高等学堂卒业生升入专门正科之地。升入大学院者，则潜心研究高深学术。与高等学堂平行的有4年制的师范馆、师范学堂和3年制的仕学馆和高等实业学堂。《钦定学堂章程》还从纲领、课程、入学、官员、教习、堂规、建置等方面，对各级各类学堂作了比较详细的规定。该章程是近代中国正式公布的第一个学制，但因学制本身尚不够完备，同时也因清政府对张百熙及其主持制定的学堂章程不甚放心，因此，"壬寅学制"并未见诸施行，次年即被《奏定学堂章程》（即"癸卯学制"）所取代。

1903年6月，清廷命张之洞会同张百熙、荣庆等重新厘订学堂章程。1904年1月（光绪二十九年十一月），清廷批准颁行重订的章程，此即《奏定学堂章程》，因颁布于阴历癸卯年，故又称"癸卯学制"。

① 《中国近代学制史料》第一辑下册，442页，上海，华东师范大学出版社，1983。

《奏定学堂章程》是在《钦定学堂章程》的基础上，参考日本学制拟定的。它包括《奏定学务纲要》、《奏定各学堂管理通则》、《奏定各学堂考试章程》、《奏定各学堂奖励章程》、《奏定大学堂章程》（附《通儒院章程》）、《奏定高等学堂章程》、《奏定中学堂章程》、《奏定高等小学堂章程》、《奏定初等小学堂章程》、《奏定蒙养院章程及家庭教育法章程》、《奏定初级师范学堂章程》、《奏定优级师范学堂章程》、《奏定初等农工商实业学堂章程》、《奏定中等农工商实业学堂章程》、《奏定高等农工商实业学堂章程》（附《奏定艺徒学堂章程》及《奏定实业补习普通学堂章程》）、《奏定实业教员讲习所章程》、《奏定译学馆章程》、《奏定进士馆章程》、《奏定任用教员章程》等，其中《奏定学务纲要》可以说是"癸卯学制"的总纲。该学制将整个教育系统（从蒙养院到通儒院）分为三段七级，教育年限长达 29 至 30 年。第一段为初等教育，分设三级，一为蒙养院，专为保育教导 3 至 7 岁儿童，实为学前教育；二为初等小学堂，修业 5 年；三为高等小学堂，修业 4 年。与初等小学堂相当的为艺徒学堂，半年至 4 年毕业；与高等小学堂相当的为实业补习普通学堂、初等实业学堂，3 年毕业。第二段为中等教育，只有一级，即中学堂 5 年。与中学堂相当的有初级师范学堂、中等实业学堂，修业年限亦为 5 年。第三段为高等教育，下分三级，一是高等学堂或大学预科，修业 3 年；二是大学堂，修业 3 至 4 年；三是通儒院，实为学术研究机构，学习期限为 5 年。与高等学堂平行的有优级师范学堂、高等实业学堂。此外还有译学馆、进士馆，亦属高等教育性质，但学生不是由小学递升而来，而是从任职官员选拔而来。

根据章程，蒙养院采取的是"蒙养家教合一"的宗旨，以蒙养院辅助家庭教育。初等小学堂旨在向儿童传授"人生应有之知识"，"立其明伦理爱国家根基"，并"调护儿童身体，令其发育"。[①] 高等小学堂旨在"培养国民之善性，扩充国民之知识，强壮国民之气体"[②]。中学堂的宗旨，是希望通过较深的普通教育，使毕业学生"不仕者从事于各项实业、进取者升入各高等专门学堂均有根柢"，即为升学、就业双重目标打基础、做准备。大学堂则以"端正趋向，

<hr />

① 舒新城编：《中国近代教育史资料》中册，416 页，北京，人民教育出版社，1961。
② 舒新城编：《中国近代教育史资料》中册，432 页，北京，人民教育出版社，1961。

造就通才"为宗旨,[1] 分设经学、政法、文学、格致、医科、农科、工科、商科共8科。

师范学堂分为初级、优级两种,初级师范学堂以培养高等小学堂和初等小学堂教员为目的,除学习普通学外,"并讲明教授管理之法"。优级师范学堂旨在"造就初级师范学堂及中学堂之教员、管理员",毕业后从教,"其义务年限暂定为六年"。

实业学堂分为初等、中等、高等三级,分别包括农业学堂、工业学堂、商业学堂、商船学堂等不同种类。根据《奏定实业学堂章程》,兴办此类学堂的目的,是为了"振兴农工商各项实业,富国裕民"。

"癸卯学制"是近代中国第一个正式颁布实施的较为完备的学制,在中国教育史上,它第一次把学校教育制度化、系统化,使全国散在的学堂统一为一个整体,并以法令形式规定了普及义务教育的年限,引进了西方国家一些先进的教学内容和教学方法,促进了普通教育数量上的发展和质量上的提高。另外,将实业教育和师范教育规定为两个与普通教育并行的教育体系,适应了近代中国工商业发展的要求和近代教育发展对师资的需求。该学制的颁布实施,在中国由传统旧教育向近代新教育的转化过程中,是十分关键的一步。它是清末七八年间新式教育体制的主要依据,一直沿用到清朝覆亡。

"癸卯学制"存在的问题也十分明显。首先,封建旧文化、旧教育的成分还很浓重。《奏定学堂章程》讲到总的立学宗旨时强调:"无论何等学堂,均以忠孝为本,以中国经史之学为基,俾学生心术壹归于纯正,而后以西学瀹其知识,练其艺能,务期他日成材,各适实用。"[2] 1906 年,清廷在批准学部关于学堂教育宗旨奏折时,又将此宗旨概括为"忠君"、"尊孔"、"尚公"、"尚武"、"尚实"五端。可以说,"癸卯学制"始终未脱"中体西用"的思想窠臼。从学堂的课程设置看,同样有很明显的旧教育的痕迹。小学课程有修身、读经讲经、中国文字、算术、历史、地理、格致、体操、图画等;中学课程有修身、读经讲经、中国文字、外国语、历史、地理、算学、博物及物理、化学等。经学课程在各级教育中所占课时最多,初等小学堂的读经课每周甚至多达 12 小

---

① 舒新城编:《中国近代教育史资料》中册,578 页,北京,人民教育出版社,1961。
②《中国近代学制史料》第二辑上册,78 页,上海,华东师范大学出版社,1983。

时。另外，对各级学堂毕业生的奖励办法，"与科举无异"，规定对高等小学堂、中学堂、高等学堂、分科大学毕业生分别奖励廪生、贡生、举人、进士等称号，并可获得相应的授官品级。其次，"癸卯学制"未将女子教育列入教育体系之中，妇女未能得到与男人同等的受教育的机会。直到 1907 年学部奏定《女子师范学堂章程》、《女子小学堂章程》，女子教育才正式列入教育制度，但仍带有很多封建落后的东西。第三，教育年限太长，即使在发达的西方资本主义国家也很难完全实现。

民国成立后，对清末以来的教育体制作了新的改革，1912 至 1913 年逐渐形成了"壬子癸丑学制"，比较彻底地剔除了清末教育中的封建性成分，取消了读经课程，废除了教育权利上的两性差别，缩短了学制年限，并以立法的形式确立了全新的近代教育体制。到 1922 年，又公布施行"壬戌学制"，一般又称之为"六三三四"新学制。该学制更加重视基础教育，同时进一步建立了职业教育体系，提高了师范教育的程度，进一步消除了男女受教育的差别。"壬戌学制"是辛亥革命以后，特别是五四新文化运动以来教育改革的一项综合成果，它奠定了中国现代教育制度的基础。

三、留学教育的成就

（一）洋务时期的公派留学

留学教育是晚清中国教育变革中的一项重要内容。中国近代的留学教育是从 1872 年派遣第一批留美幼童开始的。

1854 年，毕业于耶鲁大学的容闳从美国回国时，即已形成了选派留美学生的愿望和计划。后通过江苏巡抚丁日昌试向清廷呈递条陈，请拨款选派学生赴美留学，但因故未能实现。1870 年，趁协助处理"天津教案"之机，容闳再向曾国藩进言留学教育计划，得到曾的首肯。不久，曾国藩、李鸿章等联衔上奏此事，获准。此前，清廷经蒲安臣之手，曾与美国订有《中美续增条约》，其中第七条规定："嗣后中国人欲入美国大小官学学习各等文艺，须照相待最优国之人民一体优待。"① 这也为后来的派员赴美留学提供了条件。

1871 年 9 月，曾国藩、李鸿章奏呈《挑选幼童前赴泰西肄业章程》12 条，规定："上海设局，经挑选幼童派送出洋等事。拟派大小委员三员，由通商大臣札饬在于上海、宁波、福建、广东等处，挑选聪慧幼童年 13、14 岁至 20 岁为止，曾经读中国书数年，其亲属情愿送往西国肄业者，即会同地方官取具亲属甘结，并开明年貌、籍贯存案，携至上海公局考试，如姿性聪颖并稍通中国文理者，即在公局暂住，听候齐集出洋"；"选送幼童，每年以 30 名为率，4 年计 120 名，驻洋肄业。15 年后，每年回华 30 名，由驻洋委员胪列各人所长，听候派用，分别奏赏顶戴官阶差事"②。

章程被批准后，即在上海设立"中国出洋局"，委派容闳为总办，刑部候补主事陈兰彬帮同办理，筹备招生事宜。

1872 年 2 月，经曾国藩奏准，任命陈兰彬为赴美留学正监督委员，容闳为副监督委员，负责留美学生管理工作。同时，曾国藩等又奏订挑选幼童及驻洋应办事宜六条，特别强调：幼童出洋后，"肄习西学仍兼讲中学，课以《孝经》、《小学》、五经及《国朝律例》等书"，"每遇房、虚、昴、星等日，正副二委员传集各童宣讲《圣谕广训》，示以尊君亲上之义，庶不至囿于异学"③。

1872 年 8 月，中国第一批官派赴美留学幼童蔡绍基、钟文耀、容尚谦、梁敦彦、黄开甲、詹天佑等 30 人，经上海预备学堂培训后，启程赴美。1873 年 6 月，又按计划派出第二批赴美幼童 30 人，其中包括蔡廷干、吴应科、吴仲贤等人。1874 年 9 月，派出第三批赴美幼童 30 人，其中有唐绍仪、梁如浩、周长龄、黄季良等。1875 年 10 月，派出第四批赴美幼童 30 人，其中有刘玉麟、邝荣光、周传谔等。至此，4 批 120 名留美幼童的派遣工作按计划全部完成。这些幼童中，年龄最大的 16 岁，最小的 10 岁，大多数为十三四岁。从籍贯上看，广东最多，84 人；其次江苏，21 人；另外，浙江 8 人、安徽 4 人、福建 2 人、山东 1 人。

<hr>

① 《中国近代教育史资料》上册，163 页，北京，人民教育出版社，1961。
② 《中国近代教育史资料》上册，165～166 页，北京，人民教育出版社，1961。
③ 中国史学会主编：《洋务运动》第二册，158 页，上海人民出版社，1961。

幼童赴美后，学习刻苦努力，进步很快。完成中小学基础知识的学习后，进入各类专科学校学习物理、机械、开矿、造船、军事、邮电、农业、医学等课程，也有考入大学深造的，如詹天佑、欧阳赓分别考入耶鲁大学土木工程系和机械工程系学习工程学，邝荣光、吴仰曾分别考入美国矿务大书院和纽约大学学习矿务。

1881 年，清政府听信守旧官员陈兰彬、吴子登等人的意见，以为出洋学生沾染外洋恶习，流弊多端，下令解散留学事务所，撤回全部留美幼童。至此，派遣幼童赴美留学事业半途而废。

当第一批留美幼童成行之后，李鸿章、沈葆桢等即着手筹划留欧学生的派遣。1873 年 12 月，船政大臣沈葆桢奏呈《船工将竣谨筹善后事宜折》，建议从福州船政学堂前、后学堂挑选学生，分别派往法国、英国学习造船、驾驶技术，及其推陈出新、练兵制胜之理。① 后由于发生日本侵占台湾事件，并因"无巨款可筹"，致使派遣留欧学生之事"倥偬未及定议"。1875 年 4 月，沈葆桢再次奏请派员游历。② 获准后即选派船政学堂学生魏瀚、陈兆翱、陈季同、刘步蟾、林泰曾 5 人，前往英、法游历学习。

1876 年 4 月，李鸿章也奏准选派卞长胜等 7 名淮军青年军官，到德国学习水陆机械技艺。

以上两次派员游历学习，可视为近代中国派遣留欧学生的前奏。

1877 年 1 月，李鸿章、沈葆桢联衔上奏，要求从船政学堂中选拔有前途的毕业生到欧洲深造，并制定了《船政生徒肄业章程》，对学生赴欧留学的组织领导、经费调拨、学习科目、学习年限、成绩考核、生活管理等各方面，都作了详细、周密的规定。是年 3 月，包括郑清濂、罗臻禄、李寿田、刘步蟾、林泰曾、严复、林永升、萨镇冰等在内的 28 名船政学堂学生，在留学监督华人李凤苞、法人日意格及随员马建忠、文案陈季同、翻译罗丰禄的带领下，乘船开赴香港，再由香港换乘法国邮轮出洋。9 月，船政学堂再派 5 名艺徒赴法。加上此前已派往法国学习的魏瀚、陈兆翱二人，第一批赴欧留学生共 35 人。其中，12 名赴英国学习海军驾驶理论和驾驶技术，18 名赴法国学习海军

---

① 《沈文肃公政书》卷四，光绪十八年乌石山祠重刻本。
② 《船政奏议汇编》卷一二，光绪十四年福建本衙门刻本。

工程制造。还有 5 名学生到法国学习矿务学。

此后，1882 年初，福州船政学堂派出第二批留欧学生，共 10 名，分赴英、法、德三国学习武器制造和船舰驾驶技术。1886 年 5 月，派出第三批留欧学生，共 34 名（其中包括北洋水师学堂学生 10 名），分赴英、法学习船舰制造、驾驶技术及交涉、法律等方面的知识。

1893 年，福州船政局曾拟选派第四批留欧学生，但由于李鸿章与兼管福州船政的闽浙总督卞宝第为争派本系统出国留学的权利互不相让，致使本批学生无法派出。

从 1872 年到中日甲午战争前的二十余年间，中国共向美、英、法、德等国派出留学生二百余名，虽然留美工作半途夭折，但从总体上说，派员留学仍然取得了显著成效，在中国教育史和中西文化交流史上留下了重要一页。清朝统治者在留学教育上虽然坚持遵奉"中体西用"的指导思想，并为留学生制定了种种条条框框，企图限制和束缚留学生的思想和行动，但这些最终只能是一纸空文。年轻的留学生们在国外不仅学到了许多先进的科技知识和技能，而且受到了西方国家政治制度、思想观念、生活习俗等各种文化因素的濡染，他们的变化是多方面的，对中国社会的影响也是多方面的。经过此期的留学教育，留学生中涌现出一批十分优秀的新型人才，在中国的政治、军事、外交、教育、工程建筑等方面发挥着重要作用。毕业于美国耶鲁大学土木工程系的詹天佑，日后主持修建了著名的京张铁路。留美生邝荣光、吴仰曾成为著名的采矿工程师，对开平煤矿贡献卓著。此外，留美生梁敦彦做过外交总长，唐绍仪做过袁世凯政府的第一任国务总理，在政治和外交方面很有成绩；唐国安做过清华学堂校长，蔡绍基做过北洋大学校长，在教育方面多有建树。船政学堂派出的留欧学生，学成回国后，大多成为福州船政局和北洋水师的骨干力量，对中国造船工业和海军建设做出了突出贡献。福州船政局由于有了回国留学生的主持，1881 年后逐渐进入生产和技术发展的鼎盛时期。在留学生们的主持下，我国第一艘自行设计制造的巡洋舰——"开济"号，于 1883 年 1 月建成下水；已达到世界最新水平的"龙威"号钢甲船，也于 1888 年 1 月建成下水。在北洋舰队中，有近一半的主力舰管带由留学生担任。在中日甲午黄海海战中，刘步蟾、林泰曾、林永升、黄建勋等留学生出身的海军将领，与广大官兵一道，英勇奋战，血洒疆场。辛亥革命后，留欧学生刘冠雄、萨镇冰、李鼎新等，还先后出任过海军总长。

还应特别提到的是严复。他在英国留学期间，受到西方自然科学和社会政治学说的洗礼，与西方学术思想结下不解之缘。从 1894 年至 1908 年，先后翻译了赫胥黎的《天演论》、亚当·斯密的《原富》、斯宾塞的《群学肄言》、穆勒的《群己权界论》和《名学》、甄克思的《社会通诠》、孟德斯鸠的《法意》、耶芳斯的《名学浅说》，第一次比较系统地将西方的哲学、古典经济学、社会政治学说、科学方法论等介绍到中国，对近代中国思想文化的变革产生了巨大的影响。

（二）20 世纪初年的留学热

甲午战败，《马关条约》的签订，引起中国朝野上下极大震动，很多人都在思考、寻找日本强大的原因。日本经过明治维新，学习西洋文化，实行君主立宪，重视教育，重视科技，建立了新式军队，工业得到发展，不到三十年就强盛起来，这对当时的中国影响很大，时人"莫不视游学东瀛为富强之要任"。张之洞在《劝学篇》中又大讲游学日本的优越性："路近省费，可多遣；去华近，易考察；东文近于中文，易通晓；西书甚繁，凡西书不切要者，东人已删节而酌改之；中东情势，风俗相近，易仿行，事半功倍。"1901 年清政府实行"新政"后，多次通令各省选派学生出洋留学，1903 年又制定并颁布了鼓励留学的章程。由于以上这些原因，20 世纪初年，中国逐渐形成一股留学日本的热潮。

早在 1896 年，清政府就曾派出过 13 人的首批留日学生。1899 年时，留日学生有 200 多人。此后逐年增加，而且出现了"各省竞派"的局面。1902 年，赴日留学人数达到 500 人，1903 年已达千人，1904 年 1300 多人，1905 年，则猛增至 8000 人。一年内即有 8000 多名中国人负笈东渡，求学日本，这不仅是中国留学史上空前的盛况，也"很可能是到此时为止的世界史上最大规模的学生出洋运动"[①]。按省籍统计，留日学生以湖南、湖北、江苏、浙江、福建、广

---

① 《剑桥中国晚清史》下卷，404 页，北京，中国社会科学出版社，1985。

东、四川等省为多。

此时的留日教育大致有以下几个特点：一是学习科目十分广泛，包括理科、工科、外语、师范、史地、政法、军事、音乐、体育、医药等。二是学文科者占明显多数。据当时驻日公使杨枢《奏陈兼管学务情形折》讲，"各学校共有中国学生一千三百余人，其中学文科者一千一百余人"①。当时所谓文科，主要指师范科、法政科。三是以学速成教育为主。据有关记载，习速成者达60％。尤以师范速成为多，原因在于当时国内出现了大批新型学校，学习速成，可应师资力量之急需。四是自费生多。据梁启超1902年的统计，自费生几乎占到一半。

随着留日规模的不断扩大，留日教育也暴露出一些问题，如留日生人员混杂，有鱼目混珠的情况；速成教育，水准过低；有的留学生仅以取得文凭为目的，等等。有鉴于此，清廷从1906年起，相继出台了一些对留日教育的限制性政策，如颁布了《管理游学日本学生章程》，规定留日学生的一些基本条件，并通令停止选派速成科留学生等。此外，1905年还发生了"清国留学生取缔规则事件"，日本文部省根据清朝驻日公使的要求，颁布《关于清国入学之公私立学校章程》，引起留日学生极大愤慨，两千多人辍学回国，以示抗议。在这种情况下，1906年以后，留日学生人数逐年下降，特别是1908年美国决定利用庚子赔款的一部分吸引中国学生留美后，大批青年的眼光瞄向美国，留学日本慢慢也就剩下一些余波了。

赴美留学自19世纪80年代初中途夭折后，冷落了很长时间。20世纪初，成千上万的中国青年涌向日本留学，使美国大受刺激。1908年，美国政府正式做出决定，将"庚子赔款"的"余额"1078万余美元，从1909年起，到1940年止，逐年按月"退还"给中国，用作中国派遣学生赴美留学之用。中美双方商定，自拨还赔款之年起，头四年每年派学生100名赴美游学，第五年起，每年至少续派50名。

美国为何要主动"退还"庚款"余额"，"帮助"中国发展留美教育？这从1906年美国伊利诺大学校长詹姆士写给美国总统罗斯福的一份"备忘录"，即

---

① 《约章成案汇览》乙篇，卷三二下，台北，华文书局出版。

可看得很清楚。这份"备忘录"讲："哪一个国家能够做到教育这一代青年中国人，哪一个国家就能够由于这方面所支付的努力，而在精神和商业的影响上取回最大的收获。如果美国在 30 年前已做到把中国学生的潮流引向这一个国家来，并能使这个潮流继续扩大，那么，我们现在一定能够使用最圆满和巧妙的方式，控制中国的发展。——这就是说，使用那从知识上与精神上支配中国的领导的方式。"又说："为了扩展精神上的影响而花一些钱，即使从物质意义上说，也能够比用别的方法获得更多。商业追随精神上的支配，比追随军旗更为可靠。"①

1909 年 7 月，游美学务处正式成立，专司考选学生、管理肄业馆、派遣学生及与驻美监督通信联系等事。同年 8 月，开始招考第一批庚款留美学生，经严格考选，从 630 名考生中录取了梅贻琦、胡刚复、王世杰等 47 人，并于同年 10 月启程赴美。1910 年 7 月，招考第二批留美生，从 400 名考生中录取了赵元任、竺可桢、胡适等 70 名，于同年 8 月赴美。1911 年 7 月，经考试录取了姜立夫、陆懋德、章元善等第三批留美生 63 人。这三批直接留美学生共 180 人，均为 20 岁以下的男生，大都来自国内各教会学校及省立高等学堂。此外，1911 年还曾挑选 12 名十二三岁的幼童，于 1914 年送往美国中学读书。

游美学务处在直接选派学生赴美留学的同时，又筹备设立游美肄业馆，以使留美学生赴美前有所预备。1911 年，筹建中的游美肄业馆全部迁入清华园，并正式更名为清华学堂。同年招收了第一批学生 468 人。1912 年 10 月，清华学堂改名清华学校。同年派送高等科毕业生 16 人赴美留学，是为清华学校派遣的第一届毕业生。此后，每年高等科毕业生全部资送留美。

在清朝中央政府利用庚子赔款直接选派留美学生的同时，地方各省也向美国派送了一定数量的留学生，加上一些自费生和华侨子弟，留美学生人数在辛亥革命前后增加颇快，1910 年有 500 多人，1911 年达到 650 人。

如前所述，洋务运动时期开展起来的留欧教育，应该说成就不小，但在甲午中日战争前后和戊戌变法前后，却很少有人赴欧留学。20 世纪初，随着清廷新的留学政策的制订，留欧教育又有起色。但留欧主要限于英、法、德、

---

① 《中国近代教育史教学参考资料》下册，283、284 页，北京，人民教育出版社，1986。

比、俄五国。据王奇生《中国留学生的历史轨迹》一书的列举，1903年，京师大学堂选派16人留欧；两江总督张之洞从江南水师学堂毕业生中选拔8人赴英学习轮船驾驶，从陆师学堂挑选8人赴德学习陆军；湖北从各学堂挑选学生24人赴比利时学习实业，4人赴俄留学。1904年，四川选派13人、湖南选派3人、山西选派23人赴比利时学习路矿。1905年，商部派遣100人留比学习路矿；江苏选派6人留英学习兵船驾驶。1906年，新疆选派学生20人留俄。1907年，陆军部与法国商定，每年选派15人入法国陆军大学学习。1911年，浙江考选20人，分别送往英、法、德、比四国学习实业。另据清政府驻欧洲各国留学生监督呈报，1908年至1910年前后，中国留欧学生总数约有500余人。

辛亥革命后，一些家境贫寒的青年学生，为了寻找出路，纷纷到英、法、德、比、美等国勤工俭学，其中到法国勤工俭学者最多。留法勤工俭学成为中国人学习西方文化的一种新形式，是中国近代教育史、留学史的新篇章。

20世纪初年的留学教育，对中国近代的政治、军事、教育、科技、文化都有深远影响，特别是留日学生，对中国资产阶级民主革命贡献尤大。实藤惠秀的《中国人留学日本史》对留日教育作过这样的评述："中国人留学日本史，一方面是近代中国的文化史，另一方面又是近代中国的政治史。"此说颇有道理。辛亥以前，不少革命活动是在日本策划酝酿的，而许多留日学生正是这些活动的组织者、参与者，其中许多人成为爱国运动的骨干。正如孙中山先生所指出的：中国的民主革命，"留东学生提倡于先，内地学生附和于后，各省风潮，从此渐作"[①]。此外，留日学生翻译了许多日本和西方各国的科学及教育书籍，为国内新式学堂提供了大量教材和参考读物，对清末的教育改革也有借鉴作用。

庚款留美生由于事先经过了严格的考核挑选，文化基础大多比较扎实，加上他们到国外后学习勤奋刻苦，因此，大多取得了优异成绩，不少人获得博士学位。清末留日学生，学文科者居多，而留美学生则是学理工医农者多，其中，郑之藩、胡明复、李耀邦、胡刚复、颜任光、竺可桢等人，在自然科学研

---

① 《建国方略》，见《孙中山选集》，200页，北京，人民出版社，1991。

究领域均取得过引人注目的成就，为中国近现代科学、文化事业的发展做出过突出贡献。

四、关于教会学校

讲到晚清时期的教育，还应提到的是外国在华教育。它包括教会、私人、国家和团体在中国办的教育，其中最主要的是教会教育。从 1839 年美国传教士布朗夫妇在澳门创办马礼逊学堂始，到清末的七十年间，来华传教士在中国广大城乡建立起大量各种类型的学堂，形成了从幼儿园到小学、中学、大学在内的教会教育网络。除普通教育外，还办有职业教育、特殊教育、社会教育等。为配合办学，还成立有教育会、青年会、书局、印刷机构等。可以说，教会兴办各类教育事业，有其特殊的目的和作用，有一套完整的措施，自成独立体系。

1839 年 11 月创办的马礼逊学堂，是外国传教士在中国大陆创办的第一所学校。容闳将其创办人布朗称为"中国创办西塾之第一人"。马礼逊学堂的第一批学生包括容闳、黄胜、黄宽、李刚、周文、唐杰共 6 人。其课程除中文外，还开设有算术、代数、几何、生理学、地理、历史、英文等。1842 年，马礼逊学堂迁至香港续办。

在西方列强的军舰、大炮威逼下，1842 年，清政府与英国签订了《南京条约》，1844 年与法国签订了《黄埔条约》。西方传教士凭借从不平等条约中获取的特权，纷纷来华传教、设医院、办学校。早期的教会学校，除马礼逊学堂外，著名的还有：1843 年英伦敦会从马六甲迁至香港的英华书院；1844 年英国"东方女子教育协进会"在宁波开办的女子学塾，是为近代中国成立最早的教会女校。其后又有 11 所女校先后在通商五口及香港开办。1845 年，美国长老会在宁波开设崇信义塾，后迁杭州，改名育英义塾，是为之江大学前身。1846 年，美国圣公会文惠廉在上海设立了一所男校。1848 年，美国美以美会在福州开设了主日学校。1849 年，法国天主教耶稣会在上海创办圣依纳爵公学，次年开学，后改称徐汇公学，是为天主教在中国开办的最早的教会学校。1850 年，美国长老会在上海开办清心书院；1853 年，美国公理会在福州开办格致书院；同年，法国天主教在天津望海楼天主堂附设法汉学堂、诚正小学和淑贞女子小学。这些早期的教会学校，一般都是规模较小的男塾、女塾，大多附设在教堂中，作为传教的辅助性机构。

第二次鸦片战争后，西方传教士获得更多特权，可以到中国内地传教，教会学校随之迅速增加，并逐渐遍及全国各地。据统计，自 1860 至 1875 年，教会学校总数增至约 800 所，学生约 2 万人，其中属于基督教系统的有 350 所，学生近 6000 人，其余均属天主教系统所办。此期的教会学校仍以小学堂为主，同时出现少量中学，约占总数的 7%，女学堂也有所增加。

19 世纪 80 年代后，教会教育发展更快，到义和团运动前，教会学校增至 2000 所，学生达 4 万人。中学的比重已占到总数的 10%，同时开始出现教会大学，不过，它们是在中学堂基础上添加的大学班级，大学生数量不多，只有近 200 人。

在各国教会中，以美国基督教各差会开办的教会学校最多。据统计，到 1898 年，美国传教士已在华设立了 155 个教会和 849 个分会，拥有教徒 4 万多人，开设初等学校 1032 所，有小学生 1600 多人，中等以上学校 74 所，有学生 3800 多人。[①] 其中较为著名的学校有：1864 年，美国长老会传教士狄考文在山东登州开设的蒙养学堂（1873 年添办相当于中学程度的"正斋"，遂成为中学、小学两级制学堂；1876 年改名为登州文会馆）；1865 年，美国基督教圣公会在上海设立的培雅书院、1866 年设立的度恩书院（1877 年合并为圣约翰书院，1906 年发展为圣约翰大学）；1871 年，圣公会传教士在武昌设立的文氏学堂（后改为文华书院）；1881 年，圣公会在上海开办的圣玛利亚女校；同年，卫理公会传教士林乐知在上海开办的中西书院、美以美会在福州开办的鹤龄英华书院；1885 年，长老会传教士在广州开设的格致书院（1900 年迁往澳门，改名岭南学堂，1904 年又迁回广州，后发展为岭南大学）；1888 年，美以美会在北京开设的汇文书院；1890 年，林乐知在上海设立的中西女塾；1891 年，美国传教士在广州茅村设立的明心学堂（是为外国人在中国设立的最早的盲童学校）；1897 年，监理会在苏州设立的中西书院；1898 年，长老会在厦门鼓浪

---

① 参见陈景磐：《中国近代教育史》，65 页，北京，人民教育出版社，1983。

屿设立的英华中学，等等。

天主教开办的教会学校，以法国教会开办者居多，主要有 1849 年设立的徐汇公学、1904 年设立的启明女校、1874 年成立的圣芳济学校等。

19 世纪末 20 世纪初，随着西方列强对中国侵略的加深和宗教势力在中国的扩张，加上清廷实行"新政"、改革传统教育这一因素的刺激，教会教育特别是教会举办的高等教育发展尤速。据统计，到 1912 年清王朝垮台前，西方传教士在华创办的各种大专院校共有 30 所①，著名的有：上海圣约翰大学、浙江之江大学、江苏东吴大学、广东岭南大学、江苏金陵大学、北京协和医学院等。民国初年，教会学校的发展势头有增无减，据有关材料，到 20 世纪 20 年代初，在华天主教系统拥有的各种学校已达到 6599 所，学生总数 14 万多人；在华基督教系统拥有的各种学校更多达 7382 所，学生总数 21 万多人。② 教会学校已形成了一个由幼儿园、小学、中学到专科、大学的完整的教育体系。

为了解决教会教育中遇到的各种问题，协调好各教派学校之间的关系，从而更好地控制整个中国教育，在华基督教还成立了全国性的组织指导机构。先是 1877 年设立了基督教学校教科书编纂委员会，后于 1890 年改组为中华教育会（或译为"中国教育会"）。中华教育会除继续负责编辑出版教科书外，还要对中国进行教育调查，举办各种讲习会、交流会、演讲会，交流和推广教会教育的经验，策划教育方针、教育计划和具体措施等。另外，出版了《中国教育指南》，用以指导在华的各级教会学校。1912 年改称全国基督教教育会，1915 年又改称中华基督教教育会。

天主教也建立有教会学校的后援组织——公教青年会，用以扶植天主教在华学校。

如何看待晚清时期的教会教育？首先一点，必须看到，当时的教会教育，从总体上说，是服从和服务于西方列强的对华侵略政策和意图的，是其文化侵略的具体表现。正如毛泽东所指出的：帝国主义列强"对于麻醉中国人民的精神的一个方面，也不放松，这就是它们的文化侵略政策。传教、办医院、办学

---

① 郭卫东主编：《近代外国在华文化机构综录》，478～486 页，上海人民出版社，1993。

② 参考李楚材编：《帝国主义侵华教育史资料·教会教育》，23～24、15 页，北京，教育科学出版社，1987。

校、办报纸和吸引留学生等，就是这个侵略政策的实施"①。各国教会在华办学的本意，就是想在军事、政治、经济等手段之外，辅以教育手段，从而达到完全控制中国的目的。教会学校固然是要传授教义，培养教徒，扩大宗教特别是基督教的影响，但正如中华教育会会长狄考文所宣称："教会学校建立的真正目的，其作用并不单在传教，使学生受洗入教。他们看得更远，他们要进而给入教的学生以智慧和道德的训练，使学生能成为社会上和教会里有势力的人物，成为一般人民的教师和其他领袖人物。"② 1896 年，传教士潘慎文在讲到中华教育会与整个中国教育的关系时也提出："作为基督教教育家协会，我们要在我们能力范围内，以各种方法控制这个国家的教育改革运动，使之符合于纯粹的基督教的利益"③，也就是说，他们的最终目的是要通过扩大基督教的影响，通过培养"特殊的领袖人才"，影响到全体中国人民甚至中国"以后的历史"，使中国逐渐成为一个"基督教民族"，从而便于它们从各方面加以控制。

其次，应当看到，教会学校基本上属于新式的近代学校，在教育体制、教学内容、教学方法等方面，都有比中国传统教育先进的地方，都有值得借鉴的东西。宗教固然是教会学校十分重要的课程，但自然科学和历史、地理学科，同样受到教会学校的重视，这对传播西学应当说有一定作用。此外，不少教会学校建立有实验室、科学楼，开设实验课，运用实验的方法进行教学，这在当时中国的教育界还是新事物，对晚清中国的教育变革，对中国教育的近代化，无疑具有启发和借鉴意义。

---

① 毛泽东：《中国革命和中国共产党》，见《毛泽东选集》第二卷，629～630 页，北京，人民出版社。

② 狄考文：《如何使教育工作最有效地在中国推进基督教事业》，见陈学恂主编：《中国近代教育史教学参考资料》下册，14 页，北京，人民教育出版社，1986。

③ 陈学恂：《中国近代教育大事记》，75 页，上海教育出版社，1981。

第七章
晚清中国的科学与技术

　　中国古代科学技术的发展，在相当长的历史时期内，都处于世界领先的地位，"远远超过同时代的欧洲，特别是 15 世纪之前更是如此"[①]。曾几何时，随着欧洲文艺复兴运动的兴起，自然科学在欧洲也获得日新月异的发展，并很快超越了中国古代科学技术已经达到的高度。几乎与此同时，随着欧洲殖民主义者的对外扩张，随着西方传教士的东来，欧洲在自然科学技术方面的某些新成果，也开始东渐而入中国。不过，在明末清初，这些西方科技并未引起中国朝廷的足够重视，在社会上也未产生多大影响。此后很长一段时期内，一方面是欧洲随着产业革命的开展，自然科学的发展突飞猛进，新发明、新成就不断涌现，一方面是中国由于清朝

[①] 李约瑟：《中国科学技术史》第一卷，3 页，北京，科学出版社，1975。

政府实行闭关锁国政策，厉行文化专制主义，科学技术得不到发展，停滞不前，西方自然科学的最新成果，也迟迟不能传入中国，从而使得中国在自然科学与技术方面，与西方的差距越拉越大。直到 19 世纪 40 年代的鸦片战争前后，"师夷长技"，学习、追赶西方近代科学技术的问题，才被有识之士重新提了出来。

一、从"格致学"到"科学"

20 世纪以前，中文里尚未出现"科学"一词，对声光化电这类西方传来的自然科学知识，统称为"格致学"。

"格致"一词取自《礼记·大学》中的"致知在格物，物格而后知至"。在宋儒程颐之前，"格物致知"基本上是在政治伦理学意义上使用，作为一种道德和政治范畴，是"修、齐、治、平"的起点。程颐首先赋予它认识论的意义："格犹穷也，物犹理也，若曰穷其理云尔，穷理然后足以致知，不穷则不能致也。"① 朱熹进一步发展了这一思想，把格物致知解释为接触事物、穷竭其理，而推及于心固有的知识，"所谓致知在格物者，言欲致吾之知，在即物而穷其理也"② 。此后，谈论"格物致知"者，侧重点有所不同，王廷相认为"格物"是指接触、观察和探索外在事物，吴廷翰更强调格物的实证性，认为"必验之于物而得之于心，乃为真知"。

对"格物致知"的这种阐释，在认识论上与科学的方法有类似之处，因而也就很自然地使人们用"格致"一词来称呼西方传入的科学知识。明末来华的耶稣会士利玛窦在《几何原本序》中说："夫儒者之学，亟致其知，致其知当由明达物理耳……吾西陬国虽褊小，而其庠校所业，格物穷理之法，视诸列邦为独备焉……其所致之知且深且固，则无有若几何一家者矣。"徐光启在《刻几何原本序》中则把传入中国的西学分为大、小两种，"大者修身事天，小者格物穷理，物理之一端别为象数"。徐、利二氏所说的"格物穷理之法"，实际上就是探求客观规律的自然科学。19 世纪 60 年代以后，随着西方自然科学知识与技术的大规模传入，"格致"一词也日益广泛地流行起来，并成为要求革

---

① 《河南程氏粹言》卷一，见《河南程氏全书》，同治年间刻本。
② 朱熹：《大学章句·补传》，见《四书集注》第一册，北京，中华书局，1957。

新的人们的热门话题。当时，以"格致"冠名的介绍科技知识的书刊大量出现，如《格物入门》、《格致启蒙》、《格致丛书》、《格致汇编》（英文名为 *The Chinese Scientific and Industrial Magazine*），刊登声光化电及工艺制造方面的文章，"意欲将格致之学问并制造工艺之理法广为传布"。1874 年，徐寿还在上海创办了一所新式的民办教育机构——格致书院，"意欲令中国便于考究西国格致之学、工艺之法、制造之理"①。

"格致"一词虽有认识论上的意义，但更重要的还是它的伦理学上的意义，它的目的是为了达到道德上的完善，即所谓"明明德"。在朱熹的理论中，格物致知的主要内容是认识和践履先验的天理。到王阳明，更把它纳入"致良知"的思想体系中。在方法上，"格物致知"的途径是顿悟，通过"今日格一物，明日又格一物"，然后豁然贯通，达到天人合一。这是一种先验论的内省法。这种方法极易导致空谈性理而不重视实践和操作的文人心态。这种心态在晚清洋务派身上仍有明显体现。奕䜣便说过这样的话："匠人习其事，儒者明其理，理明而用宏焉。今日之学，学其理也，乃儒者格物致知之事，并非强学士大夫以亲执艺事。"② 这种重"理"轻"事"，把"事"与"理"对立起来的思维方式和做法，与近代科学的精神是格格不入的。

随着晚清经世之学的复兴，越来越多的人开始关注并讲求关乎国计民生的实学，不再崇尚理学的空谈，越来越多的人开始反思中国传统文化，开始进行中西文化的比较。左宗棠说："中国之睿知运于虚，外国之聪明寄于实；中国以义理为本，艺事为末，外国以艺事为重，义理为轻。"③ 薛福成为《格致汇编》作序说："格致之学，在中国为治平之始基，在西国为富强之先导。"④ 徐寿也说："中国之所谓格致，所以诚、正、治、平也；外国之所谓格致，所以变化制造也。中国之格致，功近于虚，虚则常伪；外国之格致，功徵诸实，实则皆真也。"⑤ 中文"格致"的含义与西方声光化电等学问间的差异，中西格致学的区别，已为越来越多的人所认识。在这种情况下，继续使用"格致"来

① 《中国近代学制史料》第一辑下册，169 页，上海，华东师范大学出版社，1983。
② 《中国近代学制史料》第一辑下册，150 页，上海，华东师范大学出版社，1983。
③ 《左文襄公全集》奏稿卷一八。
④ 薛福成：《出使英法义比四国日记》，71 页，长沙，岳麓书社，1985。
⑤ 徐寿：《拟创建格致书院论》，载《申报》第 574 号。

称呼当时传入的西方自然科学与技术，显然是不适当的。另外，"格致学"除了指西方传入的整个科技外，有时又专指理化学，或特指物理学，显得十分混乱；而以实学、西学或新学来指称英文的 science，也不恰当，总之，需另觅新的译名。

据有人研究，"科学"一词在 19 世纪末年由日本传入中国，最先使用者是康有为①。在日本，加藤弘之等于 1877 年开始使用"科学"一词，是专为翻译 science 而新造的。1885 年，日本出版了《科学入门》一书。1897 年，康有为编《日本书目志》，收有此书。

"科学"一词一经出现，很快便为学界所接受。严复译《原富》时说："课授科学之师常不许学者自译"，"科学中一新理之出，其有神于民生日用者无穷"。这里所讲"科学"的含义大致已与现代意义相同。1902 年，梁启超撰写《新史学》时，使用了"天然科学"一词，相当于现在的自然科学；撰写《进化论革命者颉德之学说》时，把科学与宗教对立起来，并说明"此指狭义之科学，即中国所谓格致"。

应该看到，"科学"比"格致"的含义要宽泛一些，"科学"包含有各门类学问的意思，不仅指声光化电一类的自然科学，也包括社会科学。在后来的用法上，"科学"前面常加用"自然"、"社会"这样的修饰词，以使之明确化，但更常指的还是关于自然的认识，英文 science 也有这种性质。

"格致"一词的渐渐消失，"格致学"渐被"科学"所替代，说明晚清时期国人对西方文化的认识，有一个不断深化的过程，近代中国对"科学"的认识、对科学本质的理解，有一个逐步清晰的过程；这个过程直到五四以后仍在继续。

二、洋务运动与近代科技引进

鸦片战争时期，中国已开始关注西方的近代科技，特别是新式船炮的制造和使用技术，并涌现出了像丁拱辰、龚振麟这样的一些出色的近代军火制造专

---

① 参阅《"科学"一词的来历》，载《中国科技史资料》，1981（3）。

家。虽然当时对西方近代科技的引进和学习尚未形成规模，但可以说是拉开了此后不久大规模引进的序幕。

另外，鸦片战争前后，我国在物理学、植物学方面也取得过一定成就。广东人邹伯奇精于天文、历算及地理、测量之学，在总结中国关于几何光学成就的基础上，撰成《格术补》一书，记述了平面镜、透镜等成像规律，以及眼镜、望远镜、显微镜等光学仪器的工作原理。1844 年，他还研制成功摄影器，在此基础上做成了中国最早的一架照相机。安徽人郑复光，1846 年出版《镜镜诊痴》一书，详细介绍了各种透镜的制作方法及应用原理，是当时系统论述光学理论的著作。河南人吴其浚，汇集古代有关植物的文献，编成《植物名实图考长编》22 卷，共收植物 838 种；又根据自己的观察、访问，成《植物名实图考》38 卷，共收植物 1714 种。

在国门刚被打开、整个中国社会还十分封闭的情况下，上述自然科学和技术方面有限的一点成就，还很难引起更多人的注意。

第二次鸦片战争，中国再败于泰西。在数千年未有的"大变局"的刺激下，一场以"求强"、"求富"相标榜，以学习西方军事技术为中心的大规模引进和学习西方近代科学技术的运动，从 19 世纪 60 年代开始，全面展开。

由于刚刚吃过西方坚船利炮的苦头，又刚刚从借力"助剿"太平天国中领略了西洋火器的威力，因此，主持洋务事业的清朝大员们，普遍将"师夷智以造炮制船"视为"今日救时之第一要务"，即当务之急。李鸿章曾说："中国文武制度，事事远出西人之上，独火器不能及。"[1] 要想富国强兵，必须先从师法西人船炮技术、制造先进的"军器"入手。随着江南制造总局、金陵机器局、天津机器局、湖北枪炮厂等军事工业的兴办，西方先进的枪炮、弹药制造技术陆续传入中国，并得到发展；炼钢、造船技术也渐为国人掌握。

19 世纪 70 年代以后，洋务派在继续发展军事工业的同时，也开始举办民用企业。从 70 年代至 90 年代，先后创办民用企业二十多个，著名的有轮船招商局、开平矿务局、天津电报总局、上海机器织布局等。火车、轮船、电报等近代交通、通讯工具，火车、轮船的制造技术，近代电讯技术，新式纺织技术

---

[1]《筹办夷务始末》同治朝卷二五，9 页，故宫博物院 1929 年影印本。

和采矿技术，以及声光化电一类近代科技新成果，被越来越多地引进和使用。

如所周知，欧洲近代科学技术是在文艺复兴运动后，先从自然科学的基础开始突破的，技术科学则是在基础理论的推动下发生和发展起来的。而在中国，近代科学技术的兴起和发展，则大多是从直接引进西方近代的技术科学开始的。因此，在许多领域，往往是技术科学先于理论科学引进国内，而以军事技术尤为突出。这一方面与当时创办洋务企业和军事有关，另一方面也与当时人们对西方文化的认识总体上讲还较表面和浅薄有关。正如梁启超所说："当时之人，绝不承认欧美人除能制造能测量能驾驶能操练之外，更有其他学问，而在译出西书中求之，亦确无他种学问可见。"[1] 又说：当时中国所译诸书，"兵政类为最多"，"盖昔人之论，以为中国一切皆胜西人，所不如者，兵而已。"[2] 证诸陈洙《江南制造局译书提要》中的分类统计，我们对当时引进西方科学技术的情况，会得到更加直观、更加清楚的认识。根据陈洙的统计，江南制造局翻译馆共译书 160 种，其中兵学 21 种，工艺 18 种，兵制 12 种，医学 11 种，矿学 10 种，农学 9 种，化学 8 种，算学 7 种，交涉 7 种，图学 7 种，史志 6 种，船政 6 种，工程 4 种，电学 4 种，政治、商学、格致、地学、天学、学务、声学、光学、补遗、附刻等合计 30 种。可以看出，应用科学与工程技术方面的西书所占比重最大，其中尤以兵学书籍最多。这种情况明显反映了当时引进西方科技文化的急功近利原则。

虽然时人对近代自然科学基础理论还缺乏足够的认识，未引起应有的重视，但在引进和学习技术科学的同时，不可能不涉及到基础理论、基础学科方面的内容。梁启超在谈到江南制造局的译书时说："制造局首重工艺，而工艺必本格致，故格致诸书，虽非大备，而崖略可见。"[3] 这里所说格致诸书，显然主要是指数学、物理、化学等基础理论方面的西书。事实上，随着时间的推移和认识的深化，西方近代自然科学的许多学科，不论是应用技术方面的，还

---

① 梁启超：《清代学术概论》，见《饮冰室合集》专集之三十四，71 页，北京，中华书局，1989。

② 梁启超：《西学书目表序例》，见《饮冰室合集》文集之一，124 页，北京，中华书局，1989。

③ 梁启超：《西学书目表序例》，见《饮冰室合集》文集之一，124 页，北京，中华书局，1989。

是基础理论方面的，都陆续被引进到了中国，并在实践中得到日益广泛的应用，在许多领域、许多方面还得到了发展，取得了可喜的成绩。

总之，从发端于19世纪60年代的洋务运动开始，西方近代的自然科学与技术被颇具规模地引进到中国，李善兰、华蘅芳、徐寿等中国近代第一批科学家也在此期产生，中国由此迈出了发展近代科技的步伐。洋务时期可以说是晚清科技史上的重要里程碑。

三、中国近代科技体系的初步形成

虽然19世纪60至90年代的洋务运动时期，对西方科技的引进和学习已形成了一定规模，但在中国近现代科技发展史上，毕竟还是初始阶段，近代科技的引进主要还局限于实用技术方面，对自然科学基础理论的引进还有很多缺陷，还很不全面，很不系统，更没有把近代科学作为一种方法论和价值系统来引进和接受。这种情况到19世纪末20世纪初，有了很大变化，中国的科学技术在许多方面都表现出明显的近代化趋势。

（一）自然科学基础理论的系统引进和中国近代科技的初步发展

近代数学的主要成就是出现了解析几何学、微积分学、概率论和对数。这些成就在19世纪60年代以后，陆续被译介到中国。晚清著名数学家李善兰与人合作所译棣么甘的《代数学》13卷，是我国第一本符号代数学著作。后华蘅芳翻译了《代数》25卷、《代数难题解法》16卷。李善兰所译罗密士的《代微积拾级》，是我国第一部介绍微积分的著作。李在译书时还创造了诸如"代数"、"微分"、"积分"等数学名词术语，并被沿用至今。华蘅芳也译有《微积溯源》8卷。概率论在华氏所译《决疑数学》10卷中被首次介绍过来。此书由华蘅芳与傅兰雅合作，始译于1880年，直到1896年才由周学熙首次刊刻。1899年，贾步纬译出《弦切对数表》，把当时最精确的三角函数对数表引进中国。

进入20世纪后，特别是进入民国以后，中国近代数学发生了带有根本性的变化。当时，到国外学习数学的留学生逐渐增多，并且，胡明复、陈建功等人已开始在现代数学领域取得很有价值的研究成果。随着他们的学成归国和一些高等学校相继成立数学系，我国数学界不仅出现了新生力量，而且获得了20世纪现代数学的新理论、新方法。这一切，都标志着中国现代数学的兴起。

西方近代物理学的部分知识，明清之际已传入中国，但系统引进，始于晚清。伽利略的自由落体定律、牛顿力学三大定律等，在19世纪50年代被译介过来。李善兰与艾约瑟合译英人胡威立著的《重学》，比较详细地介绍了力学的一般知识，并将牛顿三大定律第一次介绍进来。张福僖与艾约瑟合译的《光论》，介绍了光速及其测定方法。此后，徐建寅与傅兰雅译有《声学》，金楷里、赵元益译有《光学》。X射线这一现代物理学的内容，发现于1895年的德国，但两年后，中国的《时务报》就对此作了报道。[①] 随后，各大报刊和《光学揭要》、《通物电光》等书，又分别详述了X光的发现、特性及其在医学上的应用等。中国人对天然放射性镭的了解也比较及时。1902年，居里夫人成功地提取了纯镭。第二年，鲁迅就撰写了《说钽》一文，首次介绍了这一研究成果。[②] 1900年，王季烈与藤田丰八合译的《物理学》一书由江南制造局印行。这是我国第一本系统介绍现代物理学内容而又径称"物理学"的专书。

20世纪初年，我国学者开始步入现代物理学的园地。1907年，何育杰从英国维多利亚大学毕业，成为中国第一个物理学硕士学位获得者。李耀邦则是中国近代第一位物理学博士，1903年赴美留学，专攻电子学，1914年发表《密立根方法利用固体球粒测定 e 值》博士论文，具有重要的学术价值。1909年后，出国学习物理学的人渐多，如胡刚复在哈佛大学研究X射线，颜任光在芝加哥大学研究气体离子迁移率，等等。1918年后，胡、颜等相继回国，入南京高等师范、北京大学等校从事物理学的教学与研究工作，他们"力谋物理实验之设置与课程之充实，科学空气为之一振"[③]。

近代化学的标志主要是化学元素概念与原子、分子学说的提出，以及元素周期律和尿素的发现等几个方面。洋务运动时期，中国人就已经知道了化学元

---

① 《曷格司射光》，载《时务报》第38册，光绪二十三年（1897）八月十一日。

② 自树：《说钽》，载《浙江潮》第8期，癸卯八月二十日东京出版。

③ 严济慈：《二十年来中国物理学之进展》，载《科学》第19卷第11期，1935.

素概念。这与近代中国著名化学家徐寿的贡献是分不开的。1867 年，他被派到江南制造局翻译馆做编辑工作，先后译书十余部，其中有关化学的有《化学鉴原》、《化学鉴原续编》、《化学鉴原补编》、《化学考质》、《化学求数》、《物体遇热改易记》等，还与他人一起编写了《化学材料中西名目表》等。徐寿所译化学书籍（《物体遇热改易记》除外），加上其子徐建寅所译《化学分原》一书，曾被上海玑衡堂合在一起，辑印为《化学大成》，成为当时一部初具规模、文图并茂的化学巨著。徐氏父子的译作把当时西方近代无机化学、有机化学、普通化学、定性分析、定量分析、物理化学的部分内容，以及化学实验方法和仪器使用方法等，都比较系统地引进国内，成为当时国内学者进行化学研究的理论依据。

在徐寿译书时，化学元素已有 64 个。如何统一元素的译名是个难题。徐寿创造了取西文第一音而造新字的原则，许多元素如钾、钠、锌、钙、锰、镍、钴等，都是依此原则新造的，并且最初都在《化学鉴原》一书中开始使用。这一创译原则为中国化学界所承认，所创译的元素名称一直沿用至今。

1900 年，杜亚泉在《亚泉杂志》上发表译文，介绍了当时已经确认的 76 种元素概念；旋又发表了《钙之制法及性质》等文，分别详述了钙、氩、氦等元素的发现过程及其特性。次年，虞和钦也在该刊著文，介绍了 1869 年俄国科学家门捷列夫首先提出的元素周期律。

晚清时期，除徐寿父子所译化学书籍外，尚有承霖、王钟祥等译的《化学指南》、《化学阐原》，何了然等译的《化学初阶》，汪振声等译的《化学工艺》等。据统计，1870 年至 1911 年，我国共出版化学书籍 66 部；入民国后，1912年至 1919 年，出版化学书籍 8 部。[①] 总的来说，晚清时期的中国学者重在译介西方近代化学的有关成果，而自己对化学的研究还很薄弱；入民国以后，中国近现代化学事业才得到较快发展，出现了很多颇有分量的研究成果。

近代天文学肇端于波兰学者哥白尼的日心说。1543 年，他发表了《天体运行论》，指出太阳是宇宙的中心，对传统的托勒密的地心说发动了首次攻击。1623 年，伽利略论证了哥白尼学说的正确性。1686 年，牛顿更提出了万有引

---

① 谭勤余：《中国化学史与化学出版》，载《学林》第 8 辑，1941。

力定律。至此，科学家们彻底推翻了地心说，确立了日心说，完成了天文学的重大革命。

《天体运行论》发表二百多年后，18 世纪中叶，始由外国传教士将日心说传入中国，但长时间内并未得到真正传播。到 19 世纪中叶，魏源的《海国图志》才再次介绍了哥白尼的学说，但也未产生太大影响。直到 1859 年由李善兰与伟烈亚力合译的《谈天》一书出版后，哥白尼学说的意义和西方近代天文学的面貌，才渐被国人所了解。

《谈天》所依据的原本，是英国天文学家约翰·赫歇尔的《天文学纲要》。书中对太阳系的结构和行星运动及其规律，有比较详细的叙述，对万有引力定律、光行差、太阳黑子、行星摄动理论、彗星轨道理论等，也多有介绍。1874 年，经徐建寅的增补，出版了《谈天》增订本。至此，西方近代天文学的知识和理论，大部分已传入中国。到 19 世纪末年，这些天文学知识和理论已得到比较广泛的传播，并成为维新派批判封建主义、宣传变法维新的思想武器。

由于天文事业不仅需要专门人才，而且需要昂贵的仪器设备，所以，尽管近代天文学知识的大部分内容已传入中国，但在国衰民穷的晚清时代，中国的天文事业却很难起步。晚清的天文事业几乎都掌握在外国在华势力手中。直到民国成立后，北京教育部设立中央观象台（下设历数科与气象科），中国才开始谱写自办天文气象事业的历史。

近代地质学是在地理学的基础上，并随着近代工业对矿产资源需求日益增长而迅速发展起来的。晚清中国对近代地矿学的引进始自华蘅芳与玛高温合译《金石识别》一书（1871 年出版）。此书原名《系统矿物学》，丹纳著，是 19 世纪英国矿物学最重要的著作。1873 年，华蘅芳等又翻译出版了英国地质学家莱伊尔的《地质学原理》，译本改名为《地学浅释》。此书共 38 卷，配有大量插图，内容包括岩石的分类、水成岩中的生物遗迹、有机遗物在水下沉积物中的埋藏、新旧岩石的差别、不同化石种类与不同时期物种的灭亡、人类起源与地理分布、自然界与生物界变化的一致性等。该书的译印把自然进化观念最早引进到中国，并对维新思想家进化论思想的形成产生了很大影响。

除《金石识别》、《地学浅释》外，晚清时期译印的地矿学方面的西书，还有《开矿工程》、《银矿指南》、《求矿指南》、《相地探金石法》等。

中国近现代地理学、地质学的研究，中国近现代地学事业的发展，实际上起步于 20 世纪初年。1901 至 1902 年，张相文编成《初等地理教科书》、《中等本国地理教科书》，开了我国自编地理教科书的先河。1905 年，张又编写了《地文学》和《最新地质学教科书》，比较系统地介绍了近代地理学知识。其中，《地文学》的内容包括星界、岩石界、大气界、水界和生物界，是我国第一部自然地理教科书。1909 年，在张相文等人的倡导、组织下，在天津成立了中国地质学会，是为我国最早的地理学术团体。

如果说张相文是我国近现代地理学、地理教育的奠基人，那么，章鸿钊则可以说是我国近现代地质学研究的开创者。章氏于 1911 年从日本东京帝国大学地质系毕业后，即回国从事地质工作。在他的倡导下，1912 年南京临时政府成立后，很快便在实业部矿政司下设立了地质科。这是我国在行政部门最早设立的地质机构。1913 年，章鸿钊又与丁文江等人一起筹设了隶属于北京政府工商部的地质研究所。

西方近代生物学知识的传入，始于 1851 年出版的《全体新论》。该书原名《解剖学和生理学大纲》，英国人德贞著，由英国来华传教士医生合信等编译为中文，第一次在中国传播了西方的生理解剖学知识。此后类似的译书还有《化学卫生论》、《合体阐微》、《全体通论》等。关于植物学方面的译著，有李善兰与韦廉臣合译的《植物学》（1858 年出版）、傅兰雅编译的《植物图说》（1894年出版）等。其中，尤以李善兰等译的《植物学》更为重要。该书所据底本是英国植物学家林德利所著《植物学纲要》，译本共 8 卷，以图文并茂的形式，对有关植物器官的形态结构和功能、细胞的种类和形态、近代植物分类法、地球上不同纬度的植物分布等方面的知识，作了比较全面、系统的介绍。

在近代西方生物学知识传入中国的过程中，达尔文进化论的传入，意义最为重大，影响最为深远。

早在 1873 年，华蘅芳等译的《地学浅释》就提到了进化论学说。1891年，傅兰雅、徐寿等编印的《格致汇编》也载文介绍过达尔文的进化论。不过，在宣传进化论方面，功绩最著的还是严复。1895 年，严复发表《原强》一文，强调达尔文进化论的核心内容是"物竞天择，适者生存"。随后在所译《天演论》中，又进一步把这一生物界的规律应用于人类社会，激励国人通过变法维新，使中国由弱变强，从而达到救亡图存的目的。由于生物进化论当时不是被作为一种科学知识、而是被作为维新、救国的政治武器引进的，因此，虽然也起到了宣传先进生物学知识的作用，但总的来说，对中国生物学的影响并不大；它的影响主要在中国思想界。

20世纪初年，我国现代生物学开始起步。自1909年起，许多高等院校逐渐建立起生物学方面的科系，加紧生物学人才的培养；同时建立标本室、实验室，积极开展生物学研究。进入民国以后，钱崇澍、胡先骕、秉志等中国学者陆续在国内外发表生物学方面的科研成果，进一步推动了中国生物学的发展。

西方近代医学知识，明清之际已开始传入中国，但内容有限，影响不大。鸦片战争后，传入规模日渐扩大。

西医传入中国的途径，一是教会、传教士在华开办医院、诊所，传播西方医术。据统计，1876年，全国有教会医院16所，诊所26所；到1905年，医院增至166所，诊所241处；1919年，全国教会医院达250所。[1] 二是传教士在华开办医学院校，招收生徒，传授西医知识。到1911年，仅属英、美教会的医学校就有23所，护士学校36所。[2] 孙中山就曾在香港的"西医书院"、广州博济医院附属的南华医学校上学，后在广州、澳门等地行医。三是中国自办医校，传授西医知识和技术，培养西医西药专门人才。1865年，北京同文馆内设医学科，是近代中国自办西医事业的开端。1881年，天津设立了医学馆，后改名北洋医学堂。1902年，又设立了北洋军医学堂。1903年，京师大学堂设立医学馆，1906年改为京师专门医学堂。民国初年，北京、浙江、江苏、江西、湖北、河北、山西等地，也都先后设立了医科学校。四是中国学生出国留学，到国外学习西医西药知识和技能。1846年，黄宽随美国教师布朗赴美，学完高中后，考入苏格兰爱丁堡大学医科，学习西医7年，1857年毕业回国，到广州的博济医院行医，成为我国第一代西医的代表。继黄宽之后，又有金韵梅、石美玉等人于19世纪70至90年代相继到国外学医。清末民初，出国学医的留学生逐渐增多，学成回国后，大多在医学界供职，成为推动我国现代医学发展的重要力量。五是翻译、编著西医书籍。1851年，英人合信编

---

① 杜石然等：《中国科学技术史稿》下册，286页，北京，科学出版社，1982。
② 龚纯：《我国近百年来的医学教育》，载《中华医学杂志》，1982 (4)。

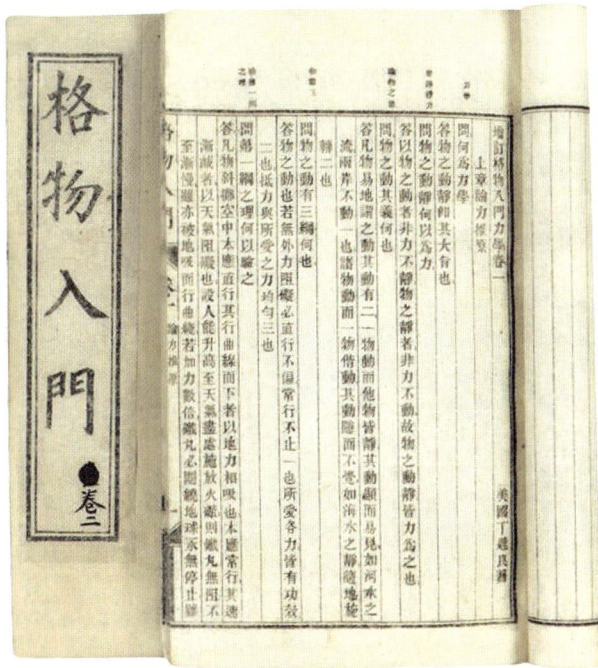

《格物入门》

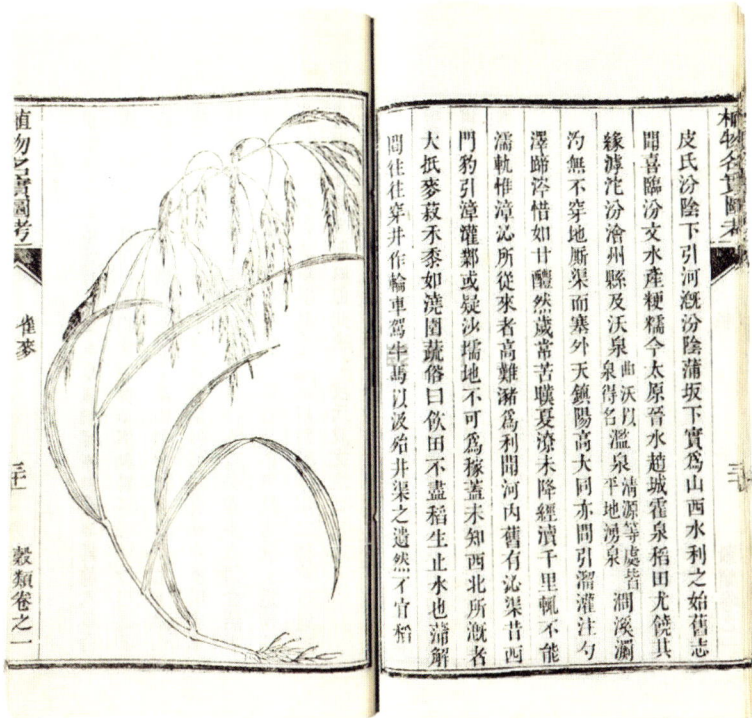

《植物名实图考》

杜亚泉

《亚泉杂志》

黄宽

《全体新论》

开平矿务局一号井

上海轮船招商局

宣统年间 川汉铁路旧影

詹天佑

1912年9月6日，孙中山视察京张铁路时，
与欢迎者在张家口车站月台上合影。

译、出版了《全体新论》这一解剖、生物学专著，是传教士译介的第一本比较系统的西医著作。合信编译的西医书籍还有《西医略论》、《内科新说》、《妇婴新说》等。美国人嘉约翰在 1859 至 1886 年间也编译了《西医略解》、《内科全书》、《皮肤新编》、《眼科摘要》等二十余种医书。英人傅兰雅与中国的徐寿、赵元益等合作，也编译过一些西医西药方面的书籍。20 世纪初年，编译西医书籍最有建树的是丁福保，到 1914 年，他已借日文译成西医书籍 68 种，总数超过了自合信开始的教会译印西医书籍的总和，把当时的西方医学作了相当全面的介绍。六是编印医学刊物，广泛宣传西方医学知识和西医研究成果。这类刊物在晚清中国大约有二十种左右。最初主要也由来华传教士编办，如嘉约翰办了《西医新报》，尹端模办了《医学报》，嘉约翰办了《西医知新报》，等等；20 世纪初年，中国医学界自办的西医报刊日渐增多，如中国留日学生办的《医药学报》、梁慎予办的《医学卫生报》、汪惕予办的《医学世界》、丁福保办的《中西医学报》、蔡小香办的《医学杂志》等，在当时都产生过一定影响。

根据以上介绍，到民国成立前后，西方近代自然科学基础理论的引进，从总体上说，已经是相当全面、相当系统了，各学科相关知识基本上都已传入中国。但各科引进的具体情况并不完全相同，引进水平并不均衡，中国在各个方面的发展情况，也是有早有晚，有快有慢，有着明显的差异。举例来说，古代数学在中国具有雄厚的基础，晚清时期近代数学的引进者李善兰、华蘅芳等，本人又是优秀的数学家，对近代数学的接受能力很强，翻译、引进的质量也就较高，近代数学学科在中国的建立也就较早，发展也较快。近代化学，由于有徐寿、徐建寅等人的努力，翻译、引进也比较及时、系统，我国近代化学学科的建立，相对也比较早，成果较为显著。而中国近代天文事业，如前所述，则是举步艰难，发展迟缓。

（二）科学方法论的引进与应用

19 世纪末年的戊戌维新时期，中国知识分子在引进西学、改造旧学的过程中，日益认识到西方近代科学方法的重要性，于是在宣传具体科学知识的同时，对近代科学方法的引进和宣传，也用力颇勤。在这方面，严复的贡献尤为突出。

严复在比较中西文化时，认为西方文化与中国文化的一个重要区别，是它"于学术则黜伪而崇真，于刑政则屈私以为公"①。他自觉地把近代科学作为一种方法论和价值系统来接受和引进，达到了一种特有的思想和认识高度。他曾用唯物主义经验论批判了陆王心学，认为一切真理都来自归纳经验，根本不存在"良知"。他说："公例无往不由内籀……无所谓良知者矣。"② 又说：陆王心学，"师心自用"，"自以为不出户可知天下，而天下事与其所谓知者，果相合否？不径庭否？不复问也"③。言辞中体现出一种重视科学实证的精神。谈到西学时，严复指出："一理之明，一法之立，必验之物物事事而皆然，而后定之为不易"，"不敢丝毫主张，不得稍行武断"④。对西学格致所蕴涵的科学实证精神，备加赞赏。

受斯宾塞和培根的影响，严复对逻辑学和逻辑方法特别重视，认为逻辑学是"一切法之法，一切学之学"⑤，就是说，逻辑是一切科学的哲学基础。基于这种认识，严复先后翻译了约翰·穆勒的《穆勒名学》和耶芳斯的《名学浅说》，分别出版于1905年、1909年。在此前后，其他有识之士也曾译介过几种近代逻辑学著作，如田吴炤译的《论理学纲要》（日本十时弥著，中译本出版于1902年）、汤祖武译的《论理学解剖图说》（1906年出版）、王国维译的《辨学》（英人耶芳斯著，中译本出版于1909年）等。不过，这几种译本都不如严复所译的两种影响大。严译《穆勒名学》和《名学浅说》，不只是一般意义上的逻辑学名著，而且还是探讨科学研究中逻辑方法、特别是归纳方法的非常特殊的方法论专著。严复对归纳逻辑的作用给予高度评价，认为科学的许多基本原理都是由归纳法获得的，归纳逻辑是达到科学地认识事物本质的唯一途径。他说："明者著论，必以历史之所发见者为之本基。其间抽取公例，必用内籀归纳之术，而后可存。"⑥ 又说："公例无往不由内籀，不必形数公例而独

① 严复：《论世变之亟》，见《严复集》第一册，2页，北京，中华书局，1986。
② 严复：《穆勒名学》按语，见《严复集》第四册，1050页，北京，中华书局，1986。
③ 严复：《救亡决论》，见《严复集》第一册，44页，北京，中华书局，1986。
④ 严复：《救亡决论》，见《严复集》第一册，45页，北京，中华书局，1986。
⑤ 严复译：《穆勒名学》，4页，北京，商务印书馆，1981。
⑥ 严复：《民约评议》，见《严复集》第二册，337页，北京，中华书局，1986。

不然也。"①"内籀"、"外籀"是严复译著中对"归纳推理"和"演绎推理"分别使用的译称。严复竭力提倡的是"实测内籀之学"。所谓"实测",就是"即物实测",就是"验之物物事事",一切知识都必须从观察事物的实际经验出发;所谓"内籀",即"观化察变,见其会通,立于公例者也"②,也就是从实际经验中获得一些普遍性结论的逻辑程序。他强调的是从实际出发,从而总结出事物规律性的东西。这里已隐含有"实事求是"的意思。严复深信,广泛运用归纳法,就会"新理日出,而人伦乃有进步之期"③。为使人们在具体的科学研究中易于把握,严复把归纳法的具体程序和规则,以及穆勒首创的归纳五法——契合法、差异法、同异法、剩余法、共变法——都详尽细致地介绍了过来。

对演绎逻辑,严复也给予了应有的重视,在《穆勒名学》和《名学浅说》中,他用了 18 章的篇幅,对演绎方法作了比较完整的介绍。不过,他认为,演绎的前提仍要由归纳而来,只有在归纳基础上才能进行下一步的逻辑推导。他指出了中国传统思维方式运用演绎推理时的弊端,认为,中国传统思维方式以演绎推理为主,但其所依据的前提并非用科学的归纳法而得来,而是来自主观臆造,"所本者大抵心成之说","初何尝取其公例而一考其所推概者之诚妄乎?"④

在严复这里,归纳法具有至高无上的地位,任何一种学问,只有建立在归纳法之上,然后才能成为一门科学。

除翻译西方逻辑学著作外,严复还在《译天演论自序》、《救亡决论》、《原强》、《民约评议》、《西学通门径功用说》、《政治讲义》等论著中,介绍并具体运用了逻辑方法。1900 年,他又在上海创办我国第一个逻辑学团体——名学会,系统讲演名学。

除严复外,康有为、梁启超、章太炎等人在改造旧学、阐发新理的过程中,都曾触及到逻辑方法。康有为在编排《实理公法全书》的结构时,便使用

---

① 严复:《穆勒名学》按语,见《严复集》第四册,1050 页,北京,中华书局,1986。
② 严复译:《原富》,8 页,北京,商务印书馆,1981。
③ 严复译:《名学浅说》,82 页,北京,商务印书馆,1981。
④ 严复:《穆勒名学》按语,见《严复集》第四册,1047 页,北京,中华书局,1986。

了演绎法：全书分为若干门，每门先引若干条"实理"为必然前提，然后从实理中推出人们的一般认识或可能的结论，作为"公法"，最后再对公法作进一步解释。章太炎对亚里士多德的三段论、印度的因明学和中国《墨辩》的推理形式作了比较研究，对"辩说之道"作了概括。在《无神论》中，他还运用形式逻辑对基督教进行了驳斥。

总之，经过严复等人的不懈努力，包括归纳和演绎在内的逻辑方法，在19世纪末20世纪初，已比较系统、完整地引进到了中国。自此以后，论理学"风行国内，一方学校设为课程，一方学者用为治学方法"[①]。特别是严复介绍和提倡的归纳法，几乎成了唯一被认可的科学方法。

需要说明的是，在近代先进的科学方法中，实验方法和数学方法，是逻辑方法之外的另外两种重要方法。这两种方法，在晚清中国，虽然也得到了一些有识之士的关注，[②] 但限于当时条件，有关专著并未译介到中国。

（三）科技人才、科学团体和科研机构

科技队伍状况，是显示科技发展规模和发展水平的重要标志之一。晚清中国虽然还没有形成一支人数众多、规模庞大的科技队伍，但由于兴办洋务事业的需要，由于各种新式学堂的开办和留学生的派遣，又的确培养出了一批批科技人才，其成绩突出者，在各个领域也不乏其人。除前文已述及的数学家李善兰、华蘅芳，化学家徐寿、徐建寅父子，物理学领域的邹伯奇、郑复光、何育杰、李耀邦、胡刚复、颜任光，地理学、地质学领域的张相文、章鸿钊外，还有郑之藩、邹代钧、王汝淮、詹天佑等人，他们在中国科技的近代化方面均有不可磨灭的功绩。

随着西方近代科技的大规模引进，随着对发展近代科技重要性认识的不断加深，成立各种各样的科技团体和科研机构，进一步有组织、有计划地进行科

---

① 郭湛波：《近五十年中国思想史》，246页，北平，人文书店，1936。

② 《总理衙门筹议京师大学堂章程》已注意到"泰西各种实学，多藉实验始能发明"（《中国近代学制史料》第1辑下册，华东师大出版社版）。张百熙在《奏办京师大学堂情形疏》中也说："政学以博考而乃精，艺学以实验而获益。"（《中国近代教育文选》，人民教育出版社版）严复在谈到近世格致家所用实验方法时说："试验愈周，理愈靠实。"（《严复集》第一册，93页，北京，中华书局）对实验方法在科学研究中的重要性已看得比较准确。

技宣传，加强科技研究工作的协作与配合，也就成为很自然的事情。

1874年，徐寿、华蘅芳等人在上海成立的格致书院，虽是科学教育机构，同时也可视为中国近代科技团体的雏形。到19世纪末年的戊戌维新时期，兴起了一个办学会的热潮，其中属自然科学方面的团体颇为不少。1895年，欧阳中鹄和谭嗣同等人在湖南浏阳创办算学社（又称算学格致馆），是为我国近代第一个自然科学团体。此后，1896年，罗振玉、徐树兰在上海成立了农学会；邹代钧在长沙成立了地图公会（又称舆地社），旋设分会于上海；1897年，杨文会、谭嗣同在南京设立测量会；龙泽厚、吴仲弢在上海设立医学善会；1898年，罗辉山等在郴州设立了舆算学会；1900年，严复在上海创办了名学会。此外，还有温州的农学会、奉化的农艺学社、长沙的地学公会、福州的算学会，等等。

进入20世纪以后，又出现了许多新的科技团体和科研机构，其中著名的有：1900年罗振玉倡议在上海设立的昆虫研究所，杜亚泉在上海开办的亚泉学馆；1907年由伍晨、王焕文等在日本东京发起成立的中国药学会；1909年蔡元培、张相文等在天津成立的中国地理学会；1910年由丁福保在上海发起成立的中西医学研究会，等等。

戊戌时期出现的各种学术团体，大多地区性较强，规模一般都不算大；而20世纪初年成立的中国药学会、中国地理学会等，显然已是全国性的学术团体和科研机构。这些科技团体一般都有明确的宗旨和任务。如1900年创办的扬州知新算社，经1903年改良后，明确规定该社的宗旨为"研究学理，联络声名，切磋讨论，以辅斯学之进化"。其组织机构也已比较健全。知新算社下设普通研究科、高等研究科、特别研究科、应用研究科，共四个科，组织专人分门研究不同的科技内容。

此外，清末民初成立的各种科技团体和研究机构，大多还编辑、出版有自己的科技报刊。如上海农学会办有《农学报》——我国第一种农业科技杂志；亚泉学馆办有《亚泉杂志》——中国人自办的第一种综合性自然科学刊物；中华药学会办有《药物学报》；中西医学研究会办有《中西医学报》；中国地理学会办有《地理学报》、《地理知识》，等等。

上述各种科技团体和科研机构的成立及其开展的各项活动、所做的大量工作，对近代科技知识的传播，对中国科技事业的发展，起到了积极的推动作用。

四、应用技术领域的突出成就

如前所述，晚清时期引进的西学，应用科学和实用技术始终占有很大比重。这虽然反映出引进西学有急功近利的倾向，但另一方面，却使得中国在造船、铁路、采矿、冶炼、印刷、建筑、通讯等方面，较多地采用了新技术，使中国在应用技术领域也有明显进步，在不少方面取得过突出成就。现略述二三。

（一）造船技术

晚清中国境内最早的近代机器生产体现在船舶修造业上。1843 年，英国人莱蒙特首先在香港建立造船厂，并于当年装成一艘载重 80 吨的"天朝号"轮船。随后二十多年里，香港的船舶修造企业不断涌现。广州于 1845 年出现由英国人柯拜在黄埔创建的柯拜船坞。此后，外商继续在此地开办船厂。1856 年，美国人贝立斯在上海建厂造船，其第一艘轮船"先驱号"，载重 40 吨，长 68 英尺，马力 12 匹。稍后，上海又建成了祥生船厂、耶松船厂等外资企业。在其他沿海城市如厦门、福州、天津、烟台等地，也先后有外资建立船厂之举。至 1894 年，此类西人船厂先后有 22 家。[①] 这些外国在华船舶修造企业，使用蒸汽动力，有各种机械设备，对中国来说，都是全新的技术。

中国人自造的第一艘轮船，是 1863 年由徐寿、华蘅芳研制而成的实验性小型木质蒸汽轮船。中国人创办的第一家近代化造船厂，是 1866 年成立的福州船政局。次年，上海又建成了江南制造局轮船厂。这是晚清中国最重要的两家造船厂。

福州船政局建有铁厂、水缸厂、轮机厂、轮船厂、钟表厂等 14 个分厂。设备均从法国购进，完整、齐全，已远远超过当时全力学西方的日本造船工业水

---

① 严中平等编：《中国近代经济史统计资料选辑》，116～122 页，北京，科学出版社，1955。

平。该局第一艘轮船是"万年青"号，1869年下水，150马力，载重1450吨。从建厂到1907年，共造船40艘，其中前四艘的轮机均购自国外，自第五艘起，轮机即已由船厂自造，虽然仍是仿照外国样式，并接受外员指导，但具体操作全由中国工匠进行，对制船技术的掌握已达到较高水平。同时，有的轮船已开始由中国人自行设计，如1876年下水的"艺新号"兵轮，其船身图式的测算，船内轮机、水缸等的测算，便是由吴德章、汪乔年完成的。

江南制造局轮船厂拥有机器厂、木工厂、铸铜铁厂、炼钢厂、枪厂、炮厂等13个厂和一个工程处。设备也较齐全，有大小车床、刨床、钻床、制齿机等各类工作母机662台；有大小蒸汽动力机361台，总马力4521匹；有大小汽炉31座，总马力6136匹。该局第一艘轮船"惠吉"号于1868年下水，该船长185尺，宽27.2尺，马力392匹，载重600吨，配炮9门。到1885年，该局已累计造出兵轮8艘、小型船只7艘。1885年后很长时间内，因经费等方面的原因，该局造船业未有任何发展。1905年，该局船厂单独分立，成为江南船坞。到1912年，造船已达130余艘，成绩斐然。

从轮船的技术、质量上看，起初的兵轮多为木壳旧式船，吨位较小，马力、载重量也不大，配炮不多，战斗力不强，但后来的兵轮质量则不断上升，铁甲、钢板船越来越多，在追赶世界先进水平方面，进展明显。1876年，江南制造局已经造出"金瓯"号铁甲兵船，1885年又制成第一艘钢质兵船"保民"号。1888年，福州船政局也制成第一艘钢质船"龙威"号。1899年、1900年，福州局又分别造出时速达23海里、功率6500马力的该局最先进的两艘新式快舰；1905年又制成5000马力的钢质江船。

（二）枪炮弹药生产技术

晚清洋务运动中创办的江南制造局、金陵机器局、天津机器局、山东机器局、福建机器局、四川机器局、云南机器局、广东机器局、山西机器局、湖北枪炮厂等军工企业，除江南制造局兼造轮船、机器外，其他大部分企业，均以生产枪炮弹药为主。

江南制造局在生产枪炮弹药方面，走在国内同类企业前列。从建局到1894年的二十多年时间里，共生产各类枪支51285支，各种炮585尊，各种水雷563具，炮弹120万个。1874年，开始生产黑色火药，年产量最多可达到30多万磅。后又于1896年试制成功无烟火药。不过，由于是照洋枪洋炮单纯仿制，从试验到投产，到形成规模，往往周期较长；加上信息不甚便捷，不能及时了解国际军火变化发展的信息，因此，总是被动地更换产品，造成浪费。如洋枪式样，欧美在1860年以后即以后膛枪取代了前膛枪，而江南制造局却迟至1871年才开始试造林明敦式后膛枪，但因很快过时，遂造成积压。1891年后，改行制造黎意新枪和快利新枪，不久又成过时产品，只好再改制小口径毛瑟枪，走了许多弯路。

天津机器局原由崇厚创办，后由李鸿章接办。主要生产火药、枪支、各式子弹、炮弹、水雷，以及炮车、电线、电机等。就火药一项说，1876年至1882年，该局火药厂制造火药580多万磅，仅1881年就制造了104万磅，平均日产量已达3000磅。1887年，该局建起栗色火药厂，用最新式的机器制造最新式的炸药。

湖北枪炮厂虽建成较晚（1890年），但很快便发展成为晚清中国最先进的弹药生产厂家。从1894年至1900年，先后建成枪厂、枪弹厂、炮厂、炮架厂、机器厂、硝酸厂等15个大小分厂。从1895年上马投产到1908年，共生产快枪11万余支、枪弹4000余万发、各种快炮740多门、前膛钢炮120余门、各种开花炮弹63万余发、前膛炮弹6万余发、无烟枪炮药27万余磅。该厂引进德国技术和设备进行生产，所造各种枪炮弹药"与购自外洋者无所区别"，达到了当时世界先进水平。

晚清中国的枪炮弹药生产技术虽基本上自外国引进，且表现出一定的滞后性，但毕竟是中国近代军工生产的重要起步，对提高国防能力具有积极意义。

（三）采矿与冶炼技术

晚清中国第一个采用新法开采的近代煤矿，是1878年建成投产的台湾基隆煤矿。而1881年投产的直隶开平煤矿，则成为晚清煤矿的样板。它以西法凿井，提煤井深60丈，直径1.2丈；贯风、抽水井深30丈，直径1.2丈。最早使用的机器有：蒸汽绞车一台，蒸汽为动力的扇风机一台，蒸汽为动力的抽水机三台，以重车牵动的小绞车一台。凿井开巷以人工打眼放炮。萍乡煤矿也是较有影响的近代煤矿，1907年时，有立井两个，总平巷一条，洗煤台两座，西式炼焦炉36座，另有发电厂、机修厂、化验室等。

旧式手工煤窑，一般都是沿煤层露头凿出小立井或小斜井，山区则多用平硐。井筒深度不过数十米，采掘范围也很有限。在新式煤矿中，井筒深度和直径则大大超过旧式煤窑。如萍乡煤矿，井筒深度的直径达160米，而横井达2600米；井筒的直径直井4.15米，横井高3.5米、宽4.5米。开平煤矿的三个立井，井筒深度分别为400米、182米、466米，井筒直径分别为4.6米、4.6米、5.3米。井架材料多为铁质，井壁材料多为石质。提升机、通风机、抽水机的使用，使增加开采深度和范围成为可能。可以说晚清近代煤矿，在采煤方法上，在提升运输工具上，以及在通风技术、照明技术上，都较之旧煤窑有明显进步。

除煤矿外，像漠河金矿、大冶铁矿、云南铜矿、贵州青溪铁矿等晚清金属厂矿，也都程度不同地采用了新型机器设备、新式开采技术和方法。

炼钢方面，江南制造局从英国购进设备，办有炼钢厂。最初日出钢10吨、枪管100支，后从英国购进15吨酸性炼钢炉一副，每天炼钢可达到20吨左右。钢材质量不亚于外产钢，所含铁质、炭质、锰质、矽质等均达到当时国际标准。

1893年建成的汉阳铁厂，是当时亚洲第一家集开矿、采煤、炼铁为一体的大型近代化钢铁联合企业。下设炼生铁厂、炼熟铁厂等六个大分厂和机器厂、铸铁厂等八个小分厂。设备全部购自国外，包括化生铁炉两座、炼钢炉四座等。投产约一年，即产出生铁5660吨、贝色麻钢料940吨、马丁钢料450吨、钢条板1700吨。

（四）铁路修筑技术与詹天佑的贡献

1876年，上海英国怡和洋行修筑的吴淞铁路（全长20公里）竣工通车。此路是外国人未经中国政府允许而非法修筑的。在社会舆论强烈反对下，最后，清政府花白银28.5万两将这条铁路买回，并加以拆毁。

中国人自修铁路，始于1881年修成的唐（山）胥（各庄）铁路。全长9.7公里。是为解决开平煤矿煤炭外运问题而修建。最初以马在轨道上拖载，次年始以机车牵引。后唐胥铁路逐渐延长，先延长至芦台（称唐芦铁路），1888 年又延长至大沽（是为津沽铁路），全长 130 公里。到 1895 年，中国自建铁路已达到 415.4 公里。包括台湾，也已修筑了基隆到新竹的铁路约 100 公里。

甲午战后，帝国主义列强争相在中国争夺铁路修筑权，力图通过铁路来控制中国铁路沿线地区的政治、经济和军事命脉。同时，清政府为了自救，也在加速修筑铁路。从 1900 至 1911 年，中国境内又筑成铁路约 9000 公里。不过，主要干线都掌握在列强手中。

在中国人自己设计监造的铁路中，由詹天佑负责的京张铁路的建成，在中国铁路建筑史上写下了光辉一页。

京张铁路全长 200 公里，穿山越岭，地形复杂，隧道工程艰巨。外国工程师认为中国人很难胜任修筑此路的任务。詹天佑作为京张铁路总工程师兼会办（后升总办），把这项工程的成败与国家、民族的尊严和荣誉紧密联系在一起。他认为，如果这项工程失败的话，不但是他本人的不幸、中国工程师的不幸，同时也会给中国造成很大的损失。他抱定为民族争气的决心，团结全体技术人员，同心同德，群策群力，经过艰苦细致的勘察，选定了最佳线路和施工方案。在八达岭险要地段，他借鉴美国高山地区铁路的设计方法，采用了"人"字形线路，减少了工程数量。同时采用"竖井施工法"开挖隧道，大大缩短了工期。京张铁路于 1909 年建成通车，比预定工期提前了两年，而且节省工程费 28 万多两白银。詹天佑还引进和采用自动挂钩，使数节车厢牢固地结合成一个整体，有效地保证了行车安全。这种自动挂钩被称为"詹天佑钩"。

京张铁路的建成通车，为中国工程界赢得了荣誉，值得中国人为之骄傲，为之自豪。

晚清中国，由于比较系统地引进了西方近代的自然科学与先进的应用技术，因此总体上说，中国近代的科学与技术，较之古代中国是大有进步的；尽管与西方科技发展水平和发展速度相比，晚清中国的科技发展还比较缓慢，比较滞后，但这些新的科学知识与技术的引进、传播与应用，在近代中国的文化进步和社会转型中所起的积极作用，不可低估；特别是科学方法、科学思想的引进和传播，对晚清中国思想变革所产生的积极意义，更是不可小视。

此外，由于引进西方科技、开办洋务事业的需要，同时也是中国自身发展的需要，从 19 世纪 60 年代开始，清政府设立了一批又一批新式学堂，选拔学生入学学习西方语言文字以及"测算之学、格致之理、制器尚象之法"；从 70 年代开始，又先后多次选派学生出洋留学，且主要学习西方的科学与技术。通过这些措施培养了一大批懂得近代科学知识、掌握有先进技术的专门的科技人才。像严复、詹天佑等这些早期的留学人员，在晚清时期即已显示出超人的才华，对中国近代科技发展、文化进步做出了杰出贡献；大量在 20 世纪初年进入新式学堂或出国留学的青年学子，真正发挥作用、做出成绩，则是进入民国以后的事情。

可以说，晚清时期，随着西方近代科技的引进，中国已经迈出了向近代科技迈进的步伐。这是中国由传统科技向近代科技发展的过渡时期，虽然科技成果有限，但对后来中国科技的发展与进步，是不可缺少的积累与奠基阶段。

最后还要提到的是，随着科技知识、科学方法与科学思想日益广泛的传播和影响，科学的重要性很快为越来越多的人所认识，科学的地位在中国人心目中迅速得到提升，甚至被一些人奉为至尊，被提升到很不恰当的地步，以至于五四时期出现了一股唯科学主义的思潮，相信科学万能，无论是自然现象，还是主体行为，最终都被诉之于科学的解释。这样的认识和做法，恰恰又是违背了科学本性和科学原则。同时，由于当时不少人把"科学精神"视为西方文化的核心，甚至把"科学"等同于"西方文化"，因此，一旦科学被奉为至尊，他们对西方文化也就顶礼膜拜，而对本民族的固有文化则持虚无主义态度。这样，原本刻意追求科学的新文化运动，反而在一定程度上失却了科学精神。

第八章
晚清社会文化的变迁

一、中西艺术的辉映

晚清艺术呈现出与政治制度的发展迥然不同的趋向，它不仅没有没落反而呈现出斑斓的色彩。一方面，中国传统的艺术门类从题材和形式上都力求适应近代社会的发展要求，在清代前期艺术发展的基础上有所创新和完善；另一方面，西方文化最先涌向中国沿海通商城市及附近区域，一些古老和新兴的西方艺术融入中国社会，开始生根萌芽，晚清时期出现了本土与外来艺术并存和融合的征象。

绘画。清前期，传统绘画获得较大发展。"扬州八怪"等人，以"古之须眉，不能生在我之面目，古之肺腑，不能安入我之腹肠"为由，提倡"借古开今"；以"四王"（王时敏、王鉴、王翚、王原祁）为代表，则追求承古人之余绪，"宛然古人"，与"古人同鼻出气"，其影响及于南北。鸦片战后，内忧外患日益加剧，通商城市突起，新学新知破门而入，因而文人的生活空间和价值观念、风俗习尚受到冲击，传统艺术从形式到内容、从题材到受众产生了一系列的变化。"海上画派"应运而生，其成员由流寓上海的画家组成，虽没有鲜明的统一风格，却有一些共同的特点，即不拘成法，勇于吸收新知，融会中西技法，反映时代风尚。赵之谦（1829—1884）、虚谷（1823—1896）开其端绪，他们的画打破了清代中叶一味尚习纤弱秀美的画风，笔法强劲粗犷。中经任伯年（1840—1896）推衍构思放达、兼工带写、洒脱豪爽之风，使海上画派发展到极致。吴昌硕（1844—1927），别号缶庐，浙江吉安人，海上画派集大成者。主张"自我作古空群雄"，继承古人笔墨、韵律、气势之长，大胆开新，其画作融诗、书、画、印为一体，将苍劲雄拔与雍容典雅、怪异离奇与诗情画意有机地结合在一起。

中国画家借鉴西洋画法，缘于开埠后油画更多地传入，中国画家有机会目睹其详。尤其是在 20 世纪初的留学热潮中，有不少青年赴日本及欧美学习西洋美术，李铁夫、李叔同、高奇峰、高剑父等即是其中的佼佼者。他们组织学会、创办刊物、开办学校向国人传介西洋画，成为中西绘画交流的早期实践者。以西洋画法融入传统绘画之中，海上画派肇其端。吴石仙（？—1916）参用西洋水彩法，生成朦胧晕润的烟雨效果；运用透视及明暗变化的原理，使山川、人物、建筑具有阴阳向背之区别。周湘（1871—1933），早年学习诗文书画，后到法国、比利时、瑞士等国学习西洋画，1907 年回国后，相继创办布景画传习所和中西图画函授学堂，教授西洋画基础，成为中国最早的西画家和教育者。与此同时，新式教育机构逐渐认识到美术教育的重要，如上海的徐汇公学（1849 年徐家汇圣依纳爵天主堂创办）、育材书塾（王维泰 1896 年创办）、强恕学堂（顾言等 1872 年创办）等均先后开设美术课程。徐家汇土山湾孤儿院，设立图画间，主要是绘制宗教画，成为最早教授西洋绘画技法的地方。由于习作西洋画受到材料和模型的限制，西洋画在通商城市通过教会和外侨流入社会，但对传统绘画市场尚未产生影响。

戏剧。晚清戏剧发展的主要标志有三个方面，地方戏继清代前期蓬勃发展后，评剧、越剧、川剧及花鼓、秧歌和滩簧也随之兴起；京剧在道光时期已趋成熟，呈现出兴盛的景象；"新剧"（"文明戏"）以崭新的面貌出现在晚清社会。

清代的戏曲剧种呈现繁荣发展的景象。昆曲以苏州为发源地，演出遍及北京、南京、扬州、苏州舞台。地方戏曲的雏形是城乡人民喜闻乐见的歌舞，间有小旦、小生、小丑出场，表现丰富多彩的历史场景，经过民间艺人和文人的加工提炼，逐渐形成受民众欢迎的剧种，清代就有二百多种戏曲剧种形成。前期主要有梆子腔、皮簧腔、弦索腔，弋阳、青阳等腔也发展成高腔。晚清时期，新形成的剧种有越剧、黄梅戏、评剧、川剧等。越剧，起源于浙江嵊县民歌和余姚秧歌，因只有一副拍板，一个竹节笃鼓，因声似"的笃"，故称"的笃戏"，后加入丝竹伴奏。道光末年，始具雏形，此后在上海、江浙地区有较大的发展。黄梅戏，乾隆末期，由传入安庆一带的湖北黄梅采茶调逐步发展而成，在剧目和音乐上，曾受青阳腔和徽调的影响。评剧，源于河北东部的"对口莲花落"和东北的"蹦蹦戏"，时称"平腔梆子戏"、"唐山落子"、"奉天落子"，后吸收了河北梆子和京剧的音乐和表演艺术，在北京、天津及河北等地广为流行。花鼓戏，形成于嘉道年间两湖地区，以民间俗曲小调为基础，以曲牌体为主，有的也辅以板式变化，艺术风格与采茶戏、花灯戏、秧歌相近，逐渐扩展至安徽、浙江、贵州、陕西、广东等地，形成不同地方特色的花鼓戏。晚清地方戏的显著成果，反映了这些新的戏曲剧种均源于民间，从唱腔、表演到舞美道具适应民众的需求、反映民众的喜怒哀乐，所以它们才具有在晚清社会萌芽扎根的条件。在地方戏曲剧种繁荣的同时，另两大剧种京剧和昆曲表现出兴衰不同的态势。

京剧的形成可溯至清初，乾隆五十五年（1790 年）皇帝 80 寿辰，徽班先后进京演出，而以三庆、四喜、春台、和春最为著名，此即后人所说的"四大徽班"。徽班以唱二簧为主，兼唱昆曲、吹腔、四平调等。时人称北京"戏庄演剧必徽班。戏园大者，如广德楼、广和楼、三庆园、庆乐园，亦必以徽班为主"[①]。嘉道年间，以唱西皮为主的湖北的汉调艺人来京与徽班合作，促进北京戏台二簧与西皮的融合，也使徽班的唱腔由二簧转向皮簧结合，并且在唱念

---

① 杨懋建：《梦华琐簿》，江苏广陵古籍刻印社，1984。

中概用京音。此后，皮簧戏进一步丰富和发展，出现了具有代表性的人物"老生三杰"，他们是京剧早期发展中的开拓人物。程长庚（1811—1880）安徽潜山人，徽派代表。幼年入徽班，及长到北京入三庆班演戏，后任戏曲艺人团体"精忠庙"会首。他融合徽调和汉调，并吸收昆曲、京腔、秦腔等剧目、曲调和表演方法，经过自己的创造，形成了体系。他精于唱工，字正腔圆，高亢饱满，善于表现人物的性格。程长庚就是以其卓越的艺术成就被誉为"京剧开基创业的大师"。张二奎（1814—1864）北京人，京派代表。曾为四喜班主演和班主。他嗓音洪亮，吐字坚实，唱念皆用京音，风格自成一家。余三胜（1802—1866）湖北罗田人，汉派代表。初为汉调老生，后入春台班、广和班。他以青衣小腔融入老生唱腔之中，创造出旋律优美的花腔，并将湖广音与京音相结合，为京剧语音的成型奠定了基础。咸丰、同治以至光绪时期，京剧逐步形成完整的艺术风格和表演体系。唱腔基本属于板腔体，以西皮、二簧为主要腔调。用京胡、二胡、月琴、三弦、笛、唢呐等管弦乐器和鼓、锣、铙、钹等打击乐器伴奏，表演上唱、念、做、打并重，多用虚拟性的程式动作。戏班增多，戏园也因此普遍建立，仅京城内就有四五十家，此外还有众多的王府和会馆的戏台。老生三杰之后，在京剧界有突出贡献的是谭鑫培（1847—1917），湖北江夏人，早年入金奎科班学武生，后改演老生，受到程长庚指点。40岁时，组织同春班。50岁时，享誉京城。他创造的老生唱腔"谭腔"，轻快、婉转、刚柔并济，擅长刻画人物凄楚苍凉的感情；他以湖广音参以中州韵和北京语音，对京剧的语音作了进一步的校正，为京剧语音的规范化做了贡献；同时他藉早年学习武生的功夫，巧妙运用到老生的表演中，将唱、念、做融会贯通。谭鑫培在京剧发展史上做出了重要的贡献，故梁启超说"四海一人谭鑫培，声名卅载轰如雷"。

京剧不仅在北京取得了迅速的发展，而且蔓延到其他城市，上海就是一个突出的例子。同治年间，华洋共居、五方杂聚的上海汇集了许多南北剧种、名角和精彩剧目，昆曲、徽调、山陕梆子、绍兴乱弹、广东粤剧、本地的花鼓以及后来的皮簧，等等，上海已然成为地方戏曲发展的一个大舞台。各地戏曲竞奇斗艳，早期成熟的昆曲表现出衰弱的趋向，"昔之崇尚昆曲者一变而盛行徽调"①，19世纪60年代皮簧戏进入上海，其优美的唱腔、考究的招式、炽烈的场面、精彩的服装道具又吸引了上海人的注意。他们称南来的皮簧班为京班，而专门上演京班的戏园也不断增多，其中丹桂、金桂、天仙、大观最为著名。19世纪80年代前后，租界内大小戏园有30余所，到1911年，上海正式的营业戏园先后有120家。② 有竹枝词云："洋场处处是逍遥，漫把情形笔墨描。大小戏院开满路，笙歌夜夜似元宵。"③ 上海实行戏班与戏园合一制度，园主出巨资吸引名角，名角则自由搭班，同时吸收昆、徽、皮簧等剧种同台演出，给戏曲剧种之间的相互借鉴和促进创造了条件，根据观众欣赏的需要，随时调整和改进唱腔、动作、剧目等。在上演传统戏的同时，反映人们关注的现实生活和时事的时装新戏也搬上京剧舞台，1905年8月上演了汪笑侬编演的第一出时装新戏《瓜种兰因》，用生动形象的戏剧形式描写波兰兵败土耳其之事，旨在警醒国人不忘国耻，救亡图强。汪笑侬（1858—1918），原名德克俊，号孝农，满族。举人出身，曾任河南太康知县，被劾罢职。他喜爱京剧，曾为北京著名票友。罢官后，遂"下海"为京剧演员。往来京津，演唱老生，改名笑侬。汪笑侬嗓音苍劲，自创新腔，致力于戏曲改良事业，世称汪派。所编《党人碑》、《哭祖庙》、《博浪椎》、《骂阎罗》等剧，讽刺清廷腐败媚外，主题鲜明。汪氏开新之举，为京剧以及所有戏曲表现社会现实、反映近代民族国家和人民争取解放的斗争作了最早的尝试。上海的京剧致力于创新，不落窠臼，表演中追求技巧和难度，唱腔中糅进各种戏曲之精华，布景道具上讲求壮观奇特。这些方面使上海京剧形成独特的风格和流派，时人言"平曲初无京海之分，……自潘月樵《湘军平逆传》，夏月润《左公平西传》继之，争奇斗胜，延江湖卖解之流，授以刀剑刺击之术，名之曰特别武打，而上海派之名，乃渐闻于耳"④。这表明，上海初步形成了独具地方和艺术特色的京剧派别，南派

---

① 胡祥翰：《上海小志》，29页，上海古籍出版社，1989。
② 许敏：《晚清上海的戏园与娱乐生活》，载《史林》，1998（3）。
③ 刘志琴主编：《近代中国社会文化变迁录》第一卷，318页，杭州，浙江人民出版社，1998。
④《老副末谈剧》，转引自北京市艺术研究所、上海艺术研究所《中国京剧史》上卷，334～335页，北京，中国戏剧出版社，1990。

京剧或海派京剧便由此得名。

话剧于 19 世纪 50 年代传入中国，时人称这种新的艺术形式为"文明戏"、"新剧"，它在中国的生根萌芽，给晚清艺坛带来了新的气象，一种新的审美规范；在传播新思想、新知识、新道德和新风尚，揭示晚清社会发展主题，反映丰富多彩的社会生活方面发挥了重要的作用。

1850 年，上海英租界外侨成立了浪子和好汉两个业余剧团，在一个经过改造的仓库演出了《势均力敌》、《梁上君子》等话剧。1866 年，这两个业余剧团合并成立上海西人爱美剧社（Amateur Dramatic Club of Shanghai)[1]，并建造了装饰和设备十分精致豪华的兰心戏院，其观众和影响仅仅限于外侨。中国人编排话剧始于教会学校，学生们根据《圣经》故事写成剧本或改编外国文学名著进行排练演出，1896 年，圣约翰书院学生演出《威尼斯商人》；1899 年演出了自编的《官场丑史》，描写了一个乡间财主，为一个阔绰的缙绅祝寿，因从未见过如此高朋如云、锦衣玉食的场面，心生羡慕，又不谙世故，便生出许多笑话。回家后，就患了官迷病，捐官后又愚昧无知，妄判案子，终被革职。这出戏以幽默诙谐的手法，揭露了晚清官场的腐败黑暗，表现了较强的社会批判意识。新剧演出在新型知识分子中产生很大的影响，形成一个不小的热潮，他们把演出新剧当作文明时尚的标志，并且把事关民族国家命运的问题作为新剧的重要题材。因此，北京、上海等城市的高年级学生纷起参与，成立新剧演出团体，编写演出了一批有影响的新剧。1900 至 1904 年间上海的南洋公学、育才学堂、民立中学就上演了《义和拳》、《六君子》、《八国联军入北京》、《江西教案》、《张文祥刺马》等剧。[2] 1906 年，汪优游、朱双云等人还在上海组织开明演剧会。

春柳社是留日学生曾延年、李叔同等人于 1906 年在东京成立的新剧团体。曾延年（1873—1937）字孝谷，号存吴，四川成都人，留学日本学习美术。李叔同（1880—1942）名文涛，别号惜霜（息霜），浙江平湖人，留学日本学习西洋绘画及音乐。他们有感于日本新派剧表现现代生活用以鼓舞民气之举，1907 年出演《巴黎茶花女遗事》，之后又演出由曾延年据林纾、魏易译的美国

① 上海通社编：《上海研究资料》，488 页，北京，北京图书馆出版社，1998。
② 陈伯海主编：《上海文化通史》下卷，1727 页，上海文艺出版社，2001。

斯托夫人的小说《黑奴吁天录》改编的第一个新剧剧本,其海报云:"演艺之事,关系于文明至巨,故本社创办伊始,特设专部,研究新旧戏剧,冀为吾国艺界改良之先导。"① 演出后,曾延年、谢抗白、李叔同、欧阳予倩的成功表演赢得日本戏剧界的赞誉,日本评论家评论说:"严刚氏(指曾延年——引者)扮演妈妈意里赛,仿佛是全剧中最杰出的旦角,演技熟练,作派和表情也极细腻,身段也灵巧。"② 春柳社新剧演出的声势推动了留日学生的新剧演出活动,致使清驻日公使曾下令禁止学生的演剧活动。与此同时,1907 年,王钟声与马相伯在上海创办通鉴学校,讲授新剧表演,主张改良戏剧、提倡新剧,并组成春阳社,这是国内成立最早的新剧剧团。他还和陆镜茗合作组织文艺新剧场演出《猛回头》等戏,和任天知合作演出《迦因小传》。在反清革命浪潮的影响下,宣传革命、歌颂反清志士的剧作被不断搬上新剧舞台,王钟声演出的《秋瑾》、《徐锡麟》,任天知的进化团演出的《共和万岁》、《黄鹤楼》等新剧就是突出的例子。

音乐。晚清时期的传统民族音乐得到进一步发展,在西学东渐推动下,中国音乐不断吸收外来音乐的精华,丰富了中国的音乐资源。外来音乐主要指西洋音乐,它的输入主要通过四个途径:外国人的传播活动、乐队、留学生的传播、学堂音乐。

鸦片战争后,天主教、新教借助列强炮舰和条约体系的保护进一步扩大在华传教权和传教范围,传教士得以在全国各地修建了众多规模不一的教堂,为其举行伴有音乐的宗教活动创造了条件,宗教音乐也一齐迈进中国的门槛。天主教、新教传教仪式中的歌咏活动、风琴及钢琴等教堂乐器的演奏、唱诗班的圣咏、配有乐谱的赞美诗集的传布使人们领略到宗教音乐以至西方音乐的风格、特点和乐器。一些较早来到中国的传教士特别留意编译赞美诗的工作,为便于诵唱,他们还给赞美诗配上乐谱。人们每一次参加宗教活动,就得以加深对宗教音乐以至对西方音乐的感受。

---

① 陈丁沙:《春柳社史记》,见中国艺术研究院话剧研究所编《中国话剧史料集》(1),24 页,北京,文化艺术出版社,1987。

② 陈丁沙:《春柳社史记》,见中国艺术研究院话剧研究所编《中国话剧史料集》(1),25 页,北京,文化艺术出版社,1987。

中国建立新式教育之前，教会开办的正规学校引进西方的教育思想和制度，在学生的培养目标和课程设置方面十分重视音乐教育，将其作为学业中一个不可缺少的内容。通常规定各年级每周都有音乐课，同时根据学生年龄的特点，在不同年级教授声乐、乐理、器乐、音乐史，有的开设琴科主修钢琴、音乐创作课等，有的还设立唱诗班、乐队。

开埠后，通商城市成为外国艺术团体和个人进入中国的第一个落脚点，音乐演出陆续叩开中国的大门。1874年，英国女钢琴家亚拉白拉可大来上海演出，时人不仅在报纸上予以报道，而且就中西方对艺术的不同态度进行评论："泰西戏场之事与中国迥异，盖从事是业虽非上等之人，然其班内著名之人，外人相待亦皆礼貌有加，非如中国卖技者流群以江湖目之也。"[1]

晚清的西式乐队约有两种类型，一种是设于新军的乐队，另一种由某些机构组成的乐队。上海的教会学校徐汇公学建立的管弦乐队早在1871年就演奏了奥地利作曲家海顿的一部交响曲，这是目前已知在中国最早的西式管弦乐队和交响曲的演出。1881年，上海租界工部局组建了公共管乐队，当时由10位外侨组成，这是中国最早出现的西式铜管乐队。1885年左右，罗伯特·赫德以海关总税务司的名义在北京组建了由中国人组成的军乐队，到1889年成为一个十余人的管弦乐队，19世纪90年代末曾奉诏入宫演奏。袁世凯于1898年前后在新建陆军中建立了军乐队，并开办军乐训练班，派人到德国学习军乐。[2] 从此，军乐队便成为军队建制的一个组成部分。

学堂乐歌是20世纪初年在新式学堂中发展起来的进步音乐。当时一些知识分子提倡在学校中设立乐歌课，发展音乐教育。梁启超指出："今日不从事教育则已，苟从事教育，则唱歌一科，实为学校中万不可缺者。举国无一人能谱新乐，实为社会之羞也。"[3] 1903年，清政府在制定的癸卯学制中，对各级各类学校的音乐教育做出规定。1905年以后，清政府废科举、兴学堂，不少新学堂开设了乐歌课。同时，一些留日学生组织音乐团体，开展音乐活动，主要有沈心工、李叔同、曾志忞等人。归国后，他们先后在上海、杭州等地从事

① 《英国著名女乐至上海演戏略》，载《申报》1874年4月7日。
② 冯文慈主编：《中外音乐交流史》，264～265页，长沙，湖南人民出版社，1998。
③ 梁启超：《饮冰室诗话》，77页，北京，人民文学出版社，1959。

音乐教育工作，编写大量学堂乐歌。沈心工（1870—1947）名庆鸿，号叔逵，笔名心工。1902年与曾志忞在东京留日学生中组织了音乐讲习会，1904年编辑出版了我国最早的音乐教材《学校唱歌集》。曾志忞（1879—1929），号泽民，早年在日本东京音乐学校学习，1903年编写了《教育唱歌集》，他编译的《乐典教科书》是我国早期系统介绍西洋音乐基础理论的重要著作。在社会推广音乐教育的呼声中，学堂乐歌便在新式学堂发展的同时成长为代表社会进步文化的新风尚。

学堂乐歌反映了广泛和深刻的思想内涵。《何日醒》以鸦片战后中国惨遭蹂躏和掠夺的历史，向国人呼唤："吾党何日醒？"以此警醒人们快挣脱列强绳索，投身争取国家独立和民族解放的运动："一朝病国人都病，妖烟鸦片进，呜呼吾族尽，四万万人厄运临，饮吾鸩毒迫以兵，还将赔款争，宁波上海闽粤厦门，通商五口成。香港相赠，狮旗猎猎控南溟，谁为戎首，谁始要盟，吾党何日醒。"《中国男儿》唤起中国男儿磨砺意志，承担起救亡图强的重任："中国男儿，中国男儿，要将双手撑天空。睡狮千年，睡狮千年，一夫振臂万夫雄。长江大河，亚洲之东，峨峨昆仑，巍巍长城，天赋之国，取多用宏，黄帝之胄神明种。风虎云龙，万国来同，天之骄子吾纵横。"[①] 类似的有《同胞同胞须爱国》、《十八省地理历史歌》、《扬子江》。此外还有宣传反清革命、科学知识、移风易俗及妇女解放的歌曲。这些歌曲内容通俗易懂，曲调易于学唱，对社会产生了振聋发聩、潜移默化的作用。

电影。中国首次放映电影应在1896年8月11日之前，《申报》广告曾告以即日在上海徐园又一村放映"西洋影戏"[②]。这一事件发生在法国卢米埃尔兄弟在巴黎首次正式公开放映他们制作的影片、揭开电影时代序幕的第二年。1897年，又有美国人在上海天华茶园、奇园等茶馆和游乐场放映外国风土人情的短片，在沪上引起轰动，观者为片中活灵活现的场景惊奇不已，"疑身入其中，无不眉为之飞，色为之舞"，慨叹"天地之间，千变万化，如蜃楼海市，与过影何以异？自电法既创，开古今未有之奇，泄造物天穹之秘。如影戏者，数万里在咫尺，不必缩地之方，千百状而纷呈，何殊乎铸鼎之像，乍隐乍现，

---

① 参见汪毓和：《中国近现代音乐史》，14～19页，北京，人民音乐出版社，1984。
② 郦苏元、胡菊彬：《中国无声电影史》，3页，北京，中国电影出版社，1996。

人生真梦幻泡影耳，皆可作如是观"①。此后，电影便在香港、台湾、北京上映。西班牙人雷玛斯在上海经营电影放映，获得了良好的收益，从此上海成为早期电影放映最为发展的城市。中国人从事电影放映工作，始于林祝三。1903年，他从国外带回设备和片子，在北京前门外天乐茶园放映。1904年，慈禧太后70寿辰，英国驻北京公使进献电影放映机和影片，不料放映中磨电机爆炸，但这一突发的事故并未影响电影在社会的广泛传播，它愈益受到人们的青睐。

电影放映业的延续和发展，依赖源源不断的新颖影片。外国人在华进行商业放映的同时，开始在中国拍摄影片，1898年，美国汤姆斯·爱迪生公司的摄影师到香港、上海摄制影片。中国人拍摄影片始于北京丰泰照相馆老板任庆泰。1892年，他利用自己在日本一家照相馆当杂役时学到的技术，在北京厂甸开办了丰泰照相馆，当时照相馆颇为少见，故生意兴隆。1905年，为让更多的观众一览京剧名角的风采，他在照相馆的小院里拍摄了著名京剧演员谭鑫培表演的《定军山》，此后陆续拍摄了谭鑫培的《长坂坡》、俞菊笙和朱文英合演的《青石山》、俞振庭《白水滩》、《金钱豹》等片断，开中国人拍摄影片之先河。摄制影片需要技术和资金为后盾，任庆泰遭一场大火后，便歇业了。稍后的1909年，美国人本杰明·布拉斯基在上海成立了中国最早的制片公司亚细亚影戏公司，曾拍过纪录片《中国》，短剧《不幸儿》、《偷烧鹅》等。这些早期的开拓工作，为中国电影发展史翻开了第一页。

二、体育与娱乐

体育与娱乐是晚清社会生活的组成部分，作为文化的表现形式，它们既有依据自身发展特性的自然演进，同时也因晚清社会重大变革的呼唤而得到丰富和发展，显现出突出和鲜明的时代特征。

---

① 《观美国影戏记》，载《游戏报》，1897年9月5日，转引自郦苏元、胡菊彬《中国无声电影史》，5页，北京，中国电影出版社，1996。

（一）传统体育的发展

中国自古以来形成了以民族和地域为特征、门类众多、内涵丰富的体育活动，为晚清体育的发展奠定了基础。各民族和各区域独特的生产生活环境和历史文化，造就了具有鲜明特色的体育活动，同时，民族与区域间的政治、经济和文化交往也推进了体育的交流和发展。

晚清全国各地流行着一些比较普遍的体育项目，比如踢石球、弄丸、踢毽、凫水、拔河、放风筝、打秋千、划旱船、踩高跷、跳白索、抖空竹、抽陀螺、翻筋头、舞龙、舞狮、扭秧歌、打腰鼓等。南方多河湖，游泳、划船、赛龙舟，几乎无处不有；而北方普遍的活动是滑雪、溜冰、摔跤、武术。就普遍流行的体育活动而言，由于地域、文化及民族的差异，有些项目具有很鲜明的地方和民族特色。如回族的武术、石锁，壮族的武术、抛绣球、打扁担，侗族的抢花炮、打手毽、摔跤，哈萨克族的叼羊、姑娘追、赛马，高山族的射箭、投标叉、斗走（赛跑）、龙舟、秋千，维吾尔族的走索、空中转轮、击木戏、打翘儿，朝鲜族的摔跤、跳板、秋千，满族的骑射、摔跤、溜冰，蒙古族的赛马、赛驼、骑射、摔跤，藏族的赛马、赛牦牛、射箭、摔跤、飞绳等。

各地区各民族丰富多彩的体育活动，常与岁时、年节、劳作、祭祀、娱乐等活动融为一体，而不单单是作为体育而孤立地存在。赛龙舟是一个很典型的例子。相传战国晚期，楚国屈原遭贬谪后，深感报国无门，愤懑郁积，投汨罗江自尽。当地人民缅怀他忠心报国的精神，每逢阴历五月五日便驾舟水上，举行规模盛大的龙舟竞渡活动。这一风俗流传甚广，几乎遍及江南各省，形成典型的龙舟文化。据统计，近百年来，湖南省90%以上的县在史料中均有龙舟竞渡的记载。全省境内约有400个龙舟竞渡点，计湘江流域170个，资江流域70个，沅水流域100个，澧水流域35个，洞庭湖一带25个。[①] 除战争和灾荒时期外，龙舟赛的规模与清代前期相比不为稍减，《杭州府志》记载"端午，祀神享先。毕，各至河干湖上以观竞渡。龙舟多至数十艘，岸上人如蚁。近日半山龙舟争盛，俱于朔日奔赴，游人杂沓，不减湖中。"《中华全国风俗志》记

---

① 《湖南省志·体育志》，41页，长沙，湖南出版社，1994。

龙舟赛在"广州有逾月者，夺标竞胜，往往成讼，今此风已戢。唯大龙舟高大如海舶，具鱼龙百戏，积物力三十年一出，出则诸乡舟行以从，悬花球、绣囊，香溢珠海"①。祀神、享先、娱乐、凝聚乡谊等涵意都渗透于龙舟赛活动之中。

冰上运动是北方寒冷地区冬季的主要活动，朝廷也颇为倡导，1900 年前曾有专门负责管理冰嬉典礼和溜冰事务的机构。每逢冰冻季节，皇帝在西苑举行盛大的冰嬉活动，观赏八旗的冰上演练。表演者穿着冰鞋，参与抢球、转龙射球的比赛，勇敢快捷者将受到皇帝的奖赏。其间还有各种高难度的冰上杂技表演。民间也盛行冰上活动，"城内什刹海及城外各濠皆有之。各濠冰上设拖床，以供往来人乘坐，雪后尤多乘坐，一床可坐四人，冰上曳之，来往如飞，速于舟车，亦一种技术也"②。冰嬉的人们，有的在鞋上绑上冰刀，有的在冰上或疾驰如飞，或凤凰展翅、洞宾背剑，或"蜻蜓点水，紫燕穿波"③，动作惊险而优美，时称"走冰鞋"。孩子们则在木板上固定两根铁条，置于冰面，人在板上或蹲或坐，由人推拉，或自己手持带尖铁棍儿不断猛扎冰面，使木板迅速前行，人们称此为"冰床"。"十月冰床遍九城，游人曳去一毛轻。风和日暖时端坐，疑在琉璃世界行。"④ "往来冰上走如风，鞋底钢条制造工，跌倒人前成一笑，头南脚北手西东。"⑤ 这就是北京冬季冰上运动的盛大情景的写照。

晚清武术，继元明两代及清前期即已开始的派别鼎立和分类细化进程之后，步入一个新阶段。其显著特点，一是众多风格各异的武术流派蔚然形成。清初，人们已经有内外家之分，将太极、形意、八卦视为内，将少林视为外。同时也因武术的地域性而分成南北两派，以江南架势动作小巧紧凑称为南派，以北方架势动作舒展刚烈而称为北派。还有因师门所宗而形成的武当派、少林派、峨嵋派等。二是拳术和器械的种类愈益丰富，踢、摔、打、拿、跌、击、劈、刺等动作的有机组合，形成几十个拳系，几百种套路，作为一种整体的体

---

① 胡朴安：《中华全国风俗志》，245 页，石家庄，河北人民出版社，1988。
② 崇彝：《道咸以来朝野杂记》，91 页，北京古籍出版社，1982。
③ 富察敦崇：《帝京岁时纪胜·燕京岁时记》，91 页，北京古籍出版社，1981。
④ 杨静亭：《都门杂咏》，见杨米人等《清代北京竹枝词》，82 页，北京古籍出版社，1982。
⑤ 李静山：《增补都门杂咏》，见杨米人等《清代北京竹枝词》，100 页，北京古籍出版社，1982。

育项目得以更充分的发展。就各个拳术而言，其发展也令人瞩目。创始于明末的太极拳，在理论和技术上更加完善，一些太极拳著作脱颖而出，各具特色的流派也一展风采，如杨（澄甫）派主大架，武（禹襄）派擅小架，吴（鉴泉）派兼大小而创中架，孙（禄堂）派创活步小架。三是晚清武术的发展路向与晚清社会变迁有密切的关系。鸦片战后内忧外患带来的社会动荡愈益加剧，有志之士思以习武强身之法挽救家国危难；此外，各阶层的生存保障远不如前，平民繁衍生息、商人交易资产、行旅者漫游四方都渴望安定的社会秩序，当他们生活失去安全保障时，便试图以高强的武艺作为庇护，或自己舞枪弄棒或斥金使用保镖，因此，晚清社会的特殊环境为武术的发展及武术人才的涌现提供了条件。

近代兵操传入中国后，渐渐为清政府所接受而成为新军操练的主要科目，清政府宣布停止武科考试，这些措施虽然从官方角度降低了对武术的重视，但民间对武术的热衷和兴趣不为稍减。各地公开或隐蔽的武馆、武棚拳师招收弟子，传授武艺，使各流派的武术向周边地区辐射；地方上的迎神赛会、喜庆节日、集市、庙会为武术的生存和发展提供了舞台。霍元甲（1867—1910）是晚清武林中有影响的人物。他原籍河北沧州，擅长迷宗拳，拳法兼有各家之长，不受门派局限。他主张"试使强国，非人人尚武不可"，1910 年 6 月，在上海创办精武体操学校，这是中国第一所武术学校。他兼收各家之长，主张消除门户之见、尚武健身、强国，为武术界所称道。

（二）西方体育的传入与近代体育思想的萌生

鸦片战后，外国侨民在华传教、投资人数猛增，为改变枯燥、单调的生活，他们开始在通商口岸城市的外侨聚居区修建一些体育活动场所和体育设施，西方体育活动逐渐被引入中国。

起初，这些体育活动及活动场所多在租界内，1850 年，英国人在上海南京路、河南路转角修建占地 80 亩的赛马场，到 1867 年建成比较完善的体育娱乐设施。1892 年在跑马场内还修建了第一个室内游泳池。外侨聚居区内体育设施和体育活动的建立和开展，对中国人引进近代体育起了示范作用。但这些设施和活动只对外国人开放，中国人尤其是平民则无缘观看。这种状况直到

19 世纪 60 年代租界华洋杂居后才稍有改变，不过那些体育场所和设施即使向中国人开放，也只有极少数买办和家产殷实者才能涉足。

教会及教会学校在近代体育的传播中做了先导性的工作，对中国的学校体育、社会体育及体育竞赛的发展起了促进作用。鸦片战后，成立最早的一批教会学校采用西方近代教育制度，在课余安排各种体育活动、运动会和比赛。1890 年，加拿大人李蔼门在上海圣约翰书院礼拜堂前组织体育运动会，这是晚清有记载的最早的一次运动会。1900 年，校长卜芳济又在学校提倡足球运动，组织学校足球队，聘请英国人 Walker 任教练；1903 年，圣约翰书院和南洋公学举行了首次足球比赛，开中国近代足球运动之先河。1895 年前后，北京汇文书院与通州协和书院开展了棒球、墙球、网球和足球运动。1896 年起，天津青年会积极推广篮球运动，美国麻省春田青年会干事学校体育教授蔡乐尔（Cu Saler）来天津发展青年会组织，并传授了筐球（篮球）运动。这是篮球传入中国之发端。1908 年后，一批美国体育专家（青年会干事）来华，在上海、北京、天津、长沙等地中国高等学校任职，如天津青年会干事饶伯森（C. H. Robertson）于 1904 至 1909 年曾到京津学校讲授西洋体育。上海青年会干事麦克乐（C. H. Mecloy）曾任南京高师体育科主任，在东南大学创办了《体育季刊》杂志，推动了青年会体育的较大发展。[①]

晚清日益严重的民族危机，在近代体育传播中打上了鲜明的时代烙印，有识之士从中国屡战屡败的惨痛遭遇中敏锐地看到，中国人体质衰弱、精神萎靡是导致国势颓危的重要原因，"试观上海西人，无不身体雄伟，形式威武，并肩而走，万足如一。今吾中国之人，乃高肩缩项，奄奄如病，长短不齐，忽前忽后"，其优劣立见。为改变这种状况，各种救亡图存的主张纷纷出现，振奋爱国热诚、蹈励尚武精神、以强健的体魄改变民族的命运是其中重要的内容。这一主张是在鸦片战后中国在对外战争中将士萎靡不振、军纪涣散、战斗力薄弱最终屡屡失败的强烈刺激下产生的。远见者初有采用洋操、洋器于军队训练和装备之议，进而提出要救治中国屡弱病患之躯，要重视国民的体育教育和训练，以此作为救亡图存的重要途径。严复认为民力、民智、民德之成长关乎国

---

① 谷世权等：《中国体育史》，309 页，北京，中国体育大学出版社，1997。

家之盛衰，"且自脑学大明，莫不知形神相资，志气相动，有最胜之精神，而后有最胜之智略。是以君子小人劳心劳力之事，均非体气强健者不为功"①，没有健康强壮的体魄便不能承担起启衰振弱的责任。康有为痛感中国当列国竞争之世，朝野不思进取，仍以落后的弓刀步石作为武试内容，使无数豪勇之士敝精耗财十余载于此无用之术，能"与数十响之后膛枪开花弹之克鲁伯炮相较乎"？奏请皇上明诏"停止弓刀步石之武试，及旗兵习弓矢者，并广设武备学校……仿德国、日本之例，必令入学乃为将校，下令所司议行"②。到19世纪末年，强国强种、增强国民体质和提高国民素质的呼声已经形成一股影响深远的潮流。

在这一潮流中，由留日学生倡导的军国民主义，以"养成尚武精神，实行民族主义"，进而反抗列强的侵略为宗旨，主张培养国民的尚武精神，倡导国民体育，增强国民体质，一扫千年的文弱风气，使中国摆脱任人宰割蹂躏的境地。这一思潮的重要倡导者蔡锷提出："军者，国民之负债也。军人之智识、军人之精神、军人之本领，不独限于戎者，凡全国国民皆宜具有之。"③ 陈天华在《警世钟》一文中以沥血的文字写道："我这全无知识全无力气要死不死的人，一朝把体操操得好好的，身子活活泼泼，路也跑得，马也骑得，枪也打得，同着无数相亲相爱的同胞，到了两军阵前……把敌人乱砍乱杀，割了头颅，回转营来，沽酒痛饮，岂非可快到极处吗？"表现了他对唤醒孱弱国人的急切心情。梁启超在1903年作《新民说·尚武》一文，对军国民教育也作了进一步的阐述。

在这一思潮影响下，将国民体育与救亡图存紧密地凝结在一起，进行广泛的宣传活动，成立体育组织、在学校和社会开展体育活动成为一时之风尚。1903年8月春，江苏先后成立了常州体育会、无锡体育会、吴江同里教育支部体育会、上海青年会体操班等组织，是为国人建立的第一批体育团体。无锡体育会在其共和宪章中明确提出："处念世纪初民族主义过渡之时代，欲以黄

---

① 严复：《原强》，见《严复集》第一册，36 页，北京，中华书局，1986。

② 康有为：《请停弓刀石武试改设兵校折》，见《戊戌变法》第二册，214 页，上海人民出版社，1957。

③ 蔡锷：《军国民篇》，见曾业英《蔡松坡集》，16 页，上海人民出版社，1984。

种与白种竞优劣而国不败，种不亡，其根据非一，要以鼓吹体育、振励国民尚武之精神，养成军国民一般之资格为惟一无二之方针。今日粗涉泰西教育史，人人能言之曰，以绝好完全无缺之教育，非德、智、体三者并习不为功，而规之实施，犹偏重德育、智育，而以体育一科殿焉。"①

与此同时，清政府在1902年和1903年先后颁布《钦定学堂章程》和《奏定学堂章程》，规定"各学堂一体练习兵式体操，以肄业武事"，并对各级学堂体操课的学时和教学内容作了规定。如小学堂每周3学时，以兵式体操为主，兼以普通体操（主要指传自美国的徒手或器械编配的体操，以区别于瑞典和德国的兵式体操）与有益之运动。中学堂每周2学时，以兵式体操为主，兼有普通体操、枪剑术、野外演习及兵学大意。高等学堂，每周3学时，兵式体操与普通体操无异，另有兵学和战史等课程。1906年，清廷通令各省于省城师范附设体操专修科，为学校培养体育师资。这些制度由清廷颁行，虽然在短时间内难以在全国范围内著有实效，但标志着近代中国体育制度已具雏形。

在20世纪初的几年里，一批专业体育学校先后建立。1903年，江苏优级师范体操科创办，这是晚清第一个体育专科学校。稍后有大通学堂（1905年徐锡麟、陶成章创办）、江苏两级师范体操专修科（1906）、四川体育专门学堂(1906)、河南体操专修科（1907）、中国体操学校（1908年徐一冰创办）、中国女子体操学校（1908年汤剑娥创办）等。这些学校借鉴日本体育学校的教学课程和教学方法，开设体育学、教育学、解剖学、生理学、普通体操、兵式体操、竞技游戏、音乐、舞蹈等课程，培养了中国第一批体育人才。

体育比赛和运动会是20世纪最初10年青年学生生活中一件新鲜事物，也是晚清体育发展的一个显著标志，由于它本身所蕴含的社会和竞技特点，因此备受青年学生的欢迎，其规模愈益扩大，在城市中产生了很大的影响。足球、篮球、排球等球类已在中国扎根，大型的运动会也接连举行。如1902年起办的天津市联合运动会、1905年起举办的湖南省运动会、1905年起举办的四省运动会。1910年10月18日在南京南洋劝业场召开了第一届全国运动会，时称全国学校区分队第一次体育同盟会。由上海青年会体育干事爱克斯纳发

---

① 《无锡体育会共和宪章》，载《苏报》1903年5月13日。

起，有华北、上海、华南、吴宁（苏州、南京）、武汉地区的 140 位运动员参加，比赛项目有田径、足球、网球、篮球 4 个项目。

从沿海通商城市通过西人自建的体育游乐设施及体育活动，教会及学校兴办体育教育及体育活动等途径逐渐向内陆地区扩展，并与近代中国救亡图存的时代主题汇合，成为晚清近代体育兴起和发展的突出特色。

（三）中西娱乐活动的新旧嬗变

娱乐是社会生活不可缺少的组成部分。晚清时期，各民族、社会各阶层沿袭、保存了历史上与各自生活相适应的丰富多彩、情趣盎然的娱乐活动。这些活动融入人们的节庆、祭祀、求福禳灾、集市、闲暇之中，以追求快乐为特征，既有积极向上、增益智慧、获取知识、领略艺术创造的内容，也有萎靡消沉、纸醉金迷、争强斗胜、陷人水火的内容。外国入侵和西方文化的大量涌入，改变了中国文化发展的进程，具有西方文化色彩的娱乐形式在沿海大中城市登陆，并向周边地区蔓延。在广大的内地，传统的娱乐形式依然具有强大的影响力，但西方娱乐的渗透，已经动摇了以往以传统文化为核心、并同民族文化、地域文化凝结在一起的娱乐活动在人们观念和生活中的地位，呈现出中西、新旧娱乐形式并存又相互影响和促进的发展态势。

传统的观赏性娱乐主要是戏曲、曲艺。戏曲和曲艺具有浓厚的地方特色，渗透于人们的生活之中，深受人们的喜爱。每逢年节、祭祀、红白喜事，地区不论贫富，例行的唱戏活动是不能缺少的，而在大中城市的戏园子、茶馆则几乎天天都有营业性演出，人们在这些地方可以欣赏到不同风格和档次的戏剧和曲艺。"嘉道之际，海内宴安，士绅宴会，非音不樽。而郡邑城乡，岁时祭赛，亦无不有剧"[1]。随着晚清戏曲的繁荣，戏园的档次和数量都有提升。北京前门外大栅栏地区戏园聚集，程长庚、余三胜、谭鑫培等"同光十三绝"的精湛演技，使京剧获得了令人瞩目的发展，也赢得了观众。时人谚云："开口搬京腔，昂头唱二簧"[2]，可见京剧影响世人之深。上海早期剧场的雏形是茶楼。

---

① 徐珂：《清稗类钞》第十一册，《昆曲戏》，北京，中华书局，1986。
② 李宝嘉：《南亭四话》卷四，见《庄谐诗话》，17 页，上海大东书局，1925；转引自张守常辑：《中国近世谣谚》，217 页，北京出版社，1998。

开埠后，上海最早营业性的演出场所是1851年创办的三雅园，位于城内四牌楼附近，以演文戏为特色。1867年位于法租界的满庭芳戏园开张，延揽名角出演改良京剧，同时在装饰和服务方面想方设法招徕观众，比如戏园内设有摆满花果和茶点的"花桌子"，大厅和走廊内装饰了各种招贴画和彩灯，组织票友聚会，为客人提供可以闲聊和品茶的茶座和茶楼。满庭芳的精心设计和细心服务，使得"人士簪裾毕集，几如群蚁附膻"①。由于满庭芳的成功经营，引导了上海市民的欣赏娱乐趋向，不久，丹桂、金桂、天仙、大观等茶园相继开业。京、沪、越、淮、昆、扬、粤、绍及花鼓等剧种，在上海不同阶层都有大批观众；工余饭后，不同档次的茶馆、戏园便是他们消遣的场所。成都中下层有天天泡茶馆、摆龙门阵的习俗。茶馆既是百业中心，又是娱乐中心，许多艺人在那里卖艺为生，茶馆也借精彩的演出吸引顾客。起初，茶馆提供场地给艺人，尔后茶馆演变成剧场，可园是成都第一个正式剧场，1906年由咏霓茶社改建。随后有悦来、宜春、第一等以演戏为主的茶馆开业。② 每当夜晚，街巷一片漆黑，只有茶馆灯火通明，评书先生的精湛技艺吸引听众日复一日、甚至年复一年地到同一地方听书。与此同时，还有托偶（木偶）、影戏（皮影）、八角鼓（单弦）、什不闲、子弟书（清代曲艺之一种，因在满族八旗子弟中流行，故名）、杂耍把式（魔术、杂技）、相声（口技、以各地方言嬉笑怒骂）、大鼓之类，由于它们不需更多演员和专门场地，因而流行于晚清民间，茶馆、集市都有他们如痴如醉的观众。

岁时节庆娱乐主要是在岁时节庆时举行的游乐活动。晚清流行的岁时节庆非常多，与祭祀、禳灾、农时、信仰等方面有密切的关系。由于这些活动主题鲜明、渗透于生活，而且有着强烈的娱乐性，因而吸引着不同阶层和不同年龄的人们。较为普遍和重要的节庆有元旦、立春、上元、填仓、龙头、文昌、花朝、上巳、清明、浴佛、端午、天贶、七夕、中元、中秋、重阳、寒衣、冬至、腊八、祭灶等。而其中以春节的娱乐活动最为集中和热闹。《上海县竹枝词》记正月初五当地接灶神规模之盛，"是夜接灶神，点灯塔，各庙烧香。灯

---

① 《上海文化通史》下卷，2140页，上海文艺出版社，2001。
② 傅崇矩：《成都通览》上册，279页，成都，巴蜀书社，1987。参见王笛《二十世纪初的茶馆与中国城市社会生活》，《历史研究》，2001（5）。

市烟火尤盛。是夜倾城出游，曰'走三桥'"①。北京"自（阴历正月）十三至十七均谓之灯节，惟十五日谓之正灯耳。每至灯节，内廷筵宴，放烟火，市肆张灯。而六街之灯以东四牌楼及地安门为最盛，工部次之，兵部又次之，他处皆不及也。若东安门、新街口、西四牌楼亦稍有可观。各色灯彩多以纱绢玻璃及明角等为之，并绘画古今故事，以资玩赏。市人之巧者，又复结冰为器，栽麦苗为人物，华而不侈，朴而不俗，殊可观也。花炮棚子制造各色烟火，竞巧争奇，有盒子、花盆、烟火杆子、线穿牡丹、水浇莲、金盘落月、葡萄架、旂火、二踢脚、飞天十响、五鬼闹判儿、八角儿、炮打襄阳城、匣炮、天地灯等名目。富至豪门，争相购买，银花火树光彩照人，车马喧阗，笙歌聒耳。自白昼以迄二鼓，烟尘渐稀，而人影在地，明月当天，士女儿童，始相率喧笑而散。"②

庙会是以庙为主题、以庙为主要场所而举行的朝拜祈祷活动，贸易和娱乐活动是其重要内容。作为中国民俗文化的重要组成部分，无论在城市或乡村，庙会都显示了与人们生活极为密切的亲和关系，它是人们为趋利避害、摆脱困境、实现期望而祈求神灵保佑的重要途径。因此，各路宗教神人为人们馨香以祝、醇醴以酬，尽得人间享乐。唱戏、舞狮子、吹喇叭、扭秧歌、练杂耍等各地以庄重而热烈的形式，请神灵享用，唯恐有所怠慢。人们在娱神的同时，也在其中追求娱乐自己，庙会的娱乐功能由此得以实现。全国各地的庙会，不计其数。就其祭拜的对象而言，有宗教（如佛、道）、神（保护神和行业始祖）、人物（如传说人物、英雄人物）等；就举行的时间而言，或在节庆期间，或固定日期。如山西闻喜的庙会活动，"村各有所迎之神，大村独为一社，小村联合为社，有合五六社及十余社不等，分年轮接一神，所接神有后稷、有成汤、有伯益、有泰山、有金龙四大天王、有澹台灭明、五龙、五虎、石娘等神，……凡轮值之社，及沿定之期，锣鼓外必闹会，……庙所在村及途经同社之村，比游行一周。庙中，则送神之社，预演戏；既至，锣鼓数通后，排其仪仗，异其行跷，凡至社人公建之行宫，演戏三日以安神。平日轮一户，祀两餐，早晚铺叠床寝如生人。每村至少有一月盘期，搭精巧之彩棚，陈水陆之供

---

① 张春华等：《沪城岁事衢歌·上海县竹枝词·淞南乐府》，44 页，上海古籍出版社，1989。

② 富察敦崇：《帝京岁时纪胜·燕京岁时记》，48 页，北京古籍出版社，1981。

品，演戏三日。邻村及戚友皆捧酒肉以浇神，必款以宴。次年送神，则仅有锣鼓而已。亦有闹送不闹接者。要之，不赛神之村，无几也。"① 庙会对于城里市民也极具吸引力，农历四月初八浴佛日，上海静安寺"士女如云浴佛辰，静安场聚万车轮。衣香鬓影斜阳返，十里红飞马路尘（四月初八日，静安寺游人最盛)"②，可谓壮观非常。晚清，由于进步思想传播以及繁多的迎神赛会给人们带来很重的经济负担，反对淫祀的呼声日高，报章多有反映，这从反面说明，无月不有的朝拜祈祷活动已经成为社会进步的障碍了。

集市娱乐。全国星罗棋布的集市，集、墟、圩、场、街、市等名称各异，除交易商品外，还有娱乐功能，或每年一次（如北京的厂甸），或常年举办（如北京的天桥），或月有数次。集市上的曲艺、杂技、魔术、气功表演，有的设立专门的表演场所，有的则摆地摊鸣锣开演。演出者以演出为谋生手段，观众则以此为娱乐。

除上述外，玩耍类的娱乐种类相当多。《燕京岁时记》谓："儿童玩好亦有关于时令。京师十月以后，则有风筝、毽儿等物。风筝即纸鸢，缚竹为骨，以纸糊之，制成仙鹤、孔雀、沙雁、飞虎之类，绘画极工。儿童放之空中，最能清目。有带风琴锣鼓者，更抑扬可听，故谓之风筝也。""毽儿者，垫以皮钱，衬以铜钱，束以雕翎，缚以皮带，儿童踢弄之，足以活血御寒。"③ 晚清麻将盛行，常州府有两县令吴其昌、翁延年不理政务，经常在衙署中打麻将，被人讽刺道："开民智，在学堂，学堂不开国脉亡。官办不兴旺，究是何心肠！一府与两县，衙署新堂堂，长官在内做甚事，麻雀打一场！斯养出外言：今日老爷输五十，去年老爷输三千。打牌是要紧，学堂不过问。"④《清稗类钞》中说："光宣间，麻雀盛行，达乎诸侯大夫及士庶人，名之曰'看竹'，其意若曰'何可一日无此君也。'"

汉族之外的一些民族，素有歌舞传统，男女老幼无不能歌善舞。生活在青海高原东北部和甘南地区的土族即突出的一例。每逢节日、庙会，土族都有丰

① 《中国地方志民俗资料汇编·华北卷》，700页，北京，书目文献出版社，1989。
② 张春华等：《沪城岁事衢歌·上海县竹枝词·淞南乐府》，144页，上海古籍出版社，1989。
③ 富察敦崇：《帝京岁时纪胜·燕京岁时记》，85页，北京古籍出版社，1981。
④ 转引自戈春源：《中国赌博史》，77页，上海文艺出版社，1995。

富多彩的活动，而以宗教和娱乐活动最吸引人，每月至少有两次活动。仅上半年的固定活动就有十几次，如正月初一敬神祭祖，演唱家曲、转"安昭"打秋等；初八观经会，喇嘛跳神舞；十五元宵节，观赏花灯转"安昭"。二月初二"擂台会"，表演醒神舞蹈、演唱"花儿"；廿八"东岳会"，土族演唱"花儿"，汉族唱戏娱神；四月初八，"唠唠会"，法师表演酬神舞蹈，演唱"花儿"。五月端午节，摇柳枝、演唱民歌。初五"花儿会"，演唱"花儿"；"青苗会"，野游登山、歌舞、摔跤。六月初六"朝山会"，演唱"花儿"，野游，登山；初八"观经会"，有跑马活动。十一"丹麻会"，演唱"花儿"，赛马、武术、汉族演戏。这些丰富多彩的宗教或民间的歌舞艺术、体育竞技活动给人们的生活增添了乐趣和活力。①

鸦片战争后，外国人在条约保护下涌入中国，最先在通商口岸立足，而后又向其他城市和乡村挺进。为了创造相应的生活娱乐条件，早期来华的外国人开始在通商口岸修建一些西式的体育和娱乐设施，为外侨提供服务，中国人则被拒之门外。

西方戏剧和剧场在中国立足始于 1866 年西人在上海修建而成的欧式兰心剧场，但其影响仅及外侨。直到 20 世纪初才有第一家华商剧场的建立。1908 年，夏月润、潘月樵等人集资在上海南市十六铺创办新舞台。仿照西式剧场，在中国首次安装使用了灯光、布景、转台等设备。此后一些新建剧场纷纷仿效，如 1910 年建成的文明大舞台、1911 年建成的歌舞台。这些新式剧场的出现不仅增强了艺术的表现力，而且也大大改善了观众的观看效果。②

20 世纪初，一种令人惊叹不已的新颖娱乐形式——电影传到中国，也吸引了中国人的格外关注。

西方的赛马活动在中国始于 1842 年。这一年，香港借澳门举行了第一次赛马，两年后，在黄泥埇建香港赛马场，1891 年开始赌马。1850 年，英国人在上海南京路和河南路转角始建赛马场，后来在此基础上，成立了跑马总会，

---

① 刁文庆等：《土族民间节日集会与群众文化》，见高占祥主编《论庙会文化》，245 页，北京，文化艺术出版社，1992。
② 《上海文化通史》下卷，2141 页，上海文艺出版社，2001。

吴昌硕

吴昌硕画作

弘一法师李叔同

1905年 谭鑫培《定军山》戏装照

338

上海的龙舟比赛

跑马场大看台

19世纪80年代 广州十八甫一带的商业街

19世纪80年代 上海外滩

戏曲演员（一）

戏曲演员（二）

342

19世纪70年代纺棉纱的女工

辛亥革命后军警为行人剪辫子

满族夫妇

并相继修建三个跑马厅。不久，天津、北京等地也有了赛马场地与马会组织。

中国官私园囿很多，但并不向公众开放。西方公园理念和设施传入中国是在 19 世纪 60 年代。西人在中国最早修建的公园是上海外滩公园（Public Park）。这块滩地原为上海道台管辖，工部局将其填平，并迫使道台同意开为非营业性的场所。1868 年建成，规定只允许外国人进入，就连时与中国有宗主关系的朝鲜、越南等国人都可以进入。这一规定引起中国人的不满，他们呼吁改变这一歧视性的规定，但并无结果。向中国人开放的公园——华人公园始建于 1890 年，它位于上海苏州河畔的中国官地，始称 International Gardern，次年改名为 Chinese Gardern。此后，还有于 1895 年建成专为儿童提供游乐场所的上海昆山公园①。这些成为中国公共公园之滥觞。

晚清娱乐的发展与清前期相比有着鲜明的特点。首先，中西、新旧、城乡、东西部等不同文化背景的娱乐既相互冲突，又相互影响和融合，较为突出的是单一文化背景下的娱乐更多地被异质文化所渗透。其次是娱乐的商业化倾向凸显，作为一种新型商业服务业形式，娱乐业相继出现，如舞会、赛马会、跑狗场、弹子房、电影院、剧院等。

三、社会风习的变迁

晚清是以往中国历史上所有阶段性的社会风习变化中最为巨大和深刻的时期，外患日亟、社会动荡、西学涌入、社会变革迭起、新经济的萌芽和新知识群体的形成强有力地推动了晚清社会风习的变迁。体现资产阶级进步文化核心内容的民主、自由、平等思想不断动摇着传统社会风习，使得这场日益深刻的社会风习的嬗变与晚清社会变革互为表里，互相推进。以救亡图强、文明向上为标志的社会风习的萌芽和成长，一直伴随着与封建愚昧、堕落萎靡的社会风习的顽强搏斗，双方力量此长彼消，成为一面深刻反映晚清社会的镜子。

（一）文明向上风习的萌芽和成长

晚清是清代前期的延续，尽管岁月流转，鸦片战争前夜沉积近二百年的社

---

① 据上海通志社编：《旧上海史料汇编》（上），473~483 页，北京图书馆出版社，1998。

会风习，牢牢地固着在不同阶级阶层的社会生活中。虽有民族、地区和阶层间社会风习的差异及其相互间的渗透和影响，但在其二百年漫长的发展过程中从未出现过质的变化，总是在旧有的经济体制和文化传统中延续，并以顽强的力量维系着与之相适应的生产方式。然而，与清代前期比较，晚清社会风习最突出的特征是变。

向西方学习是晚清时期逐渐形成的一种具有影响力的社会风气，它的形成并汇为潮流，肇始于民族国家救亡图存的迫切需要，反映了中国人对世界认识不断深化的脚步。"师夷之长技"为鸦片战后率先开眼看世界的先进士人林则徐、魏源最早提出，它起因于天朝大国的刀枪在英国坚船利炮的猛烈攻势下相形见绌、不堪一击的强烈刺激，促使他们产生了解世界、学习外国强兵长技，并以此战胜强敌的愿望。这一主张破除天朝大国的虚骄痼疾，揭示了民族危难的根源及解决的有效途径，这正是林、魏二人眼光深邃之所在，也是后人将他们视为近代向西方学习潮流开拓者的原因。作为晚清具有重要影响的社会风气，向西方学习的潮流表现出两个过程，一是中国人对西方先进文化的认识愈益深化，汲取的内容也由器物进而制度，由军事、教育、文化制度进而司法、政治制度；二是学习西方潮流的发展始终伴随着同朝野上下反对社会进步的顽固势力和落后思想观念的斗争。这两个过程纠结在一起，相互制约和推进，上演了一出反映晚清社会剧烈和深刻变革的戏剧。

鸦片战后至洋务运动时期，疾呼学习西方的是一些具有强烈的民族忧患意识和改革思想的士绅，他们根据对资本主义社会的认识，指出中国与列强的差距及改革办法。19世纪40年代，林则徐、魏源看到英国军事胜利源自船坚炮利；1860年，冯桂芬于船坚炮利之外，指出中国"人无弃才不如夷，地无遗利不如夷，君民不隔不如夷，名实必符不如夷"，提出"以中国之伦常名教为原本，辅以诸国富强之术"来解决"不如夷"的问题，① 而"改科举"、"采西学"、"制洋器"便是亟待实行的措施。而此后不久，李鸿章力言置办外国铁厂机器的奏折即得朝廷采行，培养"制造轮船、机器诸法"的人才也得到朝廷的认可，1868年江南制造局译书馆开始译印自然科学和社会科学的书籍，因此，

---

① 冯桂芬：《校邠庐抗议·制洋器议》，光绪二十三年聚丰坊刻本。

以"奇技淫巧"为由反对引进西方科学技术的力量渐渐失去往日的嚣张。但郑观应对世人视泰西各国之强惟在重商与科学技术不以为然，他在 70 年代初就指出，泰西各国政事经上下议院议决始定，因而"政事举国咸知，所以通上下之情，期措施之善也"，并且"冀中国上效三代之遗风，下仿泰西之良法，体察民情，博采众议。务使上下无扞格之虞，臣民泯异同之见，则长治久安之道，固有可豫期矣"①。在 80 年代，他更明确地主张"中国……果能设立议院，联络众情，如身使臂，如臂使指，合四万万之众如一人，虽以并吞四海无难也"。内可"君相、臣民之气通，上下堂廉之隔去，举国之心志如一，百端固有条不紊，为其君者恭己南面而已。故自有议院，而昏暴之君无所施其虐，跋扈之臣无所擅其权，大小官司无所卸其责，草野小民无所积其怨，故断不至数代而亡，一朝而灭也"；外"能张国威，御外侮"。② 与郑观应一样，王韬、陈炽、马建忠等人的激切建言载于报章，在朝野上下产生了广泛影响，使学习西方的潮流渗透到社会经济、文化和政治各个层面。经过礼仪、体用、中西学等大辩论，到 90 年代初，以往社会上对西学的一概排拒态度已有较大的变化，译介西方科学技术和社会政治经济及文化状况的书籍报刊在社会广为流传，传播西学的主角已由传教士让位给具有开新意识的士绅。

中日甲午战争至清朝灭亡的二十余年间，寻找救国道路的进步人士在思想理论和救国方案上试图使西方民主思想和民主制度在中国土地上扎根发芽，虽然他们在道路和手段的选择上存在差异，但都以此作为救亡图强的不二法门，向西方（也包括日本）学习的潮流已成澎湃之势。涌向日本、欧美的中国留学生不仅将外国先进的科学技术带回国内，而且还向国内广泛传播进步的社会政治学说。旨在"开民智、新民德"的新颖文化形式如报纸、杂志、图书馆、博物馆、新式学堂和各种学会随之在大中城市相继出现，它们成为传播新知识、新学说、新道德、新风尚的大舞台。经过康有为戊戌维新运动和孙中山反清革命运动的洗礼，以等级制为特征的封建纲常名教等一整套政治秩序、社会伦理道德观念遭到了自从它占据统治地位以后最为严重的冲击，失去了往日神圣独尊的光环；依照世界发展趋势，以西方民主政治的普通原则，改革或重建中国

---

① 《易言（三十六篇本）·论议政》，见《郑观应集》上册，103 页，上海人民出版社，1982。
② 《盛世危言·议院上》，见《郑观应集》上册，312～313 页，上海人民出版社，1982。

的政治经济和教育制度以及社会心理，既是康有为、孙中山等人以不同的道路和手段改造中国的目标，也是这一时期思想解放获得巨大推进的重要方面。由西方（包括日本）文化影响下的晚清社会生活层面的变化普通且深刻，这些方面的内容将在以下详述。

晚清重商风气，始于有识之士的倡导鼓吹和口岸城市的发展。先秦时代，崇本抑末、重农抑商的思想即已见于儒家典籍，并成为春秋战国时期各国的治国策。《周礼》卷十三《地官司徒下·载师》云："其工商比农民为贱，故其家人亦五口乃当农夫一人。"《春秋左传注疏》卷十八文公元年说："民以田农为本，商贾为末。"卷二十六成公三年及十年《正义》曰："农业，人之本也；商贩，事之末也。""若民居近宝，则弃本逐末；废农为商，则贫富兼并；若贫富兼并，则贫多富少。"先秦政治家将重农视为天下长治久安的根本措施，此后，历代统治者大都沿袭了这一传统。鸦片战后，中国屡遭外患，有识之士看到列强之胜不独在船坚炮利，而在作为船坚炮利后盾的雄厚经济实力和发达的商业，中国处此危局，不仅要与列强进行军事上的角逐，而且还要与其进行充实本国实力、增强本国商业竞争力的商战，商战失败便不可能获得兵战的胜利，因此要改变轻商、贱商的观念和政策，建立和发展新式工商业。王韬的"持商为国本论"，薛福成的"商握四民之纲说"，马建忠的"富民说"，陈炽的"富国策"，郑观应的"商战"说，都特别强调商业及商人在救亡图强中的作用，这些呼吁成为社会重商风气的先导。

重义轻利以及轻商、贱商的观念，在鸦片战争前后已然摇动，与正统观念判然两样的"崇商""慕商"心理在社会中滋长，尤其是通商口岸开埠后，买办及商人的经营活动、资产积聚、工商行会社会管理职能的扩展以及捐官人数的增多，商人社会地位发生变化，并逐渐引起世人关注。有士人对商人稍有产业"出言吐语，未免肆无忌惮，以念书人为儿戏"颇表不满，愤言："揆情度理，而欲洋奴列于士人之上，其可得乎?"① 一些城市开埠后，工商业获得显著发展，由于"商贾利厚，田亩利薄，弃薄取厚，人情之常"②，因而一部分农业资本转向商业经营，头脑灵活的农民受城市生活和经商利益的诱惑，以小

① 赴粤宦客：《论粤东香山县民事后》，载《申报》1872 年 12 月 31 日。
② 方浚颐：《梦园丛说·内篇》。

本起家或弃农经商或亦农亦商，时"人谓来沪上者，无不有发洋财之望"①，即是人们向往城市心理的真实反映。尽管正统观念对商人多有贬抑，但商人肥马轻裘般的生活，不免使缺乏从商所必需的资本、专业技能和经验，处于贫寒境遇的社会下层心生艳羡，盼望有朝一日改变自己的命运。因而在他们眼中，商人虽有以欺诈奸伪牟取暴利的恶名，但并不像正统道德观念一样轻视或蔑视商人，而只是一旦通过科举获得政治地位时，轻视和蔑视商人的观念才以反映其政治经济地位和立场的方式表现出来。

19世纪90年代以来，重商风气得到更多有识之士的倡导和开明官僚的响应，他们从朝廷和地方制定政策的角度更为明确地提出如何保护和促进工商业的发展，在舆论呼吁和内忧外患的压力下，清廷陆续制定颁布一些发展工商业的政策。1895年张謇在《条陈立国自强疏》中批评清廷"但有征商之政，而无护商之法"，建议各省成立商务局，"令就各项商务悉举董事，随时会议，专取便商利民之举，酌其轻重，而官为疏通之。勿使倾轧坏业，勿使诈伪败名。凡能集巨资设一大公司者，奏请官吏奖之"②。康有为、梁启超在变法主张中提出保护工商业，设立商务局，创办商学、商报及商会，提倡开办实业奖励发明创造等改革措施；虽然变法失败这些改革措施未得实施，但它促进了社会对提倡实业、保护工商业的重视。在稍后几年开始的颁行新政过程中，清政府推行了一些重商政策，1903年9月成立商部以奖励实业、振兴商务；颁布奖励章程，对在经营工商业具有相当规模、制造新式机器或技术上有发明创造者授予官衔、爵位的奖励。中国第一部商法《商律》，第一部公司法《公司注册试办章程》，第一部破产法《破产律》等相继颁布。为了提高商人的社会地位，加强商人的联络团结，维护商人的合法权益，动员商人与官方合作，发挥商人在国家经济生活和社会生活中的作用，清政府颁布《商会简明章程》，倡导设立商会。在社会各阶层的共同推动下，中国工商业在20世纪初出现了初步的发展，工商业和商人比以往受到更多的关注和重视。

1895年，张謇和丁立瀛受命分别在通州、苏州、镇江设立商务局，并成立苏纶纱厂和大生纱厂，以状元办厂。状元办厂，对于个人乃人生一大转折，

---

① 《岁除论》，载《申报》1880年2月8日。
② 张孝若编：《张季子九录·政闻录》，上海，中华书局，1931。

对于社会价值观和社会风气确是开新之事。张在受命之初，"自审寒士，初未敢应。既念书生为世轻久矣，病在空言，在负气，故世轻书生，书生亦轻世。今求国之强，当先教育，先养成能办适当教育之人才，而秉政者既暗蔽不足与谋，拥资者又乖隔不能与合。然固不能与政府隔，不能不与拥资者谋，纳约自牖，责在我辈，屈己下人之谓何？踟蹰累日，应焉"①。显然，张做出这样的抉择要冲破传统观念，并为"求国之强"的道义而牺牲，但"奉旨总理"的庄重名义也使这一抉择的意义陡然提升，同时也具有了冲击传统轻商观念和示范士林的作用。

晚清重商（包括实业）风气的变化，反映了社会各阶层对于振兴工商业、发展资本主义在解决内忧外患危机中重要作用认识的不断深化，表明在晚清工商业初步发展的情况下，重农轻商、崇本抑末的传统观念受到冲击而失去往日的影响力。

男女平等、婚姻自主是晚清社会风气变革中一个重要表现，它反映了晚清社会婚姻和家庭伦理道德观念在进步思潮和社会变迁影响下的变化，体现了在传统向近代的社会家庭伦理转型中解放妇女和妇女的自我解放运动。

中国进入文明社会，家庭和婚姻的伦理观念和道德规范随着父系社会的确立和阶级的分化而产生，婚姻和家庭中男尊女卑、男主女从的关系在早期儒家经典中就有了明确的阐述，《论语·阳货》有"唯女子与小人为难养也"之说，《易传·系辞下》谓"乾，天也，故称乎父；坤，地也，故称乎母"。《易传·系辞上》曰"天尊地卑，乾坤定矣；卑高以陈，贵贱位矣"。《春秋繁露·基义》说"君臣父子夫妇之义，皆与诸阴阳之道"，"阳贵而阴贱，天之制也"。然而，这种对于男子在婚姻和家庭中占主导、统治地位的说教，并未在先秦以至秦汉时期形成用政治和法律手段强制约束的观念和规范，女子的离婚、再婚、夫死再嫁并不被世俗所禁止。隋唐宋明时期，妇女三从四德、贞洁节烈的观念受到特别的推崇和鼓吹，尤其经过程朱理学代表人物的阐发，将妇女遵从纲常名教置于封建王朝治乱兴亡的高度，鼓吹"饿死事小，失节事大"②，在物质生活与心理和生理上对妇女进行残酷的禁锢和打击，使先秦以来对妇女的

---

① 张謇：《啬翁自订年谱》丙申三月。
② 程颐：《近思录》卷六，见《二程集》，北京，中华书局，1981。

迫害从理论阐述和道德规范上达到顶峰，并进而将这种理论阐述和道德规范渗透到教育、文学、艺术、礼俗习惯等社会生活各个方面。自清以来，进步士绅对此进行了深刻的批判，尤其是鸦片战争后西学如潮般地涌入，冲击了禁锢妇女几千年的枷锁——伦理纲常、生活方式和风俗习惯，与此同时，反映妇女觉醒和解放要求的生活方式、婚姻和家庭伦理，在与封建势力和封建传统观念的不断斗争中萌芽。

破天荒的女子教育，开女子觉醒之滥觞。女子的受教育权自古就被剥夺了，即使是官宦、富有之家受"女子无才便得德"的影响，女子也并非都有获得教育的机会。鸦片战争后，传教士所办女子学校在中国出现，较早的有伦敦会东方妇女教育促进会委员爱尔德塞女士于1844年在宁波建立，1859年美以美会在福州创办毓英女塾，1859年天主教会在上海浦东建有14所女校。这些女校创建之初，遇到了重重阻力，家长怀疑学校残害学生剖心挖眼以为制药之用，同时认定家中女子读书毫无意义。为了招到学生，传教士到学龄女童家去做工作，答应免去学生的学费和饭费，同时参加勤工俭学活动还可获得一些酬劳。一位家长指着近处的一匹马对前来动员入学的传教士说："你能教那匹马读书识字吗？"在得到否定的答复后，他振振有词地反问："如果你不能教出一匹有知识的马，那你又怎么能指望教会一个女人？"① 但经过努力，教会女校有了明显的发展，天主教江南教区的女校1854年有55所，学生814人；到1879年，有女校297所，学生3682人②，比25年前初创时的学校数增加了5.4倍，学生数增加了4.52倍。课程除圣经外，还有修身、国文、外语、算术、天文、史地、卫生、音乐、体操以及缝纫、纺织、刺绣等。小学、中学、师范和大学等各级各类学校渐次完备，建于1908年的福州女子大学预科班是最早的教会女子大学。教会女校的频频建立，以及进步士绅关于女学为强国保种之基的呼声日渐强烈，促成了中国人自办女子教育的潮流。官方掣肘和落后观念的阻挠并未阻挡住女子教育的发展势头，甲午战后有经元善首创的上海桂

---

① Margaret E. Burton：The Education of Women in China. Fleming H. Revell Company，1911. p. 25. 转自罗苏文：《女性与近代中国社会》，68页，上海人民出版社，1996。

② 史式微著、天主教上海教区史料译写组译：《江南传教史》第二卷，274页，上海译文出版社，1983。

墅里女学堂，1901 年张竹君在广州创办育贤女学，1902 年吴馨在上海开办务本女塾、中国教育会创设爱国女校、严修在天津创办严氏女塾，1903 年刘佩箴、杜清诗创办广东女学堂等等。到 1908 年，全国有女学堂 512 所，在校学生 2.06 万人。

具有一定知识和技能的学生相继毕业，有不少人走向社会，在晚清产生了不同寻常的影响。经过学校的熏陶，学生的思想、眼界和知识结构突破了传统社会的藩篱，打破了自古以来男子垄断教育和知识的传统。她们或任职于教会、医院，或任教于学校，改变了女子就范于封建家庭的唯一命运，向参与社会、认识自己的价值迈出了第一步。学校全新的教学内容，使她们得以明白男女天赋并无智愚高下的差别，既同为国民，便有同样的权利义务；要用科学知识摒弃违背科学的迷信；养成自尊自立的人格；在家庭中，既要做贤妻良母，同时还需担当整齐家风的责任。上海务本女塾的校歌中说："千寻之木始于苗，百川之水朝宗遥，海上首创女学校，胚胎国民此其兆；生男勿喜女勿恼，从今民我皆同胞。学界兮光昭，宏母教今兼容并包。海滨之俗趣豪奢，教育之界多风潮，惟我校风清且姣，浮华洗净无尘嚣；卓然不屈亦不挠，凭他天演汰与淘。人格兮高超，志趣兮坚牢，与有责焉，我曹尔曹。"① 其中透彻表明，女学在培养现代国民中承担着重要的使命，具有尘嚣不染、高超人格、志趣坚牢、肩负责任的新女性将在新式女学中锤炼而出。20 世纪初，一批知识女性或投身教育和慈善事业，或从事反清革命活动，开妇女投身民族救亡和民主革命运动之风，都与维新和革命两大思潮推动的女学兴起有直接的关系。

女工及其为自身利益的斗争。晚清职业妇女的出现及其为争取自身利益的斗争，是女性向封建传统抗争、争取自尊和自立的开始。除负责家务和喂养孩子外，一些贫寒妇女为糊口不得不出门从事诸如女佣、乳母、洗衣、缝补等工作，她们大都以个人形式出卖劳动。近代工业在城市兴起后，适应纱厂、纺织厂、火柴、卷烟等企业对劳动力的特殊需要，一些城乡妇女成为晚清最早的一批就业于近代企业的职业妇女。晚清战乱灾荒频仍，经济困顿，丈夫的劳动不足以维持家庭的生存，是迫使妇女不得不做出如此抉择的主要原因。当她们要

---

① 转见罗苏文：《女性与近代中国社会》，153 页，上海人民出版社，1996。

迈出艰难的这一步时，不免承受社会习俗之诟。舆论批评上下班路上"各女工种种丑态，招摇过市，全不避人，廉耻扫地矣"[①]；"各洋厂启用妇女，辄以数百计，害俗甚大"[②]；"男女混杂，易生瓜李之嫌"。批评者多从维护妇女名节和整束社会风化的角度，痛诋男女同厂、招摇过市的危害，提出禁止召用女工以杜作奸犯科之渐。发行甚广的《点石斋画报》（1887年）上还刊登女工上下班途中遭到不法之徒骚扰的图画，藉以引起社会家庭的关注。女工走向社会而引发对女工人格尊严和身体安全的有效保护问题，在行政和法律失去对社会有效控制的晚清时代的确毫无保障，因而社会和家庭对此忧心忡忡确属事出有因。但待字闺秀或年轻媳妇跨出的不仅是自家的门槛，同时还要跨过束缚女性的陈腐的道德观念的门槛。

尽管社会对女工的责难不断，但女工的数量迅速增加。到甲午战争前，全国有女工3.5万余人。甲午战后，中国轻纺工业获得大发展，到清朝覆灭前全国女工人数达到24万多，其中84%属于江苏、广东、山东、安徽和浙江五省。[③] 女工出卖体力而获得工资，不再是依赖父母或丈夫而生活的人，向妇女的经济自立迈出了第一步。但这一步却以她们的生命和血汗为代价，旧的枷锁尚未解下，又被套上新的铁链，她们受到资本家和工头残酷的欺压和剥削。女工们（其中有不少是十几岁的童工）每天要连续工作12至14个小时；工作环境极其恶劣，积劳成疾者众多，纺织工患肺病的极为普遍，各种事故导致伤亡不断；女工和童工常常遭到工头的毒打、停工、解雇、赔偿等惩罚，而无处申；[④] 而女工的工资却只有男工的一半。[⑤]

中外资本家及工头对女工的欺压和剥削，激起了女工一次次的反抗斗争。

---

① 《沦妇女作上宜设善章》，载《申报》，1888年4月1日。

② 张春华、秦荣光、杨光浦：《沪城岁事衢歌·上海县竹枝词·淞南乐府》，54页，上海古籍出版社，1989。

③ 参见郑永福、吕美颐：《近代中国妇女生活》，387、389页，郑州，河南人民出版社，1993。

④ 上海新闻怡和丝厂工头经常毒打工人，工头曾"以一铜勺打她（童工）的脑袋施以责罚，以致头破血流。这种事情是很平常的事，但很难得到证据，因为孩子们害怕受到更大的虐待，不敢申诉，一个月之中，像这一类案件多至15至20起。"汪敬虞：《中国近代工业史资料》第二辑，1218页，北京，科学出版社，1957。

⑤ 汪敬虞：《中国近代工业史资料》第二辑，1195～1200页，北京，科学出版社，1957。

据统计，1894 至 1911 年，仅纱厂和丝厂女工罢工就有 35 次。其中，属中资企业 26 家，属外资 8 家；罢工原因包括反对克扣工资 20 次、反对虐待女工 4 次、反对增加工时 2 次、反对计件工作 1 次，其余不详；罢工人数突破 1000 人的有 3 次，最多一次是爆发于 1905 年 4 月 29 日上海集成纱厂为反对工头盘剥压迫的罢工，参加人数达到 4600 人。[①] 集成"纱厂中有一个工头，经常剥削并殴打工人。他们（女工）要求立刻撤换这个工头，否则拒绝继续工作。经理不答应开除这个工头，因此在（1905 年）4 月 29 日有 4600 人聚在厂中，拒绝继续工作，又要求发足工资。……在骚动的过程中，群众打毁了厂中价值 1500 两的窗户和机器等"，并向前来弹压的巡捕投掷石块。事后，两个工人被捕。[②]

女工在为争取自身权利的斗争中，也注意到联合同业女工的一致行动，以扩大罢工的声势和成果。1911 年 8 月 5 日，晋昌、长纶、锦华、协和四家丝厂的女工联合发起了要求增加工资的罢工。"闸北各丝厂每届新茧上市，各女工均有加工钱之希望，今年非惟不加，反至克减，且更加添作工时间，以致各女工群抱不平。前日（1911 年 8 月 5 日）下午有晋昌、长纶、锦华、协和等四家女工，共二千余人，佥谓此次减工，系协和经理吕和声首先作俑，是以麇集该厂前，寻吕为难。该厂管门印人出而拦阻，以棒击伤女工盐城阿大之头颅，血流如注，于是群情益形愤激。岗巡见势不妙，赶即归局报告，由四路分局巡官带领通班长警前往弹压，竭力解劝，谕令静候区长示知核夺，众始悻悻而散。昨值星期，各厂均未开工云。"与此同时，"勤昌丝厂女工李王氏、杨胡氏等一百余人，昨晨（8 月 8 日）群至会审公廨，适孙襄谳会同美副领事升讯捕房琐案，遂传该氏等至案研结。据供：同在勤昌丝厂内做工，向例新茧上场，须加工资，今届不允加给，向索工资，亦不给发，是以停工赴案，环求饬令该厂主汤心源照给等语。孙襄谳谕谓：今据蚕业公所来函，各丝厂工资一律均不加给，尔等亦不得要挟罢工，聚众滋闹，自取咎戾，静候传谕该厂照给；如仍不遵给，尔等只须一二人来案，禀请作主，不必纠众数十百人。各女工等均唯唯

---

① 汪敬虞：《中国近代工业史资料》第二辑，1299～1301 页，北京，科学出版社，1957。
② 汪敬虞：《中国近代工业史资料》第二辑，1290、1271 页，北京，科学出版社，1957。

遵谕而退"①。会审公廨的断案结果，影响了女工争取自身权利的行动，也影响了当时的舆论界。《申报图画》载"本月（宣统元年十月）二十六日午后四时，有缫丝女工百余人拥至公共公廨，喊称妇人等均在唐家弄元丰丝厂做工，被欠工资，于上星期日投报汇四捕房。捕头谕令厂主徐鲤庭赶紧照给，讵仍延不发给，请饬追缴。宝谳员准即传徐到案，谕令每名先给洋三元，余着迅速算结。各女工始称谢而散"②。此等新闻在社会上披露，给女工争取保护自己劳动权益的斗争提供了依据，对以种种理由拖欠、克扣、降低女工工资的做法予以否定，向社会昭示女工的劳动报酬应给予保护。清朝覆灭前女工的罢工行动风起云涌，据汪敬虞《历年主要罢工情况表》所列 1895 至 1911 年中有 59 次罢工，而女工罢工就有 34 次，占 58％。她们反对中外资本家和封建统治者的斗争，尽管尚不能改变妇女被人欺压剥削的命运，但她们的果敢行动在晚清为妇女树立了一个新的时代形象，也对禁锢妇女的伦理道德观念带来了新的震撼。

妇女参与社会活动。在鸦片战后内忧外患的冲击下，妇女走出闺阁家庭的小天地，担起天下兴亡匹妇有责的重任，从事社会活动是晚清社会风习的一个新变化，秋瑾所言"人生处世，当匡济艰危，以吐抱负，宁能米盐琐屑终其身乎？""时局如斯危已甚，闺装愿尔换吴钩"③，即晚清进步妇女的心声。妇女参与社会活动主要包括：（1）组织社团。1903 年 4 月在东京的留日女学生发起成立共爱会，"以拯救二万万之女子，复其固有之特权，使之各具国家之思想，以得自尽女国民之天职为宗旨"。1906 年 5 月，中国妇人会成立，以"结女界之大群，勉负国民之义务，改良社会之习惯，增进国家之幸福，为公益非利己"为宗旨，组织社会的捐助工作，凡捐款者即为会员。创办者为廖太夫人。④（2）创办女子报刊。1898 年 7 月中国女学会创办《女学报》，此为中国第一份女报。1898 年 7 月 24 日在上海诞生了中国妇女主办的第一份杂志《官话女学报》（旬刊），由康同璧、李蕙仙主编。此后相继有《女学报》（1902 年

---

① 汪敬虞：《中国近代工业史资料》第二辑，1260～1261 页，北京，科学出版社，1957。

② 《丝厂女工聚众喊控》，宣统元年十月二十九日《申报图画》。

③ 《秋瑾集》，117、90 页，北京，中华书局，1960。

④ 廖廉能：《为中国妇人会作意见书》，载《大公报》，1906 年 7 月 3 日；参见刘志琴主编、闵杰著：《近代中国社会文化变迁录》第二卷，484 页，杭州，浙江人民出版社，1998。

创刊于上海，陈撷芬主编）、《白话》月刊（1904 年创刊于东京，秋瑾主编）、《北京女报》（1905 年创刊，张毓书及其母张筠芗主编）、《中国女报》（1906 年创刊于上海，秋瑾主编）、《中国妇人会小杂志》（1907 年创刊于北京，廖太夫人主编）等等。(3) 参与社会活动。1901 年 3 月 24 日汪康年等人在上海张园举行有 500 人参加的集会，抗议俄国的侵华行径。会上，16 岁少女薛锦琴慷慨演说，语惊四座："中国之败坏一至如此，推其原故，实由居官者无爱国之心，但求保一己之富贵，互相推诿，将一切重大要紧之事任其废置，而在下之士民又如幼小之婴儿，不知国家于己有何关系，视国家之休戚，漠然不动其心。"① 女性在公开场合上发表政治演讲这可以说是第一次。1907 年初，北京琉璃厂开办女学慈善会，将女学堂学生制作的手工制品义卖，义卖所得用于赈灾，同时以歌舞形式宣传赈灾活动，并筹划组织马戏演出以集赈款。② 同年，妇女匡学会为女学筹款秉准巡警部演戏卖女座，从此开为女学义戏之滥觞，也使妇女堂皇走进戏园。③ 同年，《人镜画报》以《女志士赴沪劝集路股》为题介绍苏州振华女学校校长王谢长达率同志假务本女学校发表讲演，倡导认股劝股。报人慨叹："以女士而爱国如是，彼衣冠楚楚之号为士夫者皆当愧死矣！"④ 为使妇女了解时事和科学知识以及妇女自立自尊的道理，各地开办了许多讲报处和阅报处，《北京女报》创刊初期就在东四牌楼和北新桥等处定期给妇女读报；北京女传习所专门设立女阅报处；这些打破了"内言不出于阃，外言不入于阃"的旧礼教。由此可见，长期蜷曲于社会和家庭卑微依附地位的妇女，在晚清逐步走上社会的前台。

新式婚俗流行。《孟子·滕文公下》曰："丈夫生而愿为之有室，女子生而愿为有家，父母之心，人皆有之，不待父母之命，媒妁之言，钻穴隙相窥，逾墙相从，则父母国人皆贱之。"这种礼教相延已久，影响到社会各个阶层；青

---

① 《中外日报》1901 年 3 月 27 日；转自刘志琴主编、闵杰著：《近代中国社会文化变迁录》第二卷，196 页，杭州，浙江人民出版社，1998。
② 《学部通饬京内各女学堂文》，载《学部官报》第 17 期，1907 年 4 月 13 日；转自北京市妇女联合会：《北京女报考》，69~70 页，北京，光明日报出版社，1990。
③ 《说妇女听戏》，载《北京女报》第 991 号，"演说"；转自北京市妇女联合会：《北京女报考》，69 页。
④ 《人镜画报》第 20 册，1907 年；转自罗苏文：《女性与近代中国社会》图版，上海人民出版社，1996。

年男女对自己的婚姻不能置一喙，择偶结婚的权力全部掌握在以父系为核心的家长手中，而择偶的标准往往以利用对方的财富、地位为重，子女的情感好恶则不在家长考虑之列。因而，几千年来这种婚姻观念和习俗不知酿成了多少悲剧、残害了多少生灵。自维新思想家起，进步士绅借用西方天赋人权的学说对这种残害人性的礼教进行了比以往更为深刻的批判，婚姻的文明之风因此萌发。

新式婚俗首先是自主择偶及其择偶标准。征婚广告最早在晚清出现，它利用报纸特有传播信息速度快和范围广的特点，将自主择偶的新风气和新的择偶价值观推向社会，在社会上产生了不小的振动，围绕这一征婚广告还引发了一场辩论。1902年6月26日《大公报》破天荒地刊登求偶广告："今有南清志士某君北来游学，此君尚未娶妇，意欲访求天下有志女子，聘定为室，其主义如下：一要天足，二要通晓中西学术门径，三聘娶仪节悉照文明通例，尽除中国旧有之陋俗。如有能合以上诸格及自愿出嫁又有完全自主权者，毋论满汉新旧、贫富贵贱、长幼妍媸均可，请即邮寄亲笔覆函，若在外埠能附寄大著或玉照更妙。"此后不久，7月27日《中外日报》以《世界最文明之求婚广告》为题，对此举深表赞赏。南清志士所揭"主义"突破世俗之藩篱，摒弃婚姻重在门第、财产的旧有习惯和观念，以女子具备天足、新知、自主个人权力为标准。然而，这种具有先导性的择偶行动受到进步女性的批评。

林宗素撰文指出：男女婚姻自主择偶是对等的，"今南清志士……姓氏不详，学业无考，世有择南清者，将奈何矣"；南清志士手持择偶的权力而不予女子以权力，"其求婚也果文明耶？抑野蛮耶？""既以志士自命，必当以思以扶植之，乃不特不扶植，而且抑压之，视文明女人如奴隶然，谓吾一呼彼当即至矣。乌呼！此以待上海之雏妓可耳，若之待中国女人，则吾恐世苟足以合南清之格者又将不愿为南清妻矣"。[①] 虽林氏言辞不免过激，但确胜南清志士一等。由此也可看出，1902年前后，男子以推进文明婚姻风习自命时，进步女性已经不认可他们表现出的男子至上观念。

两情相悦是文明婚姻的基础，为此，留日学生王健善推荐通信交流法，以

---

① 1901年3月27日《中外日报》；转自刘志琴主编、闵杰著：《近代中国社会文化变迁录》第二卷，196页，杭州，浙江人民出版社，1998。

增进双方的感情交流，"由男女互通信，先各抒衷曲，质疑问难，徐议订婚"。"创法请自我始，敢告女同志。如欲与余通信。可照下开住址邮寄，信到誓不示人，并望亦示地址。"① 伴随着晚清邮政事业的发展，尺素传情变得方便快捷，为有情人的交流提供了条件。虽此种方法只适于知识青年，但浸透着男女平等精神的近代情书成为晚清青年男女沟通情爱的新颖方式，古往今来所上演的下轿始识真面目、多少花烛泪沾衣的悲剧终有收场的希望了。

其次是实行文明的婚姻礼仪。旧式婚姻礼俗沿袭纳采、问名、纳吉、纳征、请期、亲迎等程序，到清末，婚姻奢靡之风不为稍减，讲究排场铺张在沿海和内地都有上升的趋势。与此同时，地方政府和开明人士以不同途径对婚姻奢靡之风力予劝戒②，原有程序都向简约变化。受文明时尚的影响，城市知识青年多有借鉴西方婚礼习俗的风尚。最初是基督教徒将结婚仪式改在教堂中举行，由牧师主婚。20 世纪初年，以西式婚俗为特征的文明婚礼仪式，开始流行。1907 年，上海爱国学社学生王雅先与上海务本学校女生吴震举行新式婚礼。婚礼上，两位新人身着西装，在司仪的引导下首行结婚礼，既而拜见双方家长，接受来宾庆贺，与此同时，合唱团唱起婚礼歌曲，整个婚礼气氛热烈而仪式简朴。同年，郑端甫与张瑞娥举行结婚典礼的仪式是：主婚人宣读结婚证书，新人用印，交换饰物、互行鞠躬礼，主婚人致贺词，新人谢主婚人和介绍人，奏乐③。时人谓："文明婚礼，实有三长。一、以父母之命，媒妁之言，而取男女之同意，以监督自由。其办理次序，先由男子陈志愿于父母，得父母允准，即延介绍请愿于女子之父母，得其父母允准，再由介绍约期订邀男女会晤，男女同意，婚约始定。二、定婚后，男女立约，先以求学自立为誓言。三、婚礼务求节俭，以挽回奢侈习俗，而免经济生活之障碍。结婚之日，当由男女父母各给以金戒指一枚，礼服一袭。"④ 此类消息在这一时期多见诸报章，

---

① 《敬告女同志》，载《女子世界》，1904（2）。
② 1899 年广东琼山县县令为"力崇节俭，以挽颓风而除积习"发布九条章程，严定婚姻中定婚、行聘、回礼、定婚行聘合而为一、嫁妆、酒席、生子等方面的花费标准。《婚嫁定章》，载《申报》，1899 年 2 月 3 日，参见刘志琴主编、闵杰著《近代中国社会文化变迁录》第 2 卷，334～335 页，杭州，浙江人民出版社，1998。
③ 《婚礼一新》，载《女子世界》第 2 卷第 2 期。
④ 徐珂：《清稗类钞》第五卷，1987 页，北京，中华书局，1984。

可见作为一种新兴时尚的婚姻礼仪开始在城市流行，而仪式繁琐、内容陈旧的婚姻仪式有逐渐被淘汰的趋势。

清代生活习俗有两次重大的融合，一是清初满族贵族定都北京后，满族的生活习俗对汉族及其他民族产生很大的影响，至清朝中晚期，满汉民族文化融合，生活习俗互为影响渗透。一是晚清西学东渐，以平等、自由和科学为内容的进步思潮给传统的生活习俗带来了冲击，以文明、健康为标志的生活习俗在社会上逐渐兴起。

放足与剪辫。女子缠足相延已久，清初虽有朝廷明令禁止之诏，但并未遏止缠足的恶俗，甚至本不缠足的满族女性也有追随者。鸦片战争前后，由于缠足习俗及其密切相关的束缚女子精神和身体的观念，植根于社会各个阶级和阶层，对它丝毫的触动都会在传统的道德观念和社会秩序方面引起震动，被社会视为叛逆。而社会深以女性缠足方符合"闺范"，缠得愈小则愈美，缠得愈大愈丑；相反，不缠足的女性被视为家门耻辱，成婚受到影响。缠足风俗在汉族地区，尤其是在中上人家有很强的影响力。

太平天国运动期间，缠足受到明令禁止，"妇女不准缠足"，已缠者"悉迫令解足"，"违者斩首"。这些禁令适应战时需要，使妇女能承担运输粮草、田间耕作等重体力劳动，其中并没有解放妇女的意义。鸦片战后，公开抨击缠足恶俗及其观念，始于中国进步思想家和外国传教士。19世纪70年代，郑观应就撰《论裹足》一文，从残害女性身体、悖逆爱幼之道、导致家庭纷争、后代体质孱弱、诱人奸淫等方面，痛诋缠足之害，鞭辟入里。"裹足则残其肢体，束其筋骸，伤赋质之全，失慈幼之道。致令夫憎其妇，姑嫌其媳，母笞其女，嫂诮其姑。受侮既多，轻生不少。且也，生子女则每形孱弱，操井臼则倍觉勤劳，难期作健之贤，徒属海淫之具。极其流弊，难罄形容。"他提出用行政制度限制高官之妻，以开导世风。"兹当以十载为期，严行禁止。已裹者姑仍其旧，未裹者毋辟其新。如有隐背科条，究其父母。凡缠足之女，虽笃生哲嗣，不得拜朝廷之诰命，受夫子之荣封。严定章程，张示晓谕，革当时之陋习，复上古之醇风"①。与此同时，传教士利用《万国公报》等报刊，从宗教原理出

---

① 郑观应：《易言（三十六篇本）·论裹足》，见《郑观应集》上册，163～164页，上海人民出版社，1982。

发，批评缠足"辜天恩、悖天理、逆生命、罪恶丛生"①，并倡导信教女性不要缠足，所办的女学堂也尽招不缠足的女孩子。伦敦会牧师约翰·迈克高望创办了中国第一个反对缠足的团体厦门不缠足会，时有六十多位女性参加。随着西方社会政治学说的传入，19世纪90年代，人们以天赋人权和平等自由为武器，对缠足及其观念进行批判，各种戒缠足团体纷纷成立，参与者有维新思想家、开明人士，还有封疆大吏，一时形成蔚为大观的戒除缠足的大潮。

在进步士绅的号召下，戒缠足团体在各地纷纷成立。1897年，陈默然等在广东顺德组织不缠足会。同年6月，梁启超、汪康年、谭嗣同成立上海不缠足总会，在《试办不缠足会简明章程》中说："此会之设原为缠足之风，本非人情所乐。徒以习俗既久，尚不如此，即难以择婚，故特创此会，使会中同志，可以互通婚姻，无所顾虑，庶几流风渐广，革此浇风。"相约"凡入会人所生女子，不得缠足"，"凡入会人所生男子，不得娶缠足之女"②。湖广总督张之洞特撰《不缠足会叙》，以表支持。1898年1月，谭嗣同、唐才常创办湖南不缠足会，在《湖南不缠足会简明章程》之外，又发表《湖南不缠足会嫁娶章程》，署理湖南按察使黄遵宪还颁布禁止幼女缠足的告示，向全省推广实施。在戊戌变法失败前，广东、福建、四川、天津、澳门等地建立了不同规模的不缠足会团体，并积极开展活动。介绍放足方法、制作出售解放鞋、医治脚疾成为时髦营生；志愿者挨门挨户发放宣传品、劝说放足。进步报刊针对不同群体的需要，发表大量戒缠足的文章、歌谣和图画，并及时报道不缠足团体的活动。

1898年8月，康有为上《请禁妇女裹足折》，更深刻地指出，缠足"以国之政法论，则滥无辜之非刑；以家之慈恩论，则伤父母之仁爱；以人之卫生论，则折骨无用之致疾；以兵之竞强论，则弱种辗转之谬种传；以俗之美观论，则野蛮贻诮于邻国，是可忍也，孰不可忍?"他请光绪帝明诏严禁缠足，已缠的一律解放；如果违抗，"其夫若子有官不得受封，无官者，其夫亦科锾罚；其十二岁以下幼女，若有裹足者，重罚其父母"③。这一折子由光绪帝准

---

① 秀耀春：《缠足衍义》，载《万国公报》，光绪十五年四月。
② 梁启超：《饮冰室合集》文集之二，21页，北京，中华书局，1989。
③ 《康有为政论集》上册，336～337页，北京，中华书局，1981。

令颁行，但随着变法的失败，维新思想家试图通过颁布谕令更深入地推行不缠足政策的努力不幸中辍。

20世纪初，在短期沉寂后，不缠足运动以新的姿态兴起。一改男子在不缠足运动中唱独角戏的局面，女子毅然走到运动的前台。秋瑾等杰出的知识女性脱颖而出，创办报刊、组织团体、开展不缠足运动，吸引了更多女性的参与，这些开妇女自身解放之先河。由于1901年2月朝廷颁布了戒缠足上谕，因而削弱了反对派的力量，一些官员也投入了支持不缠足运动的行列。虽然他们与争取妇女解放主旨截然不同，但由于戒缠足是新政内容之一，因而不缠足活动得到岑春煊、端方、赵尔巽等地方督抚的认可和支持，采取了一系列劝导和严禁的措施，各省大中城市不缠足运动得以公开地进行，放足及不缠足的人数也明显增加。广州"放足者十有八九"，山东潍县"放足者不下千人"。① 但虽有进步人士的倡导和官方的支持，旧的习惯和观念并未一下子改变，城乡以及沿海和内地区域在放足的效果上，仍有很大的差异。②

清初，围绕强制汉族男子剃发问题，在清朝统治者与抗清士绅和民众中间展开了激烈的斗争，为不做贰臣、保护父母之所授，许多人与专制统治抗争付出了生命的代价，统治者也因此为民族矛盾的加剧埋下了种子。明朝时，汉族男子发式为"大顶挽髻"，即在头顶将所有的头发挽起打髻。清军入关后，严令所有汉人一律改着满族衣冠、改剃满人发式：把头顶前部剃光，将头顶后的头发梳成辫子。清朝统治者将剃发易服看作是归顺清朝的标志，"遵依者，为我国民，迟疑者同逆命之寇，必置重罪；若规避惜发，巧辞争辩，决不轻贷"，"即行诛剿"，声称"留发不留头，留头不留发"。这一政策在江苏常熟、江阴、嘉定等长江下游地区遇到强烈的抵制，因而遭到清廷的血腥屠戮，在此高压政策下，各地反抗剃发令的斗争被镇压下去。

晚清倡导或实行剪辫，有着复杂的原因，然而抵拒朝廷统治和以移风易俗改造国家的期望，是其中重要的因素。晚清最早实行解辫的是太平天国起义军，他们解辫蓄发意在以朝廷为敌、并谋取而代之。最早意识到辫子为中国人

---

① 郑永福、吕美颐：《近代中国妇女生活》，45～46 页，郑州，河南人民出版社，1993。
② 傅崇矩《成都通览》认为成都不缠足的妇女"约有十之三四"，多为"女学生及稍明事理之家"。参杨兴梅：《从劝导到禁罚：清季四川凡缠足努力述略》，载《历史研究》，2000（6）。

之赘物的是清朝驻外使臣、随员和留学生，他们拖着长长的"朝制"，与外国朝野往还，备受外人的注意。首批派出留学生有特殊的感受，"幼童穿长袍马褂，并且结着辫子，使美国人当他们是女孩。每当幼童外出，后面总会跟着一群人高叫，'中国女孩子！'使他们颇感尴尬"[①]。林汝耀在《谨告华商之与赛博览会者》中列举外国人欣羡的中国物品，特别强调在孩儿玩具中"无锡泥人，须玲珑，古装，切勿现小脚发辫。最好多做仙女、寿星、刘海之类"[②]。显然辫子被外人视为很不可思议的事。海外华人要在所在国立足，更觉辫子的不便和害处。时南洋华人"有谓辫发为不雅观者；有谓辫发久而不洗即觉臭秽难堪者；有谓辫发贻害甚大，如机器房中执役者一时不慎，致为机器所掣，不免性命之虞者；有谓辫发或被车轮牵扯，致受辗转者；有谓此物私禽兽之尾者"。因而他们相与剪去辫子[③]。

国内进步士绅不仅看到长辫对生命及健康造成的危害，还从移风易俗与国家民族强弱的关系的角度，说明剪辫在救亡图强中的意义。1898年康有为《请断发易服改元折》说："今物质修明，尤尚机器，辫发长垂，行动摇舞，误缠机器，可以立死，今为机器之世，多机器则强，少机器则弱，辫发与机器，不相容者也。且兵争之世执戈跨马，辫尤不便，其势不能不去之。……且垂辫既易污衣，而蓄发尤增多垢，衣污则观瞻不美，沐难则卫生非宜，梳则费时甚多，若在外国，为外人指笑，儿童牵弄，既缘国弱，尤遭戏侮，斥为豚尾，出入不便，去之无损，留之反劳。""且夫立国之得失，在乎治法，在乎人心，诚不在乎服制也。然以数千年一统儒缓之中国，褒衣博带，长裾雅步，而施之万国竞争之世，亦犹佩玉鸣裾，以走趋救火也，诚非所宜也。"他提出"皇上身先断发易服，诏天下，同时断发，与民更始，令百官易服而朝，其小民一听其便"[④]。在此之前，反清志士的剪辫步伐则先著一步，兴中会领导人孙中山和陈少白于1895年就剪掉了辫子，他们的行动超出了一般移风易俗的涵义，由

① 祁兆熙：《游美洲日记》，见钟叔河主编《西学东渐记·游美洲日记·随使法国记·苏格兰有学指南》，271页，长沙，岳麓书社，1985。

② 林汝耀：《苏格兰游学指南》，见钟叔河主编《西学东渐记·游美洲日记·随使法国记·苏格兰有学指南》，706页，长沙，岳麓书社，1985。

③ 《割辫趣闻》，载《益闻报》1898年2月23日。

④ 中国史学会主编：《戊戌变法》第二册，623～624页，上海，神州国光社，1957。

于留辫子具有臣服清朝统治的象征意义，因而它的去留成为是否革命的第一标志，在此风潮影响下的进步留学生从剪辫子开始，走上了反清革命的道路。

到20世纪初年，剪辫之风已广泛影响到青年、新军和官僚中，尽管清廷于1905、1906、1907年严禁军人、学生剪辫，但无法遏止这股大潮。新军为清廷管束严格之地，然而到1909年时，军中留学生及非留学生为操演便利，剪辫人数在急剧增加。就连光绪的弟弟载涛、载洵也于1909年奏请明降谕旨允官民剪发易服①，这一主张获得朝廷同道的支持。1910年10月，在资政院召开第一次常会上，议员罗杰《剪辫易服与世大同》、周震麟《剪除辫发改良礼服》的议案，提交会议议决，并获得多数通过。消息传出，极大地促进了各地的剪辫热潮，不待朝廷批准，社会团体和官绅纷纷组织活动，推动剪辫运动。上海于1911年1月召开有四万人参加的剪辫大会，当日剪辫者有千余人，可见当时剪辫运动热潮之一斑。

从清初沿袭下来的辫子，虽为个人身体滋长之物，但由于它为专制"朝制"所限，又是臣服的象征，所以它没有个人处置的自由。当晚清有了它应有的归宿时，维系它存在的制度和观念也面临着新危机。

（二）社会陋俗的滋长

晚清社会陋俗是这一时期社会政治、经济、文化的消极产物，集中反映了与社会进步对立的退步落后、堕落萎靡的特征，主要表现为烟毒、嫖妓、赌博和奢靡之风。

清朝中期，鸦片毒害日渐严重。因其"急涩猛悍，能陡发人精气，效能顷刻，以其祛小病。故淫荡无识之辈信而宝之，不知服既久，真气亏耗，欲摆脱之不可"②。烟瘾发作时，嚏涕不断，全身痉挛，坐卧不能，最终使人失去劳动能力以至失去生命。烟害日渐严重给社会带来严重的危害，导致"士不能食旧德，农不能服先畴，工不能守矩矱，商不能勤懋迁"③，鸦片"销铄其精神，

---

① 《剪发易服最近消息》，载《中华新报》1909年12月27日。
② 铢庵：《人物风俗制度丛谈》，162页，上海书店，1988。
③ 郑观应：《盛世危言·禁烟上》，见《郑观应集》上册，395页，上海人民出版社，1982。

颓唐其志气，以致废时失业，倾家荡产，其瘤甚深，其害甚重"①。

鸦片战后，社会上鸦片泛滥成灾，吸食鸦片变为一种弥漫各阶层的恶习。虽然从林则徐起就痛诋鸦片之害，后来不断有进步士绅剖肝沥胆指斥鸦片给社会带来的危机，但社会舆论并未形成以吸食鸦片为恶习的共识。上至高官、下至平民均涉身其间。宣统年间，禁烟大臣溥伟奏报："禁烟公所自开办至今，臣所验明断净照章供职者六百五十二员。京内各衙门咨称实已断净者一千八百六十四员，陈明断戒者七百十三员。外省咨称验过实已断净者四千一百二十六员，陈明断戒者一千二百七十五员。内外奏咨参办戒烟不力革职休致者二百七十一员，自行呈明开缺者十九员，因戒吸而病故者一百三十六员。"② 这些数字未必尽实，但可窥见吸食鸦片在官员中十分普遍的情形。平民并不因其家道贫寒而远离鸦片，时人记载，"尝见东洋车夫，捉襟肘见，两足如飞，尽一日之力，得青蚨二三百片，除房饭数十文外，俱消耗于此乡"，不禁感喟："愚民初至沪地，偶尔问津，亦无不囊橐立尽，其为害岂有涯哉！"③

吸食鸦片在贫富贵贱、男女老少不同群体中的迅速广泛地蔓延，不仅缘于鸦片有缓解病痛之功，而且由于城市商业发展所引起的对奢靡生活的羡慕与追求，以及租界及地方政府的放任与纵容，因而形成一种弥漫社会各阶层的风气。在此背景下，不同档次的烟馆在城市开始蜂拥出现，烟馆成为满足烟瘾之外会客、聚友、谈生意、狎妓的场所。烟馆林立是晚清城市的一个特征，天子眼皮下的烟馆也未能禁绝。同治十三年（1874年），宗室祥能在北城开设烟馆并有结伙讹诈事发，上谕查处。④ 光绪九年（1883年）上谕："太监阎连成等，胆敢在禁城内开设烟馆，亟应从严惩治。所有拿获之太监阎连成、民人索儿，均著交刑部严行审讯，按律惩办。"⑤ 到20世纪初年，仅上海公共租界就有烟

① 郑观应：《易言（三十六篇本·论鸦片）》，见《郑观应集》上册，72页，上海人民出版社，1982。

② 《禁烟大臣恭亲王溥伟等奏》（宣统三月十一日），见《清实录》第60册，592页，北京，中华书局，1985。

③ 葛元煦、黄式权、池志澂：《上海海滩与上海人·沪游杂记·淞南梦影录·沪游梦影》，102页，上海古籍出版社，1989。

④ 同治十三年十一月十六日上谕，见《清实录》第51册，939页，北京，中华书局，1985。

⑤ 光绪九年七月初九日上谕，见《清实录》第54册，329页，北京，中华书局，1985。

馆1437家，法租界300家①，合计1737家。如果加上租界内各类烟膏店以及华界内烟馆，较此数字应更多。上海为最早开埠的城市，"烟馆之盛，尤过茶肆，计租界中所称大烟馆鳞次栉比，不胜枚举。惟初以法租界之眠云阁为最，继则互相争赛，复以南诚信为首屈一指。规模宏敞，装潢富丽，大而一榻，小而一盒，无不刻意讲求，穷极工巧，故一般无瘾者亦乐于卧游。入夜，雏妓纷集，粥粥群雌，尤形热闹。男女相对，一榻横陈，不以为怪，而野鸳鸯多成就其中，以是贾大夫一流趋之若鹜"②。为牟暴利，烟馆还设女堂倌，以色相吸引烟客，"在侧偎倚抚摩，则下流之是（士）趋之如水赴壑耳，败俗伤风至于此而极矣"③。烟馆仅是一种公开的吸食鸦片之所，除此之外，客栈、妓院、家中都成为吸食之所。其他地区鸦片泛滥、烟馆林立的情形与上海大致不爽。地处西南的云南，"自各衙门官亲幕友跟役书差，以及城市文武生监、商贾人等吸烟者，十居五六，并明目张胆设烟馆贩卖烟膏"④。吸食鸦片的方式也花样翻新，"吉林延吉厅妇女，有烟霞癖者几十之三四，多半好打吗啡针。每逢春秋佳节，彼此往来，主人必出吗啡全具，以为敬客之资，如南方之献茶果。然而，为之者无论闺女少妇，即高举手腕一一具领，绝无含羞谦让，官吏亦无过而问之者。真怪事也！"⑤朝廷屡有禁烟之令，但各地高官吸食者众多，无法将朝廷禁令贯彻；同时官员为谋鸦片之利，只管利其催征，纵容了鸦片的种植、熬制、出售以及烟馆的开设。

在进步士绅的强烈呼吁下，1906年11月清政府再次发布禁烟令，"定限十年以内，将洋土药之害一律革除净尽"，设立戒烟所督察各地戒烟，严办继续吸食不改的官员，态度坚决、措施具体。各地也纷纷响应，各类禁烟公所、戒烟善会相继成立，推动禁烟运动；烟馆遭查禁。这次行动对扭转社会嗜吸鸦片的风气起了重要作用，进步报刊也推波助澜，报纸上公开揭露官员违反禁令

① 上海租界志编纂委员会编：《上海租界志》，596页，上海社会科学院出版社，2001。
② 胡祥翰、李维清、曹晟：《上海滩与上海人·上海小志·上海乡土志·夷患备尝记》，141页，上海古籍出版社，1989。
③ 《女堂游街》，载《点石斋画报》第45号，67页，光绪十一年六月上澣。
④ 《云南巡抚伊里布奏折》（道光十八年十二月十二日），中国第一历史档案馆藏。转见秦和平：《云南鸦片问题与禁烟运动》，26页，成都，四川民族出版社，1997。
⑤ 《恬不为怪》，《神州日报》附《神州画报》，宣统二年二月十九日。

的丑行。①

娼妓是由来已久的社会问题，鸦片战后，大中城市中逍遥青楼、追逐声色之风随着社会动荡愈益加剧、城市经济的发展以及青壮年男性在城市人口中比例的增高，显得更为普遍和强劲，成为晚清社会颓废、淫荡风气的缩影。

各种规模和档次的妓院在大中城市蜂拥建立。最早开埠的上海，妓院林立为各地所不及，"妓院之盛甲于天下……虽扬州三月烟花白下六朝金粉方之蔑如矣"②。据统计，20世纪初年，上海公共租界明娼暗妓有9791人（法租界及华界尚未计算在内）③；北京有妓女200余人④；广州仅妓院比较集中的陈塘一处就有妓女2000多人⑤。在新出现的妓院中，以往卖艺不卖身而以琴棋书画或南北戏曲酬应者大为减少，而专以性交易为事，故王韬喟然感叹："老妇傅粉谓之强媚，村女簪花谓之俗艳，沪妓具此二者为多……每当夕阳西坠，红裙翠袖，历乱帘前，然率皆牛鬼蛇神，为药叉变相，求于犟眉龋齿中略可人意者，渺不可得，真所谓香粉地狱也。"⑥

以狎妓为荣，这种社会心理普遍存在于社会各阶层之中。虽然清朝律例明令禁娼，进步士绅也不断呼吁匡正世俗，但制度、道德和舆论对官宦僚属、文人墨客、商人买办及下层社会涉身妓院并不具有效的约束和谴责，反而狎妓者堂而皇之地以此炫耀。时人记载："华人于每日午后往往争雇马车驰骋静安寺路中，各行车马为之一罄。间有挟妓同车，必绕道福州路二三次，以耀人目，招摇过市，以此为荣，抑何可哂。"⑦ 清政府对妓院业的放任、甚至推行以捐代禁政策，对社会淫逸之风起了推波助澜的作用。而在淫逸之风中，朝廷命官不甘落后，"海军诸将领……惟于各口立私宅、包歌妓，……船一抵埠，即身归私宅，酣歌恒舞俾昼作夜已"。时人感喟："噫！欲此辈效命于洪波骇浪中，

① 《官场之活剧十一·私藏夹带》，《神州日报》附《神州画报》，宣统三年二月二十一日。

② 《大闹妓院》，见《点石斋画报》第20号，光绪十年九月下澣。

③ 上海租界志编纂委员会编：《上海租界志》，600页，上海社会科学院出版社，2001。

④ 服部宇诘：《清末北京志资料》，463页，北京，燕山出版社，1994。

⑤ 欧安年：《旧广州娼妓问题之历史回顾》，载《岭南文史》，1995（1）。

⑥ （清）王韬：《瀛壖杂志》，10~11页，江苏广陵古籍刻印社，1995。

⑦ 胡祥翰、李维清、曹晟：《上海滩与上海人·上海小志·上海乡土志·夷患备尝记》，14页，上海古籍出版社，1989。

视死如归，岂不难若登天哉?"① 远在海疆如此，就在皇帝眼前的官僚也并不有所收敛，以致皇帝要专门为此颁布上谕，进行严厉斥责和惩处。② 但皇帝的上谕并不起什么作用。报载：北京安定门内方家胡同宝宅，日前做寿。所邀来宾率皆钜卿显宦，同时"笺召名花无数，入门征歌献技，杯盘交酢。席散之后，各挟妓女至华堂祝嘏。酒绿灯红，名花缭绕，颇极一时之盛。闻是夜每妓喜钱约得二十余两云"。记者对京官置国难于不顾，为求妓一哂，竟挥金如土，气愤地说："呜呼! 今值外人监督财政问题急迫之时，各省志士有组织筹还国债会者，而京师巨宦，方歌舞漏舟之中，异哉!"③ 各地在妓女的品相和妓院的规模档次上有很大区别，而上等妓院则极尽豪华奢侈。"沪上妓院亦甲于天下，别户分门，不胜枚举。大抵书寓、长三为上，么二次之。……房中陈设俨若王侯，床榻几案非云石即楠木，罗帷纱帐以外，着衣镜、书画灯、百灵台、玻罩灯、翡翠画、珠胎钟、高脚攀、银烟筒，红灯影里，烂然闪目，大有金迷纸醉之概。"非一掷千金者，无法进此门槛，它的招徕对象就是高官显宦和商人买办。而被称为"野鸡"、"花烟间"、"台基"、"窑子"者，则面向下层社会。④ 直至清朝覆灭，这种以玩弄女性为嗜好的淫逸之风未色稍改。

近代赌博之风远胜于清前期，其形式、规模和影响都有很大的变化。晚清沿袭了许多清前期的赌博形式。叶子戏以四十页纸牌用具，或称马吊牌，清初"风驰，几遍天下"⑤；牌九；骰子戏以色子六面的点数及颜色定其胜负，有称掷老羊、掷状元；斗禽虫可分为斗蟋蟀、鹌鹑、鸡等，以其决斗输赢，判赌者胜负。一些新的赌博形式或土生土长或传自西方也纷纷出现。闱姓起源于广东，每逢乡试、会试，以考取的姓氏数量作为赌博对象，押中多者为胜；麻将牌，亦称麻雀牌。随着列强势力的涌入，外国赌博形式在开埠城市出现。赛马

① 郑观应：《盛世危言·水师》，见《郑观应集》上册，888 页，上海人民出版社，1982。

② 光绪二十九年十月二十六日上谕说："京师首善之区，岂容有流娼土妓，混杂狎处，至官员挟妓，尤干例禁。著步军统领衙门、顺天府、五城御史，认真严行查禁。如再有此等情事，无论是何官职，著各该衙门，一体严拿，照例惩办，毋得瞻徇。"见《清实录》第 58 册，908 页，北京：中华书局，1985。

③《群仙晋祝》，《申报图画》，外埠新闻，宣统元年十一月初一日。

④ 葛元煦、黄式权、池志澂：《上海滩与上海人·沪游杂记·淞南梦影录·沪游梦影》，164 页，上海古籍出版社，1989。

⑤ 褚人获纂辑：《坚瓠十集·纸牌说》，上海，进步书局，1912。

赌博是指赛马场向社会出售马票，为预计在比赛中获胜的马下注，押中者获胜；1842年英国藉澳门之地举办了三届赛马会；两年后，香港也在黄泥涌赛马；1850年上海在新竣工的80亩赛马场举办第一次赛马会；天津和北京也相继修建赛马场、成立赛马组织。彩票最早传入中国大约在19世纪60年代①，初为西班牙殖民地菲律宾吕宋岛发行，由商人带到上海销售，又蔓延到上海周边地区。

花样翻新的中外赌博在畸形的晚清社会迅速发展，吸引了众多的嗜赌者，造成严重的社会问题。"广东赌风最炽"，"赌博莫甚闱姓"，"闱姓之赌起自机房小民，渐而相率效尤行于省会，经前抚臣郭嵩焘罚缴款项以资津贴，奸民因此藉端禀缴抽缴经费，巧立榜花名目，每届乡会科期及岁科两试之先设局投票，每票限写二十姓，以中姓多少为赢输。其投票之资，则自一分一钱以至盈千累万；其投票之处，则自省会以及各府州县穷乡僻壤；其投票之人，则自缙绅士大夫以及农工商贾妇孺走卒，莫不罄其所有，各存幸心希图一掷，以致倾家破产、歇业潜逃，甚而服毒投缳、卖妻鬻子。凡此之类，难以悉数"。"尤可骇者，每遇科年，谣言四起，或云某姓已通关节，或云某姓已托人情，其岁科两考百计钻营，有姓字未登票内，或经取录则畀以多金，甚使不行赴覆或寻其瑕隙激同大众禀攻，否则有赂之故犯场规甘遭摈斥者。至武闱乡试并无糊名，其监射等弊窦更难缕指，以国家抡才之典为市侩赌博之资，阻塞士登进之阶，启官绅贪污之渐，立心之险、设局之奇有如此者。……夫番摊、白鸽票、花会各赌率皆市井无赖之尤，稍知自爱者犹不肯为。若闱姓则公然设局，明目张胆恃官长为护符，即父兄何能束其子弟，伤风败俗病国蠹民莫甚于此。且赌博之禁，朝廷显有科条，今则官为抽收，更复成何政体？""若不早行禁止，恐科场因此而滋事必至酿成巨案，百姓由此而并穷必至流为寇盗，其弊更有不忍言者。"②

麻将在晚清盛行南北各地，时人谓："自从经了庚子的这场浩劫，不料麻

① 闵杰：《清末彩票》，载《近代史研究》，2000（2）。
② 邓承修：《请饬禁抽收赌款疏》，见葛士浚《皇朝经世文续编》卷四七，《户政二十四·榷酤》。

雀牌走了运气啦，真是趋之如鹜，举国若狂，一唱百和，全国皆是麻雀牌赌，上行下效，触目无非亡国如戏。你要问他立宪，不知为何物，问他国会，不解为何辞，惟独麻雀这类东西，仿佛像普通学似的，百的幺二，又是什么三台两台，你听罢，见了面就是这一套。"① 赌风猖獗，"实在是教人可怕得很啊。十几年前的时候，赌的名目，有纸牌、骨牌等等的花样，到底还分个年啦、节啦、喜啦、寿啦，大家聚在一起玩玩。自从遭了庚子这场大变，又添上了一个麻雀牌。唉，麻雀牌一盛行不要紧，可就害人喽。也不论是什么生意买卖，铺里全预备一副麻雀牌，不但趋时，而且可以联络朋友"②。

彩票种类繁多，始有外国吕宋票、暹罗大票、澳门彩票、华来赐票、长崎彩票等。1899 年中国人自己兴办了广济彩票公司，称为江南票，由两江总督批准用以征集赈款，此为中国出售彩票之始；此后，中央和各省也相继创办。与此同时，各种彩票的销售额也逐年上升。19 世纪 90 年代末仅上海每年吕宋票的销售额就达 43.2～57.6 万元，1901 年江南票在上海的销售额达 180 万元，湖北签捐票 1908 年的利润高达 100 余万元。③ 由于彩票每张五六元，头彩却有成千累万，甚而高达 10 万元，使上下贵贱趋之若鹜，这也是彩票广泛蔓延的主要原因。无论是外国彩票，还是以赈灾为名的中国彩票，均不出导世人以群赌，以致"开彩之期，人心皇皇，犹之乎乡会试之出榜；对号单既到，万头攒动，犹之乎题名录。一击不中，赫然发奋，质妻鬻子以谋再举。及累买不中，则愤心生，必欲得之而后已；再不得，则惧心生，非得而翻本则不可以已"④。因此，从其问世之日起，反对和禁止之声不断。

泛滥于各地的赌博活动是晚清世风愈益沉沦的催化剂。在此赌风中，官员倚仗权势，呼风唤雨，借机生财。光绪年间，"职官公然聚赌情事"，所在多有，以致屡屡惊动皇帝，不断发布谕令："开场聚赌，例禁綦严，若如所奏，京师赌风日炽，并有身列缙绅者亦在其中，于风俗人心大有关系，亟应严拿惩

---

① 《麻雀捐》，载《大公报》1908 年 9 月 19 日。
② 《工商界好嫖赌的请看》，载《大公报》1910 年 1 月 13 日。
③ 参见闵杰：《清末彩票》，载《近代史研究》，2000（4）。
④ 《论湖北富签票事》，载《中外日报》，1902 年 4 月 10 日；转引自闵杰《清末彩票》，载《近代史研究》，2000（4）。

治，以挽浇风。著步军统领衙门、五城御史一体查拿究办。"① 与此同时，朝野上下又朝令夕改、阴为放纵，致使赌风畅行。因此，为利所趋，官员并不把上谕当回事，"京师麻雀之赌，大半倡行于仕禄之家"②，即见一斑。官员恣意妄为，导致社会各阶层纷纷效尤，因而投机、暴富心理在社会急剧增长。

---

① 光绪九年二月初三日上谕，见《清实录》第54册，235页，北京，中华书局，1985。
② 《警部议拟严禁麻雀》，载《大公报》1906年5月3日。

第九章
晚清时期的宗教
与中国社会

一、基督教的传播

基督教传入中国尽管可以追溯到唐朝,然而自那时开始经元、明两朝及清代前期的中外文化的融合与冲突,以及由此而形成对中国社会的冲击,直到近代才变得异常深刻、强烈和广泛,内政与外交、社会各阶层、沿海与内地、道德习俗、文化教育、思想界的动向都受到不同程度的影响。可谓不速之客的基督教,借助武力和强权,在中国既酿成新知,又肇祸端,在近代中国追求民族独立和建立民主国家的奋斗中,扮演了多重角色。

(一) 19 世纪中期的传教活动

18 至 19 世纪中叶,西方主要国家的资本主义获得了迅速的发展，海外殖民进一步扩大。中国辽阔的土地、丰富的物产和精美绝伦的历史宝藏在欧美久负盛名，使早已为之垂涎的商人、殖民者跃跃欲试，伺机一逞。在此背景下，欧美主要国家的基督教掀起向海外传播福音的热潮，一时间，各种各样的海外传教团体和机构纷纷成立，著名者如伦敦传道会、美部会、美国浸礼会、英国长老会等。受这股宗教热潮鼓动的传教士，怀着征服"异教"和"蒙昧"地区的强烈愿望，踏上开往世界各地、其中包括亚洲的商船。然而，康熙朝两次排教、雍正朝颁布禁止基督教在华活动的禁令，使试图进入中国的传教士遇到困难。

罗伯特·马礼逊（Robert Morrison）是 19 世纪来华传教士中具有开拓性的人物。1807 年 9 月，他受英国伦敦会传道会之遣只身来到中国，匿迹广州，开始了长达 25 年的传教生涯。在最初来华的两年中，他竭尽全力学习中国的语言和文化，不仅能用官话和广东话与人交谈，而且阅读了有关经学、史学和法律方面的书籍。为了使更多的中国人了解、皈依基督，他将一部分《新约》篇章及宗教宣传品翻译刻印，在广东和南洋散发。为了应对在华传教仍为清朝严禁的局面，统筹对华传教事业，马礼逊与另一传教士米怜（William Milne）成立了"恒河外方传教团"，由米怜于 1815 年 8 月 15 日在马六甲创办《察世俗每月统记传》（*Chinese Monthly Magazine*），以浅显的语言，向普通下层群众传播宗教知识；1815 和 1816 年在马六甲相继开办了两所免费的初级教育学校，吸收华人子弟就读；1818 年创办英华书院（Anglo-Chinese College），为华人提供基督教原理和英语培训，为传教人员提供中国语言文化的培训；并且建立救济机构"呷地中华济困疾会"，以扶助处于贫困和疾患的华人。

马礼逊的工作得到了伦敦会教士米怜以及中国人梁发等人的帮助，他和同伴们的努力实为近代新教在华传教奠定了基础。然而，他深感"以灵性之眼审视，这里没有令人鼓舞的前景。一切都在令人沮丧的黑暗之中。这里的人民对上帝之光全然无知"[1]。显然，清朝政府和民众对基督教的冷漠态度，促使早期传教士以更急迫的心情和更大的努力来突破在华传教的障碍。

美部会（The American Board of Commissioners for Foreign Missions）也是

---

[1] *Missionary Herald*, vol. 17. p. 97. 转引自吴义雄：《在宗教与世俗之间：基督教新教传教士在华南沿海的早期活动研究》，64 页，广州，广东教育出版社，2000。

新教早期对华传教的机构之一。1830 年 4 月派遣裨治文（Elijah C. Bridgman）到达中国广州，揭开了美部会在华传教的序幕。散发宗教宣传品是裨治文传教中的一项重要任务，但一直为清政府所禁止，为躲过官府的视线，梁发和中国信徒把宣传品散发到广东各地。但他们并不满足于广东沿海地区的活动，史第芬（Edwin Stevens）携带大量印刷品，自珠江口乘船沿中国海岸线北上一直到达山东半岛，于回程沿途散发，遭到地方官员的拒绝。

19 世纪前期新教的传教活动，以印刷和散发宗教宣传品为主，活动范围仅限于以广州和澳门为中心的附近地区，并未广泛招收当地的信徒。1835 年，美部会传教士伯驾（Peter Parker）来华，在广州建立眼科医院新豆栏医局，为眼疾患者进行治疗，同时借此机会宣传教义，扩大基督教的影响。伯驾的做法开辟了基督教在华传教的新途径，也把西方的医学传播到中国来。然而，传教并不全与慈善事业相联系，它有时也与丑恶、血腥的鸦片走私和战争搅和在一起，充当了侵略者的帮凶。德国传教士郭士立（Karl Friedrich Augst Gützlaff）即为其中一例。为获得传教经费，他曾作为翻译和向导，几次随鸦片贩子的走私船，游弋于中国沿海，充当了鸦片贩子的助手；在英军攻打清军的战役中和向清朝官员敲诈勒索的谈判桌上，他作为翻译扮演了助纣为虐的角色。[1]

在新教逐步发展对华传教事业的同时，天主教也在 19 世纪 30 年代末开始恢复暂停了五十多年的在华活动。1839 年初，罗类思（Louis de Bési）受罗马教廷的派遣来华，相继来华的还有受到法国王后资助的耶稣会成员南格禄（Gotteland，Claude）、艾方济（Estéve，Francois）和李秀芳（Brueyre，Benjamin）。他们在中国从事秘密的传教活动，不为中国法律所允许，因而他们极其盼望以宗教之外的力量来改变他们所面临的困境。[2]

---

[1] 参见吴义雄：《在宗教与世俗之间：基督教新教传教士在华南沿海的早期活动研究》，93~100 页，广州，广东教育出版社，2000。

[2] 鸦片战争后，雅裨理就说鸦片战争是"上帝用来打开中国大门的手段"（见 Bensong L. Graysong edited, *The American Image of China*（New York，1979），pp. 78~83）。倪维思也说："不管这场战争正当不正当，但它是按照上帝的意志用来开辟我们同这个巨大帝国的关系的新纪元"（见 J. W. Foster, *American Diplomacy in the Orient*. p. 73）。这些代表了相当部分传教士的意愿。

西方殖民者和鸦片贩子挑起了鸦片战争，而战争的获益者不仅有西方殖民主义者、商人，而且还有教会和传教士，他们正是借助对华战争及强加给中国的不平等条约，实现了他们多年的梦想：打破中国政府的传教禁令，到中国去自由传教。

鸦片战争后，中外条约中最早涉及外国传教，是签订于 1844 年的中美《望厦条约》。其中第十七款规定："合众国民人在五港口贸易，或久居，或暂住，均准其租赁民房，或租地自行建楼，并设立医馆、礼拜堂及殡葬之处"①。此款内容巧妙地包含了传教士所极为关注的问题：即允许修建教堂自然隐含着允许教堂的宗教活动。代表清朝签字的两广总督耆英并未看出字面后面的潜台词，但作为美方翻译的传教士裨治文、伯驾却洞悉无遗。从此清政府限制外国传教士在华传教活动的禁令便失去了原有的效力。

法国并不满足于从英、美迫使清朝所签条约中分享的利益，法国公使剌萼尼（Théodose de Lagrené）要求清政府同意弛禁基督教、宣布传教为合法、中外民人学习天主教并不滋事为非者概予免罪等。耆英感到碍难应允，即使弛禁，中国地方官员也应对中国教民持有司法惩处权，对外国传教士的活动区域予以限制；② 最终双方未能达成一致。1844 年 10 月签订的《黄埔条约》规定，允许法国人在五口建房、租房居住或贮货，建造礼拜堂、医院、学堂、坟地等。"倘有中国人将佛兰西礼拜堂、坟地触犯毁坏，地方官照例严拘重惩"③。由于没有得到清政府弛禁传教的明确表示，法国步步紧逼，要求耆英奏请道光帝批准弛禁天主教。1844 年 12 月 14 日，道光皇帝谕准弛禁天主教，同时强调"止准其在通商五口地方建堂礼拜，不得擅入内地传教，倘有违背条约，越界妄行，地方官一经拿获，即解送各国领事官管束惩治"④。但剌萼尼又进一步提出发还在禁教时期没收的天主教堂、惩治"迫害"教徒的官员等要求。1846 年 2 月 20 日，道光帝谕准拉萼尼的全部要求。⑤此举从根本上改变了基督教在华传教的地位和境遇，既为他们在华传教获得了与地方官颉颃可靠的法律保

---

① 王铁崖主编：《中外旧约章汇编》第一册，54 页，北京，三联书店，1957。
② 卫青心著、黄庆华译：《法国对华传教政策》上卷，383 页，北京，中国社会科学出版社，1991。
③ 王铁崖主编：《中外旧约章汇编》第一册，62 页，北京，三联书店，1957。
④⑤《鸦片战争档案史料》第七册，534、631 页，天津古籍出版社，1992。

护，也为他们提供了向大清皇帝敲诈勒索的可以效法的先例，大炮和条约与基督教紧密地结合在一起。

19 世纪四五十年代，基督教的传教事业呈现出新的变化。首先，弛禁基督教的上谕发布后，新教和天主教会普遍认为，迫使清政府承认传教合法，这正是在华传教的天赐良机，绝不能丧失，于是新教和天主教各宗各派纷纷行动，或创建新的海外传教机构，或将原有的工作重心和活动区域陆续由南洋、澳门、香港移到广州和其他通商口岸，开辟新的传教地区。仅就美国于 40 年代赴华的新教团体而言，就有美部会、圣公会、浸礼会、长老会、大美归正教会、南浸信传道会、美以美会、监理会、南长老会、圣经公会、女公会、基督会等十余家。港、澳与广州近在咫尺，一些传教士便将开辟新传教区域的落脚点首先选在广州。1844 年，美国浸礼会罗孝全（I. J. Roberts）率先把浸礼会的活动拓展到广州。1845 年 7 月，《中国丛报》由香港搬到广州，继续它的宗教宣传工作。到 1846 年已有 4 批十几位耶稣会士到达上海，建立了江南教区，浦东、浦南、崇明、松江和青浦等地成为近代耶稣会士最早开辟的地区，他们建立了堂口制度，设立了集合教友进行宗教活动的场所，利用刚刚学会的汉语向中国信徒讲道。1844 年到达上海的伦敦会教士雒魏林（W. Lockhart），开办了一个诊所，后扩大为仁济医馆，通过给中国人治病，使中国人对基督教产生好感，进而产生对宗教的精神寄托。麦都思（W. H. Medhurst）在上海迅速扩展地盘，并将开办于爪哇的印刷所搬到上海，扩建成中国第一个近代印刷所墨海书馆，陆续出版了介绍近代科学技术方面的书籍。

尽管条约有关于传教区域的界定，但教会和传教士并不遵守中国政府提出的将传教仅限于五口的规定，而是千方百计躲过官府的监管，进入远离五口的华南、江浙和华北地区传教。最早向中国内地传教的郭士立于 1844 年 2 月创立了福汉会，派遣经过培训的信徒到偏远的地区传道。创办之初，其事业发展迅速，1844 年只有会员 20 人，1845 年增至 80 人，1846 年洗礼人数有 80 至 90 人，1848 年 5 月会员共有 1300 人，其中传道及助理有 112 人。[1] 1846 年，福汉会在广州、佛山、顺德、三水、韶州、南雄、潮州等地设立分站，而传道

---

① Herman Schlyter，"Karl Gutzlaff als Missionar in China"，*Lund Hakan Ohlssons Boktryckri*，1946. pp. 176～202，176～180。

者有的远抵海南岛、广西、福建、江西、湖南、湖北、河南、山东、安徽、江苏、浙江等地。① 在上海的耶稣会传教士则进入无锡、常熟和安徽的一些地方。② 类似的宗教渗透在沿海地区十分普遍，他们的足迹甚至到达皇帝眼皮下的京津地区。

在鸦片战争后的 20 年中，教民数量逐渐增加。从创立到解散只有短短 5 年时间（1844 至 1849 年）的福汉会，到 1848 年有成员 1000 人，宣教师 100 人，5 年间受洗 2708 人。③ 与明朝利玛窦时期教徒中有不少士绅不同，此时的成员主要为下层民众，如贩夫、渔民以及客家人等。他们较其他阶层更容易接受外来宗教，与鸦片战争前后清王朝内忧外患、危机四伏、社会矛盾逐渐暴露，社会下层的谋生条件遭到严重破坏有直接关系。在生活窘迫、依靠传统的社会组织和谋生手段不能解燃眉之急的情况下，对社会下层来说，寻求精神寄托和谋生出路、甚而寻求洋教保护是无可奈何的选择。正如时人所言，外来商品冲击国内市场，原从业人员无以为继，"洋布大行，价才当梭布三之一。吾村专以纺织为业，近闻已无纱可纺。松、太布市，消减大半"④，"江浙之棉布，不复畅销"⑤，珠江三角洲地区也深被其害。军费增加和战争赔款加重了人民的负担，种种恶果愈益积聚，实际导致多少劳动力丧失本业，虽然没有准确的统计数字可资利用，但从五六十年代社会动荡规模之大、影响之深远，即可从一个侧面窥见下层民众的处境和受外来宗教吸引的复杂因素。

第二次鸦片战争结束后，英、法等国在与清政府交涉中再一次以条约的形式，扩大教会和传教士的权利。这是传教士在战争前后不断怂恿列强以武力推进传教活动的直接结果。美国美部会传教士卫三畏（Samuel Wells Williams）曾毫无掩饰地说："流血是必要的。……除非用恐惧唤醒他们的正义感，否则中国人不会做出任何让步。异教道德使他们成为最自私、最残忍而又胆小如鼠

---

① 李志刚：《基督教早期在华传教史》，301 页，台北，商务印书馆，1985。
② 阮仁泽、高振农主编：《上海宗教史》，635 页，上海人民出版社，1992。
③ 吴义雄：《在宗教与世俗之间：基督教新教传教士在华南沿海的早期活动研究》，174 页，广州，广东教育出版社，2000。
④ 包世臣：《齐民四术》卷二，见《安吴四种》，光绪十四年刻本。
⑤《道光二十五年福州将军兼闽海关敬敉奏》，载《历史研究》，1954（3）。

泉州街头的外国女传教士

神父在为婴儿诊治

河南的外国传教士看中国儿童玩耍

1906年 徐家汇天主教堂

天津教案 火烧望海楼

杨文会

杨文会父子合影

金陵刻经处

的民族，因此，如果我们指望她服从理性的话，我们必须以武力作后盾。"①丁韪良也露骨地表示，在传教遭到朝廷和民间的强劲阻力下，"按照上帝的意旨看来是必需的，首先应该使用武力，令这些高傲的亚洲人谦恭下来"②。1858 至 1860 年相继签订的几个不平等条约即顺应了传教士的迫切要求。其一，允许传教士进入内地传教。1858 年的中俄《天津条约》规定："若俄国人有由通商处所进内地传教者，领事官与内地沿边地方官按照定额，查验执照，果系良民，即行画押放行，以便稽查。"其二，允许中国人自由习教，地方官当予以矜恤保护，不得骚扰。中美《天津条约》规定："嗣后所有安分传教习教之人，当一体矜恤保护，不可欺侮凌虐，凡有遵照教规安分传习者，他人毋得骚扰。"③ 其三，允许于各处会众讲道、建堂礼拜，对横加干涉的地方官给予处分。1860 年的中法《北京条约》规定："应如道光二十六年正月二十五日上谕，即晓示天下黎民，任各处军民人等传习天主教，会合讲道，建堂礼拜，且将滥行查拿者，予以应得处分。"其四，允许传教士在中国各省租买田地，自由建造。中法《北京条约》规定："任法国传教士在各省租买田地，建造自便。"④ 这些传教特权的条款，奠定了传教士在华传教的法律保障，无疑给各国传教士服务于本国的扩张政策提供了条件，同时也埋下了中国人民对传教士恃枪炮和条约恣意妄行而奋起反抗的种子。近代中国民教冲突频繁，且不断酿成教案，即为这一种子萌发的必然结果。

（二）19 世纪晚期的传教活动

19 世纪 70 年代至 20 世纪初，由于清政府统治力量的逐渐衰落和外交上的节节失利，基督教对中国政局、社会发展产生较之前一时期更大的影响。

到 20 世纪初，新教教徒已达 13 万人，传教士 1500 人；天主教徒 74 万余

---

① Frederick W. Williams, *The Life and Letters of Samuel Wells Williams*, LL. D. （New York: G. P. Putnam's Sons, 1889）. p. 268. 参见王立新：《美国传教士与晚清中国现代化》，67～68 页，天津人民出版社，1997。

② Ralph Covell, *W. A. P. Martin: Pioneer of Progress in China*, p. 90.

③ 王铁崖：《中外旧约章汇编》第一册，95 页，北京，三联书店，1957。

④ 王铁崖：《中外旧约章汇编》第一册，107 页，北京，三联书店，1957。

人，外国神父 1075 人。① 教会势力庞大，导致民教矛盾尖锐、教案频发的情况，将在下一节论述。

教会在进一步扩大势力范围、争取更多教徒的同时，传教策略和方法出现新的变化，主要表现在两个方面，第一是在理论和实践中调和教义和仪轨与中国伦理道德和风俗习惯的冲突，以适应吸引更多中国人、尤其是士绅信教的需要。林乐知率先提出，"儒教重五伦，吾教亦重五伦"，"儒教重五常，吾教亦重五常"，"儒者君子三戒，与吾教上帝十诫，旨有相通者"②。并且以儒家学说中的概念来阐释基督教的教义。在此之后，1890 年丁韪良进一步指出："没有任何东西能够阻止一个明智的儒者以耶稣作为世界的福音而接受之，这并不需要他放弃对中国人来说孔子是特殊导师的信念，'孔子加耶稣'这一公式对儒者来说，已经没有不可逾越的障碍了。"③ 这些看法比早期保守教派一定要教徒排斥儒家思想、摒弃沿袭几千年的伦理道德和风俗习惯等做法，是一个不小的进步。虽然，祭祖问题在当时的教会范围内争议良久而未被允许，但这一争论预示着宗教本土化的趋势难以改变。

第二是建立文化、教育和医疗机构。传教士或教会设立文化、教育和医疗机构始于鸦片战争前后，但这些机构形成规模、同时在社会上产生广泛的影响，还是肇始于 19 世纪七八十年代。

在此之前，所办学校多为蒙养学堂和初级小学堂，而在这一时期中级学校增加，并且出现了第一批具有大学水准的学校。据统计，1877 年欧美新教各差会在华开办的学校有 347 所，招收学生 5917 人④。具有大学水准的学校如登州文会馆（1876 年）、圣约翰书院（1879 年）、潞河书院（1886 年）、之江大学（1897 年）、汇文大学（1890 年）、文华书院（1891 年）等。这些大学的学科设置逐渐完备，招生人数逐年增加。1906 年教会学校在校生达 57683

---

① 顾卫民：《基督教与近代中国社会》，360、370 页，上海人民出版社，1996。
② 林乐知：《消变明教论》，载《教会新报》1869 年 12 月 4 日。
③ 丁韪良：《天道溯源直解》，1 页，汉口，上海中国基督教圣教书会印行。
④ Alice Gregg, *China and the Educational Autonomy：The Changing Role of the Protestant Educational Missionary in China*，1807～1937（New York，1946），pp. 16～17。参见王立新：《美国传教士与晚清中国现代化》，210 页，天津人民出版社，1997。

人。① 近代女子教育，始于 1844 年，当时英国东方女子教育促进会阿尔德西女士在宁波设立了中国最早的女校。此后陆续在五口成立了 11 所教会女塾。② 到 1905 年，新教教会小学共有 7168 名女生，中学有 2761 名女生。③ 在建立新校的同时，西方的教育制度和教育思想也随之传入中国，推动了中国教育的近代化。

创办报刊。1870 至 1890 年间，新教传教士创办的报刊就有 20 多种，较著名的如丁韪良主办的《中西见闻录》、金楷理和林乐知主办的《近事汇编》、傅兰雅主办的《格致汇编》、林乐知主办的《万国公报》等。这些报刊除宗教内容外，时论、国内外新闻、工商各业商情、科学技术知识、各国历史十分引人注目。特别是一些时论，针砭官场积弊、痛刺社会问题、传播西政西艺、鼓吹社会改革、倡导文明风尚在晚清社会激起阵阵波澜，帮助不同时期的进步人士于危难之时探索中国的出路。《教会新报》之于洋务派人士、《万国公报》之于维新人士，都有不同寻常的影响。维新变法时期，《万国公报》发行达 3.8 万多册，是当时最为畅销的报刊。康有为在自编年谱中曾述及购该报，报中"声、光、化、电、重学及各国史志，诸人游记皆涉焉"④，并说"我信仰维新，主要归功于两位传教士，李提摩太牧师和林乐知牧师的著作"⑤。

开办出版机构，译印外国政治、法律、历史和科学技术方面各类书籍。教会所办翻译机构在早有墨海书馆、美华书馆，在七八十年代卓有影响的是成立于 1887 年的广学会。其成员主要是英、美传教士，李提摩太任督办。包含社会政治学说、各国史事与现状、科学技术方面书籍的出版，为戊戌维新运动推波助澜，同时为普及新知、涤荡朝野因循保守之风起了重要的作用。《泰西新史揽要》、《中东战纪本末》、《文学兴国策》、《自西徂东》是其所出版中之重要者。

---

① 《中华归主——中国基督教事业统计（1901～1920）》，101～102 页，北京，中国社会科学出版社，1985。
② 中国基督教教育调查会：《中国基督教教育事业》第三卷，231～241 页，上海，商务印书馆。
③ 费正清主编：《剑桥中国晚清史》中译本，627～628 页，北京，中国社会科学出版社，1985。
④ 中国史学会主编：《戊戌变法》第四册，116 页，上海，神州国光社，1953。
⑤ 〔美〕杰西·卢茨：《中国教会大学史》，45 页，杭州，浙江教育出版社，1978。

反缠足运动。1864年，德国传教士花之安到广东，他在《自西徂东》一书中，对缠足陋习予以激烈的批评，指出此陋俗对人身体、卫生及子女的危害："《孝经》云：身体发肤，受之父母，不敢毁伤，乃今竟毁伤其肌肤，则在子女为不孝，在父母为不慈，两失之矣。且裹足之女子，尝少走动，血气不舒，易生疾病，产子艰难，其身多软弱，故生子女亦多不健。由此观之，裹足与不裹足，其损益之理甚明矣。"① 1874年，厦门成立了第一个主张禁止缠足的传教士团体，要求妇女入教必须放足。女校也逐渐开始禁止缠足者入学，成为近代妇女天足运动的先声。

二、基督教、教案与中国社会

基督教传入中国后，传教士在本国资产阶级的推动下，借助炮舰和不平等条约的保护，迅速扩大它的势力和影响，上与中央和地方政权相抗衡，下借种种手段扩大下层民众从教的队伍。各级官吏在朝廷妥协外交政策的制约下，往往对日益膨胀的教会势力曲意迁就回护，而对绅民的抗教活动百般压制遏抑，这种做法加剧了本来已经十分尖锐的民族矛盾、社会矛盾和文化冲突。

（一）中国社会对基督教的反应

从中国社会不同阶层对基督教、教案爆发的原因、解决基督教问题的对策等三个方面认知深化的过程，可以窥见晚清中国社会对基督教的反应情况，其中所体现的中外文化的冲突与融合、国民情感与理性的此消彼长都交织在一起。

鸦片战争后，基督教借武力和不平等条约的保护进入中国社会，逐步扩展其活动空间，引起了最早一批有识者的警觉。梁廷枏于1846年（道光二十六年）撰成《海国四说》一书，其中的《耶稣教难入中国说》是近代中国人第一篇阐述基督教教义和历史，并与佛教、儒学的特点相比较，明确提出基督教难以在中国立足观点的著作。他既看到基督教有共戴上天、求福免祸等适应人们

---

① 花之安：《自西徂东》，116～119页，光绪十年广东小书会真宝堂发售。

精神需要而又易导人归入歧途的特点，也精辟地指出"死人之不可起，白骨之不可肉"，"宇宙内亦安得有如许广大幅员，载此开辟至今如恒河沙之众？"何复活之有？"天果将来有齐集审判之日，是生人之类自此终，灵魂之躯自此始矣。无论审判不知迟至何代而后举，而自耶稣至今已千余年矣，何以不一行审判乎？"① 梁廷枏虽然也以"周公孔子之道，灿然如日月丽天"来说明其与基督教较力自有"终不能摇而夺之"的力量，但确能客观地指出基督教失诸常理之处。

曾国藩是清朝较早提倡兴办洋务的官员，也是洋务运动中一位重要人物。他对于学习西方先进的科学技术、建立用于军事和民用的新式机器制造业、新式学校等方面，采取了积极的态度。然而，对与西方科学技术一同而来的基督教，他则持否定态度。他认为基督教难以长久，不仅因为其初"专以财利饴人"，而"近日外国教士贫穷者多，必之利有所不给，则其说亦将不信"，而且"天主教兴于泰西，而今日之泰西则另立耶稣教，而又改天主。可见异端之教，时废时兴"，由此断言，"惟周孔之道万古不磨"。② 曾国藩对基督教的态度，反映了鸦片战争后的朝廷要员对基督教在华扩展其势力、并冲击社会政教秩序而产生的忧虑，由此也可窥见涉身洋务的朝廷要员对基督教究为何物的认识水平。

与曾国藩有着密切关系的丁日昌，曾任江南制造局总办、江苏布政使、巡抚，于兴办洋务多有建树。在参与对外交涉中，他尖锐地批评涌入中国的"天主耶稣之教，原鄙浅俚俗之说，不过奸民欲借以玩法，愚民欲资以谋生，自余稍有识者皆不为所惑"③。"教士之入中国也，引诱莠民，欺凌良善，掣肘官吏，潜通消息。凡有百姓之处，即有传教之人，目前受其荼毒，固属甚而又甚，将来酿成大变，更为防不胜防"④。在此，他痛切指出基督教已给中国社会造成严重危害，告诫世人其危害定要发展到防不胜防之地步。与丁日昌的观点大致相同，郭嵩焘、薛福成等人也指出其"精微处远不逮中国圣人，故足以

---

① 梁廷枏：《海国四说》，42 页，北京，中华书局，1993。
② 《筹办夷务始末（同治朝）》卷五四，故宫博物院 1929 年影印本。
③ 《百兰山馆政书》卷四。
④ 《边事续钞》卷三。

惑庸愚，而不能以惑上智"①；"虽中国之小说，若《封神演义》、《西游记》等书，尚不至如此浅俚也。其言之不确，虽三尺童子皆知之"②。涉身洋务的官员如此鄙薄基督教，与他们内心强烈的民族文化感情和对基督教危害的深深忧虑有着密切的关系。他们目睹基督教"引诱莠民，欺凌良善，掣肘官吏，潜通消息"的行径，扰乱了朝廷的统治秩序和维系这一秩序的占统治地位的思想文化，因此，他们将基督教视为"鄙浅俚俗之说"，谓其适应了奸愚之民借以"玩法"、"谋生"的需要。

王韬是与郭、薛同时代的人物，在对待基督教的态度上，由于其特殊的人生道路，使他不同于官员的思想。王韬 18 岁考中秀才，此后屡试不售，便应来华英国传教士麦都思之邀，任职于墨海书馆，从事译书的润色工作。这期间，他有机会阅读有关基督教教义和历史的论著、与传教士进行交流，早年形成的以儒学为主体的思想观念在 19 世纪 60 年代出现明显变化。他提出关于儒学、佛教、道教和基督教相通的观点，认为"西天圣教亦有与三教相表里者，同源合流，本归一致"③。这反映了一些士大夫接触基督教后所发生的思想变化。

19 世纪 90 年代，经过中日甲午战争的惨败，一些进步士人意识到坚船利炮、声光化电不足恃，改良政治才是解决中国民族危机和社会危机的有效途径，因而在他们变法维新的活动中更多地接受了西方社会政治学说，而对基督教采取了取其所用、弃其所非的方法，并不倡导人们皈依基督教。梁启超曾说康有为"于耶教亦独有所见，以为耶教言灵魂界之事，其圆满不如佛，言人间世之事，其精不如孔子"。同时也看到基督教"其所长者，在直接，在专纯，单标一义，深切著明，曰人类平等也。皆上原于真理，而下切于实用，于救众最有效焉"④。梁启超表示不反对基督教，但他更为明确地说明它的前提是改造中国的孔教，使其实现如康有为所发明的孔子之教旨："进化主义非保守主义，平等主义非专制主义，兼善主义非独善主义，强立主义非文弱主义，博包

① 郭嵩焘：《郭嵩焘诗文集》，202 页，长沙，岳麓书社，1984。
② 《出使英法意比四国日记》，125 页，长沙，岳麓书社，1985。
③ 方行、汤志钧：《王韬日记》，11 页，北京，中华书局，1987。
④ 杨克己：《民国康长素先生有为梁任公先生启超师生合谱》，268 页，台北，商务印书馆，1982。

主义非单狭主义，重魂主义非爱身主义"①。严复在翻译赫胥黎的《进化与伦理》时发挥己说，对基督教提出质疑："上帝既无不能矣，则创世成物之时，何不取一无灾无害无恶业无缺憾之世界而为之，乃必取一忧患纵横水深火热如此者，而又造一切有知觉能别苦乐之生类，使之备尝险阻于其间，是何为者？"② 自创世以来，频频爆发的天灾人祸和世间普遍存在的贫困、病患以及弱肉强食、巧取豪夺，并不因上帝的存在而得以消除，基督教自诩上帝的全知全能在严复思想中产生了重重疑团。同时，他看到西方民主国家实行政教分离，教会在国家政治中已不能直接地干涉政府的行为，然而"在支那则祖之，以教会为侦探政俗、攫取利益之机关"③。

孙中山于 1883 年在香港读书时接受了洗礼，不过在后来四处奔波的革命生涯中，他放弃了教徒的宗教生活而一心投身反清革命，他自言"予于基督教之信心，随研究科学而薄弱。予在香港西医学校时，颇感基督教之不合论理，……大倾于进化论，亦未完全将耶稣教弃置也"④。辛亥后，他回忆自己的思想源流时坦言，"数年前提倡革命，奔走呼号，始终如一，而知革命之真理者，大半由教会所得来"⑤。孙中山的两种言说尽管在时间、背景和内容上不尽一致，但亦可看出他对基督教取舍态度的变化。当求知科学时，孙中山跳出教义的束缚能发现其中有悖科学之处，而当他要为建立和完善一种理论体系而寻找思想资源时，基督教所宣扬的平等、博爱等信条，又恰好适应了他所从事的反清革命的实际需要。许多投身于孙中山领导革命活动的人也有类似的思想脉络。

在反清革命的旗帜下，章太炎与孙中山的文化背景和生活经历迥然有别，他们观察基督教的角度和所得结论也有相当的不同。章太炎接受了赫胥黎的学说，明确指出，宇宙万物非上帝所造，而是天演进化的结果；世界是由物质组

---

① 梁启超：《论支那宗教改革》，见《饮冰室合集》文集之三，55 页，北京，中华书局，1989。

② 严复译：《天演论》，82 页，北京，商务印书馆，1981。

③ 严复：《续论教案及耶稣军天主教之历史》，见《严复集》第一册，197 页，北京，中华书局，1986。

④ 宫崎寅藏：《孙逸仙传》，载《建国月刊》第 5 卷第 4 期。

⑤ 孙中山：《孙中山全集》第八卷，316 页，北京，中华书局，1985。

成的，"庶物莫不起于细胞，……凡细胞诸种，皆自原形质成立"①。世界上的宗教，包括基督教，其掌教者"必雄桀足以欺其下，以此羑民。是故拱揖指麾，而百姓趋令若牛马"②，伏首贴耳地听命于掌教者的摆布。他进而批评基督教束缚人的自由，"一切哲学都不许讲，使人人自由思想，一概堵塞不行"③。因此，欲使众生平等，不得不先破神教。④ 但章太炎并非要根除宗教，而是要塑造既体现中国文化的精神又能反映世界潮流的宗教。

基督教对中国社会的冲击遍及其所到之处，士绅是反应最为敏捷和强烈的群体，由于他们具有所在区域内政治、经济或亲缘上的影响力，所以不论他们持什么观点，都与下层民众关于基督教的认识有着密切的联系。他们之间呈反作用力关系的情况也很普遍，江浙地区世代以船为家的渔民，在饱受官绅欺压的情况下，寻求享有种种特权的基督教的庇护而入教即带有普遍性的例子。

晚清教案频发，世人对教案爆发的原因曾发表过许多见解。奕䜣、文祥、曾国藩、丁日昌、张之洞作为朝廷倚重的官员，曾受命处理教案善后事宜，深悉民教冲突的原委。他们关于教案原因的看法主要表现在三个方面：（1）教会包庇不法教民。基督教恃条约特权，庇护违法乱政、侵财夺利的教民，类此行为造成民怨忿忿。曾国藩在办理天津教案时即洞悉"天主一教，屡滋事端，……词讼之无理者，教民则抗不遵断；赋役之应出者，教民每抗不奉公，……凡教中犯案，教士不问是非，曲庇教民，领事亦不问是非，曲庇教士，遇民教争斗，平民恒曲，教民恒胜。教民势焰愈横，平民愤郁愈甚，郁极必发，则聚而思一逞"⑤。在这种情况下，地方官往往不能公正持平，使冤抑有所伸、邪恶获其惩，因而民众抗教风潮常处于一触即发的状态。（2）教会成员羼杂，一些鱼肉乡里或沾染官司之人，以教为保护伞，恣意妄为，这种情况加剧了社会对教会的恶感和冲突。李鸿章视此为"最可虑者"，并指出："教士专于引诱无赖穷民，贫者利其资，弱者利其势，犯法者利其逋逃，往往怂恿教主与地方

---

① 章太炎：《章太炎诗文选注》上册，133 页，上海人民出版社，1976。
② 章太炎：《訄书·冥契》，见《章太炎全集》（三），30 页，上海人民出版社，1985。
③ 章太炎：《齐物论释定本》，见《章太炎全集》（六），46 页，上海人民出版社，1985。
④ 章太炎：《无神论》，见《章太炎全集》（四），396 页，上海人民出版社，1985。
⑤ 《筹办夷务始末（同治朝）》卷七六，故宫博物院 1929 年影印本。

官相抗。因习教而纵奸徒，固为地方之隐患；因传教而召党类，尤藏异日之祸根。"① (3) 教会势力日益猖獗，导致以反教为内容的传言不胫而走，尤其是其中描述教士挖眼剖心、采生配药等事，虽属不经，却加深了民众对基督教的仇视，成为教案爆发的催化剂。张之洞对"俗传教堂每有荒诞残忍之事，谓取人目睛以合药物，以造镪水，以点铅而成银"不以为然，指责时人"于孔孟之学术政术不能实践力行，学识不足以济世用，才略不足以张国威，而徒诟厉以求胜，则何益矣？岂惟无益，学士倡之，愚民和之，莠民乘之，会匪游兵藉端攘夺，无故肇衅"②。这种指责虽不无根据，但传言得以传播蔓延，并产生共鸣，恰恰说明这种传言是社会现实情绪的反映。从督抚大员关于教案起因的分析可以看出，教案既有反对教会的横行不法，也有文化冲突，与文化冲突相比，反对教会横行不法往往以更为显露的形式表现出来。

作为晚清倡导向西方学习的代表，王韬和严复向国人大量地介绍了西方社会政治学说和政治制度，在关于教案肇因问题上，尽管王韬早年就受洗入教，但他并不宥于宗教偏见，指出教案之爆发，"大抵一由于愚民之无知，一由于教民之有恃"③。面对民教矛盾日炽的局面，严复不仅看到民教之争的内部原因，而且注意到它的外部原因，"吾国由来不争宗教……何至于今，而教案日繁，缙绅弗道？盖彼之所以行之者，条约也，条约得以兵力者也"④。严氏认为教案的频繁发生，是由于不平等条约及所依靠的军事武力造成的。晚起之欧榘甲洞见教案频发，"一在宪法未明，宪法不明则政治不修，政治不修则民多夭枉，吾有司不能理，则借彼教而理之矣；一在律例之不平，律例不平则刑法不当，刑法不当则民多怨匿，彼教士不听我，则不能治之矣"⑤。欧氏捕捉国内政治与教案频发之间的关系，揭示在宪法不明、律例不平的情况下，西方传教士"不听我"，而民则多"夭枉"、"怨匿"。

对于教案肇因的看法，士绅对民众认识的形成有很大的影响，相反民众普遍的意识又对士绅的认识起着催化的作用。在天津教案办理中，丁日昌上奏引

---

① 《筹办夷务始末（同治朝）》卷五五，故宫博物院 1929 年影印本。
② 张之洞：《劝学篇·非攻教》，168、167 页，郑州，中州古籍出版社，1998。
③ 王弢：《弢园文录外编》，65 页，北京，中华书局，1959。
④ 严复译：《法意》按语，432 页，北京，商务印书馆，1881。
⑤ 欧榘甲：《泰晤士报论德据胶州事书后》，载《知新报选编》，173～178 页。

民谚云"未入教尚如鼠，既入教便如虎"。并就此谚感慨道："呜呼！此百姓之积恨，所以日见日深，教士之声名，所以日见日坏也。即以天津一口言之，自通商后，……百姓言及天主教，则异口同声，恨之入骨。盖缘天津莠民最多，一经入教，则陵虐乡里，欺压平民。官吏志在敷衍，但求无事而不求了事；又不敢将百姓受屈之处，与领事官力争。……教民如此妄为，百姓怨毒积中，几有及尔偕亡之愤。"① 显然，丁氏认同此谚所述说的事实，并由此向同治皇帝详细地报告了他所耳闻目睹的民众对于天主教传教士和教民"作奸犯科"的愤慨之情。类似的民谚在教案频发地都有流传。

鸦片战争后，当以基督教为核心的宗教冲突成为一个严重的外交、社会及文化问题时，朝野上下关于如何对待基督教问题便提出了许多意见，随着矛盾和冲突不断升级以及晚清社会危机的加剧，人们的认识也在变化。

1844 年（道光二十四年）西方传教士获得了在各通商口岸自由传教的权利，但是西方传教士并不满足于在五口地方传教，而是破坏条约规定擅自闯入内地各省传教。为此，道光皇帝曾一再发布上谕指出，"此等习教夷人，只准在五口地方建堂礼拜，不得擅入内地，条约所载甚明"。要地方官员谕知外人，"务令各该夷目自行约束，恪遵成约，以息事端，而免惜口"②。第二次鸦片战争后，基督教如洪水般涌入各地，民教矛盾凸显，既有因建堂占地或风俗信仰引起的矛盾，也有因教士和教民鱼目混杂，以教会为靠山胡作非为，各种纠纷迭起，教案则由纠纷积聚而发。从处理天津教案的主要官员如奕䜣、文祥、曾国藩的言论，不难看出他们在解决基督教问题上的思路和办法。面对列强气势汹汹的态势，遏制传教已不可能，和局亦绝不可破，只得由外求转为内求。他们开出的内求药方是：(1) 以正学教化诱导民众，摆脱西教的迷惑。"惟有平日联络绅民，阳为抚循而阴为化导，或启其误，或破其奸"③；"修明正学，自能端其趋向，不必扬汤止沸，愈激愈坚"④。(2) 公平处理民教纠纷，"讼案牵涉教民，宜持平核办，……地方官但论案情之是非曲直，不问其人之曾否

---

① 《筹办夷务始末（同治朝）》卷三二，32～33 页，故宫博物院，1929 年影印本。
② 《清末教案》第一册，32～33 页，北京，中华书局，1998。
③ 《筹办夷务始末（同治朝）》卷五〇，32～33 页，故宫博物院，1929 年影印本。
④ 《筹办夷务始末（同治朝）》卷六二，故宫博物院，1929 年影印本。

习教"①。（3）为保和局亦应曲全邻好，"当坚持一心，曲全邻好，惟万不得已而设备，乃所以善全和局"②。在此之外，李鸿章还提出，（4）"内地无教堂旧基，不得擅自私买立堂"。（5）"实行保甲，以别淑慝，崇礼明儒，以资劝化，多设善堂，以赒困乏"③。他们的上述主张，是在民教冲突十分激烈的背景下提出来的，他们反对用以暴易暴的方式对付基督教，但又很难提出行之有效的摆脱困境的方法，设善堂、行保甲概不出于此也。

到19世纪八九十年代，教案爆发的频率和规模远远超过以往，士人关注教案问题的出发点明显地注重于措施的实际效果，简而言之有如下主要方面：（1）晚清教案起因在于中国之衰弱，因此"徐图自强，乃能为济"，"断非毁一教堂、杀一洋人便算报仇雪耻"④，相反，"各国乘机要求，而中国事变日亟"⑤。（2）"取经义之精，与夫西律之善者，酌而成书，改其不当，讼狱持平，则用我之律，即彼之律，彼虽欲庇焉亦不可得也"⑥，有的更明确提出"定教律"，以此"既塞彼保护之口，而可免割赏之重，不致一案而天下忧亡焉"⑦，通过立法来约束传教活动和教民。（3）以有利于国家的长治久安为基点处理民教冲突和教案，摒弃不顾大局的匹夫之举。"夫各国欺凌，无理取闹，稍有人心者，孰不知耻，孰不知愤，然同一耻愤也，有得当者，有不得当者。得当者深谋远虑，阴图自强，连合群力，以为恢复之计，昔之越王勾践是也；不得当者匹夫按剑，欺杀孤客，砖石瓦块，反堕求索者之术，今之胶州、永安州是也……吾愿诸君勉为大勇，勿为小勇可也。"⑧ 上述三方面表明，这一时期士绅提出解决基督教问题的对策，更强调摒弃粗暴的武力手段，而通过改革内政和健全法律体系的方法，以遏制基督教势力的扩张。

---

① 《教务教案档》第一辑（一），26页。
② 《筹办夷务始末（同治朝）》卷七三，故宫博物院，1929年影印本。
③ 《筹办夷务始末（同治朝）》卷五五，故宫博物院，1929年影印本。
④ 《曾纪泽遗集》，334页，长沙，岳麓书社，1983。
⑤ 张之洞：《劝学篇·非攻教》，郑州，中州古籍出版社，1998。
⑥ 欧榘甲：《泰晤士报论德据胶州事书后》，载《知新报选编》，173～178页。
⑦ 康有为：《请商定教案法律厘正科举文体听天下乡邑增设文庙谨写〈孔子改制考〉进呈御览以尊圣师而保大教绝祸萌折》，见《杰士上书汇录》卷二，故宫藏本。
⑧ 《湘报》第73号。

（二）教案

在近代条约体系和列强炮舰政策的推动下，基督教势力在中国的急剧扩张造成了与中国政治、经济、文化和社会的激烈冲突，引起中国各阶层人民不断的抵制、反抗和斗争，因此形成众多以民教纠纷为中心的事件及其交涉，时人称之为"教案"。据统计 1842 至 1911 年间共发生教案一千多起，① 地域涉及各省份。

19 世纪四五十年代是教案爆发的第一个阶段，据统计有教案六十多次，多发生在浙江、江西和江苏地区，其规模较大的有青浦教案（1848 年）、定海教案（1851 年）和西林教案（1856 年）。这一阶段的教案规模小，持续时间短，波及区域在较小的范围内。教案的起因大都与传教士违反清政府对传教的限制、纵容庇护不法教民为恶乡里、强占民产有关。如 1848 年 3 月 8 日，英国传教士麦都思（Walter Henry Medhurst）等人违背有关传教区域的规定，到距上海 45 公里的青浦县传教。在散发宣道的小册子时发生混乱，传教士的手杖将水手的脸擦伤，双方发生冲突，传教士受轻伤。英国驻上海领事阿礼国（Rutherford Alock）命令所有英国货船拒绝向中国付税，军舰封锁港口，阻止驶往北京的 1400 艘运米漕船启程，迫使清朝地方官员"惩凶"、赔偿并追究有关官员的责任。事件最终在阿礼国的威逼下完全按照他的如意算盘了结。这一事件的处理在晚清教案善后中开了两个恶劣的先例：一是用武力胁迫的办法解决传教中出现的争端，为其拓展在华传教势力范围开辟道路，因而鸦片战后基督教在华的传教活动自始就获得本国军事力量的强有力的支持，基督教义中平等与爱人的理念对孱弱和非基督教的中国并不适用。二是强权即公理，英国人违约、打人、失理在先，却最终成为纠纷的胜利者，相反地方官员被革职、受害者遭缉拿。

19 世纪六七十年代的教案约有四百多起，爆发频率较高的省份是直隶、江西、福建、四川，其中直隶占这一阶段教案总数的 1/3。较典型的教案有贵阳教案（1861 年）、南昌教案（1862 年）、衡州教案（1862 年）、重庆教案

---

① 赵树好：《教案与晚清社会》中考订晚清教案有 1998 起，见该书第 7 页，北京，中国文联出版社，2002。

(1863、1886 年)、酉阳教案（1865、1868 年）、台湾教案（1868 年）、扬州教案（1868 年）、遵义教案（1869 年）、天津教案（1870 年）、黔江教案（1873年）、延平教案（1874 年）、建平教案（1876 年）、宁国府教案（1876 年）。这期间教案的主要特点是：（1）士绅在下层民众参与的教案中起了引导的作用。在衡州教案、扬州教案、安庆教案、宁国府教案中，考生不仅参加了反洋教的行动，而且成为其中活跃的群体。贵州教案和南昌教案则有在职和致仕官吏发挥重要影响。现离任官吏和考生的主张和活动在社会上有影响力，他们参与反洋教的行动使这一行动具有了更广泛的社会意义。（2）在教案爆发的各种原因中，"传言"激起民愤而导致不同规模的抗教风潮占有相当大的比例。1859 至1895 年间，台湾共发生教案 29 起，其中因误解、谣传引发的冲突 11 件，占38.6％。① 这些"传言"大多与基督教"采生折割"、"男女淫乱"说有关，其有悖于中国的伦理道德，也有悖于中国的法律，尤其是外国人借助炮舰强势和宗教特权到中国摧残无知少年、使"愚夫愚妇"就范，必然导致中国伦理道德规范和社会秩序的严重破坏，因而这类传言对于中国社会各阶层的鼓动性大、传播速度快，直接诱发了一部分教案。1862 年 4 月，沈葆桢给军机处的咨文所附《湖南阖省反洋教公檄》中说，基督教"不分男女，赤体共浴，无羞恶也。剖心剜目，以遗体为牛羊；饵药采精，以儿童为蝼蚁。采妇人之精血，利己损人；饮蒙汗之迷汤，蛊心惑志"②。这些说法在社会各阶层流传很广，就某一具体教案而言，又伴有"人物失踪"、"发现白骨"、"奸淫暴行"的情节描述。这些传言有实有虚，但都是列强炮舰政策下中国社会对基督教势力急剧扩张的反映，或许以歪曲的形式反映出来。最终都是要表达对民族危机的忡忡忧心，"我中华之广富，千百倍于诸夷，彼心涎已久。今兹之来，所谓司昭之心，路人可知者也。不亟防维驱除，将数千年衣冠礼义之邦，一旦易为猱猱狃狃之域，大可恨也"③。爆发于 1870 年的天津教案是这期间一个典型的教案。

　　1860 年，法国将天津望海楼当作领事馆，并在附近强占民地修建教堂。

----

① 参见李颖：《试析清季台湾教案中官绅的反教原因及其关系》，载《福建师范大学学报》，2001（3）。

②《清末教案》第一册，220 页，北京，中华书局，1998。

③《清末教案》第一册，221 页，北京，中华书局，1998。

教堂建成后，开始收容被遗弃的孩子。为了争取更多的海外经费支持，他们着意扩大收容的规模，派遣教民四处收领甚至收买孩子，一些不法之徒则厕身其间藉此牟取私利。因此，教堂成为拐卖儿童的渊薮。在收容来的儿童中，不少人因虐待而死亡，死后被草草掩埋在教堂附近。人们对大量儿童遗失和不明死去充满疑惑和愤慨。1870年初，被拿获的拐卖人口案犯供称系受教会或教民雇佣所为，而主犯在逃。天津地方官要求法国领事馆引渡主犯，否则搜查教堂。法国领事丰大业（Fontanier）蛮横拒绝，声言只与通商大臣崇厚对话。6月21日，天津道台、知府和县令三人到教堂对质，却无任何结果，而此时教堂中人与聚集在此周围的群众发生冲突。丰大业勒令崇厚对群情激愤的群众进行弹压，弹压未果，一到署衙便开枪射击崇厚，子弹擦肩而过；丰大业在回途路遇天津知县刘杰，举枪便射，刘杰随员中弹身亡；丰大业手下也肆无忌惮地向群众射击。丰大业等人的暴行，激起民众的反抗。人们一拥而上将丰大业及其秘书击毙，接着，又如潮涌一般奔向领事馆和法国教堂，杀死其中的外国人，并烧毁建筑，放出仁慈堂的儿童，并拆毁英美教堂。在这次教案中，有20名外国人被杀，其中涉及法国、俄国、比利时和意大利。教案爆发后，驻京美、英、法、俄、普、比、日七国大使联名递交照会，向清廷施压，英法携手一面提出种种条件，一面派遣军舰进入大沽口，进行战争恫吓。在列强的威逼下，清廷被迫处死20名参与教案的中国人，判处军徒25人，并向法、俄、美交纳赔款及抚恤金五十多万元，派遣崇厚到法国道歉。天津教案表明，传教本来是一种文化交流，但传教者并不单靠文化手段实施其道，在近代中国特殊的背景下，解决途径往往是与文化交流相背离的强权外交和武力威胁。

19世纪八九十年代发生教案约一千余起，规模较大的有济南教案（1881年）、重庆教案（1886年）、大足教案（1886、1890、1898年）、梨园屯教案（1887、1898年）、芜湖教案（1891年）、丹阳教案（1891年）、无锡教案（1891年）、成都教案（1895年）、古田教案（1895年）、巨野教案（1897年）、沂州教案（1898至1899年）等。多发省份为山东、直隶、四川，多发年份为1898、1900年。这一时期教案的主要特点明显表现在：（1）教案的数量显著增加，是晚清教案爆发最为频繁的时期；教案规模大、范围广，超过晚清其他时期。19世纪八九十年代，列强对华侵略愈益扩大，中国的民族危机愈益加剧，人民的各种反抗斗争也随之风起云涌。教案的发生正是中外关系和国内政治格局变化状况的真实反映。(2)民教激烈冲突是引发教案的主要原因。冲突表现之一，基督教不断扩大在华势力范围，利用种种特权扩充教会的财产。据统计，到19世纪末叶，教会在许多省份拥有大量的土地，其中四川、天津和上海及南京等地尤为突出。耶稣会在江南拥有地产大约200万亩①。到1900年，天主教在中国的地产值已达3700万法郎②。教会在民教财产纠纷中常常倚仗权势而获胜，由强占或不平等交易所产生的矛盾益显突出。冲突表现之二，不法之徒凭借教会的支持和庇护以及地方政府的软弱为非作歹、巧取豪夺，因而引发大量的财产纠纷。"吃教"是此时普遍存在的现象，指社会上一些人倚赖基督教的特权和势力图谋改变生活境遇，有的本来就是土匪恶霸，入教后则以教会为靠山，在教会怂恿和支持下，纠集教民抗上欺下，横行霸道，侵占财产、包揽词讼。在政府调控能力愈益微弱、列强在华势力急剧扩张的情况下，这些人肆意妄为的行动加剧了原有的社会矛盾，并使这种矛盾以民教冲突和中外冲突的形式爆发出来。这一特点也是造成这一时期教案数量和规模上升的重要原因。(3)义和团运动是晚清教案发展的一个标志性的事件，它将晚清中国人民反抗外来侵略、反对基督教在华非法活动的斗争推向高潮。

山东是教会势力十分雄厚的地区，法、德、英、美等国的传教区域纵横交错，几乎每乡都有教堂，教会的影响渗透到每一个村落。19世纪90年代末，山东水、旱、虫灾肆虐不断，民众的生计受到严重影响。传教士以及教民恃强凌弱、霸占田产、强奸妇女的行径引起民众的愤怒。活跃在山东的大刀会对洋教泛滥造成民众怨声载道、流离失所深有感触。1897年11月1日，巨野磨盘张庄教堂有两个德国传教士被杀，德国以此为借口占领胶州湾，清廷被迫赔款、将参与者斩首。巨野教案爆发后，天主教会和地方政府加紧了对民众反教活动的防范，民众稍有不慎便被指为大刀会，惨遭刑戮和迫害。在鲁西南的冠县梨园屯曾因义学公产建庙建堂之事民教双方发生争执，本已缓和，但在法国公使的怂恿下，教民要求官府究拿对方的首要人物。以阎书勤为首的贫苦农民

---

① 《中华归主——中国基督教事业统计》(中译本)中，547页，北京，中国社会科学出版社，1987。

② G. F. Remer：*Foreign Investments in China*. New York，1933. p. 465.

特邀直隶威县梅花拳众前来助阵，却遭官府查禁。1897 年 3 月，教民在法国传教士的支持下在庙基上建堂，威县梅花拳首赵三多率众前来"亮拳"。4 月 27 日，阎书勤率众拆毁教堂，抢劫教民房舍，教民一人在对阵中死亡。梅花拳被禁止，阎氏遭通缉。10 月 24 日，阎书勤、姚文起等三千多人在梨园屯附近起义，号"义和拳"，树"扶清灭洋"旗帜，大刀会众也纷纷汇合。但立即遭到直、鲁两省剿办，至年底，起义队伍解散。与此同时，在四川还有余栋臣领导的大足教案。

1899 年 10 月，朱红灯为首的义和拳在济南府平原县杠子李村宣布起义，点燃了义和团运动火炬。"神助拳，义和团，只因鬼子闹中原"的口号在华北地区广泛传播，义和团的队伍向山东之外的直隶、山西、河南和东北地区扩展。1900 年 1 月，清政府发布上谕，承认了义和拳，在列强的威胁下，旋又宣布严剿。5 月，义和团在涞水大败清军后，直逼北京。5 月底 6 月初，以保护使馆为名，驻扎在大沽口的各国海军陆战队四百多人进入北京，八国联军两千多人随后由天津入京。6 月 16 日，清廷上谕招抚义和团，26 日向外国宣战，义和团随之大规模开赴北京，投身前线，义和团运动席卷华北和东北地区，而反教怒潮则蔓延全国大部分地区。

在前后两个月间，义和团与清军一起在大沽炮台、天津、廊坊、东交民巷与联军展开激战。8 月 14 日，北京被联军攻陷，慈禧太后与光绪帝逃至西安，义和团则退至农村，继续抗击侵略军。八国联军在华北地区增兵 10 万，残酷地剿杀义和团，同时逼迫清廷坐在战败席上谈判，由此义和团运动失败。在八国联军侵华期间，传教士参与了侵华军事活动①和抢劫财物的活动②。由此可见，传教士与列强的国家利益总是紧密地结合在一起。

晚清教案是列强实施其侵华策略和中国人民维护民族利益之间激烈冲突酿成的，也是终不能免的劫难，因为，衰弱昏愦的清王朝无力遏制列强的野心和魔爪，便为他们践踏中华大地开了方便大门。

---

① 宝复礼：(Frederick Brown) 是美以会的传教士，八国联军侵华期间参与了联军的情报工作。参见张力、刘鉴唐：《中国教案史》第 537 页所引 *From Tiantsin to Peikin with the Allied Force* 的材料，成都，四川社科院出版社，1987。

② 参见《遣使会年鉴》，1901。

三、佛学的复兴

明及清初佛教式微，至晚清，这一趋势并无改变。时人注意到，"近世以来，僧徒安于固陋，不学无术，为佛法入支那后第一隳坏之时"①，"佛法传至今时，衰之甚矣"②。在佛教衰微的同时，晚清佛学（指佛教的学理、学说）却受到进步士绅的青睐，以至"晚清所谓新学家者，殆无一不与佛学有关系"③。他们在探索中国救亡图存的道路中，从佛学中发掘出蕴含解决近代中国内忧外患危机的精神力量。这一宝贵资源的挖掘，给那些苦苦求索的人们带来一丝希望的曙光，因而"复兴佛学"的呼声在晚清思想、学术界迸发而出，并汇为一股以佛学改造社会的思潮。

（一）复兴佛学是国家起衰振弱的良法

鸦片战争后，中国遭遇了前所未有的劫难，内忧外患愈益加剧。那些悲内外之交困、望中华之奋起的士绅们，有感于列强之强盛，或倡行取法西方以补中国之缺失，或力言取法于博大精深的历史文化，撷取其中足以唤醒国人迷梦、投身救亡图强的精神力量。源自印度的佛教，传入中国已1800多年，作为一种宗教及其思想已融入中国文化之中，成为中国文化中一个重要的组成部分。在近代救国道路的探索中，一部分雅好佛学研究的士绅洞察近代中国衰败之源以及复兴之路，把中国的救亡图强系于佛学的复兴，并为这一目标的实现付出了艰辛的努力。进步士绅悚于佛教日益衰微，深感"我国佛教衰坏久矣，若不及时整顿，不但贻笑邻邦，亦恐为本国权势所夺。将历代尊崇之教，一旦举而废之，岂不令度世一脉，后人无从沾益乎！"④ 因而试图以振兴佛学的方法挽救佛教的命运。与此同时，鸦片战争以来列强在中国导演的一幕幕创深痛巨的悲剧，深深地刺痛了有志士绅的爱国心，他们愤懑国人萎靡不振、朝廷颠

---

① 杨文会：《般若波罗密多会演说一》，见《杨仁山全集》，340页，合肥，黄山书社，2000。
② 杨文会：《送日本得大士人之武林》，见《杨仁山全集》，343页，合肥，黄山书社，2000。
③ 梁启超：《清代学术概论》，73页，北京，中华书局，1964。
④ 杨文会：《支那佛教振兴策二》，见《杨仁山全集》，332页，合肥，黄山书社，2000。

预的现状；外国史上一些借助宗教改革推进国家近代化的事例，给他们很大启发，"泰西各国振兴之法，约有两端：一曰通商，二曰传教。……我国推行商业者，渐有其人，而流传宗教者，独付缺如"①。他们发现宗教与国家强盛、与人民觉醒原来有着重要的关系。天同此理，人同此道，既然外国可以借助宗教改变国家的命运，那么，"近来（我）国家之祸，实由全国民人太不明宗教之理之故所致，非宗教之理大明，必不足以图治也"②。

然而，让国人明白哪种宗教之理，能使国家振衰起弱？主张以基督教拯救国家和人民的的确不乏其人，但基于民族的历史文化，把佛学复兴当作改变国家和人民命运的根本途径和手段的士绅也大有人在。从现实亟待解决的问题和佛学特有的品质出发，梁启超即批评"心醉西风者流，睹欧美人之以信仰景教而致强也，欲舍而从之以自代，此尤不达体要之言也。无论景教与我民族之感情枘凿已久，与因势利导之义相反背也。又无论彼之有眈眈逐逐楯者于其后，数强国利用之以为钓饵，稍不谨而末流之祸将不测也。抑其教义非有甚深微妙，可以涵盖万有鼓铸群生者，吾以畴昔无信仰之国而欲求一新信仰，则亦求之于最高尚者而已，而何必惟势利之为趋也"③。上述论说反映了他以及持类似观点的人们对基督教在解决抵御外来侵略、变革中国社会这两个严峻问题上所能起的作用的基本看法，它表明，其一，基督教与中国的历史文化和民族感情乃圆凿方枘，无法承担推进近代中国救亡图强的使命。其二，西方基督教国家虎视眈眈觊觎中国，将传教当作实现既定目标的初阶，藉传播基督教而竞逐其利，因此庸劣之辈必然给国家社会造成灾难。其三，基督教义中没有足以唤醒民众的思想内容，因而无益于陷于困境的近代中国；毫无疑问，要在中国建立新的宗教信仰，只能选择较基督教更为高尚的宗教。章太炎更明确地指出，中国陷于鸦片战争以来最为严重的民族危机和社会危机，佛学具有"自贵其心，不依他力"的品质，"其术可用于艰难危急之时"④。所谓"自贵其心，不依他力"，即抱定信念，坚韧不拔、自强不息的精神力量。对世道感触颇深的

---

① 杨文会：《支那佛教振兴策二》，见《杨仁山全集》，332 页，合肥，黄山书社，2000。

② 杨文会：《与夏穗卿书（附来书）》，见《杨仁山全集》，447 页，合肥，黄山书社，2000。

③ 梁启超：《论佛教与群治之关系》，见《饮冰室合集》文集之十，45 页，北京，中华书局，1989。

④ 章太炎：《答铁铮》，见《章太炎全集》（四），369～370 页，上海人民出版社，1985。

黄宗仰也指出："当泯梦胥嗟之世，居淹缄老血之邦，群盲可哀，沉沦垂及，则将奚从以措救乎？曰道在张我佛如来之正法而已矣。"① 佛学不仅有益于中国世道人心，而且也是消除世界所有战争、邪恶和贫困最为有力的手段，所以"欲以宗教传于各国，当以何为先？统地球大势论之，能通行而无悖者，莫如佛教。……倘得贤士大夫慨然资助，收效于数年之后，不但与西洋各教并驾齐驱，且将超越常途，为全球第一等宗教，厥功岂不伟欤！"②

"我佛如来正法"能否救国？即使在当时也有不同意见，甚至对持此论者也有尖锐的批评，但执着力行其道者之所以如此，也的确是在遭受一次次心灵创伤后对于国运郑重和亟切的选择。他们目睹甲午一役中国惨败和戊戌维新变法夭折，痛恨国权之丧失和改良之受阻，对昏聩冥顽的朝廷彻底丧失了信心，因而，他们把目光投向佛学，并从服务于近代中国民族和民主两项艰巨任务出发，开始了对佛学思想资源的挖掘工作。

（二）佛教思想的近代阐释

尽管执着于弘扬佛学的人们，对佛学寄予了无限的期望，但佛教经典思想中并没有现成的可为他们用来实践其民族民主理想的资料，因而他们所做的首先是从佛教经典中挖掘、提炼适合其需要的东西，或者说从改变中国现实的需要出发对佛教的思想进行新的阐释。正是由于这样的现实追求，他们中没有人将这样的思想建设工作单单视为弘扬佛法，相反他们透过弘扬佛法的过程对改变中国的命运给予了特有的关怀。

在发掘佛学思想资源时，他们有两个重要的主张：一是要善于利用佛法，但不能被其束缚；而善于之法，就在于变通诸法，使之符合当代社会发展的需要。"善学者不为成法所拘，则妙契佛心，允为如来真子矣"，"若必守成法而不许变通，则地球各国，亦不能有维新之气象矣"。③ 二是"张我佛正法"并非让人遁世，与社会变革截然隔绝，而是呼唤人们投身社会变革，以"佛将济

---

① 唐文权、沈潜编：《黄宗仰集》，54 页；转引自何建明：《佛法观念的近代调适》，17 页，广州，广东人民出版社，1998。
② 杨文会：《支那佛教振兴策二》，见《杨仁山全集》，332～333 页，合肥，黄山书社，2000。
③ 杨文会：《阐教刍言》，见《杨仁山全集》，521～522 页，合肥，黄山书社，2000。

世之方,与世间法相辅而行",① 来解决中国面临的严峻问题。上述主张对复兴佛学思潮产生了积极的影响,正是以此为基础,佛学思想的近代阐释工作引起了社会的关注。

抽绎佛教经典来阐发适于近代民族民主的思想,体现了如下方面的内容。

1. 以佛学中"救苦救难""普度众生"的思想,激发国人变革社会的使命感和责任感,激励国人铸就勇猛无畏的精神。

大乘佛教认为,世界皆苦,人生皆苦,而大慈大悲的佛就是要使无量众生从生死大河的此岸到达菩提涅槃的彼岸,解脱与生俱来的苦,但它所要解脱的首先是众生的苦,因为没有众生的解脱就没有个人的真正解脱,所以"我当为十方人作桥,令悉踏我上渡去",普度众生,建立佛国净土。这种普度众生脱离苦海的思想在内忧外患背景下的近代中国产生了强烈的共鸣。

梁启超就说:"佛弟子有问佛者曰:谁当下地狱?佛曰:'佛当下地狱。不惟下地狱也,且常住地狱;不惟常住也,且常乐地狱;不惟常乐也,且庄严地狱。'夫学道而至于庄严地狱,则其悲愿之宏大,其威力之广远,岂复可思议也!然非常住常乐之,乌克有此!彼欧美数百年前,犹是一地狱世界,而今日已骤进化若彼者,皆赖百数十仁人君子住之乐之而庄严之也。知此义者,小之可救一国,大之可以度世界矣。"② 他盛赞为维新而勇"下地狱"的谭嗣同,指出"佛教本非厌世,本非消极,然真学佛而真能赴积极精神者,谭嗣同外,殆未易一二见焉"。③

孙宝瑄也强调,佛学能使人破除见利忘义、明哲保身的世俗观念,而养成为救世度人、牺牲自己的精神,并使人愈益饱满和旺盛,"其慈悲热力,不知增长若干度,救世之心愈切矣",因"救世至心切,则一切有益于人群之事,无不慷慨担任,且能堪破生死一关,如谭浏阳其人者"。他指出,如"谭浏阳者"谙熟佛法,最终舍弃富贵荣华为变法而捐躯,"谁谓佛学之空哉!且以经济著名如康、梁辈,皆研治佛学之人,如谓习佛便空,则此一辈人皆当息影空

---

① 杨文会:《南洋劝业会演说》,见《杨仁山全集》,343页,合肥,黄山书社,2000。

② 梁启超:《论佛教与群治之关系》,见《饮冰室合集》文集之十,48页,北京,中华书局,1989。

③ 梁启超:《清代学术概论》,见《饮冰室合集》文集之十,73页,北京,中华书局,1989。

山，为方外人，何必抢攘于朝堂之上，以图变法救国耶？"①

要改变近代中国极其衰危的局面，章太炎提出首先必须铲除人们心中的畏死心、拜金心、奴隶心、退屈心，这些阻碍人们觉悟和社会改造进程的思想和精神状态，顽固地渗透到人们的思想意识和行为活动的一切方面，是造成中国愈益衰危的重要原因，而要从根本上铲除恶根，便要弘扬佛学。他进而明确地说："非说无生，则不能去畏死心；非破我所，则不能去拜金心；非谈平等，则不能去奴隶心；非示众生皆佛，则不能去退屈心。"② 佛经所言无生，即彻底断灭对生死诸苦及其烦恼，凡达到这一境界便能舍弃世俗的各种眷念；我所即我之所有的意思，破除人们对财产聚敛和占有的欲望，才能根除对金钱财富的贪婪之心；一切现象在共性或空性、唯识性、心真如性等上没有差别，故人们没有智慧、高低、亲怨的区别，人人皆具佛性、皆可成佛，因此应摒弃奴隶心态和畏怯心理，成就普度众生的理想。梁启超说："未有国民愚而我可以独智，国民危而我可以独安，国民悴而我可以独荣者也。知此义者，则虽牺牲蓺躬种种之利益以为国家，其必不辞矣。"③

2. 借用"佛众生平等"经义，阐发资产阶级平等自主的思想。

"佛众生平等"本意即《金刚经》所谓"是法平等，无有高下，故名无上正等菩提：以无我、无众生、无寿者，无更求趣性，其性平等"；它表明人们在佛性方面没有亲疏高下之别，因而也就不存在天生的等级差异。这一蕴含原始平等观念的思想与近代中国的社会现实形成鲜明的对比。晚清社会种种不平等现象之严重，促使进步士绅迫切地从他们所熟悉的思想资源中寻求变革之方，有的从佛学，有的则借用佛学的话语，表达了对西方资产阶级平等观念的向往和追求。

佛教立教之目的在使人人皆与佛平等，这种思想不仅适合立宪政体，而且适合理想的大同世界；这是梁启超揭示人类社会发展与佛教关系的重要论断。他认为，佛教以外的宗教"率众生以受治于一尊之下者也"，"唯佛不然。故

---

① 孙宝瑄：《忘山庐日记》（上），392～393 页，上海古籍出版社，1983。
② 章太炎：《建立宗教论》，见《章太炎全集》（四），418 页，上海人民出版社，1985。
③ 梁启超：《论佛教与群治之关系》，见《饮冰室合集》文集之十，47 页，北京，中华书局，1989。

曰：'一切众生，皆有佛性。'又曰：'一切众生，本来成佛，生死涅槃，皆如昨梦。'其立教之目的，则在使人人皆与佛平等而已。夫专制政体固使人服从也，立宪政体亦使人服从也，而其顺逆相反者，一则以我服从于他，使我由之而不使我知之也，一则以我服从于我，吉凶与我同患也。故他教虽善，终不免为据乱世小康之教，若佛教则兼三世而通之者也。"由此他断言："故信仰他教或有流弊，而佛教决无流弊也。"① 梁启超的上述论断，极言佛教于各种形态社会之益，其立论基点归根结底是佛教经义中佛众生平等的思想，这种思想符合各种社会发展进程的要求，因此可谓"兼三世而通之"，有百益而无一害，与百害而无一益的专制政体则截然对立。

植根于近代平等思想的个人独立自主意识的培育也为进步士绅倍加关怀，不过他们借用了佛学的概念来表述这一新思想。"夫寻常宗教家之所短者，在导人以倚赖根性而已，虽有'天助自助者'一语以为之弥缝，然常横天助二字于胸中，则其独立不羁之念，所减杀已不少矣。若佛说者，则父母不能有所增益于其子，怨敌不能有所咒损于其仇，无歆羡，无畔援，无罣碍，无恐怖，独往独来，一听众生之自择。"② 这是梁启超揭示人自主独立意识的一段话，他高过前人一筹之处乃在让人们放弃对天、父母恩赐福祉的奢求和对仇敌加害于人的恐惧，告诫人们事在人为，"一听众生之自择"，完全靠个人以独立不羁之精神、奋坚韧不拔之力，成就所要成就的事业。

（三）新式佛学传播机构

在晚清复兴佛学的思潮中，引领这场思潮的核心人物并非僧人，而是进步的士绅，其中还有皈依佛门的居士。梁启超、章太炎可谓佛学复兴中倡导言说的佼佼者，其佛学思想多为后人所知晓和称道，而亲身蹈砺斯义的实践家当首推杨文会，由他创办的金陵刻经处、祇洹精舍、佛学研究会，编印佛经等事业，均在晚清佛学复兴运动中留下难以磨灭的业绩。

---

① 梁启超：《论佛教与群治之关系》，见《饮冰室合集》文集之十，49 页，北京，中华书局，1989。

② 梁启超：《论佛教与群治之关系》，见《饮冰室合集》文集之十，51 页，北京，中华书局，1989。

杨文会（1837—1911），字仁山，安徽石埭（今石台）人。其父为光绪十八年进士，但杨文会早年读百家及时政书，却不喜举子业，尚任侠之气，常习练驰射击刺之术。22 岁时，曾到曾国藩军中效力。为避太平天国战火，举家转徙于皖、赣、江、浙间多年。他目睹疮痍大地，饱受离乡奔波之苦，偶然接触到《大乘起信录》、《金刚经》等佛教书籍，倾心捧读，对此心往神驰。从此他开始学佛，皈依佛门，虽政务在身，而佛经爱不释手。江南屡经战火，佛经多遭兵燹而难觅，令笃心学佛的杨文会心生搜求佛经、刻印流通，以弘扬佛法改造世道人心的远大志向。从此时迄于逝世凡 40 年，杨文会投入毕生精力和全部家资，以"弘法利生为愿"。

金陵刻经处，同治五年（1866 年）杨文会创办于南京，旨在刻印、流通各种佛经。创办之始，杨文会即"公议条例，凡有疑伪者不刻，文义浅俗者不刻，乩坛之书不刻"。① 40 年间，经其手订刻印者约有 2000 多卷，存经版 4 万多块，印制 100 余万册。国内一些佛经久已失传，杨文会即托南条文雄在日本搜求并予以翻刻，凡 283 部，使湮没的佛教典籍得以完整保存。

祇洹精舍，光绪三十四年（1908 年）杨文会于金陵刻经处内创办了中国近代第一所有重要影响的新式佛教学堂。精舍以新法教学，兼讲英、梵文，旨在培养精通佛学的人才。于此之前，杨文会痛感"近世以来，僧徒安于固陋，不学无术，为佛法入支那后第一颓坏之时"，佛门衰落缘在佛学不兴，早就提出，"欲求振兴，惟有开设释氏学堂，始有转机"②。他倡议"由各省择名胜大刹，开设释氏学堂，经费由菴观寺院田产提充，教习公同选举。酌定三级课程……拟令此后非学成初等中等者，不得入禅堂坐香，以杜滥附禅宗，妄谈般若之弊。尼亦仿照此例，略为变通，学成等第，方准受戒。以上三等仿照小学、中学、大学之例，能令天下僧尼，人人讲求如来教法，与经世之学，互相辉映，岂非国家之盛事乎！"③ "请政务处立一新章，令通国僧道之有财产者，以其半开设学堂。分教内教外二班，外班以普通学为主，兼读佛书半时，讲论教

① 杨文会：《与郭月楼书》，见《杨仁山全集》，467 页，合肥，黄山书社，2000。
② 杨文会：《般若波罗密多会演说》，见《杨仁山全集》，340 页，合肥，黄山书社，2000。
③ 杨文会：《释氏学堂内班课程刍议》，见《杨仁山全集》，333～334 页，合肥，黄山书社，2000。

义半时……内班以学佛为本，兼习普通学……如是则佛教渐兴，新学日盛，世出世法，相辅而行。僧道无虚糜之产，国家得补助之益。于变法之中，寓不变之意。"① 为实现这一思想，杨文会倾己所有而设立祇洹精舍。因经费拮据，精舍只开办了两年。该精舍受业者有二十多人，然而不少人成为民国时期佛学界有重要影响的人物，并以此为范本相继开办了一些新式佛学教育机构。

佛学研究会，宣统二年（1910 年）在南京成立，旨在消除佛界灭弃佛经、惟骛参禅的流弊，以讲经、说法的方式，推展佛学。② 杨文会自任会长，每月开会一次，每周讲经一次。

杨文会为晚清佛学的复兴写下了不可磨灭的一页，时人言其影响说："晚清所谓新学家者，殆无一不与佛学有关系。而凡有真信仰者率皈依文会"③。

---

① 杨文会：《支那佛教振兴策一》，见《杨仁山全集》，332 页，合肥，黄山书社，2000。
② 杨文会：《佛学研究会小引》，见《杨仁山全集》，337 页，合肥，黄山书社，2000。
③ 梁启超：《清代学术概论》，见《饮冰室合集》文集之十，73 页，北京，中华书局，1989。

主要参考文献

（一）资料

中国史学会主编. 洋务运动. 上海人民出版社，1961.

中国史学会主编. 戊戌变法. 神州国光社，1953.

中国史学会主编. 辛亥革命. 上海人民出版社，1957.

中国史学会主编. 清末教案. 第一册. 中华书局，1998.

筹办夷务始末（同治朝）. 故宫博物院，1929 年影印本.

徐世昌编. 清儒学案. 中国书店，1990 年影印本.

辛亥革命前十年间时论选集. 三联书店，1960～1977.

舒新城编. 中国近代教育史资料. 人民教育出版社，1961.

朱有瓛主编. 中国近代学制史料. 华东师范大学出版社，1983.

张静庐编. 中国近代出版史料. 中华书局，1957.

阿英. 晚清戏曲小说目. 上海古典文学出版社, 1957.

中国艺术研究院话剧研究所编. 中国话剧史料集. 文化艺术出版社, 1987.

中华竹枝词. 北京古籍出版社, 1997.

冯自由. 革命逸史. 中华书局, 1981.

王铁崖. 中外旧约章汇编. 三联书店, 1957.

龚自珍全集. 上海古籍出版社, 1999.

魏源集. 中华书局, 1976.

郑观应集. 上海人民出版社, 1982.

康有为政论集. 中华书局, 1981.

饮冰室合集. 中华书局, 1989 年影印本.

严复集. 中华书局, 1986.

谭嗣同全集（增订本）. 中华书局, 1981.

章太炎全集. 上海人民出版社, 1985.

孙中山全集. 中华书局, 1985.

梁启超年谱长编. 上海人民出版社, 1983.

胡适学术文集·中国哲学史. 中华书局, 1991.

杨仁山全集. 黄山书社, 2000.

曾文正公全集. 光绪二年刊本.

张之洞全集. 河北人民出版社, 1998.

（二）论著

龚书铎主编. 中国近代文化概论. 中华书局, 1997.

龚书铎. 中国近代文化探索（增订本）. 北京师范大学出版社, 1997.

中国近代文化问题. 中华书局, 1989.

熊月之. 西学东渐与晚清社会. 上海人民出版社, 1994.

费正清主编. 剑桥中国晚清史（中译本）. 中国社会科学出版社, 1985.

方汉奇. 中国近代报刊史. 山西人民出版社, 1981.

陈景磐. 中国近代教育史. 人民教育出版社, 1983.

刘志琴主编. 近代中国社会文化变迁录. 浙江人民出版社，1998.

罗检秋. 近代诸子学与文化思潮. 中国社会科学出版社，1998.

顾卫民. 基督教与近代中国社会. 上海人民出版社，1996.

陈伯海主编. 上海文化通史. 上海文艺出版社，2001.

马自毅. 中国翻译简史（五四以前部分）. 中国对外翻译出版公司，1984.

后记

数年之前，山东教育出版社拟组织编写和出版一套多卷本的《中国文化发展史》（原名为《中国文化通史》），我们有幸进入作者队伍，承担晚清卷的撰稿任务。对我们来说，这是一次难得的学习和锻炼机会。我们愿借此机会把我们这些年学习中国近代思想文化史的一些心得体会呈现出来，供学界师友斧正。

本卷撰写大纲由李占领同志草拟，每位作者在撰写过程中，对大纲作了修改和调整。具体分工执笔情况为：

罗检秋同志负责撰写绪论和第一、四、五章；

李占领同志负责撰写第二、三、六、七章；

黄春生同志负责撰写第八、九章。

在撰写过程中，我们参考和吸收了学术界一些研究成果，一般均随文注明，并在卷末参考文献中敬列。全书主编、我们的恩师龚书铎先生审阅了全部书稿，并作了具体修改；山东教育出版社陆炎同志为本书的出版付出了辛勤劳动，在此一并表示衷心感谢。

本书按专题分工撰稿，文风、笔法自然不尽相同，材料、观点或许会有重复或不尽一致之处，各章的衔接上也可能会存在一些问题，尚希读者谅解，错误之处，敬请批评指正。

作　者

2012 年 6 月

图书在版编目(CIP)数据

中国文化发展史. 晚清卷 / 龚书铎主编;罗检秋等
著 . — 济南:山东教育出版社,2013.6(2022.7 重印)
ISBN 978-7-5328-7936-6

Ⅰ. ①中… Ⅱ. ①龚… ②罗… Ⅲ. ①文化史 –
中国 – 清后期 Ⅳ. ①K203

中国版本图书馆 CIP 数据核字(2013)第 168002 号

总 策 划/陆 炎

责任编辑/王 慧 苏文静

装帧设计/石 径

ZHONGGUO WENHUA FAZHAN SHI
WAN-QING JUAN

中国文化发展史
晚清卷

龚书铎 总主编

罗检秋 李占领 黄春生 著

主 管:山东出版传媒股份有限公司

出版者:山东教育出版社
地址:济南市市中区二环南路 2066 号 4 区 1 号 邮编:250003
电话:(0531)82092660 网址:www.sjs.com.cn

发行者:山东教育出版社

印 刷:山东临沂新华印刷物流集团有限责任公司

版 次:2013 年 6 月第 1 版

印 次:2022 年 7 月第 2 次印刷

规 格:787 mm×1092 mm 1/16

印 张:26

字 数:450 千

书 号:ISBN 978-7-5328-7936-6

定 价:65.00 元